法医病理学公安部重点实验室
广东省公安厅·广州市公安局·深圳市公安局

法医病理学应用创新

主 审 梁瑞国
主 编 刘 超 刘卫国 杜 舟 余彦耿
副主编 廖信彪 石 河 周 晖 赵 建

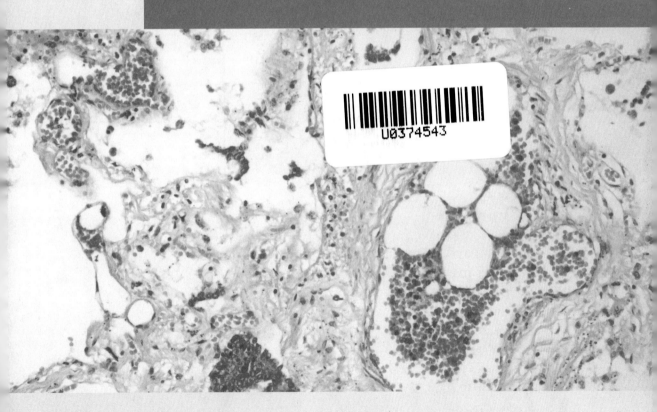

中山大学出版社
·广州·

版权所有　翻印必究

图书在版编目（CIP）数据

法医病理学应用创新/刘超，刘卫国，杜舟，余彦耿主编．—广州：中山大学出版社，2018.10
ISBN 978-7-306-06465-3

Ⅰ.①法…　Ⅱ.①刘…②刘…③杜…④余…　Ⅲ.①法医学—病理学　Ⅳ.①D919.1

中国版本图书馆 CIP 数据核字（2018）第 232256 号

出版人：	王天琪
责任编辑：	鲁佳慧
封面设计：	曾　斌
责任校对：	邓子华
责任技编：	何雅涛
出版发行：	中山大学出版社
电　话：	编辑部 020-84110283，84111997，84110779，84113349
	发行部 020-84111998，84111981，84111160
地　址：	广州市新港西路 135 号
邮　编：	510275　　　　　传　真：020-84036565
网　址：	http://www.zsup.com.cn　　E-mail:zdcbs@mail.sysu.edu.cn
印刷者：	广州佳达彩印有限公司
规　格：	787mm×1092mm　1/16　23 印张　550 千字
版次印次：	2018 年 10 月第 1 版　2018 年 10 月第 1 次印刷
定　价：	98.00 元

如发现本书因印装质量影响阅读，请与出版社发行部联系调换

本书编委会

主　　审　梁瑞国
主　　编　刘　超　刘卫国　杜　舟　余彦耿
副主编　廖信彪　石　河　周　晖　赵　建
编写人员（以姓氏笔画为序）
　　　　　　马成栋　马孟云　马剑龙　马雁兵　王　欣
　　　　　　石　河　成　明　吕国丽　李志刚　汪冠三
　　　　　　张　付　张书睿　张彦甫　陈海东　徐振波
　　　　　　夏　添　袁自闯　康晓东　盛立会　董玉友

前　言

《法医病理学应用创新》收录了法医病理学公安部重点实验室"2018年法医病理学国际论坛"征集的优秀论文，由中山大学出版社出版。

法医病理学公安部重点实验室由广东省公安厅、广州市公安局、深圳市公安局共建，是2008年获公安部批准的第一批重点实验室，也是全国唯一的法医病理学公安部重点实验室。为促进全国法医病理学的发展与交流，法医病理学公安部重点实验室举办2018年法医病理学国际论坛，并向全国征集优秀论文编辑成册。本书分为论著、综述、经验交流与案例分析四部分，主要由公安系统和部分院校从事法医病理学工作及与法医病理学工作直接相关的法医物证（DNA）、法医毒物分析工作的专家、学者撰写，内容主要为法医病理学的科学研究、现场勘验和死因鉴定等领域中的成果和经验。

本书内容主要反映了当前国内法医病理学科研和实践中的热点和难点问题，所涉及的研究成果有不少来自国家级或省部级课题。此外，本书大部分的论文来源于公安一线法医实践，介绍了法医工作中成功、经典的案例，实用性强，为全国同行提供了很好的参考学习资料。

本书编辑成册，得到了全国公安系统和部分院校同行的大力支持和踊跃投稿，在本书出版之际，特向各位作者表示衷心的感谢！期待与全国各位同行携手，将中国的法医病理学事业不断推向更高的水平！

由于时间仓促，水平有限，书中难免存在不足之处，敬请各位同行批评指正。

编者
2018年9月30日

目 录

第一部分 论 著

心脏传导系统变异与发育异常221例尸检研究……………张付、余彦耿、廖信彪等　3
机械性窒息死亡心肌组织中特异性miRNA的鉴定………韩刘君、马剑龙、周晖等　11
基于GC-MS检测机械性窒息大鼠脾组织代谢物时序性变化推断死亡时间
　………………………………………………………蔡山青、苏锐冰、李嘉敏等　17
三重四级杆液质联用法检测人血中河鲀毒素……………………寒斌、卢政煜、李宏等　27
电击死尸检取材和法医鉴定新方法应用研究………苏锐冰、徐广涛、吕俊耀等　33
青壮年猝死综合征病例PKP2基因突变的检测……………肖碧、杨宇雷、孟航等　42
家猪死后脑组织GC-MS检测和死亡时间推断的研究……李嘉敏、苏锐冰、王典等　47
基于多晶粉末的X射线衍射法在司法鉴定中的应用研究
　…………………………………………………………林晓冬、李强、叶永发等　56
1 233例轻伤案例的相关因素分析………………………李林聪、胡春梅、顾亚峰等　63

第二部分 综 述

基于膜富集的硅藻检验方法研究进展…………………赵建、肖成、康晓东等　71
内质网应激与甲基苯丙胺神经毒性损伤………………………………谢卫兵、王慧君　77
猝死的法医学鉴定技术现状与研究进展………………黄二文、李志刚、刘超等　81
有限元分析法在颅脑损伤生物力学分析中的应用研究…夏鹏、常红发、陶代琴等　90
运用傅里叶变换红外光谱技术进行法医学死亡时间推断研究进展和展望
　…………………………………………………………董超秀、董祖鑫、陈嘉等　99
牙新生线的形态特征和影响因素………………………………丁杨、鲁琴、田露　104
DNA甲基化及其与法医学年龄推断的研究进展………王铁军、李天光、崔雨佳　110
小心脏综合征的研究现状及法医学意义………………………………郑慎、方俊杰　117
胰岛素过量法医学鉴定及致死机制的研究进展………周亦武、童昉、罗桑旦增等　121
河鲀毒素中毒死亡的检测研究及法医学鉴定……………李俊涛、李军、云利兵　128

第三部分 经验交流

11例中毒致死心脏传导系统的病理变化………………廖信彪、张付、宋一璇等　137
精神病人杀人案件的法医学分析………………………余德伦、王涛、张天叶等　141
氟乙酰胺的法医毒理学鉴定要点分析……………………………………………施文兵　144
法医学死亡原因及死因分析浅析…………………………………………陈庆、刘晓菲　148

钝性心脏损伤致死案件的法医学分析 …………………… 袁自闯、张付、廖信彪 152
98 例高坠死亡案件综合分析 ……………………………… 曹甲卓、刘英锋 155
脂肪栓塞的诊断及在死因中的作用分析 ……………… 凌静、庞俐、董曦哲等 160
AIS-ISS 评分在外伤与疾病构成联合死因的案例中的应用
……………………………………………………………… 孙乐平、练勇伶、缪麒等 165
尸体检验中提取毒药物检材的方法 …………………… 曹喆、郭成、赵东 169
人像比对技术与法医人类学相结合在查找尸源中的运用
……………………………………………………………… 孟航、张明昌、谢建辉等 172
根据胃内容物推断死亡时间方法分析 ………………… 曹惠方、曾晓冠 175
道路交通事故中自行车驾驶员行为方式的法医学鉴定 …… 胡冲、朱浚文 179
最初损伤在暴力杀人案件侦破中的运用 …… 胡雪辉、李晓明、李佳胜等 184
溴敌隆中毒的法医学鉴定 2 例 ………………………… 王黎扬、杜猛 187
腹股沟伸展创在铁路交通损伤性质分析的应用 …… 郭平、张智杰、雷一鸣 190
运用综合信息推断死亡时间 1 例 …………… 董其兵、郑国民、许荣河等 192
特殊环境对死亡时间推断的影响 ……………………… 陈新、张东川 196
系列强奸案的行为动机分析 ……………………………………… 徐斌 200
提高强奸案内裤精斑检出率探索 ……………… 杨航、尹路、王伟妮 206
水中非正常死亡尸体处置方法探讨 …………………… 邓德元、许路易 210
浅议尸检中提取生物物证污染的原因分析及对策 …… 刘德丽、邹亚晶、周杰 214

第四部分　案　例　分　析

左大脑中动脉外伤性血栓致脑梗死尸解 1 例 ………… 盛立会、杨宇、易旭夫 219
冠状动脉心肌桥引发猝死的法医学鉴定 ……………… 张晓东、宋涛、李波等 222
死因竞争的分析基础——从 1 例野外火烧尸体案例谈起
……………………………………………………………… 冯越、董玉友、马剑龙等 225
珠江中勒颈自杀分析 1 例 ……………………………… 石河、宋贞柱、何树文 230
论虚拟解剖在法医学检验中的应用 …………………… 张宏、赵俊 232
吸食冰毒后尸体特殊损伤的法医学鉴定 ……………… 张晓东、李波、宋涛等 236
摩托车交通事故驾乘关系的法医学分析 1 例 ……………………… 朱浚文 239
伤病关系复杂的死亡事件法医病理学检验与分析 1 例 ……………… 江东 243
颈内动脉斑块破裂血栓形成致大面积脑梗死亡 1 例
……………………………………………………………… 唐立冈、张维灿、王晓溪等 246
溺婴致死 1 例 …………………………………………………… 黎光锋、汪君 250
4 例脑干损伤与冠心病共存死亡的法医学死因分析 …… 李森全、汤传宜 252
3 种工具自杀案件分析 1 例 …………………………… 权国林、龙定峰 255
故意杀人伪装交通事故 1 例 …………………………… 李鹏、刘平、王小波等 259
多重捆绑自杀分析 1 例 ………………………………… 高云贵、汪君、方博 263
杀人后自杀案件 1 例 …………………………………… 李东东、马力、田进有等 266

参考尸体直肠温度推断死亡顺序 1 例…………………………………	刘东明、袁树文	268
迷信致自杀 1 例………………………………………………………	李木兰、湛有成	271
利用法医昆虫学推断死亡时间 1 例……………………………	许路易、孟航、邓德元等	273
他杀溺死 1 例…………………………………………………………	黎光锋、龙定峰	276
交通事故两次受伤的成因分析 2 例………………………………………	芪红彦	279
自渗性污水井中尸体变化分析 1 例…………………………………………	苑宗君	281
白骨化尸体的法医人类学分析 1 例…………………………………	权国林、龙定峰	283
扼死谎称病死 1 例………………………………………………	王军、李健、张平等	286
HbCO 检测阴性的 CO 中毒死亡 1 例…………………………	周翔、载易燕、胡云星	291
心源性猝死法医学鉴定 2 例分析…………………………………	高振、王殿深	293
冠状动脉起源畸形猝死法医学鉴定分析…………………………	王庆伟、李沐晓	296
利用现场血迹及尸体损伤确定死亡性质 1 例…………………	罗应书、金稀、李烨等	299
醉驾致外伤性蛛网膜下腔出血死亡 1 例………………………	余婳、钟铁涛、谭业文等	305
杀人后自杀案件的法医学分析 2 例……………………………	龚胜、吴运泽、娄辉杰等	308
食管息肉致机械性窒息死亡研究………………………………	周宇驰、王毅、王庆红	312
重型牵引车驾乘关系分析 1 例…………………………………	曾浩天、杨阳、张金凯等	316
汞中毒结合秋水仙碱急性中毒死亡 1 例………………………	刘伟、林晓冬、卢政煜等	318
深圳地区应用法医昆虫学推断死亡时间 2 例…………………	周晖、张彦甫、夏添等	321
胸腺淋巴体质导致猝死的法医学鉴定 1 例…………………………………	刘金升	323
水煮碎尸块 DNA 检验 1 例 …………………………………………	李湘秦、洪丽、尹璐等	326
电击致死抛入水塘腐败尸体法医鉴定分析 1 例…………………	王兴、陈林、胡建光等	328
伪造意外电击死亡的故意杀人案 1 例…………………………	王迪佳、肖银凤、吴杜强	331
机制木炭挥发出一氧化碳致中毒死亡 1 例………………………………	陈虎、薛斌	334
百草枯中毒死亡的病理改变……………………………………………	李鹏、范珂	336
口服毒狗针剂致氰化物中毒死亡 1 例…………………………	莫传莹、王云鹏、程海鹰	338
小儿肠套叠合并心肌炎死亡 1 例………………………………	孙勇、彭明琪、朱明进等	341
被害人生活情感背景与命案现场分析……………………………………	陈志合	344
强直性脊柱炎外伤后死亡 2 例分析……………………………	张书睿、马雁兵、王欣	349
锁骨下动脉损伤的法医学检验分析………………………………	蔡善顺、朱娇健	352

第一部分 论　著

心脏传导系统变异与发育异常221例尸检研究

张付[1]　余彦耿[1]　廖信彪[1]　宋一璇[2]　姚青松[3]　袁自闯[1]　成明

(1. 法医病理学公安部重点实验室、广东省公安厅刑事技术中心，广东广州，510050；2. 中山大学法医学系，广东广州，510080；3. 广州市公安局刑事技术中心，广东广州，510000)

【摘　要】　目的：鉴别诊断心脏传导系统（CCS）一般变异与发育异常（畸形）。方法：对221例尸检心脏样本CCS进行形态学研究。实验分为2组，其中184例为正常组（非心脏性死亡），37例为心脏性猝死。所有心脏样本的传导系统均采用我们建立的新式取材方法取出、连续切片、HE染色及马氏三色染色，并通过组织学观察对2组CCS形态学特点进行比较。结果：①人类CCS的大小、位置、形状均存在先天性变异（105/221）。②CCS发育异常出现频率较低（5/221），但均发生于心脏性猝死组（5/37）。③CCS变异仅有1例出现在心脏性猝死组（1/37），但死因为其他CCS疾病。结论：CCS变异属于生理性改变，难以成为主要死亡原因，而CCS发育异常可能与心脏性猝死具有一定相关性。

【关键词】　心脏；变异；组织学；心脏传导系统；发育异常

Morphological variations of the cardiac conduction system observed in 221 autopsy cases

【ABSTRACT】 Objective：To differentiate between normal variations and developmental anomalies (malformations) of the cardiac conduction system (CCS). Methods：The CCS of 221 cases were divided into two cohorts (184 non-cardiac deaths and 37 sudden cardiac deaths, SCD). They were examined histologically by using protocols of CCS sampling established previously in our laboratory. Consecutive sections containing the CCS were stained with Hematoxylin and Eosin or Masson's trichrome staining. The morphological characteristics of the CCS were compared between the two cohorts. Results：①There were congenital variations in human CCS with respect to the size, position, and shape (105/221). ②Although

---

基金项目：公安部科技强警基础工作专项项目（2015GABJC49）。
作者简介：张付，1979年生，男，博士，主要研究方向为法医病理学；E-mail：coronerzhang@outlook.com。

the occurrence of CCS developmental anomalies was pretty low (5/221), all these cases were seen in the SCD group (5/37). ③There was only 1 case of CCS variation found in the SCD group, but the main cause of death was other CCS disease. Conclusion: CCS variation should be classified as a physiological change. In contrast, CCS developmental anomalies may be closely related to the SCD.

【KEYWORDS】 heart; variations; histology; cardiac conduction system; developmental anomalies

心脏传导系统（cardiac conduction system，CCS）的形态改变主要包括"变异"与"发育异常"两种情况，但这两种改变与心脏性猝死（sudden cardiac death，SCD）的关系仍不明确。既往研究表明，心脏传导系统的发育异常（畸形）可能是导致青壮年猝死综合征（sudden manhood death syndrome，SMDS）的重要原因，但是相关研究仍然有限。尸检中心脏的病理学剖验能够有效展示 CCS 的完整结构，是研究 CCS 形态变异的最重要手段。为了有效鉴别诊断 CCS 变异与发育异常，并初步判断这两种改变与 SCD 的可能关系，我们通过 221 例尸检对我国华南地区汉族人群的 CCS 形态改变情况进行研究。

1 材料

221 例心脏样本均来自广东省内各地公安系统司法解剖之尸体，-20 ℃低温保存，死后 48 h 内解剖，心脏于系膜根部切断、完整取出、整体浸泡于 10% 福尔马林溶液并固定 7 d 以上。根据死亡原因将全部样本分为 2 个研究组：正常组 184 例，心脏性猝死组 37 例。

2 方法

采用我们所建立的新式 CCS 取材方法对 CCS 进行取材[1]，主要切取以下解剖部位：窦房结（SAN）、房室结（AVN）、希氏束（HB）、左束支（LBB）和右束支（RBB）。每个解剖部位切取 4～6 个组织块，10% 福尔马林固定 24 h 以上，常规脱水、石蜡固定。以 5 μm 厚度做连续切片，连切固定次数后取 1 张：SAN 连切 20 次、AVN 连切 10 次、HB 连切 30 次，每个样本共制作 30～40 个切片。采用苏木素-伊红（HE）染色法及马氏三色染色法对切片进行染色，采用光学显微镜图文系统（AXIO，蔡司，德国）进行组织学观察、拍照、记录。采用 SPSS13.0 软件对两组数据进行 t 检验比较。

3 结果

3.1 总体情况

全部心脏样本中 174 例为男性、47 例为女性，年龄为 2 个月至 98 岁。经系统尸检及组织病理学检验，184 例诊断为非心脏性死亡，37 例诊断为心脏性猝死（表 1、表 2）。

表 1 两实验组的年龄分布情况

年龄组/岁	0～10	11～20	21～30	31～40	41～50	51～60	61～70	>71	合计
非心脏性死亡/例	3	22	54	29	22	18	15	21	184
心脏性猝死/例	0	3	14	4	3	4	4	5	37

表 2 221 例死亡原因分布

非心脏性死亡（1184）	年龄/岁	例数（男/女）	心脏性猝死（37）	年龄/岁	例数（男/女）
Ⅰ.外伤		158	Ⅰ.心血管疾病		22
高坠	28～51	9（7/2）	冠脉硬化疾病	37～84	10（9/1）
交通事故	2 m～81	88（64/24）	心肌病	21～80	2（2/0）
锐器伤	3～75	45（36/9）	风湿性心脏病	42,53,54	1（0/1）
中毒	18～52	6（4/2）	先天性心脏病	21	1（1/0）
机械性窒息	3～52	10（2/8）	夹层动脉瘤	24，91	2（0/2）
Ⅱ.非心血管疾病		26	心肌炎	21～50	3（2/1）
脑血管意外	56～98	9（6/3）	冠脉炎	34	1（1//0）
感染及其他	21～68	17（12/5）	冠脉畸形	21～30	2（2/0）
			Ⅱ.CCS 疾病		13
			出血	20～23	1（1/0）
			感染	8～35	2（1/1）
			脂肪浸润	19～30	2（1/1）
			纤维化	24～26	1（1/0）
			室间隔横纹肌瘤	26	1（1/0）
			发育异常*	16～41	5（4/1）
			肥厚性心肌病	24～38	1（1/0）
			Ⅲ.SMDS	24～31	3（3/0）

*心脏传导系统发育异常共 5 例，均见于心脏性猝死组。

3.2 CCS 变异

共检见 CCS 明显变异 136 例，主要包括大小、形状、位置等指标（表 3）。

表3　CCS变异特点分布　　　　　　　　　　　　　　　　　　　　　　（例）

部位	变异特点	非心脏性猝死 (94/184)	心脏性猝死 (11/37)			合计 (105/221)
			心血管疾病 (7)	SMDS (3)	CCS疾病 (1)	
SAN	大小	5	0	0	0	5
	形状	21	1	1	0	23
	位置	10	0	1	0	11
AVN	大小	4	0	0	0	4
	形状	7	2	0	0	9
	位置	3	1	0	0	4
HB	大小	1	0	0	0	1
	形状	12	0	0	1	13
	位置	20	2	1	0	23
BB	大小	1	0	0	0	1
	形状	6	1	0	0	7
	位置	3	0	0	0	3

3.2.1　大小

CCS 的大小具有较明显的个体差异，最大体积（21 mm×7 mm×3 mm）是最小体积（10 mm×3 mm×1 mm）的 0.5～1 倍。SAN 平均大小为 15 mm×5 mm×1.5 mm，共发现 11 例 CCS 体积大于（图1）或小于（图2）95% 可信区间，其中 SAN 体积增大 5 例，AVN 体积增大 4 例，HB 增大 1 例，BB 增大 1 例。虽然以上 11 例样本中 CCS 不同部位出现体积异常，但 CCS 整体结构仍属正常，结细胞分布均匀，结组织与间质比例正常。

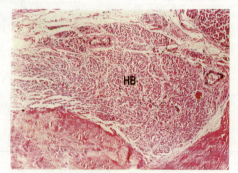

图1　HB 分叉部变异。HB 分叉部面积大于均值（HE ×200）

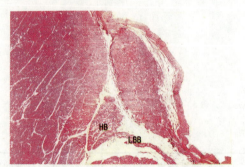

图2　HB 分叉部变异。HB 分叉部及 LBB 面积小于均值（HE ×100）

3.2.2 形状

CCS 形状的生理性变异主要发生于 HB 分叉部，其次见于 SAN、AVN 及 BB。HB 分叉部形态变异较为多样化，包括梯形（2 例）、鞍状（2 例）、纺锤形（3 例）、弓形（1 例）、菱形（3 例）、倒三角形（1 例）、不规则形（1 例）以及膜部不完整（2 例）。SAN 形态变异包括棒球形（16 例）、纺锤形（3 例）、带状（4 例）、分叉形（1 例）。AVN 形态变异包括薄层状（3 例，其中 2 例年龄大于 60 岁并伴中心纤维体增大）以及六面体状（1 例）。此外，发现 3 例 BB 和 LBB 处心肌异位，并导致 LBB 分为 2 支（图 3）。

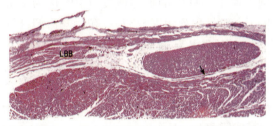

图 3　LBB 被心肌取代。一束心肌纤维嵌入 LBB 起始位置（↑）（HE ×200）

3.2.3 位置

90% 以上的样本 SAN 位于右心耳脊的界沟右侧，但是发现 1 例位于右心耳左上缘，另有 5 例的 SAN 横跨于右心耳上缘。

正常 AVN 位于右心房膜部下方，紧邻中心纤维体。本研究发现 4 例 AVN 部分异位，表现为约一半体积进入中心纤维体之内，并导致 HB 穿通部前异位。

本研究发现 14 例 HB 分叉部移位，其中 3 例移位至室间隔膜部中份（图 4），另外 11 例中有 6 例移位至室间隔膜部上缘，5 例移位至下缘。

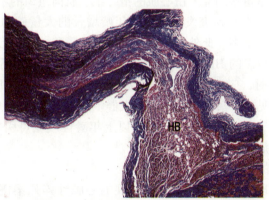

图 4　HB 分叉部易位。HB 易位至室间隔膜部，伴轻度脂肪浸润（男性，68 岁，死于结肠癌）（Masson 三色 ×100）

3.3　CCS 发育异常

CCS 明显发育异常的样本共 5 例，均见于心脏性猝死组，主要包括马海姆纤维（2

例）、AVN 向 HB 穿通部的完全移位（1 例）、HB 穿通部向三尖瓣根部移位（1 例）、房室结消失伴 HB 结节化（1 例）。

4 讨论

4.1 变异的定义

CCS 变异是指在遗传变异或环境因素影响下，正常心脏内 CCS 的位置或形态发生的改变[2]。相反，畸形是指解剖结构的过度成形或组织结构的减少或缺失以及结构的重组性变化而导致的异常形态发育[3]。本研究共调查 221 例 CCS 样本，其中 111 例为正常形态，其余 110 例出现不同程度的形态改变（105 例为变异，5 例为发育异常）。而 5 例发育异常均发生于心脏性猝死组（5/37），包括马海姆纤维、AVN 消失伴房室结 HB 化、成人保留婴儿型 AVN、HB 穿通部或分叉部以及三尖瓣根部的大量 AVN 移位。而 CCS 变异仅有 1 例出现在心脏性猝死组（1/37），表现为 HB 穿通部分为 4 支并伴心电图异常可逆性改变，但死因为其他 CCS 疾病。因此，CCS 发育异常很有可能与心脏性猝死具有一定相关性，相反，CCS 变异样本的主要死因均非变异本身。

4.2 CCS 变异的可能因素

CCS 变异可能既有先天性因素，也受后天性因素影响。成人正常 SAN 大小为 (10~15) mm × (3~5) mm × (1~2) mm，AVN 大小约为 8 mm × 4 mm × 1 mm，HB 大小约为 1 mm × 1 mm × 20 mm。当胚胎发育至 2 月龄，位于心室肉柱下以及上腔静脉开口处的 2 组原始细胞开始向 CCS 方向做定向分化，并最终引起个体间的大小变异和位置变异。本研究共纳入 105 例变异型样本，高变异率的原因可能为样本的巨大地缘差异，而大小变异可能由胚胎发育期间血管内膜填充组织的增生或厚薄不均导致，或由大血管填充组织向基底区迁移导致，从而引起 CCS 膜部的下界增厚甚至形成隆起[4]。以上因素可分别导致 HB 分叉部的外压增高，最终引起多种形态学变化。

后天性因素主要是指室间隔上份心肌的指纤维、肌肉组织的不均匀性增生，从而引发多种 CCS 变异。我们既往研究发现，伴随年龄增长的大量矿物沉积可导致室间隔上份出现纤维肌肉组织的增多。此外，胶原纤维可形成嗜酸性无定形物质或崩解形成不规则质块，将正常三角形态的 HB 分叉部挤压成为多种形态。当外界挤压导致 HB 及束细胞发生纤维化或萎缩时，应诊断为病理性改变而非变异。SAN、HB、LBB 等部位的脂肪或纤维浸润是较常见的年龄性改变，汉族人群多发生于 40 岁以后，而 AVN 的纤维浸润和纤维结节多始发于 30 岁和 50 岁。虽然以上年龄性改变可引发多种 CCS 形态学差异，但应当诊断为非病理性。

4.3 CCS 变异的法医学意义

CCS 变异属于生理性改变，本研究所发现的心脏性猝死案例均非 CCS 变异所致，因此，在法医学实践中应尽量避免将 CCS 变异作为主要死因。有研究表明，心脏性猝死的相关因素可能为 HB 膜部易位[7]、HB 易位以及 AVN 向中心纤维体易位，并统一归类为"CCS 发育性异常"。然而根据我们的研究，以上变化应归类为"变异"。易位是指 CCS 的部分移位，而非整体从正常部位的迁移，也并非向心脏之外部位的移位。易位发生的概率明显高于其他，本研究发现 HB 膜部易位的概率约为 3.6%，AVN 向中心纤维体部分易位的概率约为4.6%，向室间隔左侧易位的概率约为12.7%。虽然有些案例中可见HB分叉部向膜部的易位，但并不会导致心律失常或死亡，因此，CCS的明显易位仍然是一种普通性的形态学变异。由于膜部由坚硬的纤维性膜构成并对HB起保护作用，可抵御心脏收缩和静歇时所产生的过度的牵拉，这类易位很难直接导致心功能障碍或死亡。本研究共发现7例此类案例，死亡原因均诊断为外伤或非心脏性疾病。此外，当HB易位至左心内膜时，心肌收缩可能并不对其产生压力，因而并不会导致心律失常。

综上，CCS变异属于生理性改变，很难直接导致猝死；而CCS发育异常属于病理性改变，往往最终发展成为心脏性猝死。

参考文献

[1] HUA W, ZHANG L F, WU Y F, et al. Incidence of sudden cardiac death in China: analysis of 4 regional populations [J]. J Am Coll Cardiol, 2009, 54: 1110-1118.

[2] DENFIELD S W, GARSON A. Sudden death in children and young adults [J]. Pediatr Clin North Am, 1990, 37: 215-231.

[3] TOPAZ O, EDWARDSJ. Pathologic features of Sudden death in children adolescents and young adults [J]. Chest., 1985, 87: 476-482.

[4] MARON B J, ROBERTS W C, MCALLISTER H A. Sudden death in young athletes [J]. Circulation, 1980, 62: 218-229.

[5] CORRADO D, THIENE G. Sudden death in children and adolescents without apparent heart disease [J]. New Trends Arrhythmias, 1991, 7: 209-219.

[6] BHARATI S, LEV M. The cardiac changes of the cardiac conduction system in unexplained sudden death [M]. New York: Futura, 1990.

[7] COHLE S D, LIE J T. Pathologic changes of the cardiac conduction tissuein sudden unexpected deaths: a review [J]. Pathology Annual part 2, 1991, 26 (5): 33-57.

[8] OKADA R, KAWAI S. Histopathology of the conduction system in sudden cardiac death [J]. Jpn Circ J, 1983, 47: 573-580.

[9] MASUDA H. A Histopathological sdudy on the cardiac conduction system in sudden death of unknown origin [J]. Jpn J Leg Med, 1990, 44: 272-285.

[10] SONG Y X, ZHU J Z, LAAKSONEN H, et al. A modified method for examining the cardiac conduction system [J]. Forensic Science International, 1997, 86: 135-138.

[11] LEV M. Aging changes in the human sinoatrial node [J]. J Gerontol, 1954, 9: 1-9.

[12] SONG Y X, YAO Q S, LUO Z R, et al. Morphological observation of mahaim's fibers in 7 Cases [J]. Chin J Pathol, 2001, 30: 118-120.

[13] JAMES T N, FROGGART P, MARSHAILLl TK. Sudden death in young athletes [J]. Ann Intern Med, 1967, 67: 1013-1021.

[14] COHLE S D, SUAREZ-MIER M P, AGUILERA B. Sudden death resulting from lesions of the cardiac conduction system [J]. Am J Forensic Med Pathol, 2002, 23: 83-89.

[15] MARON B J, ROBERTS W C, MCALLISTER H A. Sudden death in young athletes [J]. Circulation, 1980, 62: 218-229.

[16] SUAREZ-MIER M P, FERNANDEZ S, GAWALLOC C. Pathologic changes of the cardiac

conduction tissue in sudden death [J]. Am J Forensic Med and Path, 1995, 16: 193 - 202.

[17] BHARATI S, MAURICELEV L. Congenital abnormalities of the conduction system in sudden death in young adults [J]. J Am Coll Cardiol, 1986, 8: 1096 - 1104.

[18] SONG Y X, YAO Q S, LUO B, et al. Study on pathology of sudden death caused by the developmental abnormity of cardiac conduction system [J]. Chines J Forensic Med, 1994, 9: 203 - 205.

[19] JAMES T N. Pesitent fetal dispersion of the atrioventricul nod and His bundle within the central fibrous body [J]. Circulation, 1976, 53: 1026 - 1034.

[20] THIENE G, PENNLLI N, ROSSI L. Cardiac conduction system abnormalities as a possible cause of sudden death in young athletes [J]. Human Pathol, 1983, 14: 704 - 709.

[21] GALLAGHER J J, SMITH W M, KASELL J H. Role of Mahaim bifers in cardiac arrhymias in man [J]. Circulation, 1981, 64: 176 - 189.

[22] BHARATI S, BAUERNFIEND R, SCHEINMAN. Congenital abnormalities of the conduction system in two patients with recurrent tachy - arryhmias [J]. Circulation, 1979, 59: 593 - 598.

[23] LEV M, SILVERMAN J, FITZMAURICE F M, et al. Lack of connection between the atria and the more peripheral conduction system in congenital atrioventricular blockAa [J]. Am J cardiol, 1971, 27: 481 - 490.

机械性窒息死亡心肌组织中特异性 miRNA 的鉴定

韩刘君[1]　马剑龙[2]　周晖[2]　董玉友[2]　陶丽[1]　陈龙[1]

（1. 复旦大学基础医学院法医学系，上海，200032；2. 深圳市公安局刑事科学技术研究所、法医病理学公安部重点实验室，广东深圳，518040）

【摘　要】　目的：研究机械性窒息死亡心肌组织中特异性 miRNA 的表达，探讨其潜在的分子机制。方法：对收集的机械性窒息死亡、颅脑损伤死亡、失血性休克死亡人体心肌组织样本，进行 Affymetrix miRNA 芯片检测，筛选机械性窒息死亡的差异 miRNA 表达，并用荧光定量 PCR 验证。结果：在检测出的 138 个差异表达 miRNA 中，117 个 miRNA 显著上调，21 个 miRNA 显著下调。实时荧光定量 PCR 结果显示，与颅脑损伤死亡组及失血性休克死亡组比较，其中，miR-1281 及 miR-1228-3p 的表达差异具有统计学意义（$P<0.05$），且与死亡时间、个体年龄、死亡环境温度均无相关性（$P>0.05$）。结论：miR-1281 及 miR-1228-3p 在机械性窒息死亡的心肌组织中表达具有特异性，有望成为推断机械性窒息死亡的生物标志物。

【关键词】　法医病理学；机械性窒息；microRNA；心肌组织

Expression of specific miRNA in myocardial tissue after mechanical asphyxia

【ABSTRACT】　Objective：To study the expression of specific miRNA in cardiac tissue from mechanical asphyxia and to explore its potential molecular mechanism. Methods：By collecting human cardiac tissue samples from mechanical asphyxia, craniocerebral injury and hemorrhagic shock, Affymetrix miRNA microarray was performed to screen differential miRNA expression of mechanical asphyxial death and verified by real-time PCR. Bioinformatics was used to find the differential miRNAs whose mRNA target genes were regulated. Results：A total

---

基金项目：国家自然科学基金资助项目（81373242）。

作者简介：韩刘君，女，硕士研究生，主要从事法医病理学研究，E-mail：16211010070@ fudan. edu. cn。马剑龙，男，硕士研究生，主要从事法医病理学研究；E-mail：13211010069@ fudan. edu. cn。为共同第一作者。

通讯作者：陈龙，男，教授，博士，博士研究生导师，主要从事法医病理学及法医临床学研究，E-mail：chenlong@ shmu. edu. cn。

of 151 miRNAs showed differential expression in this study, including 117 up-regulated and 21 down-regulated miRNAs. The results of real-time PCR showed that compared with the death of craniocerebral injury and hemorrhagic shock, the expression of miR-1281 and miR-1228-3p was statistically significant ($P < 0.05$), and there was no correlation with the time of death, individual age, and the temperature of death environment ($P > 0.05$). Conclusion: miR-1281 and miR-1228-3p express specifically in mechanical asphyxia and are expected to be biological markers for predicting mechanical asphyxial death.

【KEYWORDS】 forensic pathology; mechanical asphyxia; miRNA; cardiac tissue

机械性窒息（mechanical asphyxia）在法医学死因鉴定中占很大一部分，其发生率仅次于由机械损伤引起的死亡[1]。鉴定机械性窒息死亡的尸体现象包括：Tardieu 斑，玫瑰齿、口唇、指甲发绀、脸部肿胀以及静脉淤血。然而，这些并不是推断机械性窒息死亡的特异性标志[2-3]，通常只能在排除其他一切死因后，给出"符合"机械性窒息死亡的结论；在尸体体表损伤轻微或无损伤的机械性窒息死亡，由于缺少病理形态学的变化特征，此时鉴定机械性窒息死亡是法医学鉴定的难点之一。

miRNA（microRNA）是一类长度为 20～24 个核苷酸的小的非编码 RNA，它可以通过与 mRNA 3′-非翻译区（untranslated regions，UTR）互补结合[4]，促进靶基因 mRNA 的降解或抑制其翻译，在转录后水平调控基因表达。miRNAs 在生理和病理细胞过程如细胞分化、增殖、发育和死亡中起关键作用。miRNA 因自身分子片段较小，死后不易被降解，稳定性好。

本研究通过 miRNA 芯片技术检测机械性窒息对比颅脑损伤和失血性休克死者心脏标本中 miRNAs 的表达水平，运用生物信息学方法，筛选并验证机械性窒息死亡心肌组织中特异性的生物标志物，为法医病理学推断机械性窒息提供重要的理论基础。

1 材料与方法

1.1 材料

1.1.1 人体样本

人体心脏样本来源于上海市公安局物证鉴定中心及深圳市公安局刑事科学技术研究所，具有书面知情同意书，且获得复旦大学科学与伦理委员会使用人体样本的道德批准。

1.1.2 主要试剂

Trizol 试剂购自美国 Invitrogen 公司。PrimeScript™ RT 试剂盒、SYBR Premix Ex Taq™（Tli RNaseH Plus）试剂盒、RNA 保护液均购自日本 TaKaRa 公司。PCR 引物由生工生物工程（上海）股份有限公司提供。7500 型荧光定量 PCR 仪购自美国 AB 公司。低温离心机、NanoDrop 1000 分光光度计均购自美国 Thermo 公司。

1.2 检材提取

样本分为以下 3 组：机械性窒息组、颅脑损伤组、失血性休克组。人体样品信息见表 1。所有心肌样本均取材于心尖处，取材后迅速放入 RNA 保护液中，随后进行 RNA

抽提，余移入 -80 ℃冰箱冻存。

表1　人体样本信息

组别	样本量/个	平均年龄/岁	平均死亡时间/h	平均温度/℃
机械性窒息	14	42.3	9.9	24.1
颅脑损伤	15	41.5	14.6	22.2
失血性休克	15	40.1	6.2	23.5

1.3　总 RNA 提取

总 RNA 的提取：组织样本按照 Trizol 法提取总 RNA，用琼脂糖凝胶电泳判断 RNA 有无降解，并用 NanoDrop 1000 分光光度计检测所提取 RNA 的浓度和纯度。RNA 在波长为 260 nm 和 280 nm 处的吸光度比值（D_{260}/D_{280}）在 1.8～2.1 范围内，方可进行后续实验。

1.4　miR-1281 及 miR-1228-3p 的检测

1.4.1　引物合成

miR-1281，miR-1228-3p 及内参基因 U6 由生工生物工程（上海）股份有限公司合成。其荧光定量 PCR 引物列表（表2）。

表2　荧光定量 PCR 引物序列

miRNA	引物序列（5′→3′）
hsa-miR-1281	F：TCGCCTCCTCCTCTCCC　　R：Uni-miR qPCR Primer
hsa-miR-1228-3p	F：TCACACCTGCCTCGCCCCCC　　R：Uni-miR qPCR Primer
has-U6	F：TGACACGCAAATTCGTGAAGCGTTC　　R：Uni-miR qPCR Primer

1.4.2　总 RNA 反转录

采用 miRNA 反转录体系，程序如下：30 ℃ 15 min，37 ℃ 15 min，42 ℃ 30 min，80 ℃ 5 min，4 ℃保温。将反转录产物置-20 ℃冻存。

1.4.3　荧光定量 PCR 检测

荧光定量 PCR 反应使用 SYBR Premix Ex TaqTM（Tli RNaseH Plus）试剂盒在 7500 型荧光定量 PCR 仪上进行，U6 作为内参基因，采用 2-ΔΔCt 方法计算基因相对表达量。各个基因的表达量测量均重复 3 次。

1.5　统计学处理

采用 SPSS 16.0 软件进行方差分析及线性回归分析。

2　结果

2.1　机械性窒息心肌组织中差异 miRNAs 表达

将机械性窒息死亡组与对照组的心肌样本进行 Affymetrix miRNA 芯片检测。经基因微阵列分析，共检出 138 个差异表达 miRNA，其中 117 个显著上调，21 个显著下调。

其中，miR-1281 和 miR-1228-3p 差异表达倍数大于 2 倍，差异有统计学意义（$P < 0.05$）（图1）。

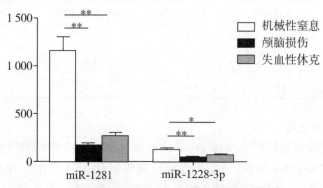

图1　miR-1281 及 miR-1228-3p 芯片表达差异

* 表示两组间有极显著性差异（$P < 0.05$）

** 表示两组间有显著性差异（$P < 0.01$）

2.2　差异 miRNAs 表达基因的验证

实时荧光定量 PCR 结果由荧光定量分析仪自动采集，用循环阈值（cycle threshold, Ct）表示，含义是在 PCR 循环过程中，荧光信号开始由本底进入指数增长阶段的拐点所对应的循环次数，与起始模板含量的对数值存在一定的线性关系。结果显示，2 个基因的表达均显著上升（图2）。

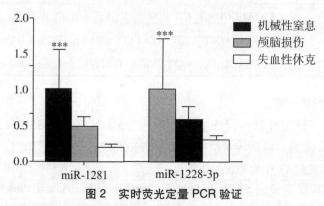

图2　实时荧光定量 PCR 验证

*** 表示两组间有显著性差异（$P < 0.001$）

由于死亡时间和环境温度影响 miRNAs 降解，并且年龄调节基因表达，我们分析了这些变量与 miRNA 表达水平之间的相关性。观察到年龄、环境温度和死亡时间与 miR-1281 和 miR-1228-3p 表达之间没有显著相关性（$P > 0.05$）（图3），表明 miR-1281 和 miR-1228-3p 上调是由机械性窒息引起并可作为机械性窒息潜在的生物标志物。

3　讨论

机械性窒息死亡的体表征象及大体解剖虽常具有特征性，但不具有特异性，需结合

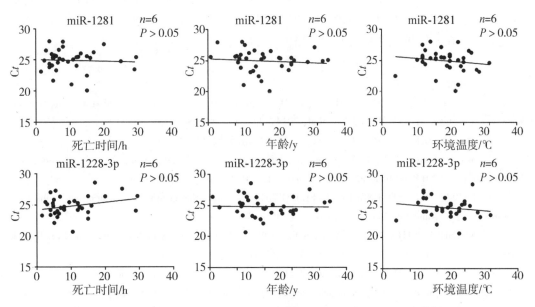

图3 miR-1281 及 miR-1228-3p 与死亡时间、年龄、环境温度的相关性分析

现场勘验情况等综合分析。在尸表损伤轻微或无明显征象的机械性窒息死亡中，由于缺少病理形态学的变化特征，此时鉴定机械性窒息死亡是法医学鉴定的难点之一。

2007年，Kulshreshtha 等[5]发现第一个与缺氧相关的 miRNA（miR210），并且在缺氧的微环境下，共发现有27种 miRNAs 上调至少1.5倍，他们将这类 miRNA 称为缺氧调控的 miRNA（hypoxia-regulated miRNAs，HRMs）。随后越来越多的研究[6]表明，缺氧会影响 miRNA 的表达，这些 miRNA 也会参与缺氧相关基因转录后水平的调控。

本研究以机械性窒息死亡心肌组织为实验组，颅脑损伤与失血性休克死亡心肌组织为对照组，经过 Affymetrix miRNA 芯片检测并通过生物信息学分析，筛选出了138个在机械性窒息死亡心肌组织中差异表达的 miRNA，其中，117个 miRNAs 显著上调，21个 miRNAs 显著下调。从中挑选出 miR-1281 及 miR-1228-3p 通过实时荧光定量 PCR 扩大样本验证，与对照组相比，miR-1281 及 miR-1228-3p 均显著升高，且与死亡时间、死亡时环境温度、年龄无相关性。Li[7]等人研究发现 miR-1281 可以调控其下游的靶基因 HDAC4，且 miR-1281/HDAC4 途径可以改变 HIF-1α 的表达和转录活性。而在缺氧条件下，HIF 调控细胞代谢，血管再生，血细胞生成，细胞增殖、分化及凋亡等生理过程，是最主要的缺氧调控因子[8]。已发现 miR-1228-3p 在许多恶性肿瘤中上调[9-10]，并通过抑制 MOAP1 表达参与抑制细胞凋亡[11]。这些特点是由于相同的 mRNA 可以被不同细胞类型中的不同 miRNA 靶向，而相同的 miRNA 也可具有不同的靶标，可以参与不同的途径并且对细胞存活、生长和增殖具有不同的作用，其依赖于细胞类型和基因表达模式。但目前对这两个 miRNA 的研究仍较为浅薄，尤其是其在机械性窒息过程中的分子作用机制尚未明确，需要后续的深入研究。

综上所述，本研究通过 miRNA 芯片检测和生物信息学分析，发现了 miR-1281 及

miR-1228-3p 在机械性窒息死亡心肌中具有差异性表达，为进一步研究 miRNAs 在机械性窒息死亡机制中的作用和寻找合适的机械性窒息生物标志物提供了方向，同时也为法医病理学家在鉴定机械性窒息死亡时提供一定的参考。

参考文献

［1］PAN H, LV Y, ZHANG H, et al. Death from a special mechanical asphyxia during suspect restraint: A case report ［J］. Rom J Leg Med, 2014, 22 （2）: 81 – 84.

［2］赵子琴. 法医病理学 ［M］. 北京: 人民卫生出版社, 2004.

［3］MA J, JING H, ZENG Y, et al. Retrospective analysis of 319 hanging and strangulation cases between 2001 and 2014 in Shanghai ［J］. J Forensic Leg Med, 2016, 42: 19 – 24.

［4］FABIAN M R, SONENBERG N, FILIPOWICZ W. Regulation of mRNA translation and stability by microRNAs ［J］. Annu Rev Biochem, 2010, 79: 351 – 379.

［5］KULSHRESHTHA R, DAVULURI R V, CALIN G A, et al. A microRNA component of the hypoxic response ［J］. Cell Death Differ, 2008, 15 （4）: 667 – 671.

［6］RANE S, HE M, SAYED D, et al. Downregulation of miR-199a derepresses hypoxia-inducible factor-1alpha and Sirtuin 1 and recapitulates hypoxia preconditioning in cardiac myocytes ［J］. Circ Res, 2009, 104 （7）: 879 – 886.

［7］LI Y, LI L, QIAN Z, et al. Phosphatidylinositol 3-Kinase-DNA Methyltransferase 1-miR-1281-Histone Deacetylase 4 Regulatory Axis Mediates Platelet-Derived Growth Factor-Induced Proliferation and Migration of Pulmonary Artery Smooth Muscle Cells ［J］. J Am Heart Assoc, 2018, 7 （6）.

［8］SEMENZA G L. Hypoxia-Inducible factors in physiology and medicine ［J］. Cell, 2012, 148 （3）: 399 – 408.

［9］GULED M, LAHTI L, LINDHOLM P M, et al. CDKN2A, NF2, and JUN are dysregulated among other genes by miRNAs in malignant mesothelioma: A miRNA microarray analysis ［J］. Genes Chromosomes Cancer, 2009, 48 （7）: 615 – 623.

［10］TORRES A, TORRES K, PESCI A, et al. Diagnostic and prognostic significance of miRNA signatures in tissues and plasma of endometrioid endometrial carcinoma patients ［J］. Int J Cancer, 2013, 132 （7）: 1633 – 1645.

［11］YAN B, ZHAO J L. miR-1228 prevents cellular apoptosis through targeting of MOAP1 protein ［J］. Apoptosis, 2012, 17 （7）: 717 – 724.

基于 GC-MS 检测机械性窒息死大鼠脾组织代谢物时序性变化推断死亡时间

蔡山青 苏锐冰 李嘉敏 吕俊耀 徐小虎 于晓军

（汕头大学医学院法医学教研室，广东汕头，515041）

【摘 要】 目的：利用 GC-MS 检测窒息死 SD-大鼠脾组织中代谢产物的时序性变化规律来推测其死亡时间。方法：密闭橡胶囊封闭大鼠口鼻致捂死，置于 25 ℃ 恒温、75% 恒湿箱中，于 0 h、24 h、48 h、72 h、96 h、120 h 6 个时间点提取脾组织，GC-MS 检测各时间点代谢物变化，逐步多元回归分析推断 PMI 方程。结果：41 种代谢物构成了大鼠窒息死模型脾组织的"代谢物谱"。通过 PLS-DA 模型 $VIP > 1$ 且 Kruskal-Wallis 检验（$P < 0.05$）筛选出 17 种重要的代谢物，其中 L-亮氨酸、L-脯氨酸、L-丙氨酸、L-赖氨酸、L-谷氨酸、亚油酸、L-色氨酸、磷酸等，$R^2 > 0.69$，多元逐步回归方程为 $Y_{PMI} = 2.138 + 15.537 X_{L-谷氨酸} + 123.225 X_{L-脯氨酸}$（$R^2 = 0.886$, $SE = 14.56$）。结论：脾组织代谢物与死亡时间存在明显线性关系，代谢组学检测技术可作为 PMI 推断新方法，可进一步深入研究。

【关键词】 法医病理学；死亡时间；GC-MS；脾；窒息

Postmortem interval (PMI) estimation by time-dependent changes of metabolities of spleen in rats by GC-MS

【ABSTRACT】 Objective: We performed a study to detect the relationship between the change of metabolites and the time of death in the spleen tissue of the asphyxiated SD rats with the technology of GC-MS for the estimation of postmortem interval (PMI). Methods: A closed rubber balloon was used to seal the mouth and nose of rats to death, and then the rats were placed in a 25 ℃ 75% humidity constant temperature and humidity chamber. The spleen

---

基金项目：国家自然科学基金项目（81072508），"十二五"国家科技支撑计划项目子课题（2012BAK02B02），汕头大学医学院创新强校工程·重大项目培育计划 NSFC 青年基金培育项目（923-38040227）。

作者简介：蔡山青，女，硕士研究生，研究方向为法医病理学；E-mail:1741011861@qq.com。

通讯作者：于晓军，男，法医学教授，主任法医师，博士研究生导师，博士后合作教授，主要从事法医病理学研究；E-mail:xjyu@stu.edu.cn。

tissues were extracted at 6 time points (0 h, 24 h, 48 h, 72 h, 96 h, and 120 h) to detect the change of metabolites by GC-MS. PMI equation was inferred by stepwise multivariate regression analysis. Results: We finally got 41 metabolites by qualitative analysis of spectral library, which was the "metabolite spectrum" of the spleen tissue of the asphyxiated rat model. 17 important metabolites were screened by $VIP > 1$ in a PLS-DA model and $P < 0.05$ in Kruskal-Wallis test, The top eight was L-leucine, L-proline, L-alanine, L-glutamic acid, linoleic acid, Octadecadienoic acid, L-tryptophan, and phosphoric acid, respectively and all their R^2 was greater than 0.69. The equation of multivariate stepwise regression was $Y_{PMI} = 2.138 + 15.537X_{Glu} + 123.225X_{Pro}$ ($R^2 = 0.886$, $SE = 14.56$). Conclusion: The metabolites of spleen tissue of cadaver have a regularity of time-dependent change and have obvious linear relationship with postmortem interval, which can be used as a new method of PMI estimation and further studied.

【KEYWORDS】 forensic pathology; postmortem interval (PMI); GC-MS; spleen; asphyxia

死亡时间（postmortem interval，PMI）是指从死亡发生到尸体检验时所经过的时间，又称死后经过时间。PMI 推断是法医学各类死亡案件的重要内容之一，对于确定发案时间、划定侦查范围、案件重构等具有重要的意义[1-4]。实际工作中，机械性窒息死亡是法医实践中的最常见死因，窒息 PMI 推测具有极重要的实际意义。本实验在前期研究的基础上，建立 SD 大鼠窒息死模型，在 25 ℃恒温、75% 恒湿条件下自溶腐败，定温、定湿、定时、定位、定量、定比"六定"规范化取材处理脾组织，GC-MS 检测分析脾组织代谢物的时序性变化规律，筛选与 PMI 相关性高的自溶腐败降解代谢标志物及其组合，获得推断 PMI 的多元数理模型，为利用 GC-MS 系统和代谢组学理论研究 PMI 提供依据。

1 材料与方法

1.1 实验动物与主要试剂

实验动物：成年 SD 大鼠[12～14 周龄，(280 ± 20) g] 30 只，雌雄不限，由汕头大学医学院动物中心提供。

主要仪器与试剂：BL-420F + 生物机能实验系统（成都泰盟科技有限公司）、RX2 智能型人工气候箱（宁波江南仪器厂）、SCIENTZ-48 高通量组织研磨器（宁波新芝生物科技股份有限公司）、DC-12-DA 干浴氮吹仪（上海安谱科学仪器有限公司）、GC-MS 系统（7890A GC 系统与 5975C 单相四极杆 MSD 联用，美国 Agilent 公司）、乙醇（分析纯，天津永大化学试剂有限公司）、甲醇（色谱纯，上海安谱实验科技股份有限公司）、正亮氨酸（美国 Sigma-Aldrich 公司）、甲氧胺（美国 Sigma-Aldrich 公司）、吡啶（色谱纯，上海阿拉丁生化科技股份有限公司）、二氯甲烷（色谱纯，上海阿拉丁生化科技股份有限公司）、N-特丁基二甲基硅烷基-N-甲基三氯乙酰（MTBSTFA，美国 Regis Technologies 公司）。

1.2 窒息死大鼠动物模型

采用礼晓明等[5]窒息死动物模型并改进：造模前禁食 8 h，称重，3% 戊巴比妥钠腹腔注射麻醉，成功后，生物机能实验系统监测并记录呼吸及心电。稳定 3 min 后，橡皮套套头，排尽空气后，再注入 50 mL 空气，夹闭，监测并记录呼吸、心电，待其窒息死亡（5～6 min），置于 25 ℃ 恒温、75% 恒湿的人工气候箱中，分别于 0 h（立即）、24 h、48 h、72 h、96 h、120 h 6 个时间点（定时）对脾脏前端（定位）进行取材，每个时间点各 5 只 SD 大鼠。

1.3 样本处理与检测

参照 D. Wang[6] 的方法并改进，对应时间点解剖，取脾组织（100±2）mg（定量），加入 1 mL 75% 乙醇（750 μL 无水乙醇 +250 μL 超纯水）中（定比），于高通量组织研磨器 50 Hz 研磨 180 s，置智能型人工气候箱 25 ℃、75% 湿度中固定 3d。高速低温离心机 4 ℃ 12 000 r/min 离心 15 min，取 200 μL 上清液于 2 mL 离心管；倒掉多余上清液，加入 1 mL 甲醇，漩涡振荡 1 min，4 ℃ 12 000 r/min 离心 15 min，取 200 μL 上清液加入前一离心管中，混匀，共计 400 μL 上清液，-80 ℃ 冻存。吸取 100 μL 混合上清液至 GC 样品瓶中，加入 20 μL 2.5 mmol/L 正亮氨酸于干浴氮吹仪吹干，加入 20 μL 二氯甲烷，继续吹干；加入 30 μL 甲氧胺/吡啶（15 mg 甲氧胺/1 mL 吡啶），密闭，恒温振荡器 30 ℃ 中振荡 16 h，肟化；加 30 μL MTBSTFA 衍生化，密闭，漩涡 1 min，振荡 1 h，衍生化；取上清 1 μL 于气相色谱 - 质谱联用仪上机检测。

GC-MS 系统采集数据，DB-5MS 色谱柱（30 m × 250 μm，0.25 μm，5% 苯交联、95% 二甲基聚硅氧烷）。GC-MS 色谱条件，参照吴嘉燕[7]方法并改进：进样口温度 230 ℃，脉冲 10:1 分流；柱初始温度 60 ℃，保持 2 min，以 5 ℃/min 升温至 320 ℃，保持 1 min，柱流量为 1.0 mL/min，总计 55 min，载气为高纯氦气。质谱条件：接口温度 290 ℃，离子源温度 230 ℃，质荷比（m/z）范围 50～600。

1.4 数据处理与分析

GC-MS 谱图导入 ChemStation 软件转化为 CDF 格式文件，R 语言进行数据提取生成数据矩阵，以 Excel 格式导出；SIMCA 13.0.3 进行偏最小二乘法 - 判别分析（partial least squares-dis criminate analysis, PLS-DA）建立数学模型[8]，计算模型 X 矩阵差异（R^2X）、Y 矩阵差异（R^2Y）及预测模型差异（Q^2）评价模型解释率，参数变化范围均为 0～1，越接近 1 模型越好。排列试验解释模型差异（R^2）截距与预测模型差异（Q^2）截距，评价模型拟合情况。根据得分散点图分布判断总体代谢轮廓差异，并获得变量重要性投影值（variable importance in the projection, VIP），考虑 $VIP > 1$ 者对分组有显著贡献。

美国国家标准与技术研究院（Nation Institute of Standards Technology, NIST）MS SEARCH 2.0 软件对谱峰物质进行定性，当匹配度 >900 并且可能性 >80%，表明该物质的结果具有一定的可靠性。用内标（正亮氨酸）对峰面积进行归一化处理，获得代谢物的峰面积比。Graph Pad Prism 7 绘制散点趋势图，SPSS 17.0 简单及逐步多元线性回归分析和 Kruskal-Wallis 检验（K-W 检验），$P < 0.05$ 差异有显著性，建立多种代谢物和多指标推测 PMI 的线性拟合方程。

2 结果

2.1 窒息死大鼠模型

本实验中检测 30 只 SD 大鼠均出现明显窒息症状后死亡，大鼠窒息前后呼吸、心率明显降低（$P<0.05$，表1）；心电图显示心率先加深加快（372.9 ± 28.23）次/分，约 3.5 min 后，逐渐减慢至 240 次/分以下；呼吸先出现深大呼吸及喘气样呼吸，频率约 64 次/分，约 3 min 后，后出现短暂呼吸停止，约 1 min 后，出现间歇性呼吸 34 次/分，约 1.5 min 后，呼吸停止。呼吸均先于心跳先停止，如图1所示。

表1 大鼠窒息前、中期呼吸、心率变化（均数±方差）

指标	窒息前期	窒息中期	P
呼吸/次·分$^{-1}$	63.75 ± 5.83	33.50 ± 2.33	<0.05
心率/次·分$^{-1}$	372.90 ± 28.23	209.50 ± 15.30	<0.05

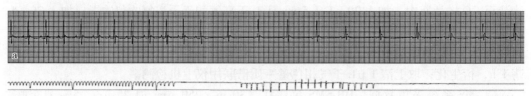

图1 窒息大鼠模型的心电图（a）和呼吸曲线（b）

2.2 大鼠窒息死代谢轮廓分析

使用 PLS-DA 对脾组织进行建模分析，模型参数为 $R^2X = 0.756$，$R^2Y = 0.544$，$Q^2 = 0.336$。总代谢轮廓得分散点图如图2所示，0～48 h 各时间点分布较集中，与其他时间点无交叉，说明各时间点组内代谢物质差异较小。72 h、96 h、120 h 3 个时间点相邻交叉，说明各时间点组内代谢物质差异较大，但组间仍有时序性变化规律。经 200 次排列试验 $R^2 = 0.239$，$Q^2 = -0.383$，排列试验结果如图3所示，表示该模型是可接受的。

2.3 代谢物定性

使用 NIST MS SEARCH2.0 软件对质谱图的物质进行定性，所有 PMI 时间里共得到 41 种代谢物（表2），构成了大鼠窒息死模型中脾组织腐败降解过程中的"代谢物谱"。这些物质经过 NIST 质谱数据库的鉴定，大多数都有较高的匹配度和可能性。

表2 大鼠窒息死模型 25 ℃脾组织的代谢物谱

序号	保留时间/min	代谢物	分子量	匹配度	P
1	13.48	脂肪氨（amine）	245	923	95.9
2	17.63	碳酸盐（carbonate）	290	940	82.6
3	19.80	乙醇胺（ethanolamine）	289	933	96.0

续表 2

序号	保留时间/min	代谢物	分子量	匹配度	P
4	20.34	丙二醇（propanediol）	304	942	78.5
5	20.42	乳酸（lactic acid）	318	950	42.9
6	21.61	L－丙氨酸（L-alanine）	317	959	92.5
7	22.01	丁酸（butanoic acid）	332	909	76.0
8	22.28	甘氨酸（glycine）	303	940	91.3
9	23.19	氨基丁酸（aminobutyric acid）	331	936	44.1
10	24.06	氨基丙酸（β-alanine）	317	892	91.6
11	24.31	L－缬氨酸（L-valine）	345	959	83.6
12	25.23	L－亮氨酸（L-leucine）	359	952	72.7
13	25.90	L－异亮氨酸（L-isoleucine）	359	951	72.3
14	26.33	DN－正亮氨酸[D, L-norleucine（内标）]	359	922	42.3
15	26.75	琥珀酸（succinic acid）	346	918	93.9
16	28.86	氨基戊酸（5-aminovaleric acid）	345	944	98.7
17	29.00	丙烷（propane）	434	836	93.2
18	29.81	磷酸（phosphoric acid）	440	941	92.6
19	30.47	L－脯氨酸（L-proline）	357	939	56.2
20	30.75	L－蛋氨酸（L-methionine）	377	938	98.7
21	31.15	L－丝氨酸（L-serine）	447	955	97.6
22	31.67	L－苏氨酸（L-threonine）	461	924	95.2
23	33.04	L－苯丙氨酸（L-phenylalanine）	393	948	95.8
24	34.22	L－天冬氨酸（L-aspartic acid）	475	925	98.7
25	35.09	L－半胱氨酸（L-cysteine）	463	917	94.7
26	35.32	十五酸（pentadecanoic acid）	490	820	96.8
27	35.63	次黄嘌呤（hypoxanthine）	364	910	89.2
28	36.35	L－谷氨酸（L-glutamic acid）	489	953	98.5
29	36.91	L－天冬酰胺（L-asparagine）	474	829	98.3
30	36.47	L－鸟氨酸（L-ornithine）	474	934	57.6
31	36.91	十六烷酸（棕榈酸）（hexadecanoic acid）	370	947	93.8
32	38.18	L－赖氨酸（L-lysine）	488	941	98.3
33	38.79	L－谷氨酰胺（L-glutamine）	488	894	97.4
34	39.68	亚油酸（octadecadienoic acid）	394	932	93.8
35	39.75	油酸（octadecenoic acid）	396	933	27.6
36	40.18	十八烷酸（硬脂酸）（octadecanoic acid）	398	948	89.4
37	41.27	L－组氨酸（L-histidine）	497	916	97.4
38	42.11	L－酪氨酸（L-tyrosine）	523	934	98.2
39	42.70	L－色氨酸（L-tryptophan）	432	915	97.3
40	42.77	顺式-11, 14-二十碳二烯酸（cis-11, 14-eicosadienoic acid）	422	839	97.4
41	52.72	胆固醇（cholesterol）	500	927	97.1

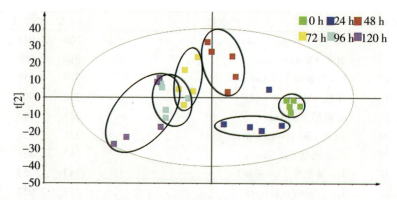

图2　25 ℃ 组不同 PMI (0 ～ 120 h) 总代谢物质的 PLS-DA 模型主成分 t1 和 t2 的得分散点图

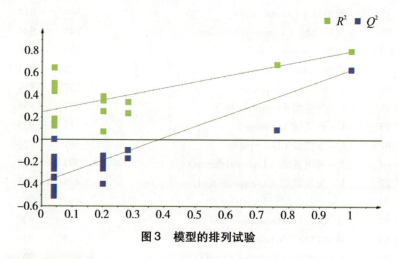

图3　模型的排列试验

2.4　代谢物线性关系

以正亮氨酸为内标作归一化处理，利用物质峰面积与正亮氨酸峰面积比值，对所有代谢物进行相对定量。通过 $VIP > 1$ 且 Kruskal-Wallis 检验（$P < 0.05$）筛选出 17 种重要的代谢物质，即这 17 种物质对 PLS-DA 模型的建立贡献较大。对这 17 种代谢物质进行简单线性回归分析，如表3所示，其中 L-亮氨酸、L-脯氨酸、L-丙氨酸、L-赖氨酸、L-谷氨酸、亚油酸、L-色氨酸、磷酸等8种物质（R^2 约大于 0.69）散点图如图4所示。

将上述8种物质与PMI进行多元逐步线性回归分析，根据方程斜率有意义挑出3组模型，如表4所示。根据最高 R^2 及 VIF 越大变量之间共线性可能性越大，挑出最好回归模型，回归方程为：$Y_{PMI} = 2.138 + 15.537 X_{L-谷氨酸} + 123.225 X_{L-脯氨酸}$（$R^2 = 0.886$，$SE = 14.56$）。

表3　25 ℃脾组织各代谢物回归模型参数估计结果

代谢物	VIP*	K-W检验（P）	t检验（P）	SE	R^2
L-亮氨酸（L-leucine）	1.136	<0.05	11.98（<0.05）	17.15	0.831
L-脯氨酸（L-proline）	1.089	<0.05	11.00（<0.05）	18.39	0.812
氨基丙酸（L-alanine）	1.262	<0.05	10.88（<0.05）	18.56	0.809
L-赖氨酸（L-lysine）	1.013	<0.05	10.51（<0.05）	19.08	0.798
L-谷氨酸（L-glutamic acid）	1.073	<0.05	9.152（<0.05）	21.24	0.749
亚油酸（octadecadienoic acid）	1.086	<0.05	8.880（<0.05）	21.72	0.738
L-色氨酸（L-tryptophan）	1.033	<0.05	8.840（<0.05）	21.79	0.736
磷酸（phosphoric acid）	1.016	<0.05	8.014（<0.05）	23.38	0.696
苯丙氨酸（phenylalanine）	1.008	<0.05	7.090（<0.05）	25.38	0.642
次黄嘌呤（hypoxanthine）	1.206	<0.05	6.349（<0.05）	27.16	0.590
乙醇胺（ethanol amine）	1.073	<0.05	-6.058（<0.05）	27.91	0.567
胆固醇（cholesterol）	1.013	<0.05	5.696（<0.05）	28.88	0.537
L-组氨酸（histidine）	1.000	<0.05	4.769（<0.05）	31.52	0.448
油酸（octadecenoic acid）	1.014	<0.05	4.504（<0.05）	32.31	0.420
蛋氨酸（methionine）	1.049	<0.05	4.112（<0.05）	33.50	0.377
肌酐（creatinine）	1.101	<0.05	3.311（<0.05）	35.96	0.281
光胱氨酸（cysteine）	1.084	<0.05	-0.390（=0.70）	42.31	0.005

* VIP：变量重要投影值。

表4　25 ℃脾组织重要代谢物逐步回归模型参数估计结果

模型	代谢物	t检验（P）	SE	R^2	VIF*
1	L-亮氨酸（L-leucine）	11.97（<0.05）	17.15	0.831	1.00
2	L-亮氨酸（L-leucine）	5.149（<0.05）	15.36	0.874	3.19
	L-谷氨酸（L-glutamic acid）	2.808（<0.05）			3.19
3	L-谷氨酸（L-glutamic acid）	4.204（<0.05）	14.56	0.886	2.42
	L-脯氨酸（L-proline）	5.704（<0.05）			2.42

* VIP：方差膨胀因子。

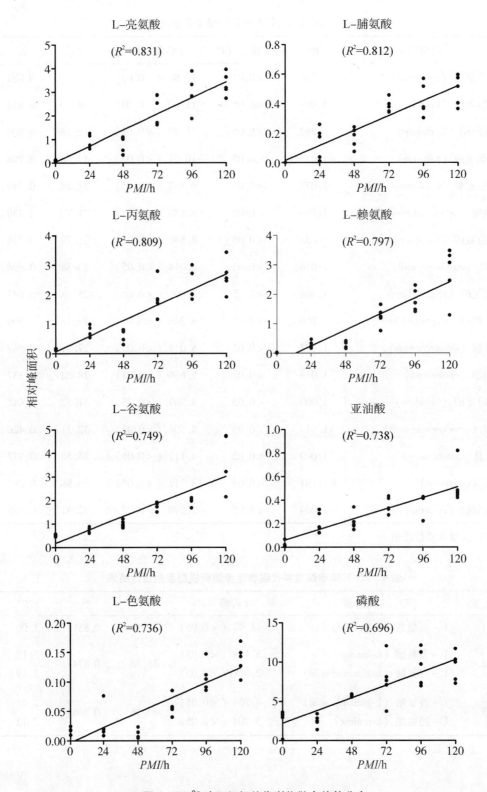

图4　25 ℃脾组织相关代谢物散点趋势分布

3 讨论

准确地推断 PMI 一直是法医鉴定的重点和难点。随着各种检测技术的进步，国内外学者几乎应用了分析化学、生物物理学、生物化学、生物荧光、组织化学/免疫组化和分子生物学等各种技术手段，不断探索和寻找准确可行的 PMI 推断的方法和指标。

近年来，随着气相色谱（GC）、气相－质谱联用仪（GC-MS）、液相色谱（LC）、液相－质谱联用仪（LC-MS））等多种高端仪器和定性定量检测方法的普及，开始有研究以代谢组学为依据，尝试利用尸体组织化学和动物实验数据来推断 PMI。其中，Statheropoulos 等[9]检测海水中 2～3 周人尸体组织 80 多种挥发性有机物中，二硫化物、甲苯、乙烷、三甲基苯、丙酮、戊酮峰值较高。Swann 等[10]用 CE 和 LC-MS 检测家猪肌组织腐败液中短链/长链脂肪酸、色胺、酪胺、色氨酸、酪氨酸和苯丙氨酸等 19 种物质，均与 PMI 高度相关。Vass 等[11]用 GC-MS 检测尸体不同组织提取液中草酸和氨基酸，提出了小时累计度替代日累积度校正温度的影响。Sato 等[12]利用 GC-MS/MS 法对大鼠血浆进行检测，通过建立主成分分析（PCA）、偏最小二乘法模型，分析探究血浆内源代谢分子与 PMI 时序性关系，共检测出 70 种代谢物质，其中 25 种对模型贡献较大。Kaszynski 等[13]利用 GC-MS 对 C57BL/6J 小鼠血清和肌肉进行检测，分别检测出 163、175 种物质，并研究 0～48 h 这些物质与 PMI 的时序性，通过 PLS 分析发现血清和肌肉中分别有 14 种、17 种代谢物质对模型贡献较大。这些贡献大的物质，均随 PMI 呈时序性变化。与其他方法比较，该方法的样本提取及处理方法简单易规范，重复性好，易于在大范围内推广应用。同时，PLS/PCA 分析方法建立模型[14]，结合相对完整且不复杂的标准代谢物信息库进行物质快速定性分析，筛选出与 PMI 相关性大的代谢物，加之内标的使用，使定量更具有说服力，较传统的简单线性回归分析更能验证准确性与实用性。

然而，机体代谢和自溶过程受多种因素影响，除了受温度影响，还可能与周围环境如湿度、生前疾病、死亡原因、取样位置和方法等有关。本实验利用了代谢组学理论和 GC-MS 仪器，对窒息死大鼠，在 25 ℃、75% 湿度环境中，自然腐败 0～120 h，"六定"取材的脾脏组织代谢物进行分析筛选，经建立 PLS-DA 模型，并 $VIP>1$ 且 Kruskal-Wallis 检验 $P<0.05$ 选出 17 种重要的代谢物质，包括氨基酸、胺类、脂肪酸等物质，其中 L－亮氨酸、L－脯氨酸、L－丙氨酸、L－赖氨酸、L－谷氨酸、亚油酸、L－色氨酸、磷酸等 8 种物质线性回归方程 R^2 约大于 0.69，峰比值随 PMI 呈增大趋势，回归模型拟合效果好。与 Takako、Richard 的实验有共同之处，均利用 GC-MS 仪器及方法，研究了脏器腐败代谢物的时序性变化规律，共同验证了代谢组学（GC-MS）推测 PMI 具有可行性。并利用逐步线性回归分析初步建立 $y_{PMI} = 2.138 + 15.537 x_{L-谷氨酸} + 123.225 x_{L-脯氨酸}$（$R^2 = 0.886$）多元回归方程，为窒息死亡大鼠脾脏腐败代谢物推测死亡时间提供更准确的回归方程。

综上所述，基于以上研究，我们初步利用 PLS-DA 模型找出代谢物时序性变化规律，建立了多元回归方程，并在传统线性回归方程中得到验证，有望用于窒息死大鼠 PMI 推断。同时，表明了脾组织代谢物时序性变化有望为尸体的 PMI 推断进一步研究提供可靠的理论依据和方法。但是，本实验目前还处于动物实验阶段，需进一步在实际案例中进行校正验证。

参考文献

[1] 虢洪松，崔文. 死亡时间推断方法的研究进展［J］. 济宁医学院学报，2014，37（3）：193－196.

[2] 马剑龙，陈龙. 死亡时间推断的方法学研究进展［J］. 中国法医学杂志，2015，30（5）：478－481.

[3] 刘珊，许小明，郑剑，等. 死亡时间推断的研究进展［J］. 南昌大学学报（医学版），2016，56（6）：85－87.

[4] 陶丽，马剑龙，陈龙. 早期死亡时间推断研究进展［J］. 法医学杂志，2016，32（6）：444－447.

[5] 礼晓明，李学金，张玥，等. 捂死血液生化学变化的实验研究［J］. 现代预防医学，2009，36（18）：3524－3525.

[6] WAND D, WANG X, KONG J, et al. GC-MS-based metabolomics discovers a shared serum metabolic characteristic among three types of epileptic seizures［J］. Epilepsy Res, 2016, 126：83－89.

[7] 吴嘉燕，王典，孔璟，等. 心肌缺血－致命性心动过缓血清代谢特征分析［J］. 法医学杂志，2017，33（1）：11－16.

[8] 贾伟. 医学代谢组学［M］. 上海：上海科学技术出版社，2011：206－208.

[9] STATHEROPOULOS M, AGAPIOU A, ZORBA E, et al. Combined chemical and optical methods for monitoring the early decay stages of surrogate human models［J］. Forensic Sci Int, 2011, 210（1－3）：154－163.

[10] SWANN L, Forbes S, LEWIS S. Observations of the temporal variation in chemical content of decomposition fluid：a preliminary study using pigs as a model system［J］. Aust J Forensic Sci, 2010, 42（3）：199－210.

[11] VASS A, BARSHICK S, SEGA G, et al. Decomposition chemistry of human remains：a new methodology for determining the postmortem interval.［J］. J Forensic Sci, 2002, 47（3）：542－553.

[12] SATO T, ZAITSU K, TSUBOI K, et al. A preliminary study on postmortem interval estimation of suffocated rats by GC-MS/MS-based plasma metabolic profiling［J］. Anal Bioanal Chem, 2015, 407（13）：3659－3665.

[13] KASZYNSKI R, NISHIUMI S, AZUMA T, et al. Postmortem interval estimation：a novel approach utilizing gas chromatography/mass spectrometry－based biochemical profiling［J］. Anal Bioanal Chem, 2016, 408（12）：3103－3112.

[14] 阿基业. 代谢组学数据处理方法——主成分分析［J］. 中国临床药理学与治疗学，2010，15（5）：481－489.

三重四级杆液质联用法检测人血中河鲀毒素

蹇斌 卢政煜 李宏 张敏 贺剑锋 李树辉 黄向东

(深圳市公安局司法鉴定中心、法医病理学公安部重点实验室,广东深圳,518040)

【摘 要】 目的:建立快速、准确检测人血中河鲀毒素的三重四级杆液质联用仪的分析方法。方法:样品用1%甲酸乙腈溶液沉淀蛋白提取,运用热电公司 TSQ Quantiva 三重四级杆液质联用仪,配置 Waters 公司 ACQUITY UPLC BEH Amide 柱(2.1mm×100 mm,1.7 μm),甲醇-0.1%甲酸水为流动相,梯度洗脱,流速为0.35 mL/min,柱温为40 ℃。选择正离子多反应监测(MRM)模式,外标法定量。结果:河鲀毒素在1～500 ng/mL 的范围内呈良好的线性关系,相关系数为0.997,回收率为81.3%～88.5%,相对标准偏差 RSD 为3.0%～9.8%,方法的检出限为0.15 ng/mL,定量限为0.45 ng/mL。结论:该方法准确可靠,操作简单,重现性好,适用于人血中河鲀毒素的测定。

【关键词】 三重四级杆液质联用仪;人血;河鲀毒素

Determination of tetrodotoxin in human blood by liquid chromatography-tandem quadrupole mass spectrometry

【ABSTRACT】 Objective: To establish an accurate, rapid analytical liquid chromatography tandem quadrupole mass spectrometry method for the determination of tetrodotoxin (TTX) in the human blood. Methods: Precipitation method with 1% formic acid – acetonitrile, A Waters ACQUITY UPLC-BEH Amide (2.1 × 100 mm, 1.7 μm) column was used as the stationary phase at 40 ℃ on Thermo-Fisher TSQ Quantiva. The mobile phase was consisted of methanol and water (containing 0.1% formic acid) with gradient elution pumped at a flow rate of 0.35 mL/min. Samples were quantified with the external standard method. Quantification was carried out with positive electro-spray ionization (ESI +) and multiple reaction monitoring (MRM). Results: Calibration curve was linear over the TTX concentration range of 1～200 ng/mL, $r = 0.997$. The recoveries were between 81.3% and 88.5% with the relative standard deviations (RSD) ranging from 3.0% to 9.8%. The limit of detection of TTX was 0.15 ng/mL and the limit of quantification of TTX was 0.45 ng/mL. Conclusion: The

---

作者简介:蹇斌,男,工程师,硕士,主要从事理化检验;E-mail:jianbin0518@aliyun.com。

method is accurate, simple and repeatable which is suitable for the determination of TTX in human blood.

【KEYWORDS】 liquid chromatography tandem quadrupole mass spectrometry; human blood; tetrodotoxin

河鲀毒素（tetrodotoxin，TTX）是鲀鱼类（俗称"河鲀鱼"）及其他生物体内含有的一种生物碱，是毒性最强的非蛋白类神经毒物之一。它通过对钠离子通道的阻断作用而抑制神经冲动的传导，进而导致神经麻痹，呼吸困难，最后因呼吸抑制而死亡。河鲀毒素对人的最小致死量约为 0.5 mg/60 kg 体重，毒性比氰化钠大 1 000 倍[1]。因为 TTX 非常稳定，在一般烹饪条件下，其毒性很难被全部破坏，只有在高温下加热 30 min 以上或在碱性条件下才能被分解[2]。河鲀鱼在国内一直是被禁食的，但其肉味鲜美，营养丰富而一直备受沿海地区的人们所喜爱，因此，吃河鲀鱼而导致食物中毒事件时有发生，深圳地区几乎每年均有因食材制作不当而引发河鲀毒素中毒的报道，因此，建立一种准确、快速、高效的方法检测河鲀毒素对于司法鉴定十分有必要。

TTX 的主要检测方法有酶联免疫吸附法[3,4]、高效液相色谱法[5]、液质联用法[6-11]等，随着液质联用仪的快速发展和推广，受到越来越多研究者的青睐，但目前采用这些方法前处理过程复杂，消耗时间长，检测成本高。本研究利用三重四级杆液质联用，建立人血中 TTX 的检测方法。该方法前处理简单、成本低、重现性好，适合快速检测中毒或致死者血中的 TTX。

1 材料与方法

1.1 仪器与试剂

1.1.1 仪器

TSQ Quantiva 三重四级杆液质联用仪（Thermo-Fisher 公司，美国）、SIGMA1-14 高速离心机（Sigma-Aldrich 公司，美国）、IKA MS3 digital 振荡器（IKA 公司，德国）、ME104 电子天平（METTLER TOLEDO 公司，瑞士）、0.2 μm PTFE 过滤膜（Agilent 科技公司，美国）。

1.1.2 试剂

甲醇、乙腈色谱纯试剂（HPLC，购自德国 MERCK 公司）、甲酸试剂（AR，购自 Aladdin 公司）、去离子水（Milli-Q Direct 纯水机制备，美国 Millipore 公司）、1.0 mg/mL 河鲀毒素标准品（纯度大于 99.9%，购自美国 Sigma-Aldrich 公司，冷藏保存）。

1.2 检材提取

取 0.5 mL 血液样品于 2 mL 塑料离心管中，加入 1 mL 1% 甲酸–乙腈溶液，充分振荡混匀约 2 min，离心（15 000 r/min，10 min）后取上清液，将上清液过 0.2 μm 过滤膜过滤，滤液备检。

1.3 分析方法

（1）色谱条件。色谱柱：ACQUITY UPLC BEH Amide（2.1mm×100 mm，1.7 μm，Waters 公司，美国）；流动相：0.1%（V/V）甲酸水溶液（A）：甲醇（B）；流速 0.35 mL/min；流动相梯度见表 1；柱温：40 ℃；样品温度：10 ℃；进样量：1 μL。

表 1 梯度洗脱程序

时间/min	流动相 A	流动相 B
初始	10%	90%
2.0	10%	90%
2.1	40%	60%
6.0	40%	60%
6.1	10%	90%
8.0	10%	90%

（2）质谱条件。电喷雾电离源 ESI（+）；离子传输管温度：350 ℃；脱溶剂气温度：350 ℃；鞘气流量：55 Arb；辅助气流量：12 Arb；毛细管电压：3 500 V；扫描方式：MRM 模式。TTX 的精确分子量为 320.1，特征碎片离子为 302.1 和 162.1，碰撞能为 24 和 39。

2 结果

2.1 基质效应考察

取 2 份空白血液，一份直接按照 1.2 方法处理后进样，另一份经 1.2 方法处理后加标进样，峰位置上无响应，说明空白基质无干扰；空白基质处理后加标与同浓度水平的 TTX 标准工作液的出峰时间一致，丰度变化不大，说明该方法基质对 TTX 影响不大，方法选择性较好。

2.2 线性范围、检出限和定量限

1 mL 空白血样分别添加 TTX 标准工作液，配制浓度为 1 ng/mL、5 ng/mL、50 ng/mL、200 ng/mL、500 ng/mL 的系列样品，均按照 1.2 方法处理后，每个浓度进样 3 次，取平均值建立 TTX 标准工作曲线，以定量离子的峰面积对 TTX 的浓度进行线性回归，得出的线性方程为 $Y = 1.298 \times 10^4 X + 1.966 \times 10^3$，相关系数 $R > 0.997$，线性范围为 1～500 ng/mL。根据 3 倍信噪比计算得出检出限（LOD）为 0.15 ng/mL，10 倍信噪比计算得出定量限（LOQ）为 0.45 ng/mL。

2.3 方法回收率和日间、日内精密度

1 mL 空白血样分别添加 5 ng/mL、50 ng/mL、200 ng/mL 3 个浓度水平的 TTX，均按照 1.2 方法处理后，每个加标水平重复测定 6 次，计算平均加标回收率和相对标准偏差，第 1 天进样后将样品密封保存于 -20 ℃ 冰箱，分别在第 3、第 5、第 7 天进行检测（图 1），计算其日间及日内的精密度。回收率及精密度结果见表 2。结果显示，低、

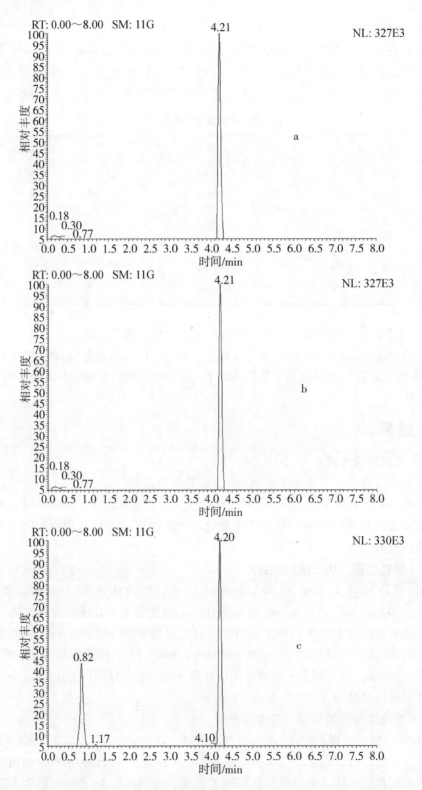

图1 TTX（a）、空白血液（b）、空白血液加5 ng/mL TTX（c）的MRM色谱图

中、高浓度 TTX 的回收率在 81.3%～88.5%，日内和日间精密度分别为 3.0%～6.2%，4.7%～9.8%，表明该方法具有良好的准确度和精密度。

表2 血中不同浓度 TTX 的方法回收率和日间、日内精密度

加标浓度/ng·mL^{-1}	回收率	日内 RSD（$n=4$）	日间 RSD（$n=4$）
5	81.3%	6.2%	9.8%
50	82.4%	4.6%	7.3%
200	88.5%	3.3%	4.7%

3 讨论

3.1 色谱柱的选择

TTX 是强极性化合物，在 C_{18} 柱上无保留，需加入七氟丁酸、庚烷磺酸、三甲胺等离子对试剂，对质谱检测干扰较大[5]。因此，本实验选取了不同公司的 3 款亲水性色谱柱进行比较，分别为 Agilent ZORBAX HILIC Plus 柱（2.1mm×100 mm，1.8 μm）Waters 公司 ACQUITY UPLC XBridge Amide 柱（2.1 mm×100 mm，3.5 μm）、ACQUITY UPLC BEH Amide 柱（2.1 mm×100 mm，1.7 μm），结果显示标准品经过 HILIC Plus 柱和 BEH Amide 柱分离效果非常好，而 XBridge Amide 柱分离效果较差，峰形不好。经过进一步实验显示，TTX 标准品在 HILIC Plus 柱和 BEH Amide 柱丰度表现不一致，低浓度 TTX 在 HILIC Plus 柱上的丰度表现较差，甚至空白添加的低浓度 TTX 无法显示，BEH Amide 柱在色谱行为上比 HILIC Plus 柱和 XBridge Amide 柱具有更好的表现性和稳定性。

3.2 前处理方法选择

TTX 在强酸和强碱条件下不稳定，易分解，但可溶解于弱酸性水或者有机溶剂中，国内外很多文献报道采用 C_{18} 等固相萃取柱或者免疫亲和柱提取净化，提取成本高，过程复杂耗时[12-13]。本实验对比 0.1%～2% 甲酸乙腈的回收率，随着酸的比例增加，回收率会有一定的提高，但是甲酸比例超过 1% 后，提取回收率增加并不明显，这和部分文献吻合，所以本实验最后选择 1% 甲酸乙腈作为前处理提取溶剂，具有较好的回收率，综合考虑提取过程简便、快速，提取成本低，可应用于 TTX 中毒案件的定性定量分析。

4 案例应用

2017 年 7 月凌晨，深圳市某派出所接报自称是医院"120"救护人员，有一名女子死亡，家属称其中毒，不让抢救，经了解情况，家属称死者是在网上购买河鲀煲汤，食用后中毒死亡。委托单位分别将食物残渣、胃内容和心血送检，3 份检材分别按照上述 1.2 方法进行提取净化后，进样，结果显示，3 份检材中均检出 TTX 成分，含量分别为 3.1 μg/mL、1.6 μg/mL、0.03 μg/mL。

参考文献

[1] 岳亚军,张律,赖少阳,等. LC-MS/MS 法测定中毒病人血液中的河鲀毒素 [J]. 中国卫生检验杂志, 2013, 23 (13): 2844-2846.

[2] 吴韶菊,崔建洲,宫庆礼. 河鲀毒素的微生物起源 [J]. 海洋科学, 2005, 29 (10): 81-85.

[3] 赵静,陶宁萍,卢瑛,等. 河鲀毒素的快速检测方法 [J]. 江苏农业科学, 2014, 42 (5): 234-237.

[4] ZHENG C, WANG X C, LU Y, et al. Rapid detection of fish major allergen parvalbumin using superparamagnetic nanoparticle-based lateral flow immunoassay [J]. Food Control, 2012, 26 (2): 446-452.

[5] 郑雍怡,王彦,张计,等. 反相离子对高效液相色谱法测定 SD 大鼠血浆中河鲀毒素的含量 [J]. 分析化学研究报告, 2008, 36 (5): 588-592.

[6] 李军,黄莲芝,孙铭英,等. 超声-固相萃取高效液相色谱-串联质谱法测定红鳍东方豚中的河鲀毒素 [J]. 食品安全质量检测学报, 2015, 6 (1): 60-64.

[7] 郑雍怡,王彦,张计. LC-MS 法测定大鼠血浆中河鲀毒素的含量 [J]. 药物分析杂志, 2008, 28 (9): 1450-1453.

[8] 梁素丹,陈剑刚,张瑰. 高效液相色谱-串联四级杆质谱法测定鱼体中河鲀毒素 [J]. 中国食品卫生杂志, 2015, 27 (1): 27-30.

[9] 吴佳俊,黄文雯,肖陈贵,等. 高效液相色谱-串联质谱法检测河鲀毒素的方法研究 [J]. 食品安全质量检测学报, 2014, 5 (11): 3529-3536.

[10] 曹文卿,林黎明,吴振兴. QuEChERS-液相色谱-串联质谱法测定红鳍东方鲀肉中河鲀毒素 [J]. 分析测试学报, 2014, 33 (5): 588-593.

[11] 王丽英,任贝贝,杨立新. 超高效液相色谱-串联质谱法检测河鲀毒素 [J]. 食品安全质量检测学报, 2015, 6 (10): 3822-3826.

[12] 岳亚军,张律,游杰. 免疫亲和柱净化-高效液相色谱-串联质谱法测定鱼肉和肝脏中河鲀毒素 [J]. 中国食品卫生杂志, 2016, 28 (2): 214-218.

[13] TSAI Y H, HWANG D F, CHENG C A, et al. Determination of tetrodotoxin in human urine and blood using C18 cartridge column, ultrafiltration and LC-MS [J]. J Chromatogr B, 2006, 32 (1): 75-80.

[14] 中华人民共和国国家卫生和计划生育委员会,国家食品药品监督管理总局. GB/T 5009.206—2016 水产品中河鲀毒素的测定 [S]. 北京:中国标准出版社, 2008.

电击死尸检取材和法医鉴定新方法应用研究

苏锐冰[1] 徐广涛[2] 吕俊耀[1] 李嘉敏[1] 王典[1] 于晓军[1]

（1. 汕头大学医学院法医学教研室，广东汕头，515041；2. 嘉兴学院医学院法医病理学教研室，浙江嘉兴，314001）

【摘 要】 目的：在前期动物实验基础上，结合电击死人体尸检病理组织学观察，确定电击死鉴定最佳的组织取材部位。方法：选取23例明确手－足路径电击死者，明确死于交通事故颅脑损伤和冠心病猝死者各10例为对照组。所有案例提取双腕上前内侧、双踝上后部等部位软组织，观察并分析其骨骼肌（SkMCs）和动脉血管平滑肌细胞（ASMCs）的核轴比变化。结果：23例电击死案例，年龄19～59岁，男性19例、女性4例，高压电击死3例，日用低压电击死20例，7例出现典型电流斑（31.18%），5例出现胸膜电击纹（22.7%）。电击死组的前腕、内踝的SkMCs和ASMCs细胞核拉长、扭曲，呈波浪样、栅栏状排列，其核轴比与对照组相同部位比较，有显著性差异（$P < 0.001$），而且ROC曲线分析，SkMCs和ASMCs的核轴比的诊断临界值为分别4.84、3.81。结论：手－足路径电击死的最佳取材部位应为机体电流路径中最狭窄位置，即腕、踝部位，这二处部位SkMCs和ASMCs细胞核的极向性拉长、靠近呈串珠状或直线状排列，为最具特征性和诊断价值的电损伤形态学变化。

【关键词】 法医量化病理学；电击死；腕踝部软组织；核极向化；新方法

A study on the application of the bran-new method of sampling and forensic for the identification of electrocution: 23 cases analysis

【ABSTRACT】 Objective: To confirm the optimal tissue sampling location of current injury combined with the histopathological observation in specific parts of electrocution based on previous animal experiments. Methods: Twenty-three human cases from the autopsy through the hand-to-foot circuit pathway were analyzed. Additional ten autopsy patients who died from

---

基金项目：2016年汕头大学医学院创新强校工程·重大项目培育计划NSFC青年基金培育项目（923－38040227）。

作者简介：苏锐冰，男，硕士，主要从事法医病理学研究；E-mail:surb520@ hotmail.com。

通讯作者：于晓军，男，法医学教授，主任法医师，博士研究生导师，博士后合作教授，主要从事法医病理学研究；E-mail:xjyu@ stu.edu.cn。

traffic accidents and sudden cardiac attacks were used as the control group. All cases were extracted the soft tissues from the upper anterior wrist and medial malleolus to further observe and analysis the L/S axis ratio of the nuclei of the skeletal muscle cells (SCs) and artery smooth muscle cells (ASMCs). Results: The age of the 23 eligible electrical deaths ranged from 19 to 59 years, including 19 cases were male and 4 cases were female. 3 cases were high-voltage 20 cases were low voltage. The occurrence rate of electric marks averaged 31.18% in all cases. The incidence of the classical arborizing pattern of fine branching was 36.4%, appearing on the pleura in 5 cases (22.7%). The nuclei of the SkMCs and ASMCs nuclei in the anterior wrist and medial malleolus within the electrical current pathway were obviously stretched, narrowed, and coalesced, presenting a nuclear polarization and arranging as line-like and moniliform patterns. The L/S axis ratio of those nuclei in the anterior wrist and medial malleolus were markedly increased as compared with the control group ($P < 0.001$). Through the ROC curve analysis, the critical diagnostic values of the L/S axis ratio of those nuclei were respectively 4.84 and 3.81. Conclusion: These findings suggest that the soft tissues of the anterior wrist and/or the medial malleolus, as the narrowest parts of the limbs, could be used as the sites for tissue sampling and considered as necessary locations for histopathological examinations to determine the electrocution in medicolegal identification.

【KEYWORDS】 forensic quantitative pathology; electrocution; soft tissues in anterior wrist and medial malleolus; nuclear polarization

近年来，工作和生活中意外电击、自杀和他杀电击死亡案件的发生率呈上升趋势[1]。据世界卫生组织统计，美国每年大约有1 000人死于电休克，而发生于低电压中的电休克占70%左右，其中多为家用电器触电所致[2]。在我国，电损伤占烧伤病人的6.56%，且死亡率很高[3-4]。传统的电击死鉴定主要依赖皮肤电流斑，结合系统法医病理学尸检、现案情、毒化检验等排除其他死因后，进行排除性推断。

但是在日常低电压的电击死尸检中，有2/3的电击案件中无法检见典型电流斑，特别是触电环境潮湿、电击死者生前出汗较多或者在水中，电流通过体表皮肤产生焦耳热减少，无法形成明显的电流斑，电击纹发生率更低。因此，即使经过详细地尸体解剖也不能发现明显电流损伤的痕迹，无法提供证明电击死的有效证据，传统的鉴定方式面临严峻的挑战[1,5-6]。此时，往往只能通过现场调查和案件追踪，从其他方面获取辅助证据，既缺乏科学性，鉴定错误率又高，甚至无法做出法医病理电击死的鉴定。本文在前期动物模型实验基础上[7-9]，结合电击死尸检案例的观察分析，进一步证实手－足电流路径中，肢体最狭窄的腕、踝部肌肉软组织的特征性电流损伤最显著，可作为鉴定电击死的最佳组织取材观察部位。

1 材料与方法

收集本单位系统尸检、法医病理鉴定、现场案情调查确定为手－足路径电击死案例23例。明确死于交通事故颅脑损伤或冠心病心脏性猝死各5例（排除死前电除颤抢救等接触电流情况）为对照组。

常规系统尸检提取器官组织标本之外，还需按电击死标准化规范取材。①定位：双腕上前内侧、双踝上后部（图1），为肢体躯干最狭窄、电流密度最大、电流损伤最重的部位。②沿着长轴方向（即电流传导方向）切取软组织块约 5 cm×3 cm×3 cm，包含局部骨骼肌、血管、神经、肌腱等软组织。③所有检材常规福尔马林固定、取材、脱水、石蜡包埋、切片、HE 染色。光学显微镜（DM2000，德国徕卡）观察骨骼肌（skeletal muscle cells，SkMCs）和动脉血管平滑肌（artery smooth muscle cells，ASMCs）形态学改变，每张切片在图像采集分析系统（Application Suite 4.0，德国徕卡）随机采集×200 倍的 SkMCs 和 ASMCs 照片各 5 张，各计算其 20 个细胞核轴比，即细胞核长/短径比值（the L/S axis ratio of the nuclear），计算平均值。所有结果重复计算 3 次。

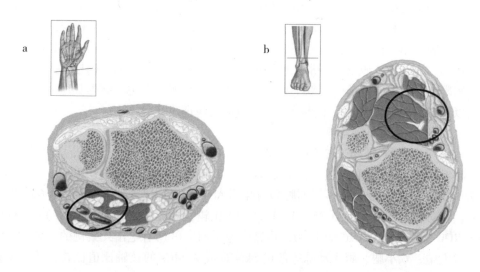

图 1　腕关节（a）和踝关节横截面（b）（黑色圆圈所指为取材部位）

另外，每个案例同时按上述方法提取双前臂、双上臂、双大腿、双小腿中段最粗部位和腹主动脉等相应部位软组织块，观测和计算其细胞核改变。存在电流斑和胸膜电击纹的案例提取相应局部软组织块，观察其病理改变。

统计学分析，计数资料表示为百分率，计量资料表示为均数±标准差，SPSS 16.0 软件进行 t 检验，检验水准 $\alpha = 0.05$（双侧）。MedCalc 13.0 软件绘制受试者工作特征（receiver operating characteristic，ROC）曲线，计算出判断点及 ROC 曲线下面积（area under ROC curve，AUC），分析 SkMCs、ASMCs 细胞核轴比的诊断电击死的价值和临界点。

2　结果

2.1　电击死案例一般资料

23 例电击死者年龄 19～59 岁，中位数 34 岁；男性 19 例（82.61%）、女性 4 例

（17.39%）；380 V 高压电击死 3 例、≤220 V 低压电击死 20 例；7 例可见典型电流斑（31.18%），其中 3 例高压电（100%）、4 例低压电（20.00%）；8 例存在电击纹，其中 5 例胸膜壁层（62.5%）、2 例胸壁（均为高压电）、1 例双下肢（12.5%）。

2.2 组织病理学改变及其量化分析

2.2.1 大体观察

23 例死者均颜面－颈－上胸淤血，眼球睑结膜淤血，口唇、指甲床发绀；脑、心、肺、肝、肾等全身内脏组织淤血，散在漏出性出血，呈明显上腔静脉回流综合征和一般急性死亡征象。其中，仅 7 例存在典型的皮肤电流斑。

2.2.2 组织学观察

电流斑区皮肤角质层、基底层聚集空泡、裂隙，可见细胞膜融合、境界不清，胞体、核极向化拉长栅栏状排列；真皮浅层疏松水肿淤血。前腕侧、内踝部肌间隙疏松淤血水肿，部分可见出血；骨骼肌纤维不规则扭曲、断裂，肌浆纵横纹模糊、消失呈均质化深嗜酸染色（蜡样变，waxy change），可见肌浆不规则凝集呈收缩带样变，肌浆外溢或流失呈肌膜空鞘，最特征性改变呈骨骼肌细胞核深嗜碱性固缩、拉长、靠近呈串珠状或线形排列；血管内皮脱落，平滑肌细胞核明显不规则拉长、扭曲，栅栏状排列；红细胞不规则凝集、附壁。双前臂、双上臂、双大腿、双小腿、腹主动脉等其他截面积较粗部位，以及各对照组均未发现上述类似电流损伤的病理改变（图2）。

2.2.3 胞核量化病理学观测

①前腕和内踝部 SkMCs 核轴比分别为 9.60 ± 1.34、11.56 ± 1.25，与对照组的 4.16 ± 0.40、3.71 ± 0.44 比较，差异显著 $P < 0.001$；SkMCs 核轴比 ROC 曲线分析，AUC 为 1.00，临界值为 4.84。②前腕和内踝部 ASMCs 核轴比分别为 5.88 ± 0.63、7.37 ± 1.83，与对照组的 2.65 ± 0.35、3.11 ± 0.40 比较，差异显著（$P < 0.001$）；ASMCs 核轴比 ROC 曲线分析，AUC 为 1.00，临界值为 3.81。③所有电击死案例的双前臂、双上臂、双大腿、双小腿、腹主动脉等部位 SkMCs 或 ASMCs 的核轴比值比较，均无统计学意义（$P > 0.05$）。（表1）

表1　23 个案例各个部位骨骼肌和动脉血管平滑肌的细胞核轴比值

部位	骨骼肌			动脉血管平滑肌		
	实验组	对照组	P	实验组	对照组	P
前腕	9.60 ± 1.34	4.16 ± 0.40	<0.001	5.88 ± 0.63	2.65 ± 0.35	<0.001
前臂	4.12 ± 0.51	4.18 ± 0.32	$=0.597$	3.11 ± 0.74	3.00 ± 0.43	$=0.524$
上臂	4.04 ± 0.60	3.84 ± 0.43	$=0.172$	3.16 ± 0.44	2.95 ± 0.54	$=0.148$
腹主动脉	—	—		3.03 ± 0.49	2.92 ± 0.54	$=0.433$
大腿	3.87 ± 0.37	3.64 ± 0.54	$=0.085$	3.29 ± 0.66	3.27 ± 0.56	$=0.915$
小腿	3.74 ± 0.61	3.85 ± 0.68	$=0.534$	3.19 ± 0.57	3.06 ± 0.44	$=0.359$
内踝	11.56 ± 1.25	3.71 ± 0.44	<0.001	7.37 ± 1.83	3.11 ± 0.40	<0.001

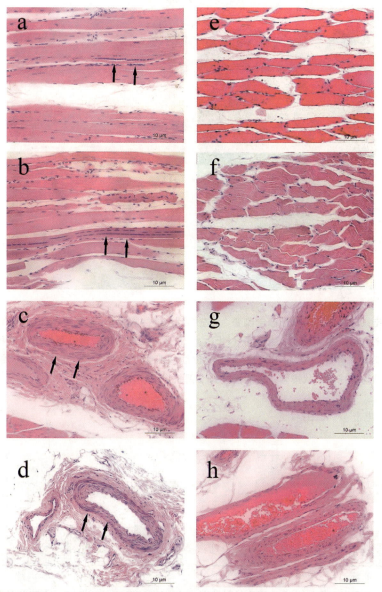

图2 电击死中骨骼肌和动脉内皮细胞的病理改变。骨骼肌动脉内皮细胞核极向化，明显拉长、缩窄、融合聚集，排列为直线状和/或串珠状图案（箭头）。a/c 电击死前腕部；b/d 电击死内踝部；e/g 对照组前腕部；f/h 对照组内踝部（HE×200）

2.3 胸膜电击纹

8 例出现电击纹，其中 5 例为胸膜电击纹，3 例为皮肤电击纹（2 例胸前壁，1 例下肢），多位于胸腔上外侧脏层胸膜呈横跨 3～4 条肋骨纵行走向的血管淤血纹，管腔麻痹样淤血，管壁散在空泡、裂隙，血管内皮脱落、平滑肌细胞核明显不规则拉长、扭曲，呈栅栏状排列，管周弥散炎细胞浸润。血管旁肋间肌肌浆嗜酸性深染，呈蜡样变，细胞核拉长融合，呈串珠样或核流状排列，核线性拉长（图2、图3）。

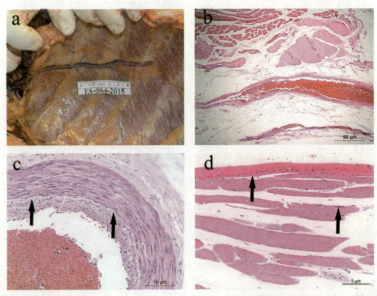

图3 胸膜电击纹的大体和组织形态学改变。a 左胸腔上外侧胸膜2-4肋间纵行血管淤血纹；b 血管麻痹样淤血，管周弥散炎细胞浸润（HE，×40）；c 血管内皮脱落、平滑肌细胞核明显不规则拉长、扭曲（箭头，HE，×200）；d 该部位肋间肌浆嗜酸性深染，呈蜡样变，细胞核拉长融合，呈串珠样或核流状排列，核线性拉长（箭头，HE×400）

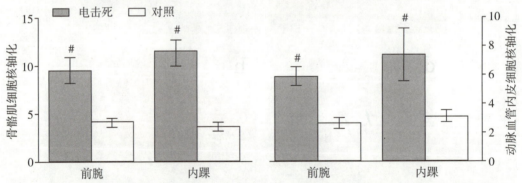

图4 电击死中骨骼肌和动脉内皮细胞核轴比的变化。电流通路中的前腕、内踝部的骨骼肌和动脉内皮细胞核的轴比，与对照组相比显著增加（#$P<0.001$）。

3 讨论

近年来，电击死鉴定的研究报道较多，大多数仍依赖于传统的尸检形态学改变，如电流斑表皮细胞极性化等，但单纯热损伤、冻伤、极性溶液腐蚀等也可形成类似改变[10]。此外，一些研究引用新技术辅助检验，如扫面电镜能谱、免疫组化、定量PCR、原子吸收光谱、傅里叶变换红外光谱、金属离子含量检测等指标[11-14]。然而，电击死案例只有约30%出现典型的电流斑，而且多数无电流斑检测技术高端，难以普及。因此，探讨更准确、简单的常规病理组织学鉴定电击死的方法，乃是法医学界追求的理想目标。

本课题组前期基于自制研发的八通道生物体组织电流电压检测仪，建立大鼠肢体路径电击死模型，证实了最常见手－足路径，大鼠前后肢最狭窄部位（相当于人体腕踝部）的电流和电压值最大，骨骼肌和动脉血管平滑肌极性化最明显，核轴比与对照组比较差异显著，提出了显微体视学软件计算平滑肌、骨骼肌的核轴比，作为电流损伤的量化组织病理学指标[7-9,15]。汪家文、于晓军等[16]等报道了明确手－足部位电流路径的电击伤幸存者，全身皮肤多处电流斑，但腕踝部软组织电损伤最重，呈局部大块软组织坏死，需植皮手术修复，甚至截肢手术治疗，提示电损伤最严重的部位发生于电流路径中腕踝部最狭窄的部位。

本文观测了23例电击死者的前腕、内踝部的骨骼肌和动脉血管平滑肌细胞核明显拉长，固缩、融合聚集，呈线状和/或串珠状极性化排列，核轴比与对照组案例比较差异显著（$P<0.05$），经ROC曲线分析，骨骼肌和动脉血管平滑肌的核轴比分别大于4.84、3.81，可作为电击死的诊断依据，证实了电流倾向于沿着电阻较小的骨骼肌或血管传导。鉴于腕踝部是人体最细小的部位，特别是在其横截面上，电阻大的骨骼（尺桡骨、胫腓骨）面积构成比亦最大（60%～70%），而电阻小的骨骼肌和血管等软组织亦相对最小，为30%～40%（图4）。因此，基于生物组织电流损伤程度与其电子密度成正比的原理，在最常见的手－足、手－手、足－足电流路径的电击死案例中，前腕和内踝部软组织电流损伤最严重，可作为电击死鉴定最佳取材部位。

骨骼肌和动脉血管平滑肌的细胞核极性化改变最明显，可能是电流路径中组织细胞微环境的物理学、化学和生物学作用的结果。例如：①电穿孔和电介质击穿作用，细胞膜通透性增加甚至破裂，并电离作用和电解反应引起细胞内外离子、分子等物质移动。②主要成分为DNA的细胞核呈苏木素染料着色的嗜碱性负电荷，在快速定向运动的负电荷电子流作用下，发生同性相斥的电磁反应。③电焦耳热作用的化学反应、生物代谢等，综合导致局部细胞体，特别是细胞核拉长，呈胞核轴比增大，相应物质位移呈线形、串珠样或"栅栏"状排列，即极向化改变。同时，横纹肌细胞纵横纹模糊消失蜡样变的胞浆均质化[17]。骨骼肌等组织细胞融合和肌浆嗜酸性均质化现象，可能与细胞膜电穿孔效应有关。在脉冲电压下，膜内电场跨膜电位的增加引起电荷分离，致使分子团转向或重组，打破细胞脂质膜局部共价键结合，使得细胞膜局部重组，而发生电穿孔和肌原纤维蛋白凝集现象[18]。肌浆收缩带现象，可能是电刺激肌原纤维不同步或不均一收缩，以至于肌纤维和或肌原纤维不规则拉断、凝集所致[13]。这些组织细胞的变化机理尚需进一步研究证实。

尽管电击纹的出现率较低，但作为电流损伤的特征性改变之一，多位于皮肤表面，一般1 000 V以上高电压或雷击超高压电才能形成[1,6]。于晓军等[19]首次报道了4例电击死出现胸膜电击纹的现象，其位于左右胸腔上外侧壁层胸膜下，横跨3～4个肋骨纵行走向的淤血扩张血管纹理，局部肋间肌和血管呈典型的电流损伤改变；2007年，还首次报道了1例右手－右足路径电击伤的幸存者[16]，X线示右胸部血管纹理弥漫增强，认为其属于胸膜电击纹的影像学表现。本文23例电击死中有5例出现胸膜电击纹，3

例出现皮肤电击纹,进一步证实了胸膜电击纹的发生率可能较皮肤电击纹高,具有特征性诊断价值。其原因可能是,同样属于电流路径上的血管麻痹性扩张淤血,但是,由于浆膜呈菲薄透明的单层扁平细胞膜,易显露电损伤淤血扩张的血管纹理,而皮肤特别是真皮厚而致密,可掩盖较细小的电流损伤扩张淤血的皮下血管。关于胸膜电击纹的血管解剖学来源,认为可能为电流损伤充血扩张的生理性闭合的胸壁内面小血管。

4 结论

在最常见的手-足路径触电路径中,肢体最狭窄部位的腕踝部的低电阻软组织,截面构成最小,电流密度最大,电流损伤最重,因而,腕踝部应为电击死的最佳取材部位,其骨骼肌、动脉血管平滑肌细胞核极向化变化,以及胸膜电击纹均是电流损伤最具诊断价值的特征性改变。

参考文献

[1] 丛斌,官大威,王振原,等. 法医病理学[M]. 5版. 北京:人民卫生出版社,2016:333-358.

[2] 黄平,邹冬华,陈忆九. 法医病理学研究前沿[M]. 北京:科学出版社,2015:132-136.

[3] 钟敏华,赵崇华. 国内84家医院9695例电烧伤病人流行病学资料分析[J]. 中华整形烧伤外科杂志,1993,9(6):417-418,478.

[4] WANG SY, LI YH, CHI GB, et al. Injury-related fatalities in China: an under-recognised public-health problem [J]. Lancet, 2008, 372 (9651): 1765-1773.

[5] ZHANG P, CAI S. Study on electrocution death by low-voltage [J]. Forensic Sci Int, 1995, 76 (2): 115-119.

[6] TAKAMIYA M, SAIGUSA K, NAKAYASHIKI N, et al. A histological study on the mechanism of epidermal nuclear elongation in electrical and burn injuries [J]. Int J Legal Med, 2001, 115 (3): 152-157.

[7] 赖小平,于晓军,刘福其,等. 电击伤最佳病理取材部位的初步研究[J]. 中国法医学杂志,2006,21(6):343-346,395.

[8] 汪家文,于晓军,郭庆,等. 八通道生物体组织局部电流电压检测仪研制及应用[J]. 中国医学物理学杂志,2008,25(3):685-689.

[9] XU G, SU R, LV J, et al. Anterior wrist and medial malleolus as the novel sites of tissue selection: a retrospective study on electric shock death through the hand-to-foot circuit pathway [J]. Int J Legal Med, 2017, 131 (3): 677-683.

[10] XU X, XU H, ZHU J, et al. A preliminary study of skin electrical injury with computerized image analysis [J]. Forensic Sci Int, 1995, 73 (3): 197-202.

[11] 李万军,万立华. 电击伤与电击死的法医学研究进展[J]. 中国法医学杂志,2007,22(6):393-395.

[12] 杨超朋,肉孜·巴依斯,田雪梅,等. 无电流斑电击伤的研究进展[J]. 中国法医学杂志,2012,27(5):376-378.

[13] BIELEFELD L, MIERDEL K, POLLAK S, et al. Electrothermic damage to the nail due to arcing in high-voltage discharge [J]. Forensic Sci Int, 2013, 233 (1-3): 149-153.

[14] ZHANG J, LIN W, LIN H, et al. Identification of skin electrical injury using infrared imaging: a possible complementary tool for histological examination [J]. PLoS One, 2017, 12 (1): e0170844.

[15] XU G, SU R, LV J, et al. Anterior wrist and medial malleolus: the optimal sites for tissue selection in electric death through hand-to-foot circuit pathway [J]. Int J Legal Med, 2017, 131 (2): 433-439.

[16] 汪家文, 于晓军, 徐广涛. 1例活体电击伤的电流路经分析 [J]. 中国法医学杂志, 2007, 22 (4): 287-288, 290.

[17] TOYGAR M, DEMIREL B, KARSLIOGLU Y, et al. Nuclear morphometry in epidermal changes due to electrical current and thermal energy: trial for usage of image analysis in histological sections [J]. Am J Forensic Med Pathol, 2010, 31 (3): 227-231.

[18] 肖华娟. 细胞膜电穿孔现象机理研究 [D]. 北京: 中国科学院研究生院（电工研究所）, 2004.

[19] 于晓军, 吴德清, 刘卯阳. 胸腔"浆膜电击纹"4例分析 [J]. 法医学杂志, 2004, 20 (2): 96-97.

青壮年猝死综合征病例 PKP2 基因突变的检测

肖碧[1]　杨宇雷[1]　孟航[1]　林俊毅[2]　赵子琴[2]　沈忆文[2]　马开军[1]　张明昌[2]

(1. 上海市公安局物证鉴定中心、上海市现场物证重点实验室，上海，200083；2. 复旦大学法医学系，上海，200032)

【摘　要】　目的：研究中国人青壮年猝死综合征（SMDS）病例是否存在 PKP2 基因的变异。方法：应用直接测序技术对 25 例 SMDS 散发案例的心肌组织进行 PKP2 基因变异的检测，用 Mutation Taster，Polyphen 以及 SIFT 软件对检出的 PKP2 基因突变进行致病性分析。结果：在 25 例 SMDS 案例心肌组织中发现 c.T1097C 和 c.G2072A 两个突变位点。结论：中国人 SMDS 案例中存在 PKP2 基因变异，这些变异可能与部分 SMDS 的发生相关。

【关键词】　法医病理学；青壮年猝死综合征；PKP2 基因突变

Mutations of plakophilin-2 in sudden manhood death syndrome in the Chinese han population

【ABSTRACT】　Objective：Sudden manhood death syndrome（SMDS）remains a puzzle in forensic medicine. Plakophilin-2（PKP2）has been linked to arrhythmogenic right ventricular cardiomyopathy（ARVC）which may cause life-threatening ventricular arrhythmias and sudden death. Fatal arrhythmias resulting in sudden death also occur in the absence of morphologic cardiac abnormalities at autopsy. We hypothesized that PKP2 mutations may be responsible for certain Chinese SMDS cases. Methods：We sequenced all exons of PKP2 in DNA extracted from post-mortem heart tissues of 25 Chinese patients dying from SMDS. Mutation damage prediction was made using Mutation Taster and PolyPhen software. Results：In 2 of 25 cases of Chinese SMDS samples，Two PKP2 mutations（c.T1097C，c.G2072A）were identified. Conclusions：We concluded that DSG2 mutations may be related to the

---

基金项目：国家自然科学基金青年项目（81501630），上海市刑事科学技术研究院现场物证重点实验室开放课题（2016XCWZK20）。

通讯作者：张明昌，男，博士，副研究员，副主任法医师，主要从事心源性猝死的法医病理学研究；E-mail：071101048@ fudan. edu. cn。

occurrence of part of SMDS cases in the Chinese Han population.

【KEYWORDS】 forensic pathology; sudden manhood death syndrome; desmoglein-2 mutation.

青壮年猝死综合征（sudden manhood death syndrome，SMDS）是一种发生于青壮年的原因不明的猝死病征，其猝死机制尚未完全阐明，且并无特异性病理学诊断依据，主要通过排除法进行死因诊断，故常引起司法纠纷。随着分子遗传学的不断深入，发现PKP2 基因突变可能与部分西方人群 SMDS 的发病机制相关。本研究拟在调查 PKP2 基因突变与中国汉族人群 SUNDS 发生的相关性。

1 材料与方法

1.1 材料

收集复旦大学上海医学院司法鉴定中心受理的 25 例 SMDS 案例心肌组织。病例入选标准：①生前身体健康，发育营养良好；②年龄为 17～60 岁；③死因鉴定未查见足以解释死因的病理学变化。排除标准：①排除物理、化学、生物及机械等暴力因素致死的病例；②排除有明确死因或生前患有冠状动脉粥样硬化性心脏病、心肌炎、心肌病等器质性心脏疾病及高血压、糖尿病和其他代谢性疾病病例；③排除死因可疑病例。

另外收集复旦大学上海医学院司法鉴定中心受理的 25 例明确死亡原因为非心源性且无器质性心脏疾病的死亡案例的心肌组织作为对照组。

2.2 方法

心肌组织 DNA 的提取及后续测序过程均由上海捷易生物科技有限公司完成。测序结果用 ClustalX 软件进行多序列比对，与 Genebank 人类 PKP2 标准序列（NCBI ID：NM_004572.3）对比，检测到的突变序列采用重复测序验证，以保证结果的准确性，分析突变所导致的氨基酸改变。再以无器质性心脏疾病的死亡案例的心肌组织提取的 DNA 为对照进行测序，以排除基因突变的遗传多态性，应用 Mutation Taster 和 PolyPhen 软件对最终筛选出来的基因突变进行致病性分析。

2 结果

在 25 例 SMDS 的心肌组织中发现了 2 个 PKP2 基因突变（8%）。2 个 PKP2 基因突变均是错义突变。其中一个错义突变是 c.T1097C（L366P）（图 1），应用 Mutation Taster 和 PolyPhen 软件分析，均认为该突变是致病性的；另一个错义突变是 c.G2072A（R691Q）（图 2），应用 Mutation Taster 和 PolyPhen 软件分析，均认为该突变是良性的。在 25 例对照样本中没有检测到以上 2 个基因突变。

3 讨论

SMDS 是一类好发于亚裔青壮年男性的猝死病症。该病症的名称各国有所不同，在泰国称为 hi Tai（睡眠之死），在菲律宾称为 Bangungut（睡眠猝死时尖叫），而在日本称为 Pokkufi（夜间意外猝死）。SMDS 的特征是：猝死者多为男性，年龄在 20～49 岁

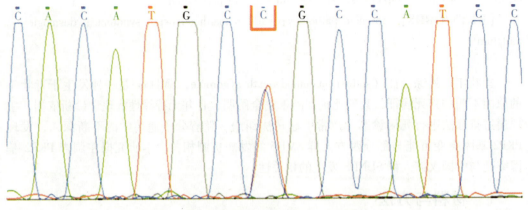

图1　PKP2基因错义突位点：c. 1097T＞C

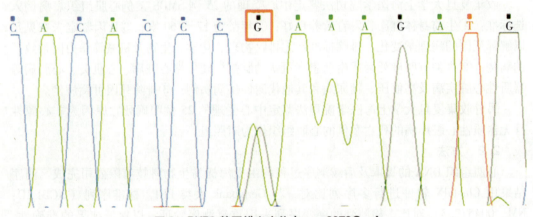

图2　PKP2基因错义突位点：c. 2072G＞A

之间，死亡多发生于夜间睡眠状态，死前多数伴有呼吸困难、呻吟、打鼾等，尸体解剖难以获得可解释死因的病理学证据。

近年来的研究表明，猝死的发生率占各种死亡的1%～3.6%，而心源性猝死（sudden cardiac death，SCD）占猝死的66%～80%，故目前部分SMDS病例被高度怀疑为心源性猝死。据报道，一些存在潜在致命性的遗传性离子通道疾病，如长QT间期综合征（long QT syndrome，LQTS）、多态性室性心动过速（catecholaminergic polymorphic ventricular tachycardia，CPVT）以及Brugada综合征（BrS）与SMDS的发生相关[1-2]，在常规法医学解剖及病理检查中也难以发现这些疾病病人的心脏有明显的组织形态学异常。因而，法医学工作者在遇到类似病例时只能是根据多种因素推测死者出现了致命性心律失常。随着分子生物学技术的不断发展，尤其是基因检测技术的广泛应用，在多种离子通道疾病中均发现了相关的致病性基因突变，例如，与LQTS相关的致病基因主要有KCNQ1、KCNH2、SCN5A、KCNE1和KCNE2，约有75%的LQTS病人可检测到基因突变[3]；CPVT主要的致病基因为RYR^2（cardiac ryanodine receptor），有50%～60%的CPVT是由RYR^2基因突变引起[4]；BrS的相关致病基因为SCN5A，约有20%的BrS病人携带致病性的基因突变[5]。因此，通过对不明原因猝死综合征（sudden unexplained death syndrome，SUDS）病例死后的基因检测（针对各离子通道疾病的相关基因），也即分子解剖技术，则有可能发现致病性突变基因，从而可以解释部分 SUDS 病例的死亡机制[6-7]。自 1999 年以来，Ackerman[8]、Chugh[7]、Di Paolo[9]、Tester[3]、Liu[10]、Hertz[11]、Huang[12]等人相继在 SUDS 病例标本中检测出与 LQTS、BrS、CPVT 疾病相关的基因突变。

在心肌闰盘处有 3 个重要的细胞连接，分别为缝隙连接、黏着连接以及桥粒。缝隙连接（GJ）主要涉及细胞间动作电位或兴奋的传导，而黏着连接和桥粒对于维持细胞结构的完整和稳定起着重要作用。桥粒包含 3 类蛋白家族：桥粒钙黏蛋白（desmogleins，DSG 和 desmocollins，DSC）构成细胞连接的接触面；armadillo 家族成员（plakoglobin，JUP 和 plakophilin，PKP）形成连接处的膜下斑块；桥粒斑蛋白（desmoplakin，DSP）则为胞浆内部结构。其中 PKP 在维持各个连接的稳定方面起着重要作用。PKP 蛋白分布于细胞间桥粒斑块以及细胞核内，包括 3 个亚成员：PKP1、PKP2、PKP3。PKP1 主要分布于复层上皮细胞的桥粒斑块内，PKP3 分布于绝大多数单层及复层上皮细胞桥粒内，而 PKP2 分布最广，除上皮组织外，还分布于心肌组织的桥粒斑块内。

目前，桥粒蛋白被认为与致心律失常性右室心肌病（arrhythmogenic right ventricular cardiomyopathy，ARVC）密切相关，ARVC 为一种遗传性心肌紊乱疾病，临床表现主要为致命性室性心律失常、昏厥、猝死，病理特征为心肌细胞变性退变，心肌组织被纤维脂肪组织替代。研究显示，约 50% 的 ARVC 病人可检测到桥粒蛋白基因突变，其中，最常见的为 PKP2 基因突变（10% ~ 45%）[13]，其次为 DSP（10% ~ 15%），DSG2（7% ~ 10%），DSC2（2%）。ARVC 病例心肌组织中纤维脂肪组织病变一直被认为是导致 ARVC 病人致命性室性心律失常的原因，但有研究发现，一些 ARVC 病人的心肌组织并没有出现明显结构改变，却仍能发生致命性室性心律失常，甚至心源性猝死[14]。因而我们推测，桥粒蛋白变异可以导致 SMDS 的发生。在前期研究中，我们在西方人群 SMDS 病例中发现了 PKP2 基因及 DSG2 基因突变[15-16]。本次研究，在 25 例中国人群 SMDS 病例中也发现了 2 个 PKP2 基因突变（c.T1097C，c.G2072A），均为错义突变，经 Mutation Taster 和 PolyPhen 软件分析，其中一个 PKP2 基因突变（c.T1097C）具有致病性，另一个 PKP2 基因突变（c.G2072A）是良性的。

本研究揭示，中国人 SMDS 病例存在 PKP2 基因突变，并提示 PKP2 基因结构的异常可能与部分 SMDS 的发病机制相关。

参考文献

[1] KAUFERSTEIN S, KIEHNE N, JENEWEIN T, et al. Genetic analysis of sudden unexplained death: a multidisciplinary approach [J]. Forensic Sci Int, 2013, 229 (1-3): 122-127.

[2] CAMPUZANO O, ALLEGUE C, BRUGADA R. Gnetics of sudden unexplained death [J]. Med Clin (Barc), 2013, 142 (6): 265.

[3] TESTER D J, ACKERMAN M J. Postmortem long QT syndrome genetic testing for sudden

unexplained death in the young [J]. J Am Coll Cardiol, 2007, 49 (2): 240-246.

[4] PRIORI S G, NAPOLITANO C, MEMMI M, et al. Clinical and molecular characterization of patients with catecholaminergic polymorphic ventricular tachycardia [J]. Circulation, 2002, 106 (1): 69-74.

[5] PRIORI S G, NAPOLITANO C, GASPARINI M, et al. Clinical and genetic heterogeneity of right bundle branch block and ST-segment elevation syndrome: a prospective evaluation of 52 families [J]. Circulation, 2000, 102 (20): 2509-2515.

[6] ACKERMAN M J, TESTER D J, DRISCOLLl D J. Molecular autopsy of sudden unexplained death in the young [J]. Am J Forensic Med Pathol, 2001, 22 (2): 105-111.

[7] CHUGH S S, SENASHOVA O, WATTS A, et al. Postmortem molecular screening in unexplained sudden death [J]. J Am Coll Cardiol, 2004, 43 (9): 1625-1629.

[8] CHENG J, MAKIELSKI J C, YUAN P, et al. Sudden unexplained nocturnal death syndrome in Southern China: an epidemiological survey and SCN5A gene screening [J]. Am J Forensic Med Pathol, 2011, 32 (4): 359-363.

[9] DI PAOLO M, LUCHINI D, BLOISE R, et al. Postmortem molecular analysis in victims of sudden unexplained death [J]. Am J Forensic Med Pathol, 2004, 25 (2): 182-184.

[10] LIU C, ZHAO Q, SU T, et al. Postmortem molecular analysis of KCNQ1, KCNH2, KCNE1 and KCNE2 genes in sudden unexplained nocturnal death syndrome in the Chinese Han population [J]. Forensic Sci Int, 2013, 10; 231 (1-3): 82-87.

[11] HERTZ C L, CHRISTIANSEN S L, FERRERO-MILIANI L, et al. Next-generation sequencing of 34 genes in sudden unexplained death victims in forensics and in patients with channelopathic cardiac diseases [J]. Int J Legal Med, 2015, 129 (4): 793-800.

[12] HUANG J, WANG X, HAO B, et al. Genetic variants in KCNE1, KCNQ1, and NOS1AP in sudden unexplained death during daily activities in Chinese Han population [J]. J Forensic Sci, 2015, 60 (2): 351-356.

[13] VAN TINTELEN J P, ENTIUS M M, BHUIYAN Z A, et al. Plakophilin-2 mutations are the major determinant of familial arrhythmogenic right ventricular dysplasia/cardiomyopathy [J]. Circulation, 2006, 113 (13): 1650-1658.

[14] KAPLAN S R, GARD J J, CARVAJAL-HUERTA L, et al. Structural and molecular pathology of the heart in Carvajal syndrome [J]. Cardiovasc Pathol, 2004, 13 (1): 26-32.

[15] ZHANG M, TAVORA F, OLIVEIRA J B, et al. PKP2 mutations in sudden death from arrhythmogenic right ventricular cardiomyopathy (ARVC) and sudden unexpected death with negative autopsy (SUDNA) [J]. Circ J, 2012, 76 (1): 189-194.

[16] ZHANG M, XUE A, SHEN Y, et al. Mutations of desmoglein-2 in sudden death from arrhythmogenic right ventricular cardiomyopathy and sudden unexplained death [J]. Forensic Sci Int, 2015, 255: 85-88.

家猪死后脑组织 GC-MS 检测和死亡时间推断的研究

李嘉敏　苏锐冰　王典　于晓军

（汕头大学医学院法医学教研室，广东汕头，515041）

【摘　要】　目的：利用 GC-MS 检测家猪死后脑组织中代谢产物的时序性变化规律来推测其死亡时间。方法：成年家猪大脑置于 25 ℃、75% 人工气候箱，于 0 ～ 84 h 间隔 6 h 取材，制备匀浆液衍生化后 GC-MS 检测。结果：PCA 示平台期和窗口期的时间点彼此分开。PLS 模型 VIP 值法和 Kruskal-Wallis 检验筛选出 18 种重要的生物标志物，线性回归模型和参数检验均有统计学意义。多元回归方程为：$Y_{PMI} = 6.610 + 16.29X_{+八烷酸} + 14.56X_{5-氨基缬草酸} + 5.517X_{L-丙氨酸}$（$r^2 = 0.909$、$SE = 6.323$）或 $Y_{PMI} = 15.78 + 9.690X_{5-氨基缬草酸} + 86.45X_{L-亮氨酸} - 82.35X_{甘氨酸}$（$r^2 = 0.952$、$SE = 4.271$）。结论：GC-MS 检测出多种产物与 PMI 之间存在显著相关性，证实了其理论和技术推断 PMI 的可行性，综合多指标多元逐步回归分析和应用 PCA 和 PLS-DA 等多元模式分析方法建立 PMI 推断模型，可得出生化物质降解规律，提高推断的准确性和精确度。

【关键词】　法医病理学；死亡时间；尸体化学；代谢组学；脑

The study on the change of metabolites in the brain pig's tissue with the technology of GC-MS for PMI estimation

【ABSTRACT】　Objective：We performed a study to detect the relationship between the change of metabolites and the time of death in the brain tissue of pig with the technology of GC-MS for the estimation of postmortem interval (PMI). To accurately determine the time of death (Postmortem Interval, PMI) is an important research topic. Methods：The adult pig

---

基金项目：国家自然科学基金项目（81072508）；"十二五"国家科技支撑计划项目子课题（2012BAK02B02）。

作者简介：李嘉敏，女，硕士研究生，研究方向为法医病理学和法医临床学；E-mail:10jmli1@stu.edu.cn。

通讯作者：于晓军，男，法医学教授/主任法医师，博士研究生导师，博士后合作教授，主要从事法医病理学研究；E-mail:xjyu@stu.edu.cn。

brains, placed in a 25 ℃ and 75% humidity artificial climate box, were collected by 6 h interval from 0 – 84 h and analyzed with GC-MC. Results: PCA model shows that the time points of the platform and window periods are separated from each other. The PLS model-VIP value method and Kruskal-Wallis test screened 18 important biomarkers, and the linear regression model and parameter test were statistically significant. The multiple regression equation is $Y_{PMI} = 6.610 + 16.29X_{octadecanoic\ acid} + 14.56X_{5-aminovaleric\ acid} + 5.517X_{L-alanine}$ ($R^2 = 0.909$、$SE = 6.323$) 或 $Y_{PMI} = 15.78 + 9.690X_{5-aminovaleric\ acid} + 86.45X_{L-leucine} - 82.35X_{glycine}$ ($R^2 = 0.952$、$SE = 4.271$). Conclusion: There is a significant correlation between products detected with GC-MS and PMI, confirming the feasibility of the GC-MS theory and technology in inferring the PMI. Comprehensive multi-index multiple stepwise regression analysis and the application of PCA and PLS-DA multivariate pattern analysis methods, establishing PMI inference model, could discern biochemical material degradation rule to improve the accuracy and veracity of the PMI inference.

【KEYWORDS】 forensic pathology; PMI; thanatochemistry; metabolomics; brain

死亡时间（postmortem interval, PMI）推断在各类刑事案件侦破中具有重要证据价值，一直是法医学备受关注的历史性难题。准确地推断PMI，对确定案发时间，认定和排除嫌疑人有无作案时间，划定侦查范围乃至案件的最终侦破均有重要意义。此外，对于判定案件性质、还原案件真实过程以及财产继承、保险理赔等各方面也有一定的意义[1,2]。本研究以家猪脑组织为实验对象，采用"六定"（定温、定时、定位、定量、定比、定期）规范化取材方法进行样品采集、80%乙醇固定，甲醇提取GC-MS检测，利用PLS和PLS/OPLS-DA建立模型，与传统方法线性回归分析进行比较，初步探讨其在PMI推断的应用价值。

1 材料

1.1 实验标本与主要试剂

实验标本：来自汕头市某屠宰场失血性休克死后健康成年家猪（4月龄，体重120～150 kg）。选取其完整大脑组织共计16个。提取后，保湿冷藏储运至实验室。

主要仪器与试剂：气相质谱联用仪（7890A - 5975，美国Agilent公司）、DC - 12 - DA干浴氮吹仪（上海安谱科学仪器有限公司）；甲醇（色谱纯，美国Thermo Fisher Scientific公司）、N - 特丁基二甲基硅烷基 - N - 甲基三氯乙酰（美国Regis公司）、乙腈（色谱纯，上海晶纯生化科技股份有限公司）、吡啶（色谱纯，上海晶纯生化科技股份有限公司）、二氯甲烷（色谱纯，上海晶纯生化科技股份有限公司）、DL - 正亮氨酸（美国Sigma公司）等。

1.2 家猪脑组织实验标本前处理

将16个猪脑逐个置于装有蒸馏水的烧杯中，轻轻冲洗2～3次，擦净表面水分。清洗后，放在干净的托盘上，置于人工气候箱内，生理盐水润湿纱布覆盖。脑组织分离完成离家猪死亡约6 h，以此为第一时间点，并按"六定"规范取材。

1.3 "六定"规范取材

在本课题组前期组织生物力学标准化取材规范基础上,建立"六定"组织取材处理规范,避免解剖位置、组织结构和形态等因素的影响,以期获得可重复性的实验结果。

定温:家猪脑组织标本放置于25 ℃恒定温度的人工气候箱。定时:根据前期预实验结果和脑组织自溶腐败性状改变的规律,取材时间时限设计 PMI 间隔时间 6 h / 96 h,即 0 h、6 h、12 h、…、84 h 共 15 个时间组。定位:取材按额、颞、枕等区域按一定比例(灰质和白质比例控制约1:1)。定量:取 1.0 g 于 5 mL 塑料离心管中,在冰上低温匀浆约 2 min 后,100 mg 匀浆液分装于 1.5 mL 塑料离心管中,用于提取检测,于 -80 ℃ 备用。定比:按 1:10 质量/体积比加 80% 乙醇固定液,兼作为组织固定液和腐败物质提取液。定期:标本均室温放置固定-萃取 72 h,分离提取待检。

1.4 样品上机前处理和检测

将 80% 乙醇固定 3 天的脑组织 4 ℃ 12 000 r/min 离心 15 min,取上清液 100 μL 于新的 1.5 mL 塑料离心管中;倒掉多余上清液,再向下层沉淀中加入 1 mL 甲醇溶剂,涡旋振荡 2 min,4 ℃ 12 000 r/min 离心 15 min,再次取上清 100 μL 加入前一管中,混匀,共计 200 μL。在混合上清液中加入 400 μL 乙腈,4 ℃ 12 000 r/min 离心 3 min,取上清 100 μL 于 GC 样品瓶中,并加入 20 μL 0.5 mmol/L 正亮氨基酸(DL-norleucine)内标物;在氮吹仪 70 ℃ 条件下氮气吹干约 30 min,-20 ℃ 保存待测。上机前将上述处理好的 GC 样品瓶移出恢复至室温,加入 50 μL 二氯甲烷,在氮吹仪 70 ℃ 条件下氮气吹干约 15 min,加入 50 μL 最佳反应媒介和 50 μL N -(叙丁基二甲基硅烷基)-N - 甲醛三氟乙酰胺(MTBSTFA),混匀,在微波炉最佳反应温度反应最佳时间,室温下放置 1 h 后,进样上机。

1.5 GC-MS 检测条件

(1) 色谱条件:不分流进样。系统载气及流速:氦气 1 mL/min。进样口温度 175 ℃,接口温度 280 ℃,离子源温度 230 ℃。升温程序见表1。进样量 1 μL。

表1 GC-MS 色谱柱程序升温

升温速度/℃·min^{-1}	温度/℃	保留时间/min	总时间/min
	60	2	2
20	120	15	20
10	155	0	23.5
6	300	10	57.7

(2) 质谱条件:溶剂延时 10 min;电离方式 EI;电子能量 70 eV;质谱扫描范围:m/z 为 40 ~ 650;全扫描方式。

1.6 数据处理和统计分析方法

运用 R 语言软件 2.7.2 进行质谱数据提取,SIMCA 13.0 进行模式识别;使用 NIST MS SEARCH 2.0 软件对质谱数据进行物质定性鉴定,Aglient Enhanced ChemStation 软件对色谱数据进行选择离子峰面积定量，结果以"均数±标准差"表示。采用 GraphPad Prism 7 绘制散点趋势图，SPSS 16.0 统计分析软件进行线性回归分析和 Kruskal-Wallis 检验等。检验的显著性水平定义为：$P<0.05$ 为差异有显著性。

2 结果

2.1 代谢物谱分析与物质定性定量

在 NIST 数据库进行物质定性，当匹配度大于 900 且可能性大于 80%，表明该物质的结果具有一定的可靠性。在 3 个温度组所有 PMI 时间里共得到 38 种代谢物，其中包含了如氨基酸及其派生物、有机酸、核酸、脂肪酸和固醇等，构成了家猪脑组织腐败降解过程中的代谢物谱，包括 22 种氨基酸及其派生物、9 种有机酸和脂肪酸、2 种胺类物质、3 种核酸类物质，其他还有乙醇胺、甘油、胆固醇。物质定性后，通过总离子流色谱图对各个峰进行选择离子积分得各物质的峰面积，以内标峰面积校正，得出所有物质的相对含量。

2.2 模式识别：总代谢物质的降解规律

2.2.1 PCA 分析

GC-MS 检测数据通过 R 语言软件提取可分辨峰，去除衍生化副产物峰并进行归一化处理后，采用 SIMCA 13.0.3 软件进行主成分分析（PCA），通过得分散点图来判断各 PMI 总降解产物含量是否存在差异，其中，R^2X（模型解释度）>0.5，Q^2（模型预测值）>0.5 表示模型拟合较好[62]。PCA 分析显示，$R^2X=0.813$，$Q^2=0.603$。其中，主成分 t1 的贡献率为 0.564，主成分 t2 的贡献率 0.088，累积贡献率 0.756。其主成分 t1 和主成分 t2 得分散点图如图 1 所示。可以清楚看出，按照划分的时间点，0～18 h 时间点散点分布很集中，与其他时间点分布明显分开，说明该时间组组内代谢物质含量变异较小；24～36 h 散点分布也比较集中，与其他时间分组能很好分开，仅尾部与下一时间略有交叉；42～60 h 与 66～84 h 分布更散，时间分组交叉较多，说明后 2 个时间分组组内代谢物质含量变异较大，而且较难区分开。

2.2.2 PLS 回归分析

使用偏最小二乘回归分析 PLS 进行建模分析，最终得到一个 3 组分的 PLS 模型，模型参数：$R^2X=0.620$，$R^2Y=0.927$，$Q^2=0.914$。其 t1 – t2 得分散点图如图 2 所示。可以清楚看出，其与 PCA 效果相当。模型的 Y Predicted Plot 和排列试验结果如图 2 所示，均表示该模型是可接受的，Y Predicted Plot 的回归曲线为 $Y=1.0003X+0.3163$（$R^2=0.9273$）。进一步通过 VIP 值和 Kruskal-Wallis 检验筛选出重要的生物标志物质，如表 2 所示，共有 18 种物质的 $VIP>1$，即这 18 种物质对 PLS 模型建立的贡献比较大。

2.2.3 回归分析

简单线性回归分析：将上述 18 种物质与 PMI 做出散点图，并进行简单线性回归分析，计算出各个回归模型的 R^2 和 SE，进一步筛选出线性关系较好的物质。如表 2 所示，这 18 种物质单个的回归模型和参数检验均有统计学意义，而且 R^2 和 SE 大小顺序与其 PLS 回归模型的 VIF 大小顺序相当。其中，R^2 相对较大的物质有 5 - 氨基缬草酸、十八烷酸、N - 乙酰 - L - 天门冬氨酸、L - 丙氨酸、γ - 氨基丁酸、L - 亮氨酸、L - 缬

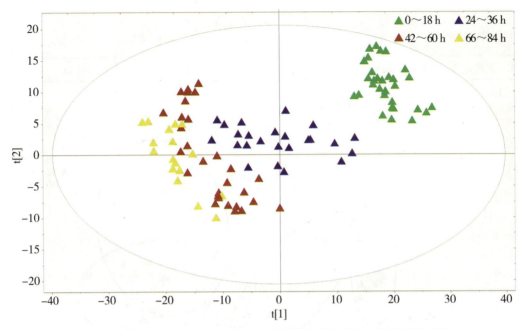

图1 25 ℃组不同PMI(0～84 h)总代谢物质的PCA模型得分散点图

氨酸、十六烷酸、乳酸和L-异亮氨酸,均大于0.7。

逐步多元分析:将上述简单线性回归模型 R^2 大于0.7,即与PMI有高度相关的相关物质(由于N-乙酰-L-天门冬氨酸和乳酸表现不稳定,逐步回归予以剔除),进一步与PMI进行多元逐步回归分析,根据最高的 R^2 和合适的 VIF 值挑选最好的回归模型,如表3所示。以十八烷酸、5-氨基缬草酸和L-丙氨酸3种物质的模型最优,回归方程为 $Y_{PMI} = 6.610 + 16.29X_{十八烷酸} + 14.56X_{5-氨基缬草酸} + 5.517X_{丙氨酸}$($R^2 = 0.909$、$SE = 6.323$)。

表2 25 ℃各代谢物质回归模型的参数估计结果

代谢物	VIP*	K-W检验(P)	t(P)	SE	R^2
5-氨基缬草酸(5-aminovaleric acid)	1.300	<0.05	11.65(<0.05)	9.535	0.840
十八烷酸(octadecanoic acid)	1.276	<0.05	4.772(<0.05)	7.936	0.892
N-乙酰-L-天门冬氨酸(N-acetyl-L-aspartic acid)	1.234	<0.05	38.54(<0.05)	11.91	0.772
L-丙氨酸(L-alanine)	1.195	<0.05	3.455(<0.05)	10.18	0.835
L-缬氨酸(L-valine)	1.153	<0.05	8.048(<0.05)	11.88	0.775
十六烷酸(hexadecanoic acid)	1.135	<0.05	4.391(<0.05)	12.46	0.752
乳酸(lactic acid)	1.133	<0.05	32.01(<0.05)	12.79	0.708

续表2

代谢物	VIP*	K-W检验（P）	t（P）	SE	R²
L-异亮氨酸（L-isoleucine）	1.132	<0.05	8.537（<0.05）	10.48	0.821

* VIP：变量重要性投影值。

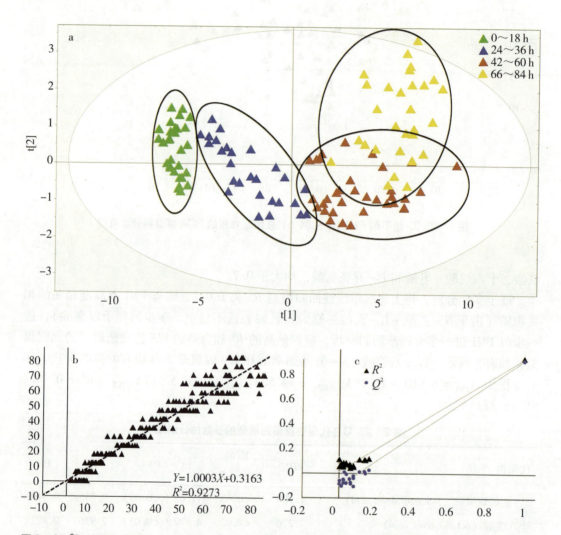

图2　25 ℃组不同PMI（0～84 h）总代谢物质的PLS模型得分散点图（a）、PMI的PLS模型Y Predicted Plot（b）和模型的排列试验图（c）

表3　25 ℃逐步回归模型的参数估计结果

代谢物	t 检验（P）	F 检验（P）	SE	R^2	VIF^*
十八烷酸 octadecanoic acid	4.866（<0.05）				8.655
5-氨基缬草酸 5-aminovaleric acid	2.382（=0.02）	270.5（<0.05）	6.323	0.909	8.099
L-丙氨酸 L-alanine	2.372（=0.02）				10.67

*VIF：方差膨胀因子。

3　讨论

近年来，随着化学分析分离技术和高分辨率分析仪器如 GC-MS、LC-MS 和 NMRs 的迅猛发展，以及代谢组学概念的提出和发展，为法医学尸体化学提供了理论和技术依据，也为法医学推断 PMI 研究找到了新的研究思路和方向。本研究运用代谢组学的理论和 GC-MS 仪器检测家猪脑组织 25 ℃不同 PMI 腐败产物的变化，并利用 PCA、PLS/OPLS-DA（正交偏最小二乘判别分析）建立模型，筛选与 PMI 相关性较大的代谢物质，同时与传统简单线性回归分析进行比较，验证其准确性和实用性。

3.1　代谢物质与 PMI 的关系

所有 PMI 时间里共得到的 38 种代谢物，其中包含了如氨基酸及其派生物、有机酸、嘧啶、嘌呤、脂肪酸和固醇等，构成了家猪脑组织腐败降解过程中的代谢物谱。本研究鉴定出的物质相对其他实验相对较少，一方面，可能是脑组织含本身含水分多可达，生化成分比较单一[3]；另一方面，可能是实验过程中没有干预措施，样品为组织自然腐败。

3.1.1　氨基酸及其派生物

本实验得到的氨基酸及其派生物共有 22 种，包括 17 种氨基酸和 5 种氨基酸派生物。哺乳动物的氨基酸种类为 20 种，本章实验只检测到 17 种，未检测到半胱氨酸、天冬酰胺和精氨酸。这与以往文献报道结果一致[4]，可能是与家猪脑组织中这 3 种氨基酸含量比较低有关，本章实验建立的提取分析方法未能检测出，在以后实验可以加强物质提取。17 种氨基酸与 PMI 相关性比较强的有：丙氨酸、缬氨酸和异亮氨酸等，回归方程 R^2 可达 0.8，与过往的研究比较一致，这可能是这几种氨基酸在猪死后 0～84 h 酶降解明显增高的原因[5]。

5 种氨基酸派生物包括 γ-氨基丁酸、5-氨基缬草酸、尿素、肌酸和 N-乙酰-L-天门冬氨酸。其中，γ-氨基丁酸是哺乳动物中枢神经系统中重要的神经递质，主要是由谷氨酸脱羧形成，储存于神经突触部位，与 PMI 相关性较好，可能是自然腐败过程中神经元自溶裂解释放和谷氨酸降解形成[5]。此外，与 PMI 相关性较好的还有 5-氨基缬草酸，回归方程 R^2 可达 0.5～0.8；其他 3 种含量比较低，散点图趋势较差。

3.1.2　有机酸和脂肪酸

有机酸有乳酸、琥珀酸、磷酸和苹果酸等 4 种，其含量比较高，其中与 PMI 相关性较好的是琥珀酸，在各个温度组 R^2 相关性可达 0.5～0.8；脂肪酸有十六烷酸、十八烷酸、反式油酸、花生四烯酸和二十二碳六烯酸,后3种物质表现较为不稳定,跳跃着出现,且含量比较小。过往研究与PMI推断的有关物质,多见于短链脂肪酸[6],无法进行比较。

3.1.3 其他物质

其他物质包括2种胺类物质(尸胺和酪胺)、2种核酸类物质(尿嘧啶和次黄嘌呤),以及乙醇胺、甘油和胆固醇等。这些物质与PMI关系均较差,在以往的研究鲜有报道。

3.2 多元统计模型建立与分析

本研究采用GC-MS对家猪死后脑组织腐败产物进行检测,并使用多元统计分析PCA和PLS/OPLS-DA进行与PMI关系的模型建立,以探讨其在PMI推断研究的作用。有学者在最新一项PMI推断研究中[7],利用窒息处死的SD大鼠(10周),在不同的PMI(0 h、3 h、6 h、12 h、24 h和48 h)分别取出血液进行GC-MS/MS检测,共检测出70种内源代谢物,在PCA的得分散点图中,6个时间分组彼此分开,表明各种内源性代谢物在随PMI增加而变化。在本研究中,PMI 0~18 h各点分布集中,说明是25 ℃组的前平台期,与各个物质的散点图趋势比较一致;而在30 ℃组,其前平台期主要在PMI 0~12 h时间组。之后,25 ℃组能与下一时间组相对分开的时间组是24~42 h,而30 ℃温度组更为提前,是在18~30 h时间组。最后,25 ℃组的42~66 h和72~84 h已经相互交叉,分布离散;而30 ℃组也是同样的表现,最后2个时间组交叉重叠,不能相互区分,这可能主要是最后一个时间段是各温度组后平台期,与前一时间组相互交叉。这些表明,PCA可以用于PMI推断研究的初步分析,以观察各物质随PMI的变化规律,而且可以剔除离异样品。虽然本章实验原设计的取材时间分组并不能在PCA中很好分组,以前后平台期、窗口期时间为时间分组也是一种分析方法,可以清楚观察哪个时间段的分布比较集中。

PLS回归分析也开始应用于PMI推断,窒息处死的SD大鼠的血液GC-MS/MS数据检测在建立模型后通过VIP评分和Kruskal-Wallis检验($P<0.05$)来确定有显著性差异的代谢物,而且这个模型得到了另一个数据集的验证,这说明PLS回归模型可以成功地预测各组 PMI[7]。在法医昆虫学的研究中,也有用PLS-DA模型寻找巨尾阿丽蝇幼虫在不同时期年龄差异的潜在碳氢化合物[8],其得分散点图可以将年龄3 d、4~6 d和7~8 d 3个时间段区分开,同时通过 VIP 参数筛选出3个主要峰,其浓度变化与幼虫年龄相关性最大。在本章实验分析中,采用PLS进行模型建立,为了防止过度拟合,建模过程使用7-fold的交叉验证法。25 ℃的模型排列试验在一定可接受范围内,符合模型要求。PLS模型的分组能力要比PCA好,模型的时间分组较为理想。PLS模型可以而且加入时间变量 Y 进行模型建立,可通过 Y Predicted Plot 对未知数据进行预测,并与实际值对比。

参考文献

[1] 赵子琴. 法医病理学 [M]. 北京:人民卫生出版社, 2004.

[2] 黎增强, 左卫东, 张付, 等. 死亡时间推断研究进展 [J]. 北京:法医学杂志, 2012, (4):

287-292.

［3］章有章，查锡良，李刚. 生物化学与分子生物学［M］. 北京：科学技术文献出版社，2005.

［4］VASS A, BARSHICK S, SEGA G, et al. Decomposition chemistry of human remains: a new methodology for determining the postmortem interval［J］. J Forensic Sci, 2002, 47（3）: 542-553.

［5］DONALDSON A E, LAMONT I L. Metabolomics of post-mortem blood: identifying potential markers of post-mortem interval［J］. Metabolomics, 2014, 11（1）: 237-245.

［6］SWANN L, FORBES S, LEWIS S W. Observations of the temporal variation in chemical content of decomposition fluid: a preliminary study using pigs as a model system［J］. Austr J Forensic Sci, 2010, 42（3）: 199-210.

［7］SATO T, ZAITSU K, TSUBOI K, et al. A preliminary study on postmortem interval estimation of suffocated rats by GC-MS/MS-based plasma metabolic profiling［J］. Anal Bioanal Chem, 2015, 407（13）: 3659-3665.

［8］XU H, YE G, XU Y, et al. Age-dependent changes in cuticular hydrocarbons of larvae in Aldrichina grahami (Aldrich) (Diptera: Calliphoridae)［J］. Forensic Sci Int, 2014, 242: 236-241.

基于多晶粉末的 X 射线衍射法在司法鉴定中的应用研究

林晓冬[1]　李强[1,2,3]　叶永发[1]　王嘉川[1]　赖仕均[1]　訾润[1]　邓飞[1]

(1. 深圳市公安局司法鉴定中心、法医病理学公安部重点实验室，广东深圳，51800；2. 深圳大学材料学院，广东深圳，51800；3. 深圳市特种功能材料重点实验室，广东深圳，51800)

【摘　要】 由于在多晶粉末中，不同物质晶体结构的衍射峰峰位不同，各自具有特定的 X 射线衍射（XRD）谱图，而且其中某种物质的含量与其衍射峰的强度成正相关性。XRD 技术可分析的样品比较广泛，只要在含有晶体结构的物质中都可以进行衍射分析。因此，X 射线衍射谱图可以用来判断爆炸物中多晶粉末的具体成分，X 射线衍射峰强度可以用来判断该种成分在爆炸物中的相对含量。本研究简单介绍了多晶粉末 X 射线衍射定性分析方法和定量分析方法的基本原理，并且分别对其在刑事案件中的相关应用作了相关研究和分析。结果显示，多晶粉末 XRD 衍射这种材料分析方法鉴定准确率高，检测结果具有决定性，使司法调查人员能够获得详细的物证信息，从而为案件侦破和法庭诉讼指明方向。

【关键词】 司法鉴定；多晶粉末 X 射线衍射；定性分析；定量分析；爆炸物

Application of X-ray diffraction (XRD) based on polycrystalline powder in forensic expertise

【ABSTRACT】 In the polycrystalline powder, different crystalline structures has different specific X ray diffraction spectrum. Besides, the content is positively correlated with the intensity of the diffraction peak. Therefore, the XRD pattern can be used to determine the specific composition of the explosive polycrystalline powder and the peak intensity of the XRD can be used to determine the relative content of the composition. In this study, we reported the basic principles and their application in forensic science. The results show that the material analysis method of polycrystalline powder XRD diffraction is highly accurate and the result is

---

作者简介：林晓冬，男，深圳市公安局司法鉴定中心原副主任，毒物分析主任法医师。

通讯作者：李强，男，深圳大学材料学院，硕士研究生在读，主要从事材料工程相关研究工作。

decisive, so that the judicial investigators can obtain detailed material evidence, which indicates the direction of case detection and court litigation.

【KEYWORDS】 forensic science; polycrystalline powder X ray diffraction; qualitative analysis; quantitative analysis; explosives

物证分析的关键任务是确定对象的类型属性，它可以为案件侦查和法庭诉讼提供诸多有价值的信息。物证分析主要包括定性分析（QA）和定量分析（QPA）。

面对日渐复杂的犯罪形式，物证的定性分析和定量分析在司法鉴定和犯罪现场调查中越来越重要[1-3]。在以爆炸物品为代表的司法鉴定过程中，定性分析可以确定物质的组成成分，定量分析可以提供组成成分的具体含量[4]。

1 XRD 分析原理

1.1 定性分析

晶体的 X 射线衍射图像实质上是晶体微观结构的一种精细复杂的变换，每种晶体的结构与其 X 射线衍射图之间都有着一一对应的关系。高能电子束轰击金属靶产生 X 射线（波长在 0.06～20 nm），衍射波的叠加形成了衍射峰。制备各种标准单相物质的衍射花样并使之规范化，将待分析物质的衍射花样与之对照，从而确定物质的组成相，就成为物相定性分析的基本原理[5]。

衍射线空间方位与晶体结构的关系可用布拉格方程表示：

$$2d\sin\theta = \lambda n$$

式中，d 为晶面间距，n 为反射级数，θ 为掠射角，λ 为 X 射线的波长。

1.2 定量分析

鉴定出各个相后，根据各相花样的强度正比于该组分存在的量（需要做吸收校正者除外），就可对各种组分进行定量分析。定量分析是材料学家经常使用的用于研究确定在多相混合物中晶体相和非晶体相的组分含量的有效方法[6-10]。该方法基于如下的关系[7-9,11]：

$$W_p = S_p(ZMV)_p \Big/ \sum_{i=1}^{n} S_i(ZMV)_i$$

式中，W 是 n 相混合物中 p 相的相对质量分数，S、Z、M 和 V 分别是 Rietveld 比例因子、每个单元的公式单位数、公式单位的质量（以原子质量单位表示）和单位单元体积（以 Å³ 为单位）。

Rietveld 精化的进展过程可以通过许多协议指标来监测，其中常用的是加权概况指数 R_{wp} 和表示 R_{wp} 与统计预期 R_{exp} 比值的拟合优度指数。R_{wp} 和 R_{exp} 定义如下：

$$R_{wp} = \left[\sum W_i(Y_{io} - Y_{ic})^2 \Big/ \sum W_i Y_{io}^2 \right]^{1/2}$$

$$R_{exp} = \left[(N - P) \Big/ \sum W_i Y_{io}^2 \right]^{1/2}$$

式中，Y_{io} 是在某个 2θ 角处的观测强度，Y_{ic} 是相同角度下的计算强度，$W_i = 1/Y_{io}$，N 是

衍射数据点的数量，P是精化参数[12]。对于一个完美的精化过程，最终的R_{wp}将等于R_{exp}。R_{wp}用于X射线改进的典型值范围从非常好的中子精修的几个百分点到20%～30%，其中部分取决于所用的计数次数，优先取向的程度以及可变参数的数量[13-17]。具体分析流程如图1所示。

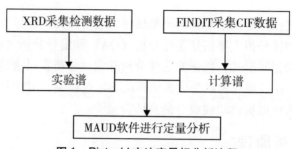

图1　Rietveld方法定量相分析流程

2　实验仪器与实验条件

本研究中使用的仪器是由荷兰帕纳科公司生产的X'pert衍射仪，阳极材料使用铜靶，XRD分析软件使用MAUD。这是一个用JAVA语言编写的开源软件，它可以在Windows、Mac OSX、Linux或者Unix系统上运行，是一种符合晶体学信息文件（CIF）的程序。

3　应用

3.1　案件1

2018年3月18日，广东省深圳市罗湖区某小区住宅楼一房间内，蒙某（男，21岁）在独立进行化学试验，因实验中突然产生剧烈化学反应，发生爆炸，导致其左手手掌炸碎，大腿受伤。经过现场提取，对可疑白色多晶粉末进行X射线衍射定性分析。

检验过程中设置的仪器参数如下：电流40 mA，电压40 kV，测量角度（2θ）为10°～80°，步长（2θ）：0.0170°。得到的XRD衍射图谱如图2所示。

经过图谱分析（图2）可知，该白色多晶粉末测试图谱的衍射峰与计算所得的六亚甲基三过氧化二胺（HMTD）衍射峰在四个最强主峰上都能够一一对应，并且在次峰上的匹配度也很高。因此基本可以推测，样品中含有大量的HMTD相。进一步分析，由HMTD晶格常数和空间群数据进行Pawley拟合，结果与样品测试谱图吻合度非常高，基本认定该样品主要成分为HMTD。

六亚甲基三过氧化二胺（HMTD、六甲氧胺）是一种机械感度极高的炸药，常用作起爆药。其上游原材料主要是过氧化氢（hyrogen peroxide）与环六亚甲基四胺（urotropine），属于典型的有机过氧化物，对撞击、摩擦与热源都极其敏感。HMTD较稳定，起爆力超过雷汞和苦味酸钾，但低于叠氮化铅，曾用于矿井中的爆破[18]。HMTD的合成过程十分简单，合成原料很容易得到。在互联网上可以查询到详细的HMTD合成方法，原料也可以在很多电商渠道获得。

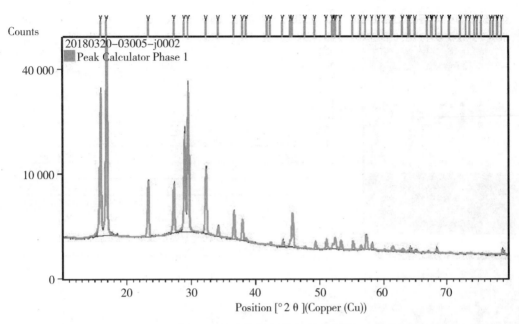

图 2 白色多晶粉末测试 XRD 图谱

3.2 案件 2

一名年轻男子经过深圳市某地铁安检处时，口袋中被发现可疑粉末（1#，图 3a）。经 XRD 鉴定，粉末被分析为一种由 NH_4Cl、S、KNO_3 和 $NaNO_3$ 的混合物，属于国家管控类爆炸性化学品（图 3b）。不久，深圳警方搜查了其住宅和办公室。结果，在他的办公室里也发现了一大袋可疑粉末（2#，图 3c），后亦被鉴定为 NH_4Cl、S、KNO_3 和 $NaNO_3$ 的混合物（图 3c 和 d）。然而，由于定性分析的局限性，这个结果并不能作为最终结论。实际上，这位年轻男子一直辩称，他对他办公室里发现的这些粉末毫不知情，并认为粉末可能是由他的同事放置的。

因此，我们使用多晶粉末 X 射线衍射法对上述 1# 和 2# 粉末进行定量分析，并用 Rietveld 方法进行精修[14]。具体检验过程如下：将混合物在玛瑙研钵中研磨，然后在 80 ℃ 下真空干燥 2 h，顶部装入标准玻璃样品支架（高 18 mm，深 0.8 mm），并用玻璃滑块压紧。使用 X 射线衍射装置进行实验（荷兰帕纳科公司生产的多功能 X 射线衍射仪）。实验设置的参数如下：发散狭缝为 1°，散射狭缝为 1°，接收狭缝为 0.15°，2θ 角度范围为 10°～80°，步长为 0.02°，步进时间为 15 s。

结果显示，这两种粉末的含量几乎相同（图 4）。显然，两种非常规粉末的成分组成如此接近是几乎不可能发生的。面对分析的结果，犯罪嫌疑人终于无言以对，对他的罪行供认不讳。

4 总结

目前，利用多晶粉末 X 射线衍射方法对以爆炸物及毒品为代表的多晶粉末进行定

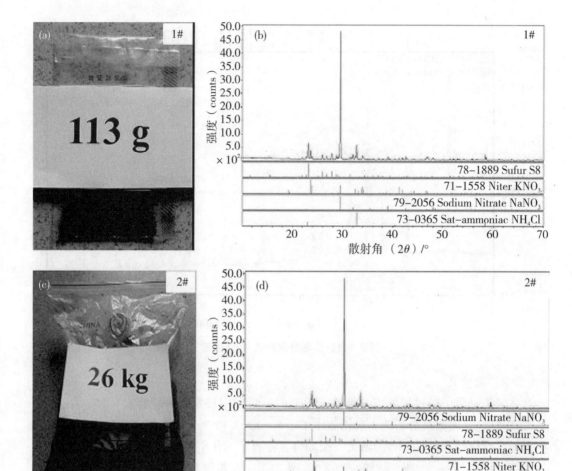

图3 可疑粉末的数字照片和相应的 XRD 相分析
(1#: 嫌疑人口袋中的粉末；2#: 在嫌疑人办公室发现的粉末)

性和定量分析，已应用于司法物证鉴定中。这种方法不需要测量校准数据，也不需要使用内部标准，但是，必须要知道混合物中每个相的近似晶体结构，在对多晶粉末混合物的分析中，精确的结果误差通常小于 2.0% 的绝对值。由于该方法与整个衍射图案是相互对应的，因此，不易受大量消光效应和少量优先取向的影响。这种方法将有助于司法调查人员获取物证的详细信息，从而对案件侦查和法庭诉讼指明方向。

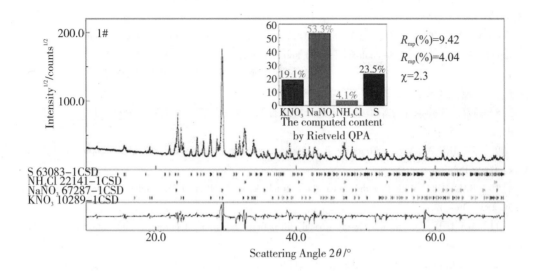

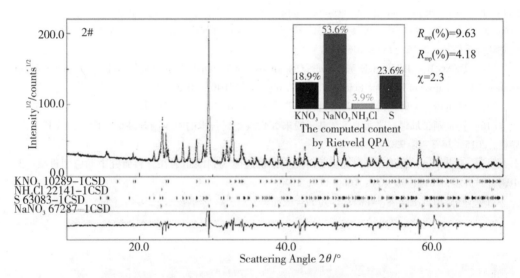

图4 Rietveld 法对1#和2#粉末的定量相分析结果
(1#：嫌疑人口袋中的粉末；2#：在犯罪嫌疑人办公室发现的粉末)

参考文献

[1] 刘柏臣. X射线衍射在矿物鉴定中的应用[J]. 世界有色金属, 2018, (7): 260, 262.

[2] 胡林彦, 张庆军, 沈毅. X射线衍射分析的实验方法及其应用[J]. 河北理工学院学报, 2004, (3): 83-86, 93.

[3] 王文正, 范德江,. X射线衍射与偏光显微镜技术在司法鉴定中的应用[J]. 实验技术与管理, 2000, (6): 54-56.

[4] VANDERKOLK J R. Forensic comparative science: qualitative quantitative source determination of unique impressions, images, and objects [M]. London: Academic Press, 2009.

[5] 蒋国军, 车庆远. EDX、XRD 法定性分析混合火药的主要成分 [J]. 刑事技术, 2003, (5): 28-29.

[6] PIGA G, THOMPSON T J U, MALGOSA A, et al. The potential of X-ray diffraction in the analysis of burned remains from forensic contexts [J]. J Forensic Sci, 2005, 54 (3): 534-539.

[7] 车东, 刘成雁, 王志嘉, 等. X 射线衍射全谱拟合法测定矿物药朱砂中硫化汞和二氧化硅的含量 [J]. 测试技术学报, 2018, 32 (1): 36-40.

[8] 马磊. 实验条件对 XRD 物相定量分析法的影响及锅炉管道水垢物相分析 [J]. 科技创新与应用, 2013, (5): 17-18.

[9] GUINIER A. X-ray diffraction in crystals, imperfect crystals, and amorphous bodies [M]. New York: Dover Publications, 1994.

[10] BAIL A L. Modelling the silica glass structure by the Rietveld method [J]. J Non-Cryst Solids 1995, 183: 39-42.

[11] MA L D. The modern X-ray crystal diffraction: laboratory techniques and data analysis [M]. Beijing: Chemical Industry Press, 2004.

[12] SNELLINGS R, MACHIELS L, MERTENS G, et al. Rietveld Refinement strategy for quantitative phase analysis of partially amorphous zeolitized tuffaceousrocks [J]. Geol Belg, 2010, 13 (3): 183-196.

[13] 陈卫红, 刘柳絮, 刘润芝, 等. 基于 X 射线衍射仪的多晶体粉末样品物相实验分析 [J]. 黑龙江科技信息, 2016 (28): 106-107.

[14] DENG F, LIN X, HE Y, et al. Quantitative phase analysis by the rietveld Method for forensic science [J]. Journal of Forensic Sciences, 2015, 60 (4): 1040-1045.

[15] 郭洪玲. X 射线衍射法在微量物证鉴定中的应用 [J]. 刑事技术, 2009, (1): 47-49.

[16] 杨世颖, 邢逞, 张丽, 等. 基于粉末 X 射线衍射技术的固体制剂晶型定性分析 [J]. 医药导报, 2015, 34 (7): 930-934.

[17] 王沿东, 张哲维, 李时磊, 等. 同步辐射高能 X 射线衍射在材料研究中的应用进展 [J]. 中国材料进展, 2017, 36 (3): 168-174, 194.

[18] 赵海雨, 王晓飞. HMTD 炸药的合成和检验 [J]. 刑事技术, 2014, (5): 45-48.

1 233 例轻伤案例的相关因素分析

李林聪[1]　胡春梅[2]　顾亚峰[3]　龙武[1]　金波[1]

(1. 川北医学院法医学系，四川南充，637000；2. 泸州市叙永县公安局，四川泸州，646400；3. 玉溪市华宁县公安局，云南玉溪，652800)

【摘　要】　目的：统计轻伤鉴定案例中被鉴定人基本信息、致伤物以及损伤部位等相关信息，分析关联性，为法医学实践提供参考。方法：随机抽取数省多个地市、州（县）公安局2014—2017年已受理的1233例轻伤案例进行回顾性分析，利用SPSS 24软件统计计算，以一般性统计描述。结果：被鉴定人以男性为主，年龄多处于18～40岁，农村居民明显多于城镇居民，损伤程度多为轻伤二级，致伤物以钝器和锐器多见，损伤部位以面部多见，其次为四肢、胸部损伤。结论：农村青壮年男性更易涉及损伤案件，损伤程度和致伤物、致伤部位有潜在关联性。

【关键词】　损伤程度；轻伤；相关因素

Study of impact factors based on 1233 simple injury cases

【ABSTRACT】　Objective：To study the potential relationship between basic information of the victims, types of the vulnerants and location of the injuries and how serious of the injuries were. Methods：1233 cases of simple injuries accepted by the public security bureau of China in 2014 - 2017 were randomly selected and analyzed retrospectively. The statistical calculation was made by SPSS 24 software and the general statistics were used to describe the results. Results：Most of the victims were male, the age was 18 - 40 years old, the rural residents were statistically more than the urban residents. Most of the injuries were classified to level 2. Vulnerant majorly were blunt or sharp instruments. Face was the most commonly injured site, followed with the limbs and chest. Conclusion：It's seemed that Young male from rural areas are more likely involved in injury cases. There was a potential correlation between severity of

---

基金项目：四川省教育厅一般项目（12SB224），四川省大学生创新训练项目（201710634031）暨国家级大学生创新训练项目（10494）

作者简介：李林聪，男，1996年生，法医学本科在读生。

通讯作者：金波，男，1980年生，法医学博士，副教授，硕士研究生导师，长期从事法医学教学、科研和鉴定工作；E-mail：jinbo@nsmc.edu.cn。

injuries and vulnerants and location of injuries.

【KEYWORDS】 severity of injury; simple injury; impact factors

故意伤害行为是影响社会安定及人身心健康的重要因素，在我国，根据刑法的规定和司法实践经验，按此类案件中被害人的伤害程度分为轻微伤、轻伤、重伤、伤害致死。我国于2014年1月1日起施行的《人体损伤程度鉴定标准》（以下简称《标准》）将损伤程度分为重伤（一、二级）、轻伤（一、二级）及轻微伤。《标准》中对"轻伤"的定义是指使人肢体或者容貌损害，听觉、视觉或者其他器官功能部分障碍或者其他对于人身健康有中度伤害的损伤。

轻伤案件是伤害案件的重要组成部分，十分常见，并且由于其具有偶然性、不规律性，常易激化矛盾，影响社会稳定[1]，已成为公安刑侦工作的重点之一。轻伤属自诉案件，大多数案件选择协商、仲裁、庭外和解等方式解决，未进入司法审判程序。自新《标准》实施后，关注轻伤鉴定特点的专题报道较少[2]。本文拟统计轻伤鉴定案例中被鉴定人基本信息、致伤物以及损伤部位等相关信息，分析关联性，为法医学实践提供参考。

1 资料与方法

随机抽取数省多个市、州（县）公安局2014—2017年已受理的1 233例活体损伤鉴定案例，均经过法医学鉴定为轻伤一级或轻伤二级，将案例中被鉴定人年龄、性别、居住地、致伤物以及损伤部位等相关信息进行收集、整理：①根据致伤物的种类不同，将机械性损伤分为钝器伤、锐器伤和火器伤3类[3]，本次研究将致伤物分为钝器、锐器、火器及其他4项进行数据统计。②参照《标准》中的描述和划分，将损伤部位按照颅脑、脊髓、面部、耳郭等12个部位进行统计。③涉及多部位损伤的个体，统计其最严重的损伤程度及相应损伤部位。运用SPSS 24软件统计计算上述数据，以描述性统计方法进行分析。

2 结果

1 233例轻伤鉴定案例中，轻伤一级288例，轻伤二级945例，轻一/轻二 = 0.30。

2.1 被鉴定人基本情况

如表1所示，被鉴定人共1 233人，男女之比为4.5∶1，在轻伤一、二级中，男女之比分别为4.6∶1和4.4∶1，男性明显多于女性（$P < 0.05$），男、女性在轻伤一级和二级中的占比相当（$P > 0.05$）。

年龄分层显示，被鉴定人以18～40岁的青年为主，共598人，占48.50%；被鉴定人居住地以农村为主，共766例，占62.12%。

表1　1 233例轻伤案例性别分布情况

(例)

性别	轻伤一级	轻伤二级	合计
男性	237 (23.5%)	770 (76.5%)	1 007 (81.7%)
女性	51 (22.6%)	175 (77.4%)	226 (18.3%)
合计	288 (23.4%)	945 (76.6%)	1233 (100%)

2.2　致伤物统计

在多数案件中致伤物是明确的，但不排除有的案件中存在行为人与被害人之间叙述不一致，或有多人参与斗殴，对实施损伤行为过程的叙述不一，证人证词又互相矛盾的情况[4]。本次研究涉及的1 233例轻伤鉴定中，有101例（8.2%）致伤物不详，共统计1 132例致伤物（轻一/二级＝0.32，见表2），钝器包括徒手、棍棒、砖石等，锐器包括各类刀具和其他具有锐利刃缘或锋利尖端的致伤物，以刀具多见。轻伤一级中，钝器伤与锐器伤的数量没有统计学差异（$P>0.05$），轻伤二级则相反，钝器伤明显多于锐器伤（$P<0.05$），总量统计钝器伤明显多于锐器伤（$P<0.05$）。火器和其他致伤物包括中毒、电流、高低温损伤等，占比较少，合计36例（3.2%），相互间无统计学差异（$P>0.05$）（表2）。

表2　1 233例轻伤案例致伤物统计

(例)

损伤程度	致伤物				总计
	钝器	锐器	火器	其他	
轻伤一级	160 (58.8%)	108 (39.7%)	0 (0%)	4 (1.5%)	272 (24%)
轻伤二级	574 (66.7%)	272 (31.6%)	3 (0.3%)	11 (1.3%)	860 (76%)
合计	734 (64.8%)	380 (33.6%)	3 (0.3%)	15 (1.3%)	1 132 (100%)

2.3　损伤部位分布

如表3所示，损伤部位以颅、面、胸、四肢等为主，合计987例（80.0%），视、听、颈、腹、盆部和会阴数量较少，合计68例（5.5%），颅脑、盆部及会阴的轻伤一级与二级的比值明显高于总比值（0.30），手部、体表、面部的轻伤二级较轻伤一级数量明显更多（比值明显小于0.3）。

轻伤一级案例中，颅脑损伤多为脑挫（裂）伤、颅内出血、颅内血肿等，四肢损伤多为四肢长骨粉碎性骨折或两处以上骨折，面部损伤多为单个创口或者瘢痕长度6.0 cm以上，多个创口或者瘢痕长度累计10.0 cm以上，胸部损伤多为血胸、气胸或者血气胸。轻伤二级案例中，面部损伤多为鼻骨骨折，四肢损伤多为四肢长骨骨折或髌骨骨折，胸部损伤多为肋骨的多发性骨折。

表3　1233例轻伤案例损伤部位分布　　　　　　　　　　　　（例）

损伤部位	损伤程度			合计
	轻伤一级	轻伤二级	轻一/轻二	
颅脑、脊髓	85（29.5%）	103（10.9%）	0.83	188（15.2%）
面部、耳郭	53（18.4%）	265（28%）	0.20	318（25.8%）
听器听力	0（0%）	15（1.6%）	—	15（1.2%）
视器视力	2（0.7%）	6（0.6%）	0.33	8（0.6%）
颈部	3（1%）	9（1%）	0.33	12（1%）
胸部	38（13.2%）	175（18.5%）	0.22	213（17.3%）
腹部	6（2.1%）	20（2.1%）	0.30	26（2.1%）
盆部及会阴	4（1.4%）	3（0.3%）	1.33	7（0.6%）
脊柱四肢	71（24.7%）	197（20.8%）	0.36	268（21.7%）
手	12（4.2%）	78（8.3%）	0.15	90（7.3%）
体表	12（4.2%）	67（7.1%）	0.18	79（6.4%）
其他	2（0.7%）	7（0.7%）	0.29	9（0.7%）
合计	288（23.4%）	945（76.6%）	0.30	1233（100%）

3　分析

3.1　被鉴定人特征

结果显示，被鉴定人男性明显多于女性，王刚在研究中指出伤害罪等暴力犯罪往往发生在男性之间[5]，与本研究结果较一致。农村居民占比例较大，可能与该群体在人口结构中比例较大，受教育程度相对较低，法制观念淡薄有关。

18～40岁的青壮年共598人，占比近半，青壮年群体，精力充沛，身强体壮，社会活动多，情绪易冲动，因激情产生摩擦或冲突的概率较大[6]，在冲突中受伤概概率亦随之增加。

3.2　致伤物与损伤程度的关联性

致伤物中以钝器和锐器为主，火器及其他的化学性、物理性致伤物少见，这与我国对火器、易燃易爆等危险物品执行严格管理，且此类物品不易获得、携带和操作有关。

钝器所致轻伤中轻伤二级574例（66.7%），其中以徒手多见，与王铁光等人的结果一致[7]。其原因是徒手伤未使用工具，由手、脚、肘部、膝部、牙齿等部位造成，损伤一般不太严重，多为擦、挫和轻度的挫裂创。锐器所致轻伤中亦以轻伤二级居多，共272例，并以刀具为主，与刀具较易获得和操作有关。但总体而言，锐器所致轻伤的概率比钝器低，锐器因其尖锐，在机械性损伤中的致死率最高，所致重伤的概率也比钝器高[8]。

3.3 损伤部位与损伤程度的关联性

在轻伤案例中，损伤以面部损伤最多，其次为四肢、胸部、颅脑等。颅、面、胸等部位均位于身体的上半部分，面积较大，在冲突中受到攻击的概率较大，其下有骨骼衬垫，质地较硬，受力时容易发生挫裂伤、骨折和力的传导导致其他更严重损伤。实际上，本次研究中的颅脑损伤轻伤一级接近轻伤二级的数量，与总体比值不符；损伤类型以挫裂、出血为主，则多由骨折、力的传导所致。四肢，尤其是上肢在致伤过程中常有搏斗或防御，受伤概率亦较大，下肢多为摔跌所致损伤。某些部位损伤较少，如视器视力和听器听力，可能与其位置相对较深，且人在冲突中下意识的更注意保护眼、耳等部位有关；另外，根据笔者从事鉴定工作的经验，公安机关，尤其是分县局等基层公安局的鉴定人在涉及视、听损伤时，受理论和技术条件所限，多选择委托第三方鉴定机构进行，亦可造成此类案件未进入其自身的鉴定系统。腹部位置较低，本身结构较软，利于作用力的缓冲，不易导致较重损伤。颈、盆部和会阴数量较少与其部位较隐秘，一般情况下难以触及有关。

我国刑法规定，故意伤害罪的认定中，行为人的行为对被害人造成的损伤程度达到轻伤二级及以上同属于伤害罪，因此，轻伤的鉴定对定罪量刑具有重大影响。Maziar Moradi-Lakeh 等人在研究地中海东部伤害案件时指出，故意伤害行为在全球范围内有所上升[9]。为避免嫌疑人逃脱法律的处罚，维护受害者的合法权益，法医鉴定人在鉴定过程中一定要遵循鉴定原则，实事求是，客观、公正、独立的出具鉴定意见。

本次研究发现，男性、青壮年、居住地在农村可能是被鉴定人的关联因素，而损伤工具、损伤部位亦与损伤程度有明显的相关性。部分类型的损伤数量较少，难以发现更明确的规律，因此，需搜集更多的案例以获得更多更准确的损伤案件特征，以作为法医学鉴定实践工作的重要参考。

参考文献

[1] 刘延强. 公安机关办理轻伤案件疑难问题研究 [D]. 南昌：南昌大学，2018.

[2] 杜宏，王庆红，吴松. 13 例对冲性颅脑损伤的法医学检验分析 [J]. 川北医学院学报，2013，28（06）：568-570.

[3] 刘技辉. 法医临床学 [M]. 北京：人民卫生出版社，2016.

[4] 穆达文. 对法医学中活体损伤鉴定涉及相关问题的探讨 [J]. 法制与社会，2017，(32)：242-243.

[5] 王刚. 犯罪被害人学视阈中的被害性问题研究 [J]. 犯罪研究，2014，(6)：10-19.

[6] 陈溪萍，陶陆阳，刘兴本，等. 480 例活体损伤的法医学鉴定分析 [J]. 中国法医学杂志，2005，20（1）：8-10.

[7] 王铁光，王文勇，吴德清，等. 2788 例损伤法医鉴定综合分析 [C] 中国法医学会全国法医临床学学术研讨会. 2015.

[8] 周韦溪. 基于损伤类型及程度的机械性损伤法医鉴定研究 [J]. 法制博览，2018，14：248.

[9] Intentional injuries in the Eastern Mediterranean Region, 1990—2015: findings from the Global Burden of Disease 2015 study [J]. International Journal of Public Health, 2017, 63 (Suppl 1): 25-37.

第二部分 综 述

第二部分

基于膜富集的硅藻检验方法研究进展

赵建[1,2]　肖成[3]　康晓东[1]　石河[1]　汪冠三[1]　胡孙林[1]
徐曲毅[1]　成建定[2]　刘超[1,2]

(1. 广州市刑事科学技术研究所、法医病理学公安部重点实验室，广东广州，510030；2. 中山大学中山医学院法医学系，广东广州，510080；3. 南方医科大学法医学院，广东广州，510515)

【摘　要】 水中尸体是法医学实践中常见的类型之一。硅藻检验被认为是溺死诊断最有效的方法。传统硅藻检验方法由于假阴性率高而难以在水中尸体死因鉴定中发挥作用。本文就基于膜富集的硅藻检验方法建立、应用相关问题和溺死诊断等方面对其研究进展作一综述，旨在为同行进行溺死诊断提供参考。

【关键词】 法医病理学；溺水；硅藻检验

Advances in the forensic diatom test method based on membrane filtration

【ABSTRACT】 Bodies recovered in water are one of the most common types in the forensic pathology. Diatom test has been considered as the most reliable method for the diagnosis of drowning. Due to the false negative results, the conventional diatom test method is questioned. In this article, we summarized the advances of the researches in the diatom test method based on the membrane filtration in order to support the future study in this area.

基金项目：国家自然科学基金资助项目（81430046），公安部技术研究计划项目（2015JSYJA03），广东省科技计划项目（2015A020217001），公安部科技强警基础工作专项项目（2017GABJC07）。

作者简介：赵建，1988年生，男，主要从事法医病理学检验鉴定及法医学硅藻检验；E-mail：768594951@qq.com。

通讯作者：成建定，男，博士，教授，博士研究生导师，主要从事法医病理学研究，E-mail：chengjd@mail.sysu.edu.cn。刘超，男，博士，教授，主任法医师，博士研究生导师，主要从事个体识别及死因鉴定研究，E-mail：liuchaogzf@163.com。

【KEYWORDS】 forensic pathology; drowning; diatom test; membrane filtration

水中尸体,尤其是水中高度腐败尸体的死因鉴定是法医学界公认的难题之一[1]。关于水中尸体溺死诊断的指标很多,如异物颗粒[2]、心血电解质[3]、硅藻[4]等。在这些指标中,只有硅藻被认为是诊断溺死最可靠的依据[1]。如何从组织中提取、富集、观察硅藻是法医学者一直关注的焦点。

传统硅藻检验方法中,强酸消解法、酶消解法等被用于提取组织内的硅藻,但是由于消解能力较差,有机质残留较多而影响其在法医学实践中的应用[5]。在富集方面,离心是全世界法医学实验室最常用的富集方法[6-8],但在丢弃上清液的同时,也造成了大量硅藻的损失[5]。在观察方面,受制于光学显微镜的放大倍数,光镜观察可能会漏检部分硅藻[9]。以上这些不足都造成传统硅藻检验方法检出率低的原因。

基于传统硅藻检验方法的不足,笔者实验室研发了基于膜富集的法医学硅藻检验方法[5],并在法医学实践中取得了良好的应用效果。本文就该方法的研究进展作一综述,旨在为法医学同行提供水中尸体死因鉴定分析的参考。

1 基于膜富集的硅藻检验方法建立

基于膜富集的硅藻检验方法由组织消解、滤膜富集和观察三个主要步骤组成。

1.1 微波消解组织

微波消解法是近几年消解各类生物组织的先进方法。笔者采用微波密闭消解系统,用硝酸和过氧化氢体系将组织的有机质消解成溶液,以便于分离出组织中的硅藻颗粒[5]。

微波密闭消解除了提高消解组织有机质的能力外,还大大缩短了消解时间,具有传统的消解方法所无法比拟的优点,比如消耗试剂少,避免样品之间的污染,改善了工作环境,降低了劳动强度等。

微波消解后的硅藻样品有机质残留少,硅藻纹理清晰,易于观察分析。

1.2 硅藻富集

法医学实验室普遍采用离心的方式富集组织消解液中的硅藻。例如,我国传统硅藻检验方法的标准中采用 4 000 r/min 离心 15 min,用吸管吸取上清液,加入重蒸水平衡后,重复上述步骤直至上清液 pH 在 6.5 ~ 7.5。笔者研究发现,4 000 r/min 离心 15 min 一次造成的硅藻损失大约为 34%,大量存在于上清液中的硅藻被丢弃[5]。

硅藻体长一般在 1 ~ 200 μm。笔者采用了 4.45 μm 的微孔滤膜富集组织消解液中的硅藻。理论上,可以将所有硅藻富集在滤膜上。采用膜富集方式的硅藻回收率均大于 100%,高于传统方法大约 60% 的回收率[11]。

为了便于硅藻富集操作,我们设计了一款真空抽滤装置,采用 6 通道设计,可以同时进行 6 个样品的抽滤富集,并且使用一次性抽滤杯。肺组织及水样消解液抽滤时间约 20 min,肝脏、肾脏等实质性脏器抽滤时间约 70 min[11]。

针对不同的实验室要求,有尼龙滤膜和聚醚砜滤膜可以选择使用。尼龙滤膜抗酸性强,韧度高,适用于电子显微镜观察。聚醚砜滤膜可以被处理为透明,适用于光学显微镜观察[12]。

1.3 硅藻观察

扫描电镜放大倍数高、景深大，检测硅藻速度快，可观察硅藻的细微结构，而且容易实现图像存储，便于根据硅藻图像准确鉴定种属[5]。

笔者将自动化分区与扫描电镜拍摄结合，使得在滤膜上搜索硅藻变得更加容易。在400×镜下，将滤膜含样品区域分成若干个相同大小、紧密相邻的视场，通过计算机程序驱动扫描电镜样品台自动移动，逐个拍摄所划分视场的图像，并对图像进行存储。采用人工识别方式对所拍摄视场图片中的硅藻进行检查、分类和统计处理。如某些视场中的微型硅藻，受放大倍数所限，不能满足种属鉴定的要求，则回访相应视场，增大放大倍数观察硅藻细微结构并确认其种属[5]。

2 与应用相关的问题

2.1 回收率

回收率是评价检验方法有效性的重要指标。分别采用传统的标准硝酸破机法和基于膜富集的方法对已知含量的水样进行检验，发现两种方法的回收率分别为 5.9%±4.0% 和 172.6%±48.5%[13]。结合溺死者肝、肾组织硅藻含量在 20 个/10 克左右[14]，传统方法平均不到 6% 的回收率也就解释了阳性率低的原因。由于在消解时，长链硅藻被破坏成断链，甚至单个硅藻，1 个硅藻两个壳面分离，观察时被记录为 2 个，这些都会导致硅藻回收率超过 100%。

2.2 最低检出量

分别采用传统标准硝酸破机法和基于膜富集的方法对不同稀释倍数的已知硅藻含量水样进行分析比较发现，传统标准硝酸破机法最低检出量为 37.2～18.6 个/毫升，基于膜富集的方法最低检出量低于 18.6 个/毫升。当硅藻含量低于 18.6 个/毫升时，两种方法最低检出量的差异具有显著意义[13]。

同样结合溺死者肝、肾组织硅藻含量在 20 个/10 克左右[14]，传统方法在对这些组织进行硅藻检验时，极易得到假阴性的结果。

2.3 污染来源

硅藻检验中，凡是可以接触到检材的工具、物品、试剂都可以是污染的来源，如解剖工具、试剂等。在解剖时，应该按照规定的程序，使用一次性的工具提取检材。实验室中与检材接触的器皿、器械也应使用一次性材料，避免带入污染。需要特别注意的是，应当对使用的每一批次的试剂进行检验。笔者在硝酸中曾发现有硅藻存在[15]。

2.4 非溺死尸体组织中的硅藻

一些研究发现非溺死者的组织中也含有硅藻[16,17]。非溺死尸体各器官组织的硅藻阳性率不一。研究者根据这些结果认为，非溺死者组织内可能含有生前摄入的硅藻，这些硅藻进入体内的途径并非溺水。然而，一个同样合理的解释是，某些（不一定是全部）可疑的硅藻应该是来源于实验室，而非原来的人体组织。

对此，学界一直存在争议[4]。笔者的研究发现，部分非溺死尸体的肺、肝、肾中含有极少量的硅藻。再综合国内外其他学者的研究，我们可以得出这样一个结论：硅藻不是普遍存在于非溺死的人体组织中；如果部分人体组织含有硅藻，其含量也是极低的。

2.5 检出的硅藻含量及种类数量

传统硅藻检验方法在水中尸体检验结果的描述中最常采用的是定性分析，即阳性或阴性[18]。部分学者采用了分级描述，如"－"表示未检出，"＋"表示检出 5～15 个/20 克，"＋＋"表示检出 15～30 个/20 克g，"＋＋＋"表示检出大于 30 个/20 克，或者用"极少量、少量、多量和大量"来描述[19]。关于定量结果的描述，少见有论文报道。在有限的论文资料中，传统硅藻检验方法常用的内脏器官检材量在 10～180 g，检出的硅藻数量通常在数个至数百个之间，其中肝脏、肾脏多为数个，几乎没有见到检出上千个硅藻的报道。

基于膜富集的法医学硅藻检验方法使用的检材量：肺脏约 2 g，肝脏、肾脏约 10g。溺死尸体肺脏的硅藻检出量平均值超过 6 万个/10 克肺组织，含量高者可达数十万个/10 克肺组织，不同水环境中溺死的尸体肺组织硅藻含量差异很大；肝脏、肾脏的硅藻检出量平均值超过 20 个/10 克组织，含量高者超过 100 个/10 克组织；水样中硅藻含量平均值超过 1 万个/10 毫升，也是不同水环境中硅藻含量差异很大，例如自来水、井水和高原地区水域中一般为 20 个/10 毫升左右，珠江广州市区段中可达 10 万个/10 毫升[14]。

3 溺死诊断

传统硅藻检验诊断溺死受争议的原因主要有两点：①在一部分，甚至于大部分溺死尸体的器官组织中不能检出硅藻[20]；②在一部分非溺死尸体的器官组织中可以检出硅藻[16]。实际上，这个争议争论的假阴性和假阳性的问题。假阴性，也就是溺死尸体硅藻检出率低的问题，现在采用膜富集的方法，可以说是被完全避免了；而假阳性直接动摇的是硅藻检验的基本原理，使我们得到阳性结果时变得无所适从，难以正确地分析结果。

为了解决这个争议，有学者提出"一致性标准"；也有学者提出，设定一个非溺死尸体器官组织中硅藻数量的最大值，用来排除器官组织中可能原本存在的和检验过程中污染的硅藻，或者设定一个基础的数值，只有当硅藻检出数量大于该数值时，才被认为有意义[21]。例如，德国有学者认为，在肝、肾或骨髓中检出硅藻支持溺死。然而要诊断溺死的话，还需要满足：10 g肺组织的消解液沉淀物中硅藻含量大于 20 个/100 微升；至少一个 10 g 其他组织的消解液沉淀物中硅藻含量大于 5 个/100 微升。

但是，不同的环境（地区、水域、季节等）影响了水体中硅藻的数量，在不同水体中的尸体，硅藻含量也大不相同。例如，在珠江广州市区段，硅藻含量可以达到 10 000 个/毫升，而井水、自来水或者西部高原地区的河流中，硅藻含量却只有几个/毫升。另外，不同实验室中检验方法的差异，也可以导致硅藻检验结果数量的不同。所以，采用同样的一个最大值或者基础数值去普遍适用于不同水体中的尸体显然是不合理的[14]。

《法医病理学》（丛斌主编）中给出的硅藻检验结果诊断溺死原则是：凡是肺组织

（一般取肺膜下肺组织）检出硅藻为阳性，肝、肾、牙齿和骨髓等器官也有硅藻，且硅藻种类与实地水样一致，即可诊断为溺死[23]。这个原则与过去国外对于硅藻检验诊断溺死的"一致性标准"相同，仅有定性要求，而无定量规定，没有反应出器官组织中硅藻数量关系在诊断溺死中的应用价值。

另外，单独在肺内检出硅藻，不能作为溺死的依据[24]。原因是死后入水尸体中，硅藻可以在水压的作用下通过上呼吸道进入肺脏外围的细支气管。这是一条被世界法医学者们普遍认可的原则。但是，由于溺死者在入水时有主动呼吸，溺液被反复吸入肺组织，该过程可持续 6 min 左右。这个过程中，肺组织起到了富集硅藻的作用，大量的硅藻停留在肺组织中。而死后入水时，溺液被动进入死者肺组织，虽然都能检出硅藻，由于缺乏富集作用，其在含量上不会比溺液中的硅藻含量更多。

据此，为了消除不同水体中硅藻数量的差异，引入了"肺/水比值"（L/D ratio）的概念，也就是说同等质量的肺组织和溺液中硅藻数量的比值[25]。溺死者肺组织中的硅藻数量平均为溺液中的 107.5 倍，而死后入水者肺组织中的硅藻数量仅为溺液中的 0.34 倍，两者存在显著的差异。基于死后入水者肺组织中硅藻数量应该不会比溺液中的硅藻数量更多的理论，将"肺/水比值 = 1"设置为溺死常数，用于评价诊断溺死的"特异性"，即符合该比值条件下的溺死案例数与总案例数的比值，来表示其在区别溺死与死后入水中的价值。当肺/水比值 >1 时，其特异性为 0.98，也就是说在该比值条件下，98% 的案例为溺死者；当肺/水比值 >2 时，所有案例均为溺死者；当肺/水比值 <1 时，诊断溺死的特异性仅为 0.74，不能有效的区别溺死和死后入水[14]。

综上所述，利用硅藻检验结果诊断溺死需要满足：①必要条件：在肺、肝、肾、骨髓等组织中检出硅藻；②支持性条件：肺组织中的硅藻数量大于溺液中的硅藻数量（肺/水比值 >1）；③支持性条件：口鼻蕈样泡沫、气管内异物、水性肺气肿等溺水征象；④支持性条件：无其他导致死亡的机械性损伤；⑤毒物、毒品、酒精、药物等致死因素被排除[14]。

4 结语

基于膜富集的硅藻检验方法有效提高了溺死尸体的硅藻检验阳性率，为区别生前入水还是死后入水提供了一个很好的途径。在以后的研究中，将采用分子生物学的方法分析水中浮游生物，获得更多的溺死诊断指标；同时，试图为溺死地点推断提供更为可靠、实用的方法。

参考文献

[1] PIETTE M H A, DE LETTER E A. Drowning: still a difficult autopsy diagnosis [J]. Forensic Sci Int, 2006, 163 (1-2): 1-9.

[2] 万立华, 代国新, 张忠, 等. SEM/EDAX 检测内脏异物元素成分诊断溺死 [J]. 中国法医学杂志, 1998 (3): 129-133.

[3] PIETTE M. Strontium as a marker for drowning: when is it useful? [J]. The Police Surgeon, 1992, 42: 17-18.

[4] POLLANEN M S. Forensi diatomology and drowning [M]. Amsterdam: Elsevier Science BV, 1998.

[5] ZHAO J, LIU C, HU S, et al. Microwave digestion-vacuum filtration-automated scanning electron microscopy as a sensitive method for forensic diatom test [J]. Int J Legal Med, 2013, 127 (2): 459 – 463.

[6] LUDES B, COSTE M, NORTH N, et al. Diatom analysis in victim's tissues as an indicator of the site of drowning [J]. Int J Legal Med, 1999, 112 (3): 163 – 166.

[7] THAKAR M K, SINGH R. Diatomological mapping of water bodies for the diagnosis of drowning cases [J]. J Forensic Leg Med, 2010, 17 (1): 18 – 25.

[8] MING M, MENG X, WANG E. Evaluation of four digestive methods for extracting diatoms. [J]. Forensic Sci Int, 2007, 170 (1): 29 – 34.

[9] HÜRLIMANN J, FEER P, ELBER F, et al. Diatom detection in the diagnosis of death by drowning. [J]. Int J Legal Med, 2000, 114: 6 – 14.

[10] 中华人民共和国公安部. GA/T 813—2008 人体组织器官硅藻硝酸破机法检验 [S]. 北京: 中国标准出版社, 2008.

[11] NIU Y, ZHAO J, LI X, et al. Separation of diatoms from digestive solution: a combination of membrane filtering and vacuum pumping [J]. Aust J Forensic Sci, 2016, 50 (4): 361 – 370.

[12] ZHAO J, WANG Y, LIU C, et al. Detection of diatoms by a combination of membrane filtration and transparentness [J]. J Forensic Sci, 2016, 61 (6): 1643 – 1646.

[13] 赵建, 袁自闯, 张彦吉, 等. 两种硅藻检验方法的比较 [J]. 中国法医学杂志, 2015 (1): 62 – 65.

[14] ZHAO J, LIU C, BARDEESI A, et al. The diagnostic value of quantitative assessment of diatom test for drowning: an analysis of 128 water-related death cases using microwave digestion-vacuum filtration-automated scanning electron Microscopy [J]. J Forensic Sci, 2017, 62 (6): 1638 – 1642.

[15] ZHAO J, LIU C, WEN J, et al. The Sources of Contamination in the forensic diatom test [J]. Forensic Sci Int, 2017, 277 (S1): 130.

[16] FOGED N. Diatoms and drowning-once more [J]. Forensic Sci Int, 1983, 21: 153 – 159.

[17] LUNETTA P, MIETTINEN A, SPILLING K, et al. False-positive diatom test: a real challenge? A post-mortem study using standardized protocols [J]. Legal Med, 2013, 15 (5): 229 – 234.

[18] 程利宝, 陈阳, 李永宏. 100 例硅藻检验综合分析及评价 [J]. 法医学杂志, 1999 (2): 36 – 37.

[19] 陈煌, 周安居. 498 例水中尸体硅藻检验分析 [J]. 中国法医学杂志, 2006, (S1): 23 – 24.

[20] POLLANEN M S, CHEUNG C, CHIASSON D A. The diagnostic value of the diatom test for drowning, I. Utility: a retrospective analysis of 771 cases of drowning in Ontario, Canada [J]. J Forensic Sci, 1997, 42 (2): 281 – 285.

[21] AUER A, MOTTONEN M. Diatoms and drowning [J]. Z Rechtsmed, 1988, 101: 87 – 98.

[22] DETTMEYER R B, VERHOFF M A, SCHÜTZ H F. Forensic medicine: fundamentals and perspectives [M]. Berlin Heidelberg: Springer – Verlag, 2014.

[23] 丛斌. 法医病理学 [M]. 5 版. 北京: 人民卫生出版社, 2016: 310.

[24] 赵子琴. 法医病理学 [M]. 4 版. 北京: 人民卫生出版社, 2009: 326.

[25] ZHAO J, MA Y, LIU C, et al. A quantitative comparison analysis of diatoms in the lung tissues and the drowning medium as an indicator of drowning [J]. J Forensic Leg Med, 2016, 42: 75 – 78.

内质网应激与甲基苯丙胺神经毒性损伤

谢卫兵　王慧君

(南方医科大学法医学院，广东广州，510515)

Endoplasmic reticulum stress and methamphetamine-induced neurotoxicity

【ABSTRACT】 Methamphetamine (METH) is a widely used addictive stimulant with high potential of abuse. Exposure to METH damages multiple major organs, including the nervous and cardiovascular systems. Several lines of evidences suggest that chronic METH abuse lead to neurodegerative changes in human brain. These include damage to dopamine and serotonin axons, loss of gray matter accompanied by hypertrophy of the white matter and microgliosis in different brain areas. The accumulated evidence indicates that multiple events, including oxidative stress, excitotoxicity, hyperthermia, neuroinflammatory responses, mitochondrial dysfunction, endoplasmic reticulum stress (ER stress) converge to mediate METH-induced neurotoxicity. In the present minereview, we summarize data from our laboratory on the roles and mechanisms of ER stress in METH-induced neurotoxicity. We have found that ER stress-related signal pathway, such as C/EBPβ-IGFBP5-PUMA axis, C/EBPβ-Trib3-mTOR axis, DDIT4-mTOR axis, Nupr1-Chop axis, caspase-11 axis and astrocytes-derived LCN2 are involved in methamphetamine-induced toxic effects on the nervous. Taken together, these findings suggest that pharmacological strategies geared towards the prevention and treatment of the deleterious effects of this drug will need to attack the various pathways that form the substrates of METH toxicity.

【KEYWORDS】 methamphetamine; neurotoxicity; ER stress

甲基苯丙胺（methamphetamine，METH）俗称"冰毒"，属于苯丙胺类兴奋剂

通讯作者：王慧君，E-mail：hjwang@smu.edu.cn。

（amphetamine-type stimulants，ATS），是一种新型合成毒品，是全球范围滥用的第二大毒品，仅次于大麻。METH 滥用者在成瘾的同时，对人体重要脏器造成器质性损害。研究表明，METH 滥用不仅对神经系统造成损害，产生神经毒性，同时也对其他器官，如心脏、血管、肝脏、肾脏等产生毒性损害。METH 对神经系统的损伤研究最多，也最为深入。METH 可导致大脑黑质、纹状体、海马、皮质等多部位损伤，星形细胞病变、脑肿胀和变性、苍白球的退行性变，脊髓灰质坏死等。关于 METH 导致上述神经毒性作用的机制仍不清楚。现有的证据表明，多种机制参与了 METH 诱导的神经损伤，主要包括氧化应激损伤、谷氨酸兴奋性毒性、线粒体功能障碍、神经炎症、内质网应激、神经元凋亡等，这些机制既有相互交叉，又分别发挥不同的作用。近年来，我们实验室围绕 METH 毒性损伤及其机制为研究重点，尤其关注内质网应激在 METH 导致的神经系统中的作用及可能分子机制。

内质网是真核细胞的主要细胞器之一，其主要功能是确保膜性蛋白和分泌型蛋白的正确折叠，同时在脂肪酸生物合成、维持钙离子的稳态和氧化还原平衡等方面发挥重要作用。在某些生理状态下，内质网可发生功能性改变，导致错误折叠蛋白在内质网中聚集，发生非折叠蛋白反应（unfolded protein response，UPR）。生理状态下，内质网应激感应蛋白 PERK、IRE1a 和 ATF6 与内质网伴侣分子 GRP78 结合，处于失活状态；而当折叠蛋白在内质网大量聚集时，伴侣分子 GRP78 就从感应蛋白中脱离下来，与未折叠蛋白结合以帮助其完成正确折叠；失去伴侣分子的 PERK、IRE1a 和 ATF6 则被磷酸化而激活，从而启动内质网应激的发生。内质网的这种应激反应是对外界刺激的适应性反应，但如果外界刺激持续存在，内质网应激反应将进一步演进，进而激活内质网应激介导的细胞凋亡，从而导致细胞凋亡的发生。内质网应激在 METH 导致的神经损伤中也起到重要作用。Jayanthi 等首次报道 METH 能够诱发小鼠神经细胞的内质网应激反应。2009 年，他们进一步指出，METH 诱导小鼠纹状体内质网应激反应是通过 D1 受体介导的。Takeichi 等报道低剂量 METH 同样能够诱导小鼠中脑神经细胞的内质网应激。Hayashi 等报道 METH 自主给药大鼠的腹侧被盖区和黑质区神经细胞发生内质网应激反应。但有关内质网应激在 METH 导致的毒性损伤中的作用及机制远未阐述清楚。近年来，我们课题组围绕内质网应激在 METH 诱导的神经毒性损伤中的作用及机制开展系列研究，总结如下。

1 METH 通过 C/EBPβ-IGFBP5-PUMA 信号通路介导神经细胞凋亡

METH 滥用者脑损伤的主要病理改变是神经元大量死亡。大量证据表明，凋亡及自噬性死亡是 METH 导致神经元死亡的主要机制。细胞凋亡可分为两条基本的信号通路：一是线粒体参与的信号通路，二是死亡受体参与的信号通路。线粒体介导的细胞通路可被细胞色素 c、Smac/DIABLO 和 OMI/HTRA2 的释放所激活，并且主要受 Bcl2 家族成员调节。Bcl2 家族中的抗凋亡成员可以保持线粒体的完整性，并可阻止细胞色素 c 的释放；而 Bcl2 家族中的促凋亡成员，如 Bax、Bim 等则促进细胞色素 c 的释放。释放后的细胞色素 c 与 Apa 结合形成凋亡小体，进而募集并激活 procaspase9，活化的 caspase9 激活下游的效应性分子，如 caspase3 等。我们的研究显示，METH 处理神经细胞后，Bcl2 表达下调，而 Bax 表达上调，同时发生细胞色素 c 由线粒体内向细胞浆中外流，凋亡效应蛋白 caspase3 和 PARP 表达上调，说明 METH 处理神经细胞后激活了线粒体凋亡途径，进一步我们证实 C/EBPβ-IGFBP5-PUMA 信号轴参与了 METH 激活的线粒体凋亡途径。

2 C/EBPβ-Trib3-mTOR 信号通路启动的细胞自噬介导 METH 诱导的神经细胞凋亡

自噬是真核细胞中广泛存在的一种将细胞器和蛋白复合体进行降解/再循环利用的系统。在正常情况下，自噬在维持细胞自稳态中发挥重要作用；当细胞受到应激刺激时，自噬可被快速激活。自噬具有"双刃剑"的作用：①自噬参与清除与神经疾病有关的异常折叠蛋白而发挥神经保护；②但自噬的过度激活则可诱导细胞程序性死亡（自噬性死亡）。我们发现用低浓度的 METH（1 μM）处理神经细胞时发生的自噬对神经细胞起到保护作用；而用高浓度的 METH（2～3 mM）处理发生的自噬则能促发自噬性凋亡。据文献报道，C/EBPβ 能够诱导细胞的自噬发生。为此，我们探讨了 C/EBPβ 与 METH 诱导的自噬的关系。我们发现，降低 C/EBPβ 的表达后，能够抑制 METH 诱导的神经细胞自噬的发生。同时，为证明 METH 诱导的自噬确实能够导致神经细胞的凋亡，我们用 siRNA 敲低自噬发生过程的关键基因 Atg12 以阻断自噬的发生，结果发现抑制自噬发生能够抑制 METH 导致的凋亡，这一结果表明，高浓度 METH 诱导的自噬能够促进凋亡的产生。进一步的机制探讨发现，C/EBPβ 通过调控 Trib3 的表达，Trib3 抑制 mTOR 的磷酸化，从而导致细胞自噬的发生。

3 内质网应激介导 Nupr1 信号通路在 METH 导致的神经损伤中的作用

我们的研究表明，高浓度 METH 处理神经细胞后能够导致内质网应激介导的细胞凋亡，并且发现应激分子 Nupr1（又称 com1 或 p8）在该过程中起到重要的作用。METH 处理神经细胞后，应激蛋白表达升高，从而启动内质网应激反应。持续，大剂量的 METH 处理，进一步触发 CHOP 介导内质网应激导致的神经细胞的凋亡过程。同时我们还观察到，CHOP 上调后，引发 Trib3 的表达升高，升高的 Trib3 能抑制 AKT 的磷酸化，从而抑制了 mTOR 的磷酸化，触发神经细胞自噬的发生。

4 DDIT4-mTOR 信号通路在 METH 导致的神经细胞自噬和凋亡中的作用

DDIT4（DNA-damage-inducible transcript 4）是 DDIT 家族成员之一，具有调节 DNA 损伤修复，介导细胞周期停滞和细胞凋亡的功能。我们研究发现，DDIT4 在 METH 诱导神经细胞自噬和凋亡中发挥重要作用。先前的研究显示，DDIT4 是 mTOR 信号通路的重要阻遏蛋白之一，高表达的 DDIT4 能够抑制 mTOR 的磷酸化，从而引起细胞自噬。DDIT4-mTOR 通路在 METH 导致自噬中是否存在并发挥作用，我们的研究结果显示，在高浓度 METH 处理神经细胞后,磷酸化 mTOR 表达减低,但敲低 DDIT4 的表达后,mTOR 的磷酸化水平则回升,自噬相应地也被抑制了,表明 DDIT-mTOR 信号轴在介导 METH 诱导神经细胞自噬中起重要作用。在高浓度 METH 处理后,DDIT4 介导的自噬最终能够导致细胞的凋亡。

5 Caspase11 通过炎性和非炎性两条途径在 METH 导致神经毒性损伤中发挥作用

Caspase11 是近几年在免疫学领域出现的"明星"分子,由于其在 LPS 介导的炎性通路中开辟一条非经典的途径,即可不通过经典的 caspase-1 途径直接激活炎性因子 IL-1β、TNFα 等,从而受到研究者的广泛关注。除了炎性作用外,Caspase11 还和其他分子一样,在细胞凋亡中通过非炎性作用介导细胞凋亡。我们观察到 METH 处理大鼠脑组织和 METH 处理神经细胞及星形胶质细胞中 caspase11 的表达显著升高。为全面了解 caspase11 的作用,我们首先观察其非炎性作用在导致 METH 处理神经细胞凋亡中的作用,发现 METH 处理神经细胞后,caspase11 表达上调,用 caspase11 特异质抑制剂或 siRNA 抑制 caspase11 表达后,能有效地降低 METH 导致神经细胞的凋亡。星形胶质细胞是神经系统中数目最多的一类细胞,具有支持、营养神经细胞的作用,同时也能被激活产生炎性因子。我们发现,METH 作用星形胶质细胞,能够诱导炎性因子 IL-1β 和 IL-18 的表达,表明 METH 同样能激活星形胶质细胞。我们证实 Caspase11 参与了这一过程。进一步研究表明,Caspase11 通过 NLRP3 炎性体活化 Caspase1,从而促进 IL-1β 和 IL-18 的合成与释放;同时也观察到在 METH 处理的星形胶质细胞中 TLR4 表达也显著升高,TLR4 能够调节 Caspase11 的表达从而介导炎性因子合成。机制上,TLR4 通过 TRIF/MYD88-IRAK4 信号通路激活 NF-kB,活化的 NF-kB 进入核内与 Caspase11 启动子上的结合位点结合,从而促进 Caspase11 的表达。

6 星形胶质细胞来源的 LCN2 介导 METH 诱导的神经细胞凋亡

METH 处理星形胶质细胞,不仅能分泌炎性因子,还能分泌其他细胞因子发挥生物学效应。METH 处理星形胶质细胞后,导致内质网应激的发生,相关应激蛋白 LCN2 的表达升高并分泌出去,分泌的 LCN2 与神经细胞上的受体 24p3r 结合,从而启动神经细胞的凋亡途径,导致神经细胞的凋亡。

猝死的法医学鉴定技术现状与研究进展

黄二文[1,2] 李志刚[3,4] 刘超[1,3,4] 余彦耿[4,5] 成建定[1,2]

（1. 广东省法医学转化医学工程技术研究中心，广东广州，510000；2 中山大学中山医学院法医病理学教研室，广东广州，510000；3 广州市刑事科学技术研究所，广东广州，510000；4 公安部法医病理学重点实验室，广东广州，510000；5 广东省公安厅刑事技术中心，广东广州，510000）

【摘 要】 猝死是法医学死因鉴定中的重要内容，其中，不明原因猝死是难点。本文对猝死的法医学鉴定技术现状、不明原因猝死的主要病因及其法医学研究主要进展做简要总结，以期为法医病理学检验人员和科研人员提供参考。

【关键词】 猝死；恶性心律失常；电解质紊乱；癫痫；哮喘

Forensic examination and research progress of sudden death

【ABSTRACT】 Sudden death is common in forensic autopsy, while it is difficult to identify the cause of sudden unexpected death. This review is a brief summary about the technological status quo of forensic examination for sudden death, and the major causes and research progress of sudden unexpected death.

【KEYWORDS】 sudden death; malignant arrhythmia; electrolyte disturbance; epilepsy; asthma

猝死意指机体潜在的疾病发作或器官功能急性障碍所致的快速、意外自然死亡。对于猝死的急性症状发作至死亡的时间界定，至今尚无统一，其中世界卫生组织于1970年、1976年、1984年先后界定为24 h、6 h和1 h。猝死的时间界定不同，流行病学结论差异巨大，按照世界卫生组织的最新界定，据报道目前全球自然死亡中至少10%可归为猝死[1]，可见猝死是现代医学所面临的重要挑战。

1 猝死的病因与法医学鉴定技术现状

猝死是根据死亡的表现形式定义的，并非临床意义上的某种疾病，其病因涉及多器

作者简介：黄二文，副教授，主要从事猝死法医学研究；E-mail：huangerw@mail.sysu.edu.cn。
通讯作者：成建定，教授，主要从事猝死法医学研究；E-mail：chengjd@mail.sysu.edu.cn。

官系统。成建定和刘超领衔的一项针对广东地区的猝死案例调查研究显示,在 3 770 例经法医鉴定获得明确死因的猝死中,心血管系统疾病占死因的 43.9%,呼吸系统疾病占 18.5%,中枢神经系统疾病占 15.4%,消化系统疾病占 10%,泌尿系统疾病占 9.6%,小部分死因来自血液系统、内分泌系统和生殖系统等疾病[2]。在其他一些国外群体的研究中,心脏疾病在猝死病因中的占比更高,例如著名的心血管病前瞻性队列研究(framingham study)显示在美国白人群体中心源性猝死占全部猝死病人的 75%[3],另一项研究报道,在 1~35 岁的丹麦猝死人群中,心脏死因同样占比 75%[4]。

猝死虽非暴力性死亡,但因其急骤性和意外性特点,往往被疑为暴力性死亡。尤其是当合并机械性损伤、医疗损害、中毒或存在其他涉及他人的诱因时,查明死因和死亡性质对案件定性尤为关键却又并不容易,因此,猝死也是法医学所面临的重要挑战。当前,猝死的法医学检验仍然依靠这样一套技术体系:尸体解剖、组织学检查、毒物化验结合现场勘验和案情,在排除其他死因的情况下给出推测性结论。在这套常规技术体系下,对于有可解释死因的器质性病变的猝死案件,在已做到足够谨慎的情况下死因结论不太难得出,不做赘述。但现实情况中,相当一部分猝死经该套技术体系不能检出死因,成为法医学不明原因猝死。在一项纳入 1 656 例经法医学检验的猝死案例研究中,发现 15.2% 的案例未能检出死因[5],可见亟待开发新的有效技术方法补充到现有技术体系中来。

2 不明原因猝死

在法医学不明原因猝死中,因尚无有效法医学诊断手段,其死因的流行病学准确数据尚无法获得,一般认为,主要包括如下几类。

2.1 有或无明确诱因的恶性心律失常

有或无明确诱因的恶性心律失常包括原发性和继发性心律失常性猝死。原发性心律失常猝死病因主要是先天性的基因突变,包括心脏钠、钾、钙离子通道编码基因,以及调控这些通道蛋白表达、转运或修饰的分子的编码基因[6-12]。长 Q-T 综合征、短 Q-T 综合征、Brugada 综合征、儿茶酚胺敏感性多形性室速、特发性室颤等是原发性心律失常的常见形式[13-16],并且可能是法医病理学中青壮年猝死综合征和婴幼儿猝死综合征的主要死因。该类猝死恐怕是法医学死因鉴定中难度最大的问题之一,一方面,其外界诱发因素异质性极大,运动中、睡眠中、情绪激动中、平静状态中发病的均可见,目前学界尚未能揭示其诱因的规律,实为无明确诱因;另一方面,现阶段的常规死因鉴定技术无法检出阳性发现。

继发性心律失常猝死多见于各类器质性心脏病,包括心肌梗死、心肌炎、心肌病、脂肪心等,一般在病理学检验时可检出,不做赘述。药源性心律失常猝死是值得注意的,多见于抗心律失常药物[17],也见于抗精神病药物[17,18]、抗生素[17,19]、抗组胺类等非心脏药物[17,20]。药源性心律失常猝死的主要电生理机制是药物通过延长心脏 Q-T 间期,进而诱发尖端扭转型室速风险。目前,市场上可延长 Q-T 间期的药物有上百种,读者可通过 www.crediblemeds.org 查询[17]。药源性心律失常的发病并非用药剂量依赖性的,通常正常剂量即可诱发。遗传因素对于药源性恶性心律失常同样具有重要贡献,其关联基因包括某些原发性恶性心律失常致病基因，其中 KCNE1、ACN9 和 ALG10B 3 个基因已有强烈证据证明是药源性长 Q-T 综合征的遗传基础[21-23]。综上所述，在疑为药源性心律失常猝死的法医学死因鉴定中，依据死前用药史，增加基因检测和血药检测可能为死因推断带来帮助。

2.2 严重的电解质紊乱

各种原因所致的内环境改变，造成细胞内外钠、钾、钙、氯离子等严重失衡，引发心律失常猝死[24]。常见于肝、肾等脏器功能衰竭和术后、药后、感染、烧伤的并发症，在法医学检验中往往可见明确原发病因，因此死因的确定不困难，不做赘述。无诱因的严重电解质紊乱导致的猝死极其罕见，需要引起注意的可能是一些药源性严重电解质紊乱，有报道口服正常剂量阿莫西林导致严重电解质紊乱的病例[25]。对于疑似严重电解质紊乱引起的猝死，特别是原发诱因不明确的，宜增加玻璃体液电解质检测。

2.3 癫痫

癫痫是各种原因引起的神经元同步异常放电的临床综合征，包括原发性癫痫和由脑发育障碍、脑外伤、中枢神经系统感染、脑血管病等引起的继发性癫痫。癫痫猝死是癫痫病人突然、意外地发病死亡，排除癫痫持续状态、癫痫发作造成的外伤或其他已知死因，是难治性癫痫病人最常见的死因[26]。5 岁以下和 20~50 岁是癫痫猝死的高发年龄，性别比例男性略高于女性（男性：女性 = 1.3：1），70% 以上的发生在夜间，85% 以上无目击证人[27]。癫痫猝死的发生机制可能是神经元 5-羟色胺信号传导障碍[28-29]引发了包括脑干呼吸中枢在内的脑电广泛抑制[30,31]，导致呼吸抑制进而窒息死亡，在该过程中大脑释放大量的腺苷和阿片类物质参与呼吸抑制[32]，低氧和酸中毒又可进一步刺激心交感或迷走神经造成快速型室性心律失常或心脏骤停[33,34]。对癫痫猝死的法医学检验中应强调关注继发性癫痫可能的原发病因，以及癫痫病史与治疗史。在缺乏目击证人的情况下，病史、治疗史以及案情往往成为区分癫痫猝死（尤其是原发性癫痫猝死）和一般的无体表损伤的窒息死亡的重要依据。

2.4 支气管哮喘病

爆发性支气管哮喘发作导致的猝死并不罕见。有报道称，在 625 例 1~35 岁不明原因猝死的丹麦人群中，49 例（7.8%）有明确证据显示死前支气管哮喘急性发作[35]。另一项来自澳大利亚的针对 1~10 岁的猝死案例研究显示，哮喘占 16.1%[36]。支气管卡他性炎症、黏液痰栓和支气管平滑肌重度痉挛是支气管哮喘主要的发病机制[37]。黏液痰栓系由黏稠痰液、剥脱的支气管上皮细胞、白细胞、吞噬细胞、库什曼（Curschmann）螺旋体、尖梭（Charcot-Leydon）结晶等成分相互包缠而成。根据临床经验判断，支气管哮喘猝死的直接死因主要为严重缺氧和呼吸性酸中毒[37]，部分可能为哮喘进一步诱发的心脏因素所致[37,38]。然而值得注意的是，在上述 49 例哮喘猝死中，研究人员认为高达 63% 与哮喘诱发的心脏病有关，仅 37% 直接死于哮喘发作[35]。

支气管哮喘猝死的诱因除一些无法预知的环境因子刺激外[39]，β-激动剂、氨基糖苷类抗生素、多黏菌素等药物使用不当被认为是重要诱因[37,39,40]。在疑为支气管哮喘猝死的死因鉴定中，除却尸体猝死一般征象外，须着重关注黏液性痰栓、支气管炎性改变及管壁水肿的存在与否，以及生前病史和诊疗史。

2.5 过敏性休克

过敏性休克猝死指过敏体质者在接触变应原后短时间内发生过敏性休克并猝死,是 I 型超敏反应中最危重一种。常见过敏原有药物、食物及昆虫叮咬等,在法医学鉴定特别是医疗损害鉴定中多见。其发病机制是,变应原初次侵入机体时激发机体浆细胞产生并释放 IgE,IgE 结合于组织的肥大细胞与血液嗜碱性粒细胞的 IgE 受体上,若变应原再次入侵,则与 IgE-受体特异性结合,从而激发肥大细胞等脱颗粒释放组胺、缓激肽、白三烯及前列腺素等物质,这些物质使外周血管平滑肌松弛、支气管平滑肌收缩及毛细血管通透性增加。变态反应同时促使血小板释放血小板活化因子,后者进一步加剧外周血管扩张、支气管平滑肌收缩、肺动脉和冠状动脉收缩[41]。

过敏性休克猝死的尸体仅表现猝死一般征象,无特异性病理改变[42]。实践工作中对过敏性休克猝死的诊断要点是:在尸体表现猝死一般征象并排除其他疾病、中毒及暴力性死因的基础上,结合接触变应原史,临床表现为突发性休克症状,并检测血清中 IgE 含量增高。但缺乏目击证人时,死前症状无法获知,变应原接触事实也往往不得而知,IgE 水平升高并非过敏性休克特异性的,反过来亦并非过敏性休克必然性的,这给法医学诊断带来困难。

2.6 抑制死

抑制死是指由于身体某些部位受到对正常人不足以构成死亡的刺激或外伤,通过神经反射,在短时间内心脏骤停而死亡。其机制目前为止并未被实验证据证明,但一般认为与心脏的抑制系统有关:延髓中的迷走神经背核与其周围联系纤维组成了心脏抑制系统,当刺激外周神经的心脏抑制感受器时,产生传入性抑制冲动至抑制中枢,抑制中枢发出传出性抑制冲动,反射地作用于心脏,引起窦房结兴奋性降低,心跳变弱、减慢,当刺激使迷走神经兴奋性达阈上刺激并超过其极限时,可使心搏减慢甚至停搏[43],因此抑制死又称为神经源性休克或心脏抑制性猝死。

抑制死尸体仅表现猝死的一般征象而无特殊病变,其法医学鉴定除遵循一般的猝死鉴定要点外,还必须明确死亡与刺激之间的因果关系,明确死亡经过和死亡环境。但无目击证人时,死亡与刺激的关系以及死亡经过常难以明确。

3 不明原因猝死的法医学研究进展

不明原因猝死的法医学研究进展较缓慢,主要原因在于涉及多器官系统,病因多变,机制复杂且不清,许多基础医学理论问题尚未解决。基于已知的理论,当前猝死的法医学研究的进度主要在以下几个方面。

3.1 基因检测

原发性心律失常猝死的遗传因素已研究的相对较为清楚,目前已鉴定了数十个恶性心律失常致病基因。借助当前飞速发展的遗传检测技术,针对该类猝死的法医学新技术研究方向之一是开发基于下一代测序技术的基因检测 Panel,以作为死因鉴定技术的补充,名为"分子解剖"[44-47]。Thermo Fisher、Qiagen 等公司已相继开发心律失常及心源性猝死检测试剂盒,但它们在法医学实践中的应用效果尚未得到检验。相信随着理论和技术的进一步发展,"分子解剖"有可能为该类死因的法医学检验带来帮助,但就目前而言，仍存在三个限制其应用前景的问题：①仍有相当一部分致病基因待发现，以及现有测序技术仍不能在成本较低廉的条件下覆盖全基因组所有位点，因此，实际案件中往往存在基因检测结果为阴性的情况。②基因突变位点的功能注释研究步伐远未跟上突变检出位点的步伐，因此，相当比例的案件中即使检测到可能的致病突变，其对心律失常的贡献也难以明确，指望在实际检案中进一步开展研究来确定其功能显然是不现实的。③一个在业内存在争论的问题就是，检出明确的致病突变标志着被检者有发生心律失常猝死的高风险，能够对定案带来倾向性提示，但要肯定目标突变与猝死确实发生的因果关系仍需进一步明确之间的深层机制，包括可能的诱发机制。因此，"分子解剖"的法医学应用之路仍遥远。

原发性癫痫也被认为与离子通道基因突变有关，研究认为 KCNA1、SCN1A、SCN5A、SCN8A 等是原发性癫痫的重要关联基因[48-50]。值得注意的是，部分离子通道基因是在心肌与神经元共同表达的，提示以这些基因的生殖细胞突变为病因的猝死，其根本死因到底是原发性心律失常还是癫痫是难以明确的。遗传因素对哮喘同样具有重要贡献，目前已鉴定出多个关联基因[51-52]，可见，"分子解剖"在原发性癫痫和哮喘猝死中可能同样适用。遗传因素对于过敏性休克死和抑制死可能具有重要贡献，但相关的研究未见报道。

3.2 生物标志物研究

目前尚未见有关猝死的法医学生物标志物报道，但针对原发性癫痫和哮喘的分子标志物研究可见报道。如半乳糖凝集素-3、骨膜蛋白等分子被报道可用于哮喘的预测或预后[53-54]，血清 miR-106b-5p、miR-301a-3p 水平等被报道可用于癫痫的临床诊断[55]。这些标志物，以及上文所述癫痫发作时大脑释放的 5-羟色胺、腺苷和阿片类物质能否用于相关猝死的发生风险预测和法医学诊断有待研究。以疾病风险预测、临床诊断或预后为目标的器质性心脏病和非恶性原发性心律失常的生物标志物研究是热点研究领域，但这些研究结果显然难以在法医学中套用。关于过敏性休克的生物标志物，有越来越多的生化指标被探索用于诊断的可行性，其中可能比较有价值的是类胰蛋白酶[56]、类糜蛋白酶[57]、P 物质[58]。当前，有必要将这些指标联合 IgE 构建复合诊断指标，评估其应用于法医学检验的可行性。原发性恶性心律失常的功能性生物标志物（如心电图特征、心功能参数等）研究见少量报道，但其法医学应用的可能性几乎不存在，而有价值的分子生物标志物的相关研究尚未见报道。法医学生物标志物研究除需要寻找特异性和敏感性的生物分子之外，还需要克服死后降解这一巨大障碍，这或许就是疾病生物标志物研究快速发展而死因生物标志物研究难有突破的主要原因。

3.3 基于光谱技术的死因推断

王振原和黄平团队[59]致力于将傅里叶红外变换光谱技术应用于死亡时间推断，近年来拓展至死因推断，最近他们报道了采用该光谱技术结合化学计量学方法研究肺组织病理切片的肺水肿液成分组成与含量差异，从而将心源性猝死与脑源性死亡及外伤性死亡成功区分，以及将过敏性休克死亡与由机械性窒息、脑损伤和心源性死亡组成的对照组成功区分[60]。这些成果预示着基于谱学技术的化学计量学可能在不明原因猝死的法医学检验中发挥作用。

4 小结

猝死涉及多器官系统的结构性病变和急性功能障碍，病理生理机制复杂，许多基础理论问题尚待研究。目前的法医学检验手段对于有明显结构性病变基础的猝死尚有效，但下结论须十分谨慎，尤其是当合并外伤、中毒等非自然因素时，全面、综合分析所有有关信息是非常重要的。对于原发性急性功能障碍所致的猝死和结构性病变程度不足以解释死因的猝死，法医学诊断仍是一大难题，亟须基础医学理论研究和法医学应用研究共同发展，开发新的关键技术方法方能取得突破。

参考文献

[1] 丛斌. 法医病理学 [M]. 5版. 北京：人民卫生出版社，2016：381-416.

[2] 成建定，刘超. 猝死法医病理学 [M]. 广州：中山大学出版社，2015.

[3] KANNEL W, MCGEE D, SCHATZKIN A. An epidemiological perspective of sudden death. 26-year follow-up in the framingham study [J]. Drugs, 1984, 28 (Suppl1): 1-16.

[4] WINKEL B G, HOLST A G, THEILADE J, et al. Nationwide study of sudden cardiac death in persons aged 1-35 years [J]. Eur Heart J, 2011, 32 (8): 983-990.

[5] WU Q, ZHANG L, ZHENG J, et al. Forensic pathological study of 1656 cases of sudden cardiac death in southern China. Medicine (Baltimore), 2016, 95 (5): e2707.

[6] PERRIN M J, GOLLOB M H. Genetics of cardiac electrical disease [J]. Can J Cardiol, 2013, 29 (1): 89-99.

[7] NING A M, LIU Z C. Cardiac ion channel disease (1) [J]. Public Medical Forum Magazine, 2008, 12 (1): 44-45.

[8] NING A M, LIU Z C. Cardiac ion channel disease (2) [J]. Public Medical Forum Magazine, 2008, 12 (2): 161-163.

[9] BASTIAENEN R, BEHR E R. Sudden death and ion channel disease: pathophysiology and implications for management [J]. Heart, 2011, 97 (17): 1365-1372.

[10] NAPOLITANO C, BLOISE R, MONTEFORTE N, et al. Sudden cardiac death and genetic ion channelopathies: long QT, Brugada, short QT, catecholaminergic polymorphic ventricular tachycardia, and idiopathic ventricular fibrillation [J]. Circulation, 2012, 125 (16): 2027-2034.

[11] ROBERTS J D, GOLLOB M H. The genetic and clinical features of cardiac channelopathies [J]. Future Cardiol, 2010, 6 (4): 491-506.

[12] ZHANG S S, SHAW R M. Multilayered regulation of cardiac ion channels [J]. Biochim Biophys Acta, 2013, 1833 (4): 876-885.

[13] ANTZELEVITCH C. Molecular biology and cellular mechanisms of Brugada and long QT syndromes in infants and young children [J]. J Electrocardiol, 2001, 34 (Suppl): 177-181.

[14] GAITA F, GIUSTETTO C, BIANCHI F, et al. Short QT Syndrome: a familial cause of sudden death [J]. Circulation, 2003, 108 (8): 965-970.

[15] NAPOLITANO C, BLOISE R, MONTERORTE N, et al. Sudden cardiac death and genetic ion channelopathies: long QT, Brugada, short QT, catecholaminergic polymorphic ventricular tachycardia, and idiopathic ventricular fibrillation [J]. Circulation, 2012, 125 (16): 2027-2034.

[16] PERRIN M J, GOLLOB M H. Genetics of cardiac electrical disease [J]. Can J Cardiol, 2013,

29 (1): 89-99.

[17] SCHWARTZ P J, WOOSLEY R L. Predicting the unpredictable: drug-induced QT prolongation and torsades de pointes [J]. J Am Coll Cardiol, 2016, 67 (13): 1639-1650.

[18] GLASSMAN A H, BIGGER J T. Antipsychotic drugs: prolonged QTc interval, torsade de pointes, and sudden death [J]. Am J Psychiatry, 2001, 158 (11): 1774-1782.

[19] RAY W A, MURRAY K T, HALL K. Azithromycin and the risk of cardiovascular death [J]. N Engl J Med, 2012, 366 (20): 1881-1890.

[20] KAHN A, BLUM D. Possible role of phenothiazines in sudden infant death [J]. Lancet, 1979, 2 (8138): 364-365.

[21] WEEKE P, MOSLEY J D, HANNA D. Exome sequencing implicates an increased burden of rare potassium channel variants in the risk of drug-induced long QT interval syndrome [J]. J Am Coll Cardiol, 2014, 63 (14): 1430-1437.

[22] KÄÄB S, CRAWFORD D C, SINNER M F. A large candidate gene survey identifies the KCNE1 D85N polymorphism as a possible modulator of drug-induced torsades de pointes [J]. Circ Cardiovasc Genet, 2012, 5 (1): 91-99.

[23] 郭继鸿, 王志鹏, 张海澄, 等. 临床实用心血管病学 [M]. 北京: 北京大学医学出版社, 2015: 286.

[24] EL-SHERIF N, TURITTO G. Electrolyte disorders and arrhythmogenesis [J]. Cardiol J, 2011, 18 (3): 233-245.

[25] 王宪英, 郐素会, 刘保良. 口服阿莫西林/克拉维酸钾片导致严重电解质紊乱1例 [J]. 中国药房, 2006, 17 (13): 1039.

[26] NASHEF L. Sudden unexpected death in epilepsy: terminology and definitions [J]. Epilepsia, 1997, 38 (11): S6-S8.

[27] CLARK D, RINEY K. A population-based post mortem study of sudden unexpected death in epilepsy [J]. J Clin Neurosci, 2016, 23: 58-62.

[28] RICHERSON G B, BUCHANAN G F. The serotonin axis: shared mechanisms in seizures, depression, and SUDEP [J]. Epilepsia, 2011, 52 (Suppl 1): 28-38.

[29] BUCHANAN G F, MURRAY N M, HAJEK M A, et al. Serotonin neurones have anti-convulsant effects and reduce seizure-induced mortality [J]. J Physiol, 2014, 592 (19): 4395-4410.

[30] LHATOO S D, FAULKNER H J, DEMBNY K, et al. An electroclinical case-control study of sudden unexpected death in epilepsy [J]. Ann Neurol, 2010, 68 (6): 787-796.

[31] SEYAL M, HARDIN K A, BATEMAN L M. Postictal generalized EEG suppression is linked to seizure-associated respiratory dysfunction but not postictal apnea [J]. Epilepsia, 2012, 53 (5): 825-831.

[32] DLOUHY B J, GEHLBACH B K, KREPLE C J, et al. Breathing inhibited when seizures spread to the amygdala and upon amygdala stimulation [J]. J Neurosci, 2015, 35 (28): 10281-10289.

[33] SEYAL M, PASCUAL F, LEE C Y, et al. Seizure-related cardiac repolarization abnormalities are associated with ictal hypoxemia [J]. Epilepsia, 2011, 52: 2105-2111.

[34] KARA T, NARKIEWICZ K, SOMERS V K. Chemoreflexes—physiology and clinical implications [J]. Acta Physiol Scand, 2003, 177: 377-384.

[35] GULLACH A J, RISGAARD B, LYNGE T H, et al. Sudden death in young persons with uncontrolled asthma: a nationwide cohort study in Denmark [J]. BMC Pulm Med, 2015, 15: 35.

[36] PURANIK R1, CHOW C K, DUFLOU J A, et al. Sudden death in the young [J]. Heart

Rhythm, 2005, 2 (12): 1277 - 1282.

[37] 麻宁德. 致死性哮喘的机制和预防 [J]. 临床荟萃, 1995, 10 (12): 532 - 533.

[38] 朱蕾, 翁曼容, 张志凤, 等. 支气管哮喘病人死亡原因的回顾性分析 [J]. 中国呼吸与危重监护杂志, 2004, 3 (1): 34 - 36.

[39] 江劲, 郑旭宁, 石倍增. 支气管哮喘与猝死 (附12例分析) [J]. 浙江医学, 1998, 20 (3): 172 - 173.

[40] ROBIN E D, MCCAULEY R, 朱亚玲. 支气管哮喘病人心脏性猝死与吸入性β激动剂的关系 [J]. 国外医学呼吸系统分册, 1993, 13 (2): 94 - 95.

[41] PAŁGAN K, BARTUZI Z. Platelet activating factor in allergies [J]. Int J Immunopathol Pharmacol, 2015, 28 (4): 584 - 589.

[42] PUMPHREY R S, ROBERTS I S. Postmortem findings after fatal anaphylactic reactions [J]. J Clin Pathol, 2000, 53 (4): 273 - 276.

[43] MARMAR VASEGHI, KALYANAM SHIVKUMAR. The role of the autonomic nervous system in sudden cardiac death [J]. Prog Cardiovasc Dis, 2008, 50 (6): 404 - 419.

[44] LIU C, ZHAO Q, SU T, et al. Postmortem molecular analysis of KCNQ1, KCNH2, KCNE1 and KCNE2 genes in sudden unexplained nocturnal death syndrome in the Chinese Han population [J]. Forensic Sci Int, 2013, 231 (1 - 3): 82 - 87.

[45] ZHAO Q, CHEN Y, PENG L, et al. Identification of rare variants of DSP gene in sudden unexplained nocturnal death syndrome in the southern Chinese Han population [J]. Int J Legal Med, 2016, 130 (2): 317 - 322.

[46] SEMSARIAN C, INGLES J, WILDE A A. Sudden cardiac death in the young: the molecular autopsy and a practical approach to surviving relatives [J]. Eur Heart J, 2015, 36 (21): 1290 - 1296.

[47] BAGNALL R D, WEINTRAUB R G, INGLES J, et al. A Prospective study of sudden cardiac death among children and young adults [J]. N Engl J Med, 2016, 374 (25): 2441 - 2452

[48] GLASSCOCK E, YOO J W, CHEN T T, et al. Kv1.1 potassium channel deficiency reveals brain-driven cardiac dysfunction as a candidate mechanism for sudden unexplained death in epilepsy [J]. J Neurosci, 2010, 30 (15): 5167 - 5175.

[49] COORG R, WEISENBERG J L, WONG M. Clinical neurogenetics: recent advances in the genetics of epilepsy [J]. Neurol Clin, 2013, 31 (4): 891 - 913.

[50] NIEH S E, SHERR E H. Epileptic encephalopathies: new genes and new pathways [J]. Neurotherapeutics, 2014, 11 (4): 796 - 806.

[51] DIJK F N, DE JONGSTE J C, POSTMA D S, et al. Genetics of onset of asthma [J]. Curr Opin Allergy Clin Immunol, 2013, 13 (2): 193 - 202.

[52] MATHIAS R A. Introduction to genetics and genomics in asthma: genetics of asthma [J]. Adv Exp Med Biol, 2014, 795: 125 - 155.

[53] PARULEKAR A D, ATIK M A, HANANIA N A. Periostin, a novel biomarker of TH2-driven asthma [J]. Curr Opin Pulm Med, 2014, 20 (1): 60 - 65.

[54] MAURI P, RICCIO A M, ROSSI R, et al. Proteomics of bronchial biopsies: galectin-3 as a predictive biomarker of airway remodelling modulation in omalizumab-treated severe asthma patients [J]. Immunol Lett, 2014, 162 (1Pt A): 2 - 10.

[55] PITKÄNEN A, LÖSCHER W, VEZZANI A. Advances in the development of biomarkers for epilepsy [J]. Lancet Neurol, 2016, 15 (8): 843 - 856.

［56］SCHWARTZ L B. Diagnostic value of tryptase in anaphylaxis and mastocytosis［J］. Immunol Allergy Clin North Am, 2006, 26（3）: 451-463.

［57］NISHIO H, TAKAI S, MIYAZAKI M, et al. Usefulness of serum mast cell-specific chymase levels for postmortem diagnosis of anaphylaxis［J］. Int J Legal Med, 2005, 119（6）: 331-334.

［58］NIERI P, DAFFONCHIO L, OMINI C, et al. Changes in airway reactivity to exogenous and endogenous acetylcholine and substance P afteranaphylactic bronchoconstriction in anaesthetized guinea-pigs ［J］. J Auton Pharmacol, 1992, 12（6）: 403-409.

［59］LIN H, LUO Y, SUN Q, et al. Identification of pulmonary edema in forensic autopsy cases of sudden cardiac death using fourier transform infrared microspectroscopy: a pilot study［J］. Anal Chem, 2018, 90（4）: 2708-2715.

［60］LIN H, LUO Y, WANG L, et al. Identification of pulmonary edema in forensic autopsy cases of fatal anaphylactic shock using Fourier transform infrared microspectroscopy［J］. Int J Legal Med, 2018, 132（2）: 477-486.

有限元分析法在颅脑损伤生物力学分析中的应用研究

夏鹏[1]　常红发[1]　陶代琴[1]　谢玉波[1]　李红卫[1,2]

(1. 重庆市公安局物证鉴定中心，重庆，400707；2. 重庆医科大学基础医学院法医学教研室，重庆，400331)

【摘　要】　颅脑损伤成因分析是法医病理学损伤分析研究难点。目前研究的热点是利用生物力学的相关技术研究颅脑损伤机制，已被证明是行之有效的方法。有限元分析法是生物力学研究的一种重要技术，可以实现从动物模型到人体应用研究的转变，使损伤分析相对客观真实。本文通过总结有限元分析方法在研究生物力学方面的特点、优缺点，从颅脑损伤的力学机制入手，观察有限元分析法的研究效用，发现了建立颅脑有限元模型时存在的问题，对该技术在法医生物力学研究中的前景进行了展望基于有限元分析法的颅脑损伤生物力学分析能够为法医学损伤研究提供新的方法和手段。

【关键词】　法医病理学；颅脑损伤；生物力学；有限元分析

Application of finite element analysis（FEA） in biomechanical analysis of craniocerebral injury

【ABSTRACT】　Analysis of the causes of Craniocerebral injury is a difficult point in forensic practice. The current research hotspot is using biomechanical techniques to study its mechanism, which has proved to be an effective method. In the test process from animal model to human body application, finite element analysis（FEA）is an important technology, making the damage analysis relatively objective and authentic. In this paper, the characteristics, advantages and disadvantages of the FEA are studied in biomechanics. From the mechanical mechanism of craniocerebral injury, the utility of the FEA is observed, and some problems in the establishment of the brain finite element model（FEM）are found. And it finally prospects

---

基金项目：公安部技术研究计划项目（2018JSYJA15）。

作者简介：夏鹏，男，副主任法医师，主要研究方向为法医病理学；E-mail:94582888@qq.com。

通讯作者：李红卫，男，主任法医师，硕士研究生导师，主要从事法医病理学研究；E-mail：lhwljf103@aliyun.com。

this technology in the research of forensic biomechanics. There is reason to believe that the biomechanical analysis of craniocerebral injury based on FEA can provide new methods and means for forensic injury research.

【KEYWORDS】 forensic pathology; craniocerebral injury; biomechanics; finite element analysis (FEA)

有限元分析（finite element analysis，FEA）是通过数学近似的方法对真实物理系统（几何和载荷工况）进行模拟，利用简单而又相互作用的元素，即单元，就可以用有限数量的未知量去逼近无限未知量的真实系统。在这种方法中，一个物体或系统被分解为由多个相互联结的、简单、独立的点组成的几何模型，因这些独立的点的数量是有限的，因此被称为有限元。有限元不仅计算精度高，而且能适应各种形状，即使是很复杂的应力问题的数值解，用有限元分析的常规方法也能得到解决，因而成为行之有效的工程分析手段。

1972 年，Brekelmans 等[1]首次将有限元分析法引入生物力学领域，在其后的 40 多年，该方法无论是建模技术还是应用范围都有了长足的发展。目前，有些有限元模型已经把人体的复杂结构模拟的很详细，比如车辆安全领域研究的 THUMES 模型，已能做到动态响应分析。国内利用有限元分析对损伤生物力学的研究已成为热点，其中在交通事故、车辆安全性能检测和交通伤研究方面进展较快，为向法医病理学损伤生物力学机制研究转化奠定了基础。

法医学领域对颅脑损伤研究已十分广泛，但关于颅脑损伤生物力学机制方面的研究几乎仍然停留在 20 世纪中叶，关于颅脑损伤生物力学机制和致伤物特征的分析是大多数法官、刑侦人员最关心的焦点问题。例如[2]，钝性颅脑损伤的受力方式是什么？力是如何在不同质地、不同结构的组织内传导的？致伤物是何种质地，大小如何？借助有限元分析方法为基础的生物力学分析有望解决上述问题。

1 有限元分析法在研究生物力学方面的优势

（1）有限元分析法可以通过对颅脑及其各种性能、条件进行限制约束、概括，可以将复杂的问题简单化、数字化，用于分析钝性颅脑损伤复杂的受力情况，将成为研究颅脑钝性损伤生物力学机制的重要方法。

（2）与动物实验模型相比，当前人类标本离体实验是最可靠的研究方法，但实验对测量设备要求高，成本昂贵，且存在伦理学争议[3]，从动物模型到临床人体应用的过程中，有限元分析法起到了过渡的作用。

（3）在有限元分析中可以对不同实验条件、实验时间和方法等进行限制约束，所得实验数据的差异，对分析实验条件方法等对实验结果的影响作为参考依据。

（4）实验模型在建立过程中由于各方面人为因素的参与设置，相比之下，有限元模型客观、准确，更能说明问题。

（5）有限元技术能在一定程度上可以模仿生物力学实验，使研究者能通过计算机模拟做到完全控制实验条件。

2. 有限元分析法在颅脑损伤力学分析中的应用研究

2.1 有限元分析法在颅脑损伤生物力学研究现状

有限元分析法作为一种模型方法，有限元建模应该是对生理颅脑的一个无穷逼近的过程。自 1972 年 Brekelmans 等[4]的研究后，该方法在人体建模技术领域得到了长足的发展，由二维线性[5]发展到三维非线性[6]，由单个部位发展到整个人体。

近年来，多重螺旋 CT（MSCT）、磁共振成像（MRI）等影像学技术的发展，提供了有限元建模所依赖的高质量的人体扫描图像，而计算机技术的飞速发展，又使 MSCT 和 MRI 图像可以方便转化为限元建模所需的基于医学图像通信标准（digital imaging and communcations in medicine，DICOM）存储格式的医学图像。美国韦恩州立大学脑损伤模型（Wayne State University brain injury model，WSUBIM）[7]以拥有完整人体头部解剖学特征而被国际广泛认可。

技术的发展推进了颅骨和脑组织建模模拟深度，而这也为最逼真的模拟人体颅脑提供了便利，为我们研究颅脑的生物力学特性提供了一条捷径。Anups 等[8]通过有限元分析认为人的颅骨内外板、板障结构的结构特性是人在进化过程中对冲击伤害优化的结果，这也有助于我们理解颅骨钝性损伤时内外板的骨折线长短有别。Horgan 等[9]认为颅骨的厚度、皮质骨和骨小梁的比例，对准确预测颅内压分布非常必要。

关于有限元建模的颅脑之间边界设置的问题，Aomura 等[10]通过有限元分析与实验比较，认为在模型中颅脑界面采用固定连接的方式比使用可滑动的接触设置更可靠。Ji 等[11]使用静态高分辨率自旋加权矢状面 MR 图像，对 15 名志愿者正常和屈曲条件下脑桥运动的实验分析，建议构建有限元模型时应对颅骨和脑干的连接设置为允许滑动的接触。Ho 等[12]通过对 3 个有限元模型的比较分析，认为在旋转和平动冲击载荷下，血管系统对脑的动力学影响可以忽略。

此外，由于大脑皮层具有复杂的沟回结构，导致在三维重建和网格划分时很难照顾到。因此，在绝大多数的研究中，脑组织的沟回结构通常被忽略，代之为平滑的表面。Cloots 等[13]通过有限元比较分析，认为脑组织的沟回对等效应力结果的影响可以达到 10%。而 Ho 等[14]研究则认为在模拟冲击时，具有沟回的模型应变和应变率比较小。但是他们都认为，在颅脑有限元建模和分析时应当考虑沟回结构。

对于建模时是否考虑脑脊液的问题，Luo 等[15]发现在冲击模拟中脑脊液的存在可以明显地降低最大应变峰值，尤其是由冲击和传导到脑的剪应变最大值。伴随颅内压，脑脊液还可以进一步对颅脑间的相对振荡起到缓冲作用，因此，在颅脑有限元建模中必须考虑脑脊液。另外，Aomura 等[16]的研究结果认为，有限元模型是否包括颈部对结果有重要影响，这提示我们在构建颅脑有限元模型时不能忽略颈部。

有限元分析方法在法医学领域的应用，从最初的 Dimasi 等[17]研究人体头部遭受减速撞击及非减速撞击后的脑组织损伤基础研究，到 Mendis[18]研究脑组织遭受旋转加速度运动时的应力计应变情况，研究领域进一步拓宽。Rau 等[19]运用 ULP 头部有限元模型重建了一名男子于不同高度连续两次高坠造成颅脑损伤的案件，模拟出脑组织对冲伤的部位及颅骨骨折部位，与尸检结果完全相符合。Motherway 等[20]依据人体可视化数据库的影像学资料建立了可用于施加相应虚拟载荷的人体头部有限元模型。

2.2 颅脑损伤的力学机制

2.2.1 颅骨损伤的力学机制

颅骨骨折的生物力学机理表现为颅骨的局部变形和整体变形。局部变形，指外力作用于颅骨后使受力部位遭到超过其强度极限的力而引起颅骨局部发生不可复性的变形。颅骨的局部变形所致的颅骨骨折仅存在于作用物体接触处，在中心区凹陷的同时外侧区受辐射向推挤和环向拉伸产生辐射向骨折，骨折线沿最大拉伸主应变的垂直方向扩展，并常见于颅骨薄弱和应力集中区。颅骨的整体变形是指颅骨受作用力后局部的变形是可复性的（不发生骨折），但因其颅骨整个球体的形态发生改变，导致颅骨的薄弱区和应力集中区域的颅骨发生变形而骨折。颅骨的整体变形一般发生于外力较大且有一定的接触面积，并且整体变形在颅盖和颅底均可发生，但是由于颅底结构的复杂性、弹性差、连接疏松且不规则，因而易使应力集中而比颅盖骨更容易发生变形骨折。

2.2.2 脑组织损伤的力学机制

脑组织的损伤可以是直接损伤，也可以是间接损伤。直接损伤是指物体直接与脑组织接触，主要见于开放性的颅脑损伤；而间接损伤主要是外力作用后因脑运动而引起损伤，主要见于闭合性的颅脑损伤。头部受到外力作用而发生运动时，由于自身组织结构特性脑组织与颅骨内面发生相互运动[21]，导致脑组织的血管撕裂，形成颅内血肿。造成脑损伤的生物力学机理主要有颅骨变形、颅内压的改变及脑的运动。颅内压力改变主要是由于颅脑在受到外力作用后，颅骨与脑的不同步运动使得产生打击侧的正压及对侧的负压，压力变化导致脑发生移位，造成损伤。脑的运动主要是通过脑与颅骨的直接碰撞摩擦引起损伤。

2.3 颅脑有限元分析建模方法

2.3.1 几何建模

以几何信息和拓扑信息反映结构体的形状、位置、表现形式等数据的方法进行建模就称为几何建模。由于人体组织几何形状的不规则性和多形性，此方法建模难度大。

2.3.2 三维测量法建模

该方法是通过对组织器官进行扫描、全息照相进行测量，获取三维数据，在计算机中建成三维模型。该方法进行数据采集的成本高，数据采集后处理的时间长，生成CAD模型后还要进行数据转化，才能为有限元模型使用且只能对研究对象表面的大致轮廓进行扫描测量，不能重建内部的空间形态。

2.3.3 切片法

三维有限元传统的建模方法多用人工测读标本或标本模型切片的方法分别逐层测绘断层外形坐标，在计算机里进行截面的图像处理并进行图像分析[22]，这些方法难以表达比较复杂以及细微的结构，建模较复杂、主观性大、耗时费力，且属于破坏性建模，目前已较少使用。

2.3.4 基于医学图像的建模方法[23]

该方法通过CT胶片扫描传递数据的过程中容易丢失很多信息，对位不准确直接影响建模的精确性。

2.3.5 DICOM 数据直接建模法[24]

对研究对象进行 CT 扫描,以 DICOM 3.0 格式储存[25],同时还可以改善 CT 图像的质量,减少噪声,获得二维图像,在专业软件获取边界数据[26],输入三维有限元分析软件中处理,最终获得有限元模型。该方法没有掺杂人为因素,不容易丢失数据,大大减少了工作量。

2.4 笔者所在单位利用有限元分析法对颅脑钝性损伤生物力学分析研究的进展

重庆市公安局物证鉴定中心自 2010 年开始从事生物力学方面的研究,先后承担了公安部重点研究计划项目"颅脑钝性损伤的生物力学模型构建及应用研究"和重庆市社会民生科技创新专项研究项目"颅脑钝性损伤颅骨和脑组织损伤机制研究及 FEA 的建立",中心生物力学实验室已投入使用,实验室目前配备 INSTRON8871 材料试验机 1 台,数据处理工作站 2 套,高速摄像机(v12)1 1 台,配套分析软件 1 套,具备开展生物力学研究的硬件条件。

我们利用医学图像处理软件 Mimics,基于 CT 扫描数据对颅脑软组织、颅骨、脑组织进行几何三维重建,利用 3-matic 软件中对颅脑几何体进行网格划分,最后利用 Hypermesh 软件建立颅脑有限元模型(图1)。

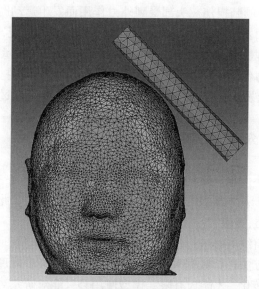

图 1 颅脑棍棒损伤有限元模型

对不同材质(木质、铁质)、不同粗细(3 cm、5 cm)的棍棒在不同打击力致颅脑损伤进行了有限元分析(图2至图4),通过 VonMises 应力、颅内压力进行分析,同时输出棍棒打击颅脑有限元模型头部的接触力和头部质心加速度,对棍棒致颅脑损伤生物力学损伤机制进行了研究。

研究发现,颅脑棍棒损伤程度与棍棒的接触面积、作用力、作用时间等因素密切相关,有限元分析作为损伤生物力学研究的重要方法,可以应用于颅脑损伤生物力学机制和致伤物特征分析,为分析颅脑钝性损伤提供重要依据。

研究中发现存在的问题及下一步研究方向如下:

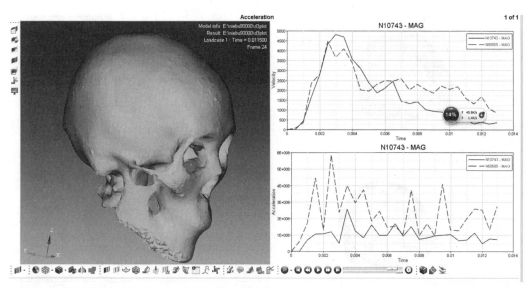

图2 颅骨打击测和对侧速度、加速度的比较

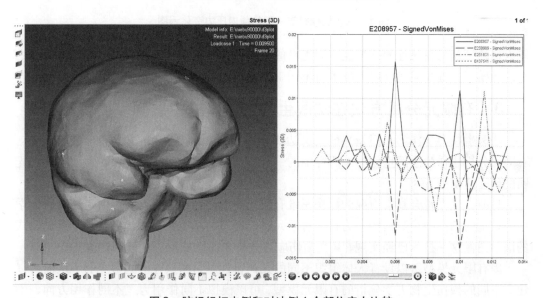

图3 脑组织打击侧和对冲侧4个部位应力比较

（1）由于颅脑形态的极度不规则性，其内部应力分布情况很难全部用有限元单元格的弹性模量精确地表达，试验数据和所要求的近似程度对精确度有一定影响。

（2）虽然有限元技术在材料属性、边界条件等方面设置相对客观，但也存在人为造成的误差，如在边界条件的规定、单元格划分、节点选择、弹性模量的设置等方面。

（3）颅脑材料的不均一性、非线性等导致难以确定材料的本构关系，在建立有限元模型中，材料属性的设置与真实材料属性存在一定的差异性；颅脑材料属性的个体差异和工具材料属性等对有限元分析法在实际案例中的应用有一定程度的影响。

（4）下一步我们将对颅脑有限元模型不断完善和改进，研究不同性别、不同年龄

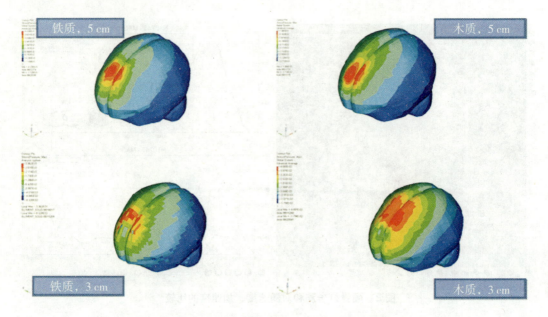

图 4　四种棍棒打击头部的颅内压力变化云图

等人群的颅脑材料属性的差异及不同工具的材料属性，建立精确度更高、稳定性更好的有限元模型，继续通过有限元技术对不同工具、不同部位等损伤机制进行研究。

3　有限元分析方法在法医生物力学研究中展望

法医生物力学作为一门新兴的交叉边缘学科，是生物力学和法医学的有机结合体，有限元分析法作为法医生物力学研究中的一种很重要的手段，具有很大的发展空间和光明的研究前景。

目前，建立符合真实情况的损伤三维有限元模型已经成为可能，特别是随着影像学中高质量的扫描图像数据转化为符合有限元建模所需的基于医学图像通信标准存储格式的医学图像这一技术已经实现，其在损伤应力分析方面已显示了优势和价值。

因有限元模型可以设置人体组织不同的几何特性、材料属性和边界条件，从而可以建立不同的损伤生物力学分析的有限元模型，可以模拟不同作用力、不同作用方向、不同致伤物、不同的速度在不同的组织上作用产生的力学变化和形变特性，可以实时分析计算其应力、应变、位移、速度、加速度等应力响应参数变化，在法医学实践中可以分析不同致伤方式、不同应力条件下的损伤形态学、损伤生物力学变化等。

有限元分析法在法医损伤研究中涉及法医学、力学、生物学、影像学、计算机仿真学等多学科，由于专业知识的限制，目前其在实践中应用受到一定的限制。

由于人体组织本身的几何、材料和结构等的复杂性，目前人体组织材料属性的研究还不够成熟和完善，所以，不同性别、不同年龄等人体组织材料属性的系统性研究亟待解决，这也是影响有限元模型精确度的一个关键因素。

综上所述，有限元分析方法具有的特点及技术优势能够为法医学损伤研究提供新的方法和手段。鉴于颅脑损伤领域仍有大量问题亟待研究,法医损伤学界应坚持生物力学分析的途径,继续应用有限元分析法,以对颅脑损伤做进一步的深入研究。

参考文献

[1] BREKELMANS W A, POORT H W, SLOOFF T J. A newmethod to analyse the mechanical behaviour of skeletal parts [J]. Acta Orthop Scand, 1972, 43 (5): 301 – 317.

[2] 刘宁国, 陈忆九, 邹冬华, 等. 数字化技术在法医颅脑损伤生物力学分析中的应用 [J]. 中国司法鉴定, 2010, 5: 71 – 74.

[3] VERSCHUEREN P, DELYE H, DEPREITERE B, et al. A new test setup for skull fracture characterization [J]. J Biomech, 2007, 40 (5): 338 – 3396.

[4] GILCHRIST O, DONOGHUE D. Simulation of the development of frontal head impact injury [J]. Comput Mech, 2000, 26: 229 – 235.

[5] KLEIVEN S. Influence of impact direction on the human head in prediction of subdural hematoma [J]. J Neurotrauma, 2003, 20: 365 – 379.

[6] RAUL J S, DECK C, WILLINGER R. Finite-element models of the human head and their applications in forensic practice [J]. Int J Legal Med, 2008, 122 (5): 359 – 366.

[7] 张建国, 芦俊鹏, 阮世捷, 等. 以头部为例的人体有限元几何重建的方法初步探讨 [J]. 微型计算机信息 (管控一体化), 2006, 22: 249 – 252.

[8] ANUP S, SIVAKUMAR S M, SURAISHKUMAR G K. Natural optima in human skull: a low-velocity impact study [J]. In J Crashworthiness, 2007, 12 (1): 17 – 20.

[9] HORGAN T J, GILCHRIST M D. The creation of three-dimensional finite element models for simulating head impact biomechanics [J]. International Journal of Crashworthiness, 2003, 8 (4): 353 – 366.

[10] AOMURA S, FFJIWARA S, IKOMA T. Study on the influence of different interface conditions on the response of finite element human head models under occipital impact loading [J]. JSME International Journal Series C Mechanical Systems, Machine Elements and Manufacturing, 2003, 46 (2): 583 – 593.

[11] JI S B, MARGULIES S S. In vivo pons motion within the skull [J]. J Biomech, 2007, 40 (1): 92 – 99.

[12] HO J, KLEIVEN S. Dynamic response of the brain with vasculature: a three-dimensional computational study [J]. Journal of biomechanics, 2007, 40 (13): 3006 – 3012.

[13] HO J, KLEIVEN S. Can sulci protect the brain from traumatic injury [J]. J Biomech, 2009, 42 (13): 2074 – 2080.

[14] LUO Y, LI Z, CHEN H. Finite-element study of cerebrospinal fluid in mitigating closed head injuries [J]. Proc Inst Mech Eng H, 2012, 226 (7): 499 – 509.

[15] ZOU H, KLEIVEN S, SCHMIDELERA J P. The effect of brain mass and moment of inertia on relative brain-skull displacement during low-severity impacts [J]. Int J Crashworthiness, 2007, 12 (4): 341 – 353.

[16] RAUL J S DECK C, WILLINGER R. Finite-element models of the human head and their applications in forensic practice [J]. Int J Legal Med, 2008, 122 (5): 359 – 366.

[17] MENDIS K. Finite element modeling of the brain to establish diffuse axonal injury criteria [D]. Columbus: The Ohio State University, 1992.

[18] RAUL J S BAUMGARTNER D, WILLINGER R. Finite element modeling of human head injuries

caused by a fall [J]. Int J Legal Med, 2006, 120 (4): 212-218.

[19] MOTHERWAY J, DOORLY M C, CURTIS M. Head im pact biomechanics simulations a forensic tool for reconstructing head injury? [J]. Leg Med Tokyo, 2009, 11 (S1): 220-222.

[20] RAUL J S, DECK C, WILLINGER R. Finite-element models of the human head and their applications in forensic practice [J]. Int J Legal Med, 2008, 122 (5): 359-366.

[21] 邱绪襄. 颅脑损伤 [M]. 成都: 四川科学技术出版社, 1995: 91-106.

[22] 陈剑虹. 一种基于断层测量的快速反求系统关键技术研究 [C]. 西安: 西安交通大学, 2000.

[23] 陈琼. 三维有限元建模方法的研究现状 [J]. 口腔医学, 2006, 26: 154-155.

[24] DANG J M, LEONG K W. Natural polymers for gene delivery and tissue engineering [J]. Adv Drug Deliv Rev, 2006, 58: 487-499.

[25] KLING P T, RYDMARK M. Modeling and modification of medical 3 dobjects: the benefit of using a haptic modeling tool [J]. Stud Health Technol Inform, 2000, 70: 162-167.

[26] CLOOTS R J H, GERVAISE H M T, VAN DOMMELEN J A W, et al. Biomechanics of traumatic brain injury: Influences of the morphologic heterogeneities of the cerebral cortex [J]. Ann Biomed Eng, 2008, 36 (7): 1203-1215.

运用傅里叶变换红外光谱技术进行法医学死亡时间推断研究进展和展望

董超秀[1,2]　董祖鑫[1]　陈嘉[1]　杨伟栋[1]　孙俊红[2]　杜秋香[2]
张勇[1]　赵芳芳[1]

（1. 山西省公安厅，山西太原，030000；2. 山西医科大学法医学院，山西太原，030000）

【摘　要】　傅里叶变换红外光谱技术可以用于检测生物组织化学物质的变化，具有灵敏度高、信息量大、无损检测等优点，已经在生物医学领域得到很多应用，目前在法医学领域尚处于研究阶段。死亡时间推断对于刑侦破案有重要意义，且一直是法医学研究难点，傅里叶变换红外光谱技术可以灵敏地检测人体组织死后的改变，为解决这一难题提供了新的方法。本文介绍了傅里叶变换红外光谱技术工作原理、综述了该技术在法医学死亡时间推断的研究进展，并尝试提出可能的研究方向。

【关键词】　法医病理学；死亡时间；傅里叶变换红外光谱；综述

Research progress and vista of FTIR application to deduce postmortem interval in forensic science

【ABSTRACT】 Fourier transformation infrared spectroscopy (FTIR) is able to detect changes of chemical substances in biological tissues, with many advantages such as high sensitivity, large amounts of information and nondestructive examination, which has been applied in some medical field, but still in the research phase in forensic field. Postmortem interval deduction is of great significance for criminal investigation, and has been a difficulty of forensic research. FTIR can detect changes of human tissues after death sensitively, which provides a new method to solve this problem. This paper introduces FTIR operating principle, summarizes research progress of this technology's application in postmortem interval deduction, as well as tries to propose potential research direction.

【KEYWORDS】　forensic pathology; postmortem interval; infrared spectroscopy;

通讯作者：董超秀，女，1990年生，山西省公安厅科技处法医科科员，法医师，山西医科大学硕士研究生；电话：13363513652；E-mail:984603604@qq.com。

review of literature

傅里叶变换红外（Fourier transform infrared，FTIR）光谱是利用红外光照射样品后，可以被吸收、透射、反射、散射或激发荧光，检测器接收到经过样品的红外光谱信号，通过一系列计算机分析系统识别分析，定性或定量分析样品的分子结构。FTIR 光谱能够高灵敏度、高准确度、无损地检测生物大分子的结构及其含量变化。FTIR 光谱与相关技术迅猛发展，不仅广泛应用于生物医学领域研究，并且可以对细胞等微小物质进行更深入研究，在法医学具有广泛的应用前景[1-3]。

死亡时间（postmortem interval，PMI）是指机体死后经历时间，或称死后间隔时间，即检验尸体时距死亡发生时的时间间隔。[4]死亡时间的推断，既有利于嫌疑人的确定，又有利于犯罪现场的重建，还有利于死亡方式的判断，因此，对犯罪案件的侦破和刑事司法审判有重要意义。

死亡时间推断一直是法医学实践难点和研究热点，几十年来研究者们尝试用各种方法来准确推断，但目前仍没有一种广泛用于实践的方法[5-6]。FTIR 的应用为解决这一难题提供了新的思路，本文将近年来的研究成果的进展综述如下。

1 FTIR 推断近期死亡时间

1.1 FTIR 检测小鼠皮肤组织近死亡期损伤活性

黄平等[7]应用 FTIR 技术研究小鼠濒临死亡期皮肤损伤活性差异时发现，生前 5 min 组、死后 5 min 组与正常组的 FTIR 光谱的峰形、峰高都有明显差异。通过对濒死期皮肤生前伤、死后伤及正常组的比较，均可得到与所含化学成分及其含量同步改变的特征吸收峰，生成特定的 FTIR 光谱图。例如 3 007 cm^{-1} 和 1 745 cm^{-1} 谱带与脂类有关，其峰高生前伤比死后伤增强。FTIR 光谱峰形、峰高的差异弥补了濒死期的生前伤、死后伤差别在病理形态学上无法区分的缺陷，该技术有望有效检验濒死期皮肤损伤活性。

1.2 FTIR 检测体液与死亡时间的关系

Zhang、Li 等用 FTIR-ATR 检测兔子死后 0～48 h 心包液[8]、血浆[9]红外光谱情况，光谱的变异代表了蛋白质、多肽、氨基酸、碳水化合物等物质随时间的降解，PMI 与光谱信号用二维相关分析判断，基于光谱数据建立偏最小二乘法（PLS）和 V 支持向量机（nu-SVM）模型。结果表明，心包液 nu-SVM 模型推测死亡时间的效果满意[8]；血浆 PLS 模型可以较满意地预测 48 h 内死亡时间，实际和预测 PMI 拟合度为 0.984，误差为 ±1.92 h[9]。

1.3 FTIR 检测器官组织与死亡时间的关系

黄平、柯勇、王磊等检测了大鼠死后置于（20±2）℃环境下 0～168 h 的脑组织[10-11]、心肌组织[12]、脾组织[13]、肾皮质以及人肾皮质组织[14]红外光谱变化，检测了主要吸收峰强度及强度比，发现不同组织在不同光谱带峰强度可呈现增高、下降和平稳三种状态。脑组织在 2 871 cm^{-1} 和 1 737 cm^{-1} 的峰强度逐渐变弱甚至在 96 h 和 72 h 消失，吸收强度和 PMI 呈线性相关，I_{1234}/I_{1454} 呈现更强的相关系数（$r=0.973$）[10-11]。随着死亡时间延长，心肌组织中的核酸含量下降明显，酰胺 I 含量减少，但酰胺 II 含量相对有所增加,脂类和脂肪酸的含量上升[12]。大鼠脾组织主要光谱数据用偏最小二乘判别分析和支持向量机分类方法可将不同死亡时间光谱样本进行有效四分类(0~24 h、48~72 h、96~120 h 和144~168 h);偏最小二乘回归分析构建的死亡时间推断模型决定系数(R^2)为0.96,校正均方根误差和交叉验证均方根误差分别为9.90 h 和11.39 h,预测集 R^2 达到0.97,预测均方根误差为10.49 h[13]。大鼠肾皮质吸光度比值建立的三次方模型拟合最优,A_{1652}/A_{1396} 相关系数最大($R^2=0.937$),人的肾皮质同样表现出相似的代谢变化[14]。进一步提示今后可将 FTIR 光谱技术结合数据挖掘方法对组织进行定性定量分析,建立数学模型,对死亡时间进行准确推断。

1.4 FTIR 检测骨骼肌、肝脾光谱变化与死亡时间的关系

黎世莹、邵煜等[15]将大鼠机械性窒息处死后,尸体保存于(20±2)℃的环境下,在死后0~15 d 各时间点提取骨骼肌、肝、脾组织样本,进行 FTIR 检测,经过统计软件计算,肝较脾、骨骼肌的三次方曲线拟合相关系数高,其中肝 A_{1541}/A_{1396} 的相关系数最高($r=0.966$)。因大多数吸光度比值从死后6~7 d 呈现平台期,FTIR 光谱技术检测骨骼肌、肝、脾组织在推断7 d 以内的死亡时具有一定的应用价值。

2 FTIR 推测较长死亡时间

2.1 FTIR 检测猪肋软骨和肋骨光谱变化与死亡时间的关系

由于尸体腐败和昆虫入侵等原因,肌肉、心、肾等软组织难以长久保存。姚尧等[16]以死亡后能较长时间保存的猪肋软骨及肋骨组织为样本,用 ATR-FTIR 技术对死后0~30 d 检材进行动态监测,发现30 d 内9个主要光谱吸收峰峰位没有明显改变,说明骨组织中主要化学基团构型没有发生明显的改变。2 925 cm^{-1} 和 2 852 cm^{-1} 表示组织内脂类的化学键振动,随死亡时间延长,肋软骨和肋骨这两个峰都有升高。3 303cm^{-1} 吸收峰主要来自蛋白质 N-H 振动,随死亡时间延长,其峰面积和峰宽相对缩小,提示蛋白质含量下降。将猪肋软骨与肋骨不同峰强比与 PMI 进行比较后,发现 A_{1238}/A_{1396}、A_{1080}/A_{1396} 的三次方曲线拟合方程拟合决定系数最佳。

3 不同因素对 FTIR 推测死亡时间的影响

3.1 温度对 FITR 检测图谱的影响

Li、Shao 等[17]将 SD 大鼠处死后分别放在4 ℃、20 ℃、30 ℃环境中,检测死后1~15 d 不同器官组织光谱变化,发现不同温度下,吸收峰比值有相似的升高或下降,但30 ℃的平台期出现更早。20 ℃有明显变化的吸收带,4 ℃却在死后时间一直表现平稳,而在30 ℃有明显改变,说明环境温度对死后代谢改变有重要影响,也同时影响着红外光谱表现。

3.2 性别、年龄、体外不同组织对 FTIR 检测谱图的影响

宣妙根等[18]将大鼠按性别分成雌雄组,按同性别不同年龄分成21 d、42 d、63 d 组,同性别组织分成离体和在体组,经颈椎处死后,大鼠放在(20±2)℃、50%湿度的受控环境中,肝、肾、脾、心肌、脑、肺、肌肉组织在死后0~48 h 收集起来用 FTIR 检测分析。随着死后时间变化,FTIR 光谱吸收峰和比值在不同时间点没有因性

别、年龄、离体出现显著差异。所有实验组和对照组相比无显著差异，试验结果说明性别、年龄、组织是否离体对 FTIR 推测死亡时间没有明显影响。

3.3 死亡原因对 FITR 检测图谱的影响

Yong Ke、黎世莹、邵煜等[10,15,17]先后建立大鼠枕－颈损伤、机械性窒息死亡、失血性休克死亡模型，取肝、脾、肌肉等组织用 FTIR 检测。结果发现不同死亡原因下，随死后时间延长，吸光度比值均呈现上升、下降及保持稳定 3 个趋势，但三者的区别尚无明确研究结论，仅有理论上的推测，需要今后进一步证明。

王志军、申山山等[19]建立不同死亡原因动物模型并分组，包括高温死亡组、脑干损伤死亡组、失血性休克死亡组、窒息死亡组，大鼠死亡后立即提取其肾组织，使用傅里叶变换显微红外光谱技术采集肾小球区域的红外光谱。结果表明，高温死亡组大鼠肾小球组织较其他组在 3 290 cm^{-1}、3 070 cm^{-1}、2 850 cm^{-1}、1 540 cm^{-1} 及 1 396 cm^{-1} 处吸收峰强度增高（$P<0.05$），A_{1650}/A_{3290} 与 A_{1650}/A_{1540} 的比值降低（$P<0.05$）。

4 前景展望

傅里叶变换红外光谱技术用于法医学死亡时间推断的主要方法是 FTIR 检测不同组织，通过吸收光谱的变化用统计学软件分析，根据吸收峰吸光强度和比值寻找最佳数学模型，为死亡时间推断提供新途径。上述研究结果表明，不同死亡时间段推断选用的组织类型不同，0～7 d 以内，脑、心肌、骨骼肌、肝、脾组织的光谱表现现较好。随着死亡时间延长，考虑到腐败的原因，需要用保存时间较长的组织，如推断 30 d 以内的 PMI，需要收集肋软骨、肋骨。机体的体液如脑脊液、玻璃体液处于相对封闭的环境之中，受外界污染少，腐败速度较慢，可以考虑作为以后的研究对象。

当前的死亡时间研究主要在恒定温度、湿度下进行，此外，机体的腐败对光谱表现也有很大影响，在今后研究中应更多地将各种环境和腐败因素考虑进去。

傅里叶变换显微红外光谱具有样品制备简单、测量位置精确、所用组织微量的特点，并且可以检测 HE 染色切片和冰冻切片，更接近日常检验案件实践需要，但目前用于死亡时间推断的实验开展较少，有待今后进一步研究。

参考文献

［1］李琼瑶. FTIR 和 Raman 光谱技术的进度［J］. 现代科学仪器，2000，（3）：40.

［2］范晓燕，傅里叶变换红外光谱在生命科学中的应用［J］. 生命科学研究，2003，7（2）：83－87.

［3］黄平，托娅，王振原，傅里叶变换红外光谱技术在死亡时间推断中的运用［J］. Journal of Forensic Medicine，2010，26（3）：198－201.

［4］丛斌. 法医病理学［M］. 5 版. 北京：人民卫生出版社，2016.

［5］HENSSGE C, KNIGHT B, KROMPECHER T, et al. The estimation of the time since death in the early postmortem period［M］. London：Arnold University Press，2002.

［6］HENSSGE C, ALTHAUS L, BOLT J. et al. Experiences with a compound method for estimating the time scince death. I. Rectal temperature nomogram for time scince the death.［J］. Int J Legal Med，2000，113：303.

［7］黄平，杨广德，托姬，等. 小鼠近死亡期皮肤损伤活性的 FTIR 光谱研究［J］. 光谱学与光谱分析，2007，27（6）：1074-1076.

［8］ZHANG J，LI B，WANG Q，et al. Application of Fourier transform infrared spectroscopy with chemometrics on postmortem interval estimation based on pericardial fluids［J］. Scientific Reports，2017，7（1）：18013.

［9］ZHANG J，LI B，WANG Q，et al. Characterization of postmortem biochmical changes in rabbit plasma using ATR-FTIR combined with chemometrics：preliminary study［J］. Spectrochimica Acta Part A：Molecular and Biomolecular Spectroscopy，2017，173：733-739.

［10］KE Y，LI Y，Wang Z Y. The changes of fourier transform infrared spectrum in rat brain［J］. Journal of Forensic Sciences，2012，57（3）：794-798.

［11］KE Y，WANG S W，LU Q Y，et al. The correlation between postmortem interval and Fourier transform infrared spectra in rat's brain［J］. Guang Pu Xue Yu Guang Pu Fen Xi，2008，28（11）：2545-2549.

［12］黄平，苏昌沛，李石松，等. 大鼠心肌傅里叶变换红外光谱变化与死亡时间的关系［J］. 法医学杂志，2010，26（1）：1-5.

［13］王磊，秦新潮，林汉成. FTIR 光谱结合数据挖掘方法构建死亡时间推断数学模型［J］. 法医学杂志，2018，34（1）：1-12.

［14］TUO Y，HUANG P，KE Y，et al. Attenuated total reflection Fourier transform infrared spectroscopic investigation of the postmortem metabolic process in rat and human kidney cortex［J］. Appl Spectrosc，2010，64（3）：268-274.

［15］黎世莹，邵煜，李正东，等. 窒息死大鼠肝脾傅里叶变换红外光谱变化与死亡时间的关系［J］. 法医学杂志，2012，28（5）：321-326.

［16］姚尧，王琪，荆小莉，等. 猪肋软骨和肋骨的 ATR-FTIR 光谱变化与死亡时间的关系［J］. 法医学杂志，2016，32（1）：21-25.

［17］LI S，SHAO Y，LI Z. Time-dependent FTIR spectral changes in rats of massive hemorrhage death during the later postmortem period［J］. 法医学杂志，2012，28（4）：241-246.

［18］宣妙根，付高文，刘峰，等. The impact of gender，age and tissues in vitro on estimating postmortem Interval by FTIR spectroscopy［J］. 法医学杂志，2013，29（1）：1-4.

［19］王志军，申山山，邓恺飞. 高温环境下死亡大鼠肾傅里叶显微红外光谱变化［J］. 法医学杂志，2015，31（4）：257-261.

牙新生线的形态特征和影响因素

丁杨 鲁琴 田露

（上海市公安局浦东分局刑事科学研究所，上海，220135）

【摘　要】　腐败尸体的活产与死产鉴别是法医病理学中的难题。牙齿不容易腐败，是良好的评价指标。本文综述了牙新生线的形态特征、观察方法、影响因素，同时介绍了牙新生线在法医病理学及考古学中的应用价值。

【关键词】　牙新生线；活产鉴别；法医病理学

Morphological characteristics and influencing factors of neonatal line

【ABSTRACT】　One of the most difficult problems in forensic pathology is to identify live birth or not in corruption bodies. Teeth is a good indicator because of its stable features. This paper reviews morphological characteristics, observation methods, influencing factors of neonatal line and its application in forensic pathology and archaeology.

【KEYWORDS】　neonatal line; distinguish live birth or not; forensic pathology

鉴定新生儿是否活产的经典试验是肺浮扬试验。早在200年，Aelius Galenus就从动物实验中发现了动物的肺经过呼吸作用后由红色、重、致密变为白色、轻且密度降低。1681年，Johannes Schreyer首次正式描述了肺浮扬试验。尽管历史悠久，现今该试验仍是活产鉴别的首要方法[1]。然而，由于腐败遗体产生腐败气体，导致该方法容易出现假阳性，甚至肺组织完全腐败消失导致该试验无法运用[2]。牙齿则与肺组织不同，其釉质是由钙盐沉积形成，较少受腐败影响。研究表明，胎儿分娩及存活会导致牙釉质形成条带状低密度区，即牙新生线（neonatal line, NL, NNL），故NL在腐败遗体的活产鉴别中具有重要意义。

作者简介：丁杨，男，上海市公安局浦东分局民警，主检法医师；电话：13386287901。E-mail：503073239@qq.com。鲁琴，女，上海市公安局浦东分局民警，法医师；电话：13386287900。田露，男，上海市公安局浦东分局民警，副主任法医师；电话：13386281130。

1 牙新生线形成机制

胎儿的乳切牙自宫内 13～17 周就开始钙盐沉积，直到出生后 3 周岁。在宫内发育期间，釉质及牙本质形成细胞以固定规律的速度分泌钙盐形成釉基质并组成釉质及牙本质（prenatal enamel prisms）。当分娩活动产生营养及环境改变从而使胎儿应激，打破了原有的形成速率并在釉质上形成条带状低密度区，该区域为 NL。随后造釉细胞沿着 NL 以新的形状和方向重新分泌釉基质（postnatal enamel prisms）。NL 存在于宫内开始发育的牙齿上：每个乳牙及 10% 的第一恒磨牙[3]。

NL 实质上属于釉质生长线。釉质生长线又名芮氏线（Retzius striae），在低倍镜下观察釉质磨片时，此线呈深褐色。在纵磨片中，线条自釉牙本质界向外，沿着釉质形成的方向，在牙尖部呈环形排列，近牙颈处渐呈斜行线。在横磨片中，线条呈同心环状排列，其宽度和距离不等。当生长线达到牙表面时即为釉面横纹，这是釉质发育中的间歇线，在发育不良的牙上更为明显。由于出生时釉质发育一度受到干扰，形成一条加重的生长线，特称为新生线。通常情况下，NL 是最初始形成的同时也是最明显的釉质生长线[4]。

2 牙新生线的形态特征

NL 位于出生前及出生后釉质之间，显示了牙本质及釉质的形成过程以及分娩时间差异。同釉质生长线的形态特征一样，NL 一般从釉质与牙本质结合处（enamel-dental junction，EDJ）起始，可直至釉质表面，在牙齿纵磨片上显示成条线状。NL 位置多变，据称 90% 的乳牙都由于分娩时间差异导致具有各具特色的 NL，但 NL 在水平磨片上能较稳定地显示成环状（neonatal ring，NR）[5]。

NL 并不代表实际存在的结构特征，而是该区域由于缺少釉基质沉积形成的表象[6]。偏光显微镜下 NL 能显示成清楚的条带，表明该区域呈双折射性，这是缺少釉基质沉积导致的，而其周围发育良好的釉质呈现单折射性。射线显微照相（microradiography）也得到相似的结果：经过缺乏釉质化的 NL 区域灰值降低，显示出一条细的透射影[7]。

观察 NL 宽度只能用扫描电镜（scanning electron microscopy，SEM），观察的放大倍数在 200～2 000，电压为 20 kV。同一牙齿的 NL 根据测量位置及方向不同出现不同的宽度，一般而言，在 EDJ 附近宽度最大。NL 宽度值为 10～20 μm。高倍镜下，NL 呈现阶梯状裂隙：相连的出生前釉质具有凸起形状，而对应的出生后釉质呈现凹的起端。这种结构改变了出生后釉质的分泌方向，使得出生前后釉质面呈 6° 的夹角（最大可达到 20°）。通过背散射电子（back scattered electron，BSE）方式结合 3D 技术可以清楚地显示 NL 表现为一条凹槽镶嵌在釉质间，并且通过该方式可以计算凹槽的深度和宽度[7]。

扫描电镜 X 射线能谱分析 NL 需要较高的图像质量，样本最好用包埋金处理。少许样本会在 NL 区域出现镁和钠元素含量下降。釉质的钙和磷元素含量具有相同的变化趋势：在 EDJ 处含量最高，之后缓慢下降，直至在釉质表面含量最低。可能原因是一方面釉质表面尚未完全矿质化;另一方面,由于釉质分泌细胞受出生应激影响,导致出生后牙齿釉质化尚未趋于稳态。显微 X 镜显示 EDJ 与釉质表面灰值比值为 1.7∶1,同样表明了 EDJ 处釉质钙含量更高[7]。

3 牙新生线影响因素

3.1 分娩应激强度

Witzel 认为随着分娩应激强度加大,造釉细胞经历三个阶段:①轻度应激降低了釉质分泌活性,但是仍然可以分泌规则的釉质形成折射晶体,只是晶体形状变小。②中度应激导致了不规则的釉质分泌。③高强度的应激导致了分泌功能完全停止。影响应激强度的因素有分娩时长、分娩方式[8]。Canturk[5]、Hurnanen[9]、Eli[10]均观察到产程延长或经过助产(产钳或助产吸盘)的孕妇分娩的婴儿 NL 显著增宽,最大值可达 24～27.38 μm,表明该应激足以导致分泌功能完全停止。然而 Zanolli[11]观察到经过助产的婴儿 NL 宽度降低,原因可能是样品数量少(5 例)或是应激强度尚未达到第三阶段。比较有争议的是剖腹产和自然顺产两种方式能否导致 NL 宽度差异。Canturk 及 Eli 认为存在差异:经剖腹产分娩的婴儿 NL 宽度更小,平均约 2.5 μm,而顺产数为 7.7～12 μm。Hurnanen 认为两者不存在统计学差异(剖腹产 10.53 μm,顺产 11.09 μm)。导致相反结果的原因有:样本量均偏小;不同个体及同一个体的不同乳牙的 NL 均不相同,甚至同一乳牙不同的位置其宽度值也存在差异;单凭这两种分娩方式不能区分应激强度大小,例如存在不能自然顺产进而转剖腹产的难产案例,其应激强度比自然顺产大得多[9]。

3.2 妊娠因素

3.2.1 出生季节

研究显示,春、夏季出生的婴幼儿 NL 宽度显著低于冬季出生的婴幼儿 NL[12]。造釉细胞有维生素 D 受体,维生素 D 不足将直接导致釉质分泌活动紊乱,继而产生更宽的 NL[13]。而冬季光照时长明显小于春、夏季节,紫外线照射不足一方面直接导致孕妇维生素 D 生成减少;另一方面导致孕妇需要的乳制品中维生素 C 及维生素 D 含量降低。Zeghoud 在法国报道了贡比涅市 4—7 月足月生的 80 名新生儿中,冬季末出生的新生儿更容易出现亚临床维生素 D 缺乏症(骨化二醇低于 30 nmol/L,甲状旁腺激素高于 60 ng/L)[14]。Basile 统计了美国路易斯安那州 100 名新生儿,5—9 月出生的新生儿与 10 月至次年 3 月出生的新生儿相比,25 羟维生素 D 含量显著降低 [(9.5 ± 9.6) ng/mL,(12.3 ± 7.7) ng/mL][15]。Merewood 分析了波士顿 2005 年 1 月至 2007 年 12 月 459 例孕妇及新生儿,新生儿维生素 D 缺乏症与孕妇维生素 D 缺乏(OR = 5.28,CI: 2.90～9.62)及冬天出生(OR = 3.86,CI: 1.74～8.55)显著相关[16]。

3.2.2 孕妇服药史及其他

据统计,妊娠期间服用过盐酸屈他维林的孕妇所生的婴儿 NL 宽度变窄[12]。盐酸屈他维林作用磷酸二酯酶,使 cAMP 水平升高,从而提高细胞膜通透性,促进钙离子内流。而造釉细胞有钙离子受体(CaR)可以直接对钙离子浓度异常做出应激,因此,该药理机制正好影响了由钙离子组成的釉质羟基磷灰石形成。由于分娩时长影响 NL 宽度，而盐酸屈他维林可以明显缩短分娩第一产程时间，因此该药物是否通过缩短产程时间进而减少 NL 宽度值得深入研究。Roy 对 200 名分娩孕妇在第一产程（宫颈口≤30 mm）静脉注射盐酸屈他维林，第一产程平均时间为 331.6～148.9 min[17]。Sharma 对 200 名孕妇进行相同实验也得出了盐酸屈他维林能显著缩短产程的结论[18]。

此外，孕妇健康状况、早产、小于实际孕龄的出生儿、低体重儿都会影响釉质及 NL 形态。孕妇健康状况见于营养不良，维生素 D 与维生素 A 缺乏，服用四环素、抗疟疾药和抗癫痫药等[3,5-12]。

3.3 儿童死亡年龄

Kurek[6] 在考古遗址中收集了 57 例 1～7.5 岁儿童的乳牙残骸，发现 4 岁以内死亡的儿童的 NNL 明显宽于 4 岁以上的儿童。作者认为这两者存在相关性是由于死亡年龄小的儿童经受过严苛的出生前环境导致。

早期生长环境会影响儿童后期的发病率及死亡率。胎儿起源假说认为代谢及营养因素会导致器官生理反应乃至结构发生改变，从而导致儿童具有易患病体质。例如早产这一指标即可单独导致 1～5 岁儿童死亡率升高。出生前环境也会改变骨骼的生长情况，这其中就包括颅骨及乳牙发育情况。

Witzel[8] 研究表明，有两个因素导致釉质的微观结构异常。一个因素是应激外力的强度和作用时间，另一个是釉质分泌细胞对压力的应激程度。通过考古样本分析发现存在骨骼应激表现（包括发育不全的釉质缺失表现）的个体，通常死亡年龄更小。Witzel 同时指出，釉质切面出现明显加重的线纹和发育不良引起的牙冠表面平坦现象，两者之间具有相关性。

4 实际运用情况与不利因素

在考古中 NL 已经用于判断活产，以及推断当时生活环境。Schwartz 等[19] 为了探究古迦太基人是否存在用婴幼儿献祭的习俗，对遗迹内婴幼儿残骸进行 NL 及长骨形态学分析，发现残骸多半是死产儿或尚未成熟至要求献祭的年龄，从而得出不存在用婴幼儿献祭习俗的结论。Kurek 等[6] 采集 57 例不同时期（新石器时代、中世纪、现代）的乳切牙标本进行对比，发现新石器时代的乳切牙标本 NL 虽然相对最宽，然而尚无统计学差异，作者推断影响因素有样本量小、古代生活条件差导致母亲及儿童的营养不良及较强的压力应激。

5 客观评价及可行性

目前的 NL 评价活产存在两个问题：一是缺乏大样本数据统计。NL 最早的文献可以追溯至 1936 年，随后 20 世纪 80 年代起陆续有文献报道 NNL，文献内容包括 NL 影响因素及形态特征等，然而尚无专门统计数据报道。实际上，文献中牙齿样本可以分为两类，一类是儿童成长过程中自然脱落的乳牙，另一类是婴幼儿死亡后尸体解剖中获得的牙囊。后者由于获得途径限制难以大量样本统计。而利用脱落乳牙研究的文献中样本数据最多也仅为 129 例[9]。二是形成机制尚未充分阐明。尽管普遍认为是妊娠应激导致了釉质分泌异常并产生了缺失条带现象，然而尚未有直接证据证实。

尽管无大量样本统计，但直至目前尚未有文献出现相左的结论，Canturk 等[5]研究 24 例新生儿切牙胚，死产无一存在 NL。而观察的 129 例牙齿标本中仅有 2% 未出现 NL。此外，该形成理论与釉质细胞的一般生理机制相符。值得注意的是，出生后釉质细胞重新分泌釉质才能形成 NL，这当中需要 4～5 天时间[20]。因此，出现 NL 即能基本证实活产，而缺乏 NL 没有实际意义。

综上所述，笔者认为 NL 对于腐败尸体的活产与死产鉴别有重大价值。在进一步完善相关理论及统计数据的基础上，可以在法医病理学科中得到较好的运用。

参考文献

[1] OSTENDORF A L G, ROTHSCHILD M A, MÜLLER A M, et al. Is the lung floating test a valuable tool or obsolete? A prospective autopsy study [J]. Int J Legal Med, 2013, 127 (2): 447 - 451.

[2] MICHIUE T, ISHIKAWA T, KAWAMOTO O, et al. Postmortem CT investigation of air/gas distribution in the lungs and gastrointestinal tracts of newborn infants: a serial case study with regard to still and live birth [J]. Forensic Sci Int, 2013, 226 (1 - 3): 74 - 80.

[3] SKINNER M, DUPRAS T. Variation in birth timing and location of the neonatal line in human enamel [J]. J Forensic Sci, 1993, 38 (6): 1383 - 1390.

[4] 于世凤. 口腔组织病理学 [M]. 7 版. 北京: 人民卫生出版社: 1979: 53 - 55.

[5] CANTURK N, ATSU S S, AKA P S, et al. Neonatal line on fetus and infant teeth: an indicator of live birth and mode of delivery [J]. Early Hum Dev, 2014, 90 (8): 393 - 397.

[6] KUREK M, ŻADZIŃSKA E, SITEK A, et al. Neonatal line width in deciduous incisors from Neolithic, mediaeval and modern skeletal samples from north-central Poland [J]. Ann Anat, 2016, 203: 12 - 18.

[7] SABEL N, JOHANSSON C, KÜHNISCH J, et al. Neonatal lines in the enamel of primary teeth—a morphological and scanning electron microscopic investigation [J]. Arch Oral Biol, 2008, 53 (10): 954 - 63.

[8] WITZEL C, KIERDORF U, SCHULTZ M, et al. Insights from the inside: histological analysis of abnormal enamel microstructure associated with hypoplastic enamel defects in human teeth [J]. Am J Phys Anthropol, 2008, 136 (4): 400 - 414.

[9] HURNANEN J, VISNAPUU V, SILLANPÄÄ M, et al. Deciduous neonatal line: width is associated with duration of delivery [J]. Forensic Sci Int, 2017, 271: 87 - 91.

[10] ELI I, SARNAT H, TALMI E. Effect of the birth process on the neonatal line in primary tooth enamel [J]. Pediatr Dent. 1989, 11 (3): 220 - 223.

[11] ZANOLLI C, BONDIOLI L, MANNI F, et al. Gestation length, mode of delivery, and neonatal line-thickness variation [J]. Hum Biol, 2011, 83 (6): 695 - 713.

[12] KUREK M, ŻADZIŃSKA E, SITEK A, et al. Prenatal factors associated with the neonatal line thickness in human deciduous incisors [J]. Homo. 2015, 66 (3): 251 - 263.

[13] ZHANG X, BECK P, RAHEMTULLA F, et al. Regulation of enamel and dentin mineralization by vitamin D receptor [J]. Front Oral Biol, 2009, 13: 102 - 109.

[14] ZEGHOUD F, VERVEL C, GUILLOZO H, et al. Subclinical vitamin D deficiency in neonates:

definition and response to vitamin D supplements [J]. Am J Clin Nutr, 1997, 65 (3): 771-778.

[15] BASILE L A, TAYLOR S N, WAGNER C L, et al. Neonatal vitamin D status at birth at latitude 32 degrees 72': evidence of deficiency [J]. J Perinatol, 2007, 27 (9): 568-571.

[16] MEREWOOD A, MEHTA S D, GROSSMAN X, et al. Widespread vitamin D deficiency in urban Massachusetts newborns and their mothers [J]. Pediatrics, 2010, 125 (4): 640-647.

[17] ROY A, PATRA K K, MUKHOPADHYAY S, et al. Study of drotaverine on first stage of labour and pregnancy outcome [J]. J Indian Med Assoc, 2007, 105 (8): 450-452.

[18] SHARMA J B, PUNDIR P, KUMAR A, et al. Drotaverine hydrochloride vs. valethamate bromide in acceleration of labor [J]. Int J Gynaecol Obstet, 2001, 74 (3): 255-260.

[19] SCHWARTZ J H, HOUGHTON F, MACCHIARELLI R, et al. Skeletal remains from Punic Carthage do not support systematic sacrifice of infants [J]. PLoS One, 2010, 17, 5 (2): e9177.

[20] JANARDHANAN M, UMADETHAN B, BINIRAJ K, et al. Neonatal line as a linear evidence of live birth: Estimation of postnatal survival of a new born from primary tooth germs [J]. J Forensic Dent Sci, 2011, 3 (1): 8-13.

DNA 甲基化及其与法医学年龄推断的研究进展

王铁军　李天光　崔雨佳

（黑龙江省绥化市公安局刑事技术支队，黑龙江绥化，152000）

【摘　要】 年龄推断在法医实践中占有重要的地位。表观遗传学表明基因组 DNA 甲基化总体水平会随年龄增加而降低。通过检测 DNA 甲基化，构建推算年龄的数学模型，可用于法医学个体年龄的推算。本文对 DNA 甲基化、DNA 甲基化检测方法、DNA 甲基化与年龄的相关性、DNA 甲基化水平与法医学年龄推断及 DNA 甲基化在法医学个体年龄推断中遇到的挑战进行综述，旨在为法医学个体年龄推断的研究提供一种新的思路。

【关键词】 法医病理学；DNA 甲基化；年龄推断

Research progress of DNA methylation and its age inference in forensic medicine

【ABSTRACT】 Age inference plays an important role in forensic practice. Epigenetics showed that the total level of genomic DNA methylation decreased with age, and the methylation level of some sites increased with age. By detecting DNA methylation, a mathematical model for calculating age can be established, which can be used to calculate the age of individual forensic medicine. In this paper, the correlation between DNA methylation and age is reviewed. The challenges of DNA methylation in forensic age estimation and the level of DNA methylation in forensic science are reviewed. The purpose of this study is to provide a new idea for the study of forensic individual age inference.

【KEYWORDS】 DNA methylation; forensic science; age inference

个体年龄的推断是一直是法医学研究的重要部分。年龄信息是追踪未知个体的一条

作者简介：王铁军，法医师，绥化市公安局刑事技术支队；电话：18704554455；E-mial：wang-tiejun@163.com。李天光，法医师，绥化市公安局刑事技术支队；电话：13136923339；E-mial：168930000@qq.com。崔雨佳，法医师，绥化市公安局刑事技术支队；电话：18045511913；E-mial：175490044@qq.com。

重要线索。对生物痕迹身源者的年龄推断同可见特征分析与始祖信息分析具有同等价值，可缩小侦查范围，并提供有效的参考信息[1-3]。因此，近年来法医学研究者在年龄推断方法上，一直努力寻求适用范围更广、准确性更高的方法[4-5]。

1 DNA 甲基化

表现遗传学是遗传学的一个分支，它研究发育和细胞分化过程中不涉及 DNA 序列的基因功能持久变异现象。早在 1975 年，Holliday 等人就提出，DNA 甲基化与有丝分裂中基因功能状态的稳定传递有关。目前认为，维持基因功能状态稳定性的主要决定因素是 DNA 甲基化，其中编码表遗传信息的基本形式是 5－甲基胞嘧啶的分布[6]。在不改变 DNA 序列的情况下，这种信息能够提供无论在何时、何地和以何种方式实现母源或父源基因信息的指令，并可通过特定的甲基化形式拷贝而得到遗传。

DNA 甲基化是 DNA 碱基复制后的共价修饰。哺乳动物体内，主要存在的是 5′-CpG-3′二核苷酸胞嘧啶甲基化[6-8]。在 DNA 甲基转移酶（DNA methyl transferases，DNMTs）催化下，嘧啶环的第 5 个碳原子被 1 个甲基添加，形成了 5－甲基胞嘧啶。在人类基因组中，70%～80% 的 CpG 是甲基化的。CpG 岛（CpG island）是指成簇出现的低甲基化的 CpG，其甲基化状态与基因表达能力有着密切的关系。DNA 甲基化与肿瘤、遗传病、自身免疫性疾病以及衰老的发生密切相关[9]。

2 DNA 甲基化检测方法

DNA 甲基化检测方法主要可以分为以下三大类。

（1）以甲基化敏感限制酶为基础的分析技术。甲基化敏感限制酶（methylation sensitive restriction enzymes，MSREs）是指在识别序列中，对甲基化碱基敏感的一类限制性内切酶，不能切割在识别序列中含有甲基化碱基的 DNA。通过检测 MSREs 对 DNA 是否能切割，就能够以此来判断切点内的碱基甲基化状态[11]。目前，MSREs 法主要是采用消化后 PCR（post digestion PCR，PDP）技术。引物设计在甲基化标记的两侧，模板是 MSREs 消化后基因组 DNA，可以有效地扩增因甲基化而免于被切割的那部分模板，得到的产物可进一步进行多态性分析。限制性界标基因组扫描（restriction landmarker genome scanning，RLGS）技术能够在一张凝胶上对上千个 CpG 岛的甲基化情况进行半定量评估[12]。

（2）重亚硫酸盐（HSO_3^-）化学转化技术。重亚硫酸盐能使 DNA 分子上没有甲基化的胞嘧啶脱氨，从而转化为尿嘧啶，而并不破坏甲基化的胞嘧啶。这样，DNA 的甲基化差异就能够转化成碱基序列差异，从而来推断基因组 DNA 的甲基化情况。甲基化特异性 PCR（methylation specific PCR，MSP）是指根据经重亚硫酸盐处理转化后的序列来设计引物，对未甲基化 DNA 片段和甲基化 DNA 片段分别扩增[11]。该法不受是否有无酶切位点的限制。甲基化微阵列分析技术的基础就是以重亚硫酸盐化学转化技术，可对众多 CpG 岛的甲基化状态进行同步分析[13]。

（3）Maxam-Gilbert 化学裂解测序法。在 Maxam-Gilbert 胞嘧啶化学裂解反应（N2H4/哌啶法）中，5-mC 不会被裂解，故其可通过在测序胶上缺少的，对应于胞嘧啶降解反应产物的一条带而被鉴定[11]。此方法虽然是过去一直沿用的研究 DNA 甲基化方法，但其技术要求高，且不能分析混合 DNA 样本，从而受到一定的局限。

根据以上检测方法，近年来，多家公司开发研究了下述高通量、多标记的 DNA 甲基化技术，在法医学中具有良好的应用前景。

（1）基因芯片法。美国 Illumina 公司开发的光纤微珠芯片可以对全基因组甲基化进行扫描，根据甲基化位点检测数量的不同，可分为 Illumina Human Methylation 27 和 450，能够分别检测 27 578 个和超过 485 577 个甲基化位点，用重亚硫酸盐对模板进行转化和单碱基延伸，同时检测特定的位点。该芯片已在差异研究同卵双胞胎[14]、筛选疾病相关基因[15]等方面获得了可靠的研究成果。该方法灵敏度高，操作便捷，DNA 样本量需要低，甲基化位点数目涵盖多，在法医学应用中，适用于筛选与年龄具有相关性的位点。Illumina 公司能够根据需要，定制与年龄相关的特殊甲基化位点芯片，在法医学中具有良好的应用前景。

（2）焦磷酸测序法。焦磷酸测序（pyrosequencing）需进行 PCR 扩增，并把 1 对引物中的 1 条标记上生物素。PCR 产物经过碱变性后，纯化获得的单链含有生物素引物，在 DNA 聚合酶、ATP 硫酸化酶、荧光素酶及三磷酸腺苷双磷酸酶作用下催化 dNTP 掺入引物链，并释放焦磷酸基团，最终获得的可见光信号与 dNTP 成正比，得出特定位点中出现甲基化修饰的胞嘧啶占全部胞嘧啶的比例，以此来判断该位点的甲基化程度[16]。方法的缺点是需要持续监测瞬时发光，限制了通量，灵敏度不如 Methy Light 荧光检测方法[17]，并且需要设计特异性引物，在同源重复序列上错误率较高；检测片段长度需控制在 100 bp 内，得到的结果才能更加准确[18]。但该方法准确性高，检测速度快，无需荧光标记和电泳，单个连续的 CpG 位点的甲基化频率可准确地定量，是目前甲基化检测的主要方法。

（3）Sequenom 甲基化测序平台。Sequenom 甲基化测序平台检测甲基化程度的原理是重亚硫酸盐的化学转化技术。其优点为性能高，一次可同时分析检测 500 bp 片段中的多个 CpG 位点；准确度高，甲基化定量范围可以从 10% 到 90%，标准差仅有 5%；可重复性高，所需样本量少，适用于法医学检验领域。

3　DNA 甲基化与年龄的相关性

高等生物的基本特征之一是分化细胞具有稳定性。然而，在衰老过程中某些细胞会发生一系列的变化，可以引起像糖尿病、阿尔兹海默等与年龄相关的疾病[19]。但人衰老速率并不相同，人的衰老过程还受性别、生活方式等不同的影响[20-21]。

1967 年，Berdyshev 等[22]通过对鲑鱼的研究，发现基因组的甲基化水平随年龄增加而降低，首次提出了 DNA 甲基化与衰老之间的关系。随后 Vanyushin 等通过对大鼠脑和心脏的研究，发现在衰老过程中基因组中胞嘧啶的甲基化修饰逐渐丢失。Wilson 等[23]发现取自各年龄段的人支气管上皮细胞，其基因组甲基化水平随着年龄的增长而降低。Bocklandt 等[25]对 34 对同卵双胞胎男性的唾液样本进行研究，发现 27 578 个 CpG 位点中与年龄相关的甲基化位点有 88 个。Beerman 等[27]通过对小鼠造血干细胞甲基化水平的研究，发现甲基化水平在 PRC2T 基因内各位点，随着年龄增加出现相应的增加或减少。以上研究表明，不同组织 DNA 甲基化程度与年龄呈现出一定的相关性。

4 DNA 甲基化水平与法医学年龄推断

人的年龄可分为两种，一种是生物学年龄，另一种是生理年龄。生物学年龄是一个人的个体实际年龄，而生理年龄会因为外界环境的影响而显现出不同的外貌特征。目前法医学主要针对生理年龄而做出对作案人外貌的刻画。DNA 甲基化则是因为外界环境的影响使 DNA 修饰程度发生改变，使基因在不同的条件下进行不同的表达，其反应的就是一个人的生理年龄[34]，相关研究者已经利用 DNA 甲基化建立数学模型对个体年龄进行推断。

Heyn 等[29]成功将百岁老人和新生儿的生物检材区分开来，主要依据 CpG-poor 启动子区域的甲基化程度差异。Horvath[30]分析了 7 844 个不同细胞类型、不同组织样本的芯片检测结果，最终筛选出甲基化程度与年龄有相关性的 CpG 位点共有 353 个，利用这些位点成功构建了推算年龄的公式，结果误差为 3.6 岁。Hannum 等[31]对 656 例无关个体血液样本中的 485 577 个甲基化位点进行检测，结果筛选出与年龄高度相关的 CpG 位点 71 个，利用这些位点成功构建了年龄推断模型，误差约为 4 岁，其准确性达到了 96%；并对同一个体的不同组织样本进行检验，结果证明甲基化程度具有组织特异性。Hunter 等[32]发现在不同人群之间的 DNA 甲基化模式存在着较大的差异，这证明了 DNA 甲基化具有组织特异性，同时还具有群体特异性。易少华等[33]在中国汉族人群的 65 例血液样本中，选取 8 个与年龄高度相关的基因，采用 Sequenom 质谱针检测每个基因中的 CpG 位点的甲基化程度，初步获得了年龄与各位点的相关系数。目前，甲基化研究的主要对象是欧美人群，针对中国汉族人群年龄推断的研究还很少，如何在国内进行实践和应用是目前亟须解决的难题。

5 DNA 甲基化在法医学个体年龄推断中遇到的挑战

应用 DNA 甲基化进行个体年龄推断是目前甲基化研究的热点。可是在定量检测甲基化时，DNA 起始浓度低于 20 ng 的时候，实验的重复性就会不好，结果间的差异会超过 5%[35]。DNA 浓度降低时，预测结果的标准偏差会逐渐升高，当 DNA 浓度小于 10 ng 时，其预测结果与实际年龄的误差会更大。因此，应用 DNA 甲基化来预测个体年龄的方法并不适用于极其微量的检材。还有报道显示，应用 DNA 甲基化来推断个体年龄需要扩增较长的 DNA 片段，一些降解检材和陈旧检材的扩增效果不理想，从而使整体评估效率受到影响[36-38]。另外，这些预测模型预测的结果于实际年龄的差距还有待深入研究。有研究证明，DNA 甲基化会受到饮食、营养条件、早期生活经历、疾病、衰老过程、污染暴露和社会环境等多种因素的影响[39-40]，应用 DNA 甲基化来推断经常饮酒和吸烟个体的年龄会高于实际年龄[39]。

由此可见，基于 DNA 甲基化的年龄预测模型会因为多种内在和外在因素而发生准确性和精度的变化，使预测效能受限于个体甲基化修饰的波动幅度。由于生物衰老的复杂性，建立简单而准确的年龄推断模型并非易事。因此，要提高年龄预测的准确度还需引入不同预测指标和方法共同分析。

参考文献

[1] PHILLIPS C, SALAS A, SÁNCHEZ J J, et al. Inferring ancestral origin using a single multiplex assay of ancestry-informative marker SNPs [J]. Forensic Sci Int Genet, 2007, 1 (3-4): 273-280.

[2] KAYSER M, SCHNEIDER P M. DNA-based prediction of human externally visible characteristics in forensics: motivations, scientific challenges, and ethical considerations [J]. Forensic Sci Int Genet, 2009, 3 (3): 154-161.

[3] KAYSER M, DE KNIJFF P. Improving human forensics through advances in genetics, genomics and molecular biology [J]. Nat Rev Genet, 2011, 12 (3): 179-192.

[4] MEISSNER C, RITZ-TIMME S. Molecular pathology and age estimation [J]. Forensic Sci Int, 2010, 203 (1-3): 34-43.

[5] Vidaki A, Daniel B, Court D S. Forensic DNA methylation profiling potential opportunities and challenges [J]. Forensic Sci Int Genet, 2013, 7 (5): 499-507.

[6] JAENISCH R, BIRD A. Epigenetic regulation of gene expression: how the genome integrates intrinsic and environmental signal [J]. Nature Genetics Supplement, 2003, 33: 245-254.

[7] COSTELLO J F, PLASS C. Methylation Matters [J]. J Med Genet, 2001, 38: 285-303.

[8] LAIRD P W. The power and the promise of DNA methylation markers [J]. Nature Reviews Cancer, 2003, 3, 253-266.

[9] CHOULIARAS L, MASTROENI D, DELVAUX E, et al. Consistent decrease in global DNA methylation and hydroxyl methylation in the hippocampus of Alzheimer's disease patients [J]. Neurobiology of Aging, 2013, 34: 2091-2099.

[10] COOPER D N, YOUSSOUFIAN H. The CpG dinucleotide and human genetic [J]. Hum Genet, 1988, 78: 151-155.

[11] LAIRD P W. The power and the promise of DNA methylation markers [J]. Nature Reviews Cancer, 2003, 3, 253-266.

[12] COSTELLO J F, SMIRAGLIAB D J, PLASS C, et al. Restriction landmark genome scanning [J]. Methods, 2002, 27 (2): 144-149.

[13] GITAN R S, SHI H, CHEN C M, et al. Methylation-specific oligonucleotide mictoarray: a new potential for high-throughput methylation analysis [J]. Genome Res, 2002, 12: 158-164.

[14] VAN DONGEN J, EHLI E A, SLIEKER R C, et al. Epigenetic variation in monozygotic twins: a genome-wide analysis of DNA methylation in buccal cells [J]. Genes (Basel), 2014, 5: 347-365.

[15] SÁNCHEZ-VEGA F, GOTEA V, PETRYKOWSKA H M, et al. Recurrent patterns of DNA methylation in the ZNF154, CASP8, and VHL promoters across a wide spectrum of human solid epithelial tumors and cancer cell lines [J]. Epigenetics, 2013, 8 (12): 1355-1372.

[16] AGAH A, AGHAJAN M, MASHAYEKHI F, et al. A multi-enzyme model for pyrosequencing [J]. Nucleic Acids Research, 2004, 32 (21): e166.

[17] SIMS P A, GREENLEAF W J, DUAN H F, et al. Fluorogenic DNA sequencing in PDMS microreactors [J]. Nat Methods, 2011, 8 (7): 575-580.

[18] MASHAYEKHI F, RONAGHIRRONAGHI M. Analysis of read-length limiting factors in pyrosequencing chemistry [J]. Anal Biochem, 2007, 363 (2): 275-287.

[19] OLIVIERI F, RIPPO M R, PROCOPIO A D, et al. Circulating inflamma-miRs in aging and age-related diseases [J]. Front Genet, 2013, 4: 121.

[20] AUSTAD S N. Why women live longer than men: sex differences in longevity [J]. Gend Med, 2006, 3 (2): 79-92.

[21] BLAIR S N, KOHL H W 3rd, PAFFENBARGER R S, JR, et al. Physical fitness and all-cause mortality: a prospective study of healthy men and women [J]. JAMA, 1989, 262 (17): 2395-2401.

[22] VANYUSHIN B F, NEMIROVSKI L E, Klimenko VV, et al. The 5-methylcytosine in DNA of rats. Tissue and age specificity and the changes induced by hydrocortisone and other agents [J]. Gerontologia, 1973, 19 (3): 138-152.

[23] WILSON V L, Jones P A. DNA methylation decreases in aging but not in immortal cells [J]. Science, 1983, 220 (4601): 1055-1057.

[24] TRA J, KONDO T, LU Q, et al. Infrequent occurrence of age-dependent changes in CpG island methylation as detected by restriction landmark genome scanning [J]. Mech Ageing Dev, 2002, 123 (11): 1487-1503.

[25] BOCKLANDT S, LIN W, SEHL M E, et al. Epigenetic predictor of age [J]. PLoS One, 2011, 6 (6): e14821.

[26] RAKYAN V K, DOWN T A, MASLAU S, et al. Human aging-associated DNA hypermethylation occurs preferentially at bivalent chromatin domains [J]. Genome Res, 2010, 20 (4): 434-439.

[27] BEERMAN I, BOCK C, GARRISON B S, et al. Proliferation-dependent alterations of the DNA methylation landscape underlie hematopoietic stem cell aging [J]. Cell Stem Cell, 2013, 12 (4): 413-425.

[28] 关亚卿,李淑瑾,丛斌,等. DNA 甲基化在法医 DNA 分析中的应用 [J]. 中国法医学杂志, 2011, 26 (5): 380-382.

[29] HEYN H, LI N, FERREIRA H J, et al. Distinct DNA methylomes of newborns and centenarians [J]. Proc Natl Acad Sci, 2012, 109 (26): 10522-10527.

[30] HORVATH S. DNA methylation age of human tissues and cell types [J]. Genome Biol, 2013, 14 (10): R115.

[31] HANNUM G, GUINNEY J, ZHAO L, et al. Genome-wide methylation profiles reveal quantitative views of human aging rates [J]. Mol Cell, 2013, 49 (2): 1-9.

[32] HUNTER F, LUCIA L, NEUMANN S, et al. Population specificity of human DNA methylation [J]. Genome Biology, 2012, 13 (2): R8.

[33] Yi S H, Xu L C, Mei K, et al. Isolation and identification of age-related DNA methylation markers for forensic age-prediction [J]. Forensic Sci Int Genet, 2014, 11C: 117-125.

[34] VIDAKI A, DANIEL B, COURT D S. Forensic DNA methylation profiling-potential opportunities and challenges [J]. Forensic Sci Int Genet, 2013, 7 (5): 499-507.

[35] TOST J, GUT I G. DNA methylation analysis by pyrosequencing [J]. Nat Protoc, 2007, 2 (9): 2265-2275.

[36] LARUE B L, KING J L, BUDOWLE B. A validation study of the Nucleix DSI-Semen kit-a methylation-based assay for semen identification [J]. Int J Legal Med, 2013, 127 (2): 299-308.

[37] AN J H, CHOI A, SHIN K J, et al. DNA methylation-specific multiplex assays for body fluid identification [J]. Int J Legal Med, 2013, 127 (1): 35-43.

[38] VILAHUR N, BACCARELLI A A, BUSTAMANTE M, et al. Storage conditions and stability of

global DNA methylation in placental tissue [J]. Epigenomics, 2013, 5 (3): 341-348.

[39] KOCH CM, WAGNER W. Epigenetic-aging-signature to determine age in different Tissues [J]. Aging (Albany NY), 2011, 3 (10): 1018-1027.

[40] SONG F, MAHMOOD S, GHOSH S, et al. Tissue specific differentially methylated regions (TDMR): changes in DNA methylation during development [J]. Genomics, 2009, 93 (2): 130-139.

小心脏综合征的研究现状及法医学意义

郑慎[1]　方俊杰[2]

（1. 安徽省六安市公安局刑警支队，安徽六安，237000；2. 安徽省公安厅物证鉴定中心，安徽合肥，230061）

【摘　要】　小心脏综合征（SHS）是一种少见的先天性心脏发育异常，可引起猝死。近年来已成为临床和法医工作者的一个研究热点。本文依据文献资料从 SHS 的发生率、病因及发病机制、病理生理、临床表现及法医学意义等方面进行综述。

【关键词】　法医病理学；小心脏综合征；冠状动脉；猝死

The current status of research on small heart syndrome and its significance of forensic medicine

【ABSTRACT】　Small heart syndrome, a rare congenital dysplasia of heart, can cause sudden death. In recent years it has become one of research focuses in clincal and forensic medicine. According to the recent progress on small heart syndrome, this article reviews its morbidity, pathogen and pathogenesis, pathophysiology, clinic symptom, diagnosis and significance of forensic medicine.

【KEYWORDS】　forensic pathology; small heart syndrome; coronary; sudden death

小心脏综合征（small heart syndrome, SHS）是心脏先天性发育不良所引起的心血管症候群，表现为轻微活动后即因心排血量相对不足而产生的头晕、心悸、心前区疼痛、呼吸急促、易疲劳、乏力等[1]。Laenner 早在 1826 年即注意到 SHS 的存在；1944 年，Master 临床报道了 39 例呈小心脏状态，提出了 SHS 这一概念。近年来的研究证实，SHS 的程度轻重不同，轻者可无临床症状，重者则引起心力衰竭、心律失常或猝死。

1　SHS 的流行病学

孙顺吉[2]报道了 50 例 SHS 的病人，男女比例为 28∶22，平均 29.9 岁。吴宝林[3]

作者简介：郑慎，男，1968 年生，安徽六安人，副主任法医师，主要从事法医病理、法医临床检验工作；E-mail:18605646655@sina.cn。

报道了 40 例 SHS 中,男女比例为 17∶23,平均年龄 26 岁。由此看出,SHS 在性别上无显著差异,多见于儿童和青少年[4]。但也有资料显示,我国小心脏综合征报道病例多为中青年女性[5-6]。在引起猝死的 SHS 报道中,平均年龄为 35.0 岁,无性别差异[7-10]。

2 SHS 的病因及发病机制

多数学者认为 SHS 是一种先天性心脏发育不良性疾病,属先天性心脏畸形的一种,但是否与遗传有关尚不清楚。徐建平[11]通过对病人健在的父母及子女做 X 线胸片及心电图检查,结果均正常,未能提示与家族遗传有关。但国内曾有 1 个家族中有 6 例 SHS 病人的报道,符合常染色体显性遗传的特征[12]。Niwa 等[13]研究发现,慢性疲劳综合征病人中有相当数量的 SHS,认为 SHS 与慢性疲劳综合征有关。

3 SHS 的病理及病理生理

SHS 的特征为心脏相对小,心脏结构正常,属先天性心脏畸形的一种。但目前病理学上对 SHS 尚没有统一的定义。在国内外报道因 SHS 引起猝死的案例中可发现其伴有冠状动脉发育不良、冠状动脉分支显著细小的病理改变[9-10]。

SHS 随年龄增长,因心脏相对较小,收缩功能欠佳,引起心排血量不足,导致冠状动脉供血不足,出现心肌慢性缺血性改变;同时伴有肺换气不足,动静脉血氧差增大,组织相对缺氧,影响正常代谢;在改变体位时,卧位及立位的脉搏有明显改变[1,14-16],这说明部分病人自主神经功能调节障碍与交感神经紧张度增高有关。

4 SHS 的临床表现及临床诊断

SHS 的临床表现主要是心脏先天发育不全引起的心血管症状。由于心排血量较少,一些重要器官会出现供血不足的临床表现。SHS 由于心排血量少,会出现头晕、胸闷、胸痛、心悸、乏力、多汗等自主神经功能紊乱症状,以立位更为明显。在某些导致心率增加的诱因如情绪波动、剧烈运动、饮酒等存在的条件下,可诱发心功能紊乱、心室纤颤、心脏骤停而致猝死。

王振华[17]提出 SHS 的诊断参考意见如下:①活动后出现心悸、气短、前胸痛甚至晕厥;②由卧位至立位时心率增加 > 20 次/分;③X 线所见为心脏小,心脏横径 9 ~ 12 mm 以下,心胸比率 < 0.40;④排除其他心脏病如甲状腺功能亢进、嗜铬细胞瘤等,诊断为 SHS。张宏金等[18]提出 SHS 的超声诊断标准如下:左室舒张末期内径 < 41 mm,且同时具有下列条件之一者:心搏出量 < 32 mL、射血分数 < 0.52、左心室短轴缩短率 < 0.26 以及其他心血管功能障碍。

5 SHS 的法医学意义

小心脏综合征病人由于冠状动脉各分支显著细小,心脏长期处于临界供血量不足状态,致心脏传导系统的功能脆弱和心肌纤维病理性改变,使心脏应激代偿能力减弱。若伴随心脏隐匿性传导,病人在情绪紧张或情绪激动的精神状态下,可诱发原本排出量较低的小心脏的泵血量进一步减少，由于心排血量较少，可导致冠状动脉供血不足，出现心肌慢性缺血性改变，心脏的储备功能下降，在某些导致心率增加的诱因如情绪波动、剧烈运动、饮酒等存在的条件下，诱发心功能衰竭、心室纤颤、心脏骤停而致猝死[10]。

小心脏综合征引起的死亡案例报道极少，国内的法医学文献可查到因小心脏综合征引起猝死的有4例[7-10]，其中3例认为可能由于冠状动脉发育不良所致。在SHS猝死的心脏大体检查中，心脏的质量都在200g以下，心脏的横径比正常值（12～14 mm）小，冠状动脉开口的直径（左、右冠状动脉正常值＞2 mm）小于正常范围，冠状动脉主要分支的管腔细小（正常应＞1.5 mm）。

目前，在实际检案中，小心脏导致猝死的法医学鉴定首先应排除暴力性死亡或其他疾病导致死亡，在此基础上，发现心脏较正常值重量减轻、心脏的横径变小，或伴有冠状动脉的开口及分支的细小，才可以把SHS作为独立死因诊断。如死者生前有胸部的X线检查记录，可结合生前病历资料对SHS做出法医学诊断。

参考文献

[1] 朱云云，王勇，潘伟民. 小心脏综合征2例[J]. 中国心血管杂志，2012，17（2）：142-143.

[2] 孙顺吉，滕树春，党润民. 小心脏综合征的X线诊断（附50例分析）[J]. 医学影像学杂志，2003，13（2）：82-84.

[3] 吴宝林，孟凯龙，栗金波. 小心脏综合征40例临床X线分析[J]. 中国全科医学，2006，9（8）：667-677.

[4] 王宏欣. 小心脏综合征2例报告[J]. 吉林医学，2013，34（25）：5305.

[5] 张开滋，吾柏铭，唐其柱，等。临床心律失常[M]. 长沙：湖南科学技术出版社，2000：274.

[6] 何妙贞，陆望，卢志娟. 48例小心脏病人的超声诊断与临床分析[J]. 临床超声医学杂志，2004，6（2）：95.

[7] 郭学荣，周亦武，魏树兴，等. 小心脏综合征猝死1例[J]. 法医学杂志，2003，19（4）：254-255

[8] 姚艺. 小心脏综合征猝死1例[J]. 现代诊断与治疗，2004，15（6）：351.

[9] 唐永飚，陈勋，王磊，等. 小心脏伴冠状动脉发育不良猝死1例报告[J]. 福建医科大学学报，2006，40（5）：516

[10] 朱少华，张慧，宋旭东，等. 小心脏伴冠状动脉发育不良猝死1例[J]. 中国法医学杂志，2004，19（2）：110.

[11] 徐建平，陆婉玲. 小心脏综合征15例报告[J]. 心脑血管病防治，2009，9（2）：149-150.

[12] LIU W M, GAO J S, ZHENG S Y, et al. Familial small heart syndrome (attached to a family of six cases report) [J]. Jiangsu Med, 1996, 1: 18.

[13] MIWA K, FUJJTA M. Smal heart syndrome in patients with chronic fatigue syndrome [J]. Clin Cardiol, 2008: 328.

[14] 慕万颖，孙玉祥. 儿童小心脏综合征1例及文献回顾[J]. 湖南中医药大学学报，2013，33（2）：86.

[15] 曹真真,周雪艳. 小心脏综合征1例报告 [J]. 吉林医学, 2013, 34 (31): 6644.

[16] CHEN L X, LI Y, MA H et al. A case of small heart syndrome [J]. Zhonghua Xin Xue Guan Bing Za Zhi, 2009, 37 (11): 1001.

[17] 王振华,陈林祥. 心血病综合征 [M]. 长沙:湖南科学技术出版社, 2001: 114-116.

[18] ZHANG H J, WANG Y P, ZHU Y F, et a1. Ultrasound echocardiography diagnostic criteria of small heart syndrome [J]. Chin J Aero Med, 1995, 6: 54-56.

胰岛素过量法医学鉴定及致死机制的研究进展

周亦武　童昉　罗桑旦增　梁悦

（华中科技大学同济医学院法医学系，湖北武汉，430030）

【摘　要】　由于糖尿病发病率显著增加案例，胰岛素作为治疗糖尿病及降血糖药物而被广泛使用，因此，胰岛素过量意外死亡、自杀甚至他杀在中国日趋增多。寻找注射针眼及局部胰岛素检测是胰岛素过量致死的司法鉴定关键，此外胰岛素过量引起的低血糖脑病被认为是导致死亡的主要机制，探讨低血糖脑病的神经病理学变化特征及其特异性分子标记物，有望成为胰岛素过量或低血糖脑病诊断的潜在方案。

【ABSTRACT】 Insulin is widely used as the medication to control the blood glucose due to growing morbidity of diabetes. Death of insulin overdose is increasing gradually in China, including accidents, homicide, suicide. In the practice of forensic pathology, detection of insulin in the injection sites is pivotal for the diagnosis of insulin overdose. In addition, hypoglycemic encephologpathy is thought to be the fatal mechanism of insulin overdose. To explore the neuropathologic features of hypoglycemic encephalopathy and its specific molecular markers is expected to be a potential solution for the diagnosis of insulin overdose or hypoglycemic encephalopathy.

【KEYWORDS】 insulin overdose; hypoglycemic encephalopathy; forensic pathology

胰岛素是一种内源性降糖激素，但胰岛素过量对人体造成严重后果，如惊厥、低血糖昏迷，甚至死亡。近年，由于糖尿病发病率显著增加及胰岛素的广泛使用，胰岛素过量死亡（意外、自杀、他杀）案件也日趋增多[1-3]，迄今国内外报道胰岛素他杀案件逾百例[1]，更多的案件被误诊或漏诊[3]。1958年，国际上首次报道胰岛素他杀[4]；1991年，我国也首次报道胰岛素他杀[5]；2017年，加拿大护士Elizabeth Wettlaufer利用胰岛素至少谋杀了8名养老院的老人的新闻，引起全球对胰岛素的安全及法医鉴定的关注。

目前，胰岛素过量死亡缺乏特异性病理学改变，死后也难以进行药（毒）物分析，因此，胰岛素过量致死是国际司法鉴定科学的难题。虽然法医学对其研究也取得部分进展[1,4,6-7]，但利用胰岛素杀人还是被喻为一种"杀人无痕"的手段[8-9]。本文对胰岛素过量法医学检测、鉴定及致死机制的研究进展综述如下。

作者简介：周亦武，男，教授，博士研究生导师，主要从事法医病理学、法医毒理学教学、检案及研究；E-mail: yiwuhedi@ sina. com，电话：13707160935。

1 死后胰岛素检测难题

1.1 血液

定量分析外源性胰岛素在体内的含量，一直是国际司法鉴定最重视的解决方案。临床可以依据病人血液胰岛素、血糖水平、C-肽与胰岛素的比值（C/I）诊断胰岛素是否过量，但这些检测结果却因死后尸体化学变化的影响而无法应用于法医学诊断：①胰岛素在体内半衰期短，仅4～6 min，且死后红细胞自溶释放血红蛋白，也加速胰岛素的降解，导致尸体血液中胰岛素远低于生前水平，检测死后血液中的胰岛素已无实际意义。②尸体血液中葡萄糖受腐败、自溶及死后药（毒）物再分布等因素影响，血糖大多都显著升高，无法反映生前实际低血糖水平。③根据胰岛素原代谢成为胰岛素（I）及相同单位C-肽的规律，正常人血清中C/I比值为1:1，注射外源性胰岛素则抑制内源性胰岛素释放，导致C-肽含量下降、C/I降低（<1:1），另外C-肽含量、C/I值也受死亡时间及红细胞自溶等因素干扰，影响其在法医学诊断中的价值。因此，通过检测尸体血液中胰岛素、血糖及C-肽水平诊断胰岛素过量致死极为困难。但也有研究人员认为，利用放射免疫、液相色谱及质谱联用等方法可检测死者血清中胰岛素的含量[10,11]。非糖尿病病人血样中胰岛素浓度升高，并且合并血糖下降，应考虑外源性胰岛素注射的可能，但死后检测血液胰岛素含量的方法在法医鉴定中的依据并不可靠[12]。胰岛素在血液中的降解与红细胞自溶有关[13]，血红蛋白中的巯醇基团能打断胰岛素A、B两链之间的二硫基，使其空间构象发生改变，导致死后血液中的胰岛素含量下降[13]，而尸体中的自溶现象通常难以避免，甚至尸体已腐败相对严重。

1.2 玻璃体液

玻璃体液受死后变化影响较小，被认为是检测胰岛素含量的一种良好检材或样品。Ojanperä等[14]在1例胰岛素他杀案件中发现，死后8天通过液相色谱/质谱联用（LC-MS/MS）的方法从玻璃体液中检测到高浓度的胰岛素成分。但Thevis等[15]认为，死后玻璃体液中的胰岛素浓度与注射胰岛素后的存活时间有关。血玻璃体屏障的组织结构特点限制大分子蛋白进入玻璃体液，而胰岛素通过相当复杂的分子转运机制才能进入玻璃体液，注射胰岛素后的存活时间对于死后玻璃体液中胰岛素的含量存在巨大的影响，而在法医检案中存活时间通常难以确定[16]，因此，即使玻璃体液中胰岛素水平不升高，也不能排除胰岛素过量致死的可能。

1.3 其他体液

在胰岛素过量致死的情况下，尿液、胆汁、脑脊液甚至心包积液中的胰岛素含量均不同程度升高，可作为传统检材（如血清）的补充[17]，但目前相关研究资料较少，有待深入挖掘。

2 低血糖脑病

低血糖脑病（hypoglycemia encephalopathy，HE）是胰岛素过量的严重后果，是致死的主要机制，因此，低血糖脑病的神经病理改变特征为胰岛素过量致死的法医学鉴定提供一定的依据。葡萄糖是脑内最主要的能量来源，当血糖低于2.0 mmol/L时，脑内葡萄糖浓度接近于零，可造成中枢神经系统不可逆性损害[18]。通过注射胰岛素建立大鼠低血糖脑病模型，发现低血糖可造成神经系统特征性损伤，海马（尤其是齿状回嵴、CA1区、CA4区）、大脑皮质浅层（尤其第Ⅱ、第Ⅲ层）、尾状核等区域出现选择性神经元坏死[19]，而海马神经元在低血糖葡萄糖再灌注后坏死更为明显，大脑各区域还可见小胶质细胞激活、血脑屏障损伤、轴索脱髓鞘等病变[20,21]。胰岛素过量死者的海马、大脑皮质神经元也表现选择性神经元坏死特征，其他部位神经元坏死并不明显[22]。而缺血/缺氧性脑病、癫痫或其他中毒性脑病的病变主要为大脑各区域神经元广泛性、非选择性坏死，因此，海马齿状回的病变可作为区分低血糖脑病与其他脑病的依据[19,23]。另外，低血糖脑病破坏血脑屏障，引起血管源性水肿，影响水通道蛋白4（AQP4）的表达，导致皮质水弥散的改变[24]。胰岛素过量还导致大脑星形胶质细胞反应性肿胀、肥大等特征性病变[25]。上述病变特征可作为胰岛素过量致死的司法鉴定诊断的辅助。

3 兴奋性神经毒作用与氧化应激

胰岛素过量低血糖脑病致神经元坏死的机制，最初认为是大脑能量代谢障碍所致，后来研究发现，低血糖脑病与兴奋性神经毒作用及氧化应激相关。大鼠注射胰岛素低血糖脑病模型的研究中显示，大鼠脑电图等电位持续60 min后海马神经元坏死明显，认为海马神经元坏死及齿状回的坏死是一种兴奋性的损伤[19]。胰岛素诱导严重低血糖大鼠可出现抽搐、惊厥等表现，脑电图表明为大脑部分区域异常放电[26]；人在低血糖早期会出现精神及情绪的改变，表现异常兴奋，甚至变得具有攻击性[27]，均提示低血糖时大脑神经递质含量发生了改变[28]。利用体外原代培养的海马神经元进行葡萄糖剥夺模拟低血糖脑损害，发现神经元在葡萄糖剥夺后谷氨酸水平上调、氧化应激产物增加[29]，而抑制性神经递质γ-氨基丁酸（GABA）增高对低血糖脑病神经元具有保护作用[30]。胰岛素诱导低血糖动物的脑皮质与海马脂质过氧化物、氧化应激标记物显著升高[31]。谷氨酸的上调与氧化应激产物增多存在密切联系，推测是低血糖脑病海马神经元坏死的主要原因[32,33]。研究表明，神经元在葡萄糖剥夺情况下，谷氨酸与N-甲基-D-天冬氨酸（NMDA）/α-氨基-3-羟基-5-甲基-4-异恶唑丙酸（AMPA）结合诱导大量Ca^{2+}内流，引起线粒体膜去极化及Ca^{2+}超载[34]，同时激活神经元内NADPH氧化酶、黄嘌呤氧化酶、磷脂酶A_2等[34,35]，产生并释放大量超氧化物（ROS），损伤DNA而导致神经元坏死[33,36]。

4 胰岛素成分的法医学鉴定

胰岛素注射部位可以发现一定程度的组织病理学变化及胰岛素成分的堆积。Birkinshaw等[4]发现，胰岛素注射部位出现轻微的组织坏死，并伴有数量不等的炎细胞浸润，依据锌颗粒的沉积[4]。Lutz等[37]通过偏正光镜片在注射部位发现具有折光性的磷酸锌颗粒沉着。Wehner等[38]发现胰岛素注射部位细胞间隙有明显水肿，推测可能与细胞膜受损有关。

注射部位免疫组织化学检查是证明外源性胰岛素注射的最直接证据[37,38]，该方法在法医鉴定中较为实用。有文献报道，高度腐败的尸体注射部位的脂肪组织及炎细胞胞浆中仍然可观察到胰岛素免疫组织化学强阳性结果[37-38]。Markussen 等[39] 利用免疫组织化学发现强阳性的胰岛素颗粒黏附于鱼精蛋白内，而证明了利用胰岛素鱼精蛋白混合制剂注射死亡案件。鱼精蛋白在人体内无法自身合成，常混合于部分胰岛素制剂中，以调节胰岛素在体内释放的速率和峰浓度[40]，注射部位鱼精蛋白阳性也间接证明该部位注射过胰岛素（图1）。

图1　注射皮肤免疫双标检测结果
A. 红色为鱼精蛋白；B. 绿色为胰岛素；C. 橘黄色为二者双标[25]

近期，我们对4例胰岛素他杀案件进行系列法医病理学研究[25,41]。对于疑似胰岛素过量的案件，首先寻找注射针眼，切开针眼皮肤进行局部检查，并提取针眼部位的皮肤及皮下组织：一部分用福尔马林固定，一部分低温冷冻保存（备毒物化验、免疫组化等），同时提取远离注射部位的皮肤作为对照样本（检材）。检测皮肤针眼部位胰岛素含量的方法较多：①组织研磨成组织匀浆，进行免疫发光法或液相色谱等方法进行检测。②组织切片利用免疫组织化学的方法检测胰岛素，或胰岛素中的鱼精蛋白，间接证实胰岛素过量注射的事实。胰岛素通常聚集于皮肤脂肪细胞间、皮下胶原纤维、炎细胞、血管壁、外周神经节等部位（图2）[25,41]。

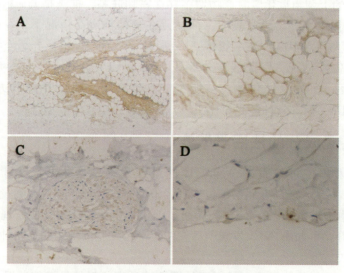

图2　注射皮肤胰岛素的分布 SABC 法
A. 注射部位；B. 脂肪及结缔组织；C. 外周神经；D. 炎细胞内[25]

对于毒（药）物中毒的案件，法医学上通常较为重视毒化检验结果，但当前部分研究表明，死亡2天后因血液发生自溶等不良因素的影响，通过毒物分析方法证实胰岛素过量的可能性较小[13]。利用低血糖脑病的神经病理学或特异性分子标记物变化特征，从病理学的视角诊断胰岛素过量[25, 42, 43]，将有望成为解决该难题的重要途径。

参考文献

[1] MARKS V. Murder by insulin：suspected, purported and proven-a review [J]. Drug testing and analysis, 2009, 1（3-4）：162-176.

[2] SUNDERLAND N, WONG S, LEE C K. Fatal insulin overdoses：case report and update on testing methodology [J]. J Forensic Sci, 2016, 61（Suppl1）：S281-284.

[3] 童昉，梁悦，石青，等. 胰岛素中毒法医学研究进展 [J]. 法医学杂志，2017，33（1）：48-51，57.

[4] BIRKINSHAW V J, GURD M R, RANDALL S S, et al. Investigations in a case of murder by insulin poisoning [J]. British medical journal, 1958, 2（5094）：463-468.

[5] 迟彤，王维民，黄光照. 静脉注射胰岛素投毒尸检1例 [C]. 第三次全国法医病理学学术交流会议论文集，1994.

[6] MIMASAKA S, FUNAYAMA M, AZUMI J, et al. Child death related to insulin omission by mother [J]. Journal of clinical forensic medicine, 1998, 5（2）：72-76.

[7] JUNGE M, TSOKOS M, PUSCHEL K. Suicide by insulin injection in combination with beta-blocker application [J]. Forensic Science International, 2000, 113（1-3）：457-460.

[8] MUSSHOFF F, HESS C, MADEA B. Disorders of glucose metabolism：post mortem analyses in forensic cases-part Ⅱ [J]. Int J Legal Med, 2011, 125（2）：171-180.

[9] HESS C, MUSSHOFF F, MADEA B. Disorders of glucose metabolism：post mortem analyses in forensic-cases：part Ⅰ [J]. Int J Legal Med, 2011, 125（2）：163-170.

[10] IWASE H, KOBAYASHI M, NAKAJIMA M, et al. The ratio of insulin to C-peptide can be used to make a forensic diagnosis of exogenous insulin overdosage [J]. Forensic Science International, 2001, 115（1-2）：123-127.

[11] THEVIS M, THOMAS A, SCHAENZER W. Doping control analysis of selected peptide hormones using LC-MS（/MS）[J]. Forensic Science International, 2011, 213（1-3）：35-41.

[12] MARKS V, WARK G. Forensic aspects of insulin [J]. Diabetes Research and Clinical Practice, 2013, 101（3）：248-254.

[13] WUNDER C, KAUERT G F, TOENNES S W. Factors leading to the degradation/loss of insulin in postmortem blood samples [J]. Forensic Sci Int, 2014, 241：173-177.

[14] OJANPERA I, SAJANTILA A, VINOGRADOVA L, et al. Thevis M. Post-mortem vitreous humour as potential specimen for detection of insulin analogues by LC-MS/MS [J]. Forensic Science International, 2013, 233（1-3）：328-332.

[15] THEVIS M, THOMAS A, SCHAENZER W, et al. Measuring insulin in human vitreous humour using LC-MS/MS [J]. Drug Testing and Analysis, 2012, 4（1）：53-56.

[16] NOWICKA J, SKOWRONEK R, CZECH E, et al. Comments on 'Measuring insulin in human vitreous humour using LC-MS/MS' by Thevis et al [J]. Drug Test Anal, 2013, 5（2）：133-134.

[17] PALMIERE C, SABATASSO S, TORRENT C, et al. Post-mortem determination of insulin using

chemiluminescence enzyme immunoassay: preliminary results [J]. Drug Test Anal, 2015, 7 (9): 797-803.

[18] AUER R N, WIELOCH T, OLSSON Y, et al. The distribution of hypoglycemic brain damage [J]. Acta Neuropathol, 1984, 64 (3): 177-191.

[19] AUER R N. Hypoglycemic brain damage [J]. Forensic Sci Int, 2004, 146 (2-3): 105-110.

[20] KIM J H, CHOI B Y, KHO A R, et al. Acetylcholine precursor, citicoline (cytidine 5'-diphosphocholine), reduces hypoglycaemia-induced neuronal death in rats [J]. J Neuroendocrinol, 2018, 30 (1): e12567.

[21] KHO A R, CHOI B Y, KIM J H, et al. Prevention of hypoglycemia-induced hippocampal neuronal death by N-acetyl-L-cysteine (NAC) [J]. Amino Acids, 2017, 49 (2): 367-378.

[22] AUER R N, HUGH J, COSGROVE E, et al. Neuropathologic findings in three cases of profound hypoglycemia [J]. Clinical Neuropathology, 1989, 8 (2): 63-68.

[23] AUER R N. Progress review: hypoglycemic brain damage [J]. Stroke, 1986, 17 (4): 699-708.

[24] DENG J, ZHAO F, YU X, et al. Expression of aquaporin 4 and breakdown of the blood-brain barrier after hypoglycemia-induced brain edema in rats [J]. PLoS ONE, 2014, 9 (9): e107022.

[25] TONG F, WU R, HUANG W, et al. Forensic aspects of homicides by insulin overdose [J]. Forensic Sci Int, 2017, 278: 9-15.

[26] DEL CAMPO M, ABDELMALIK P A, WU C P, et al. Seizure-like activity in the hypoglycemic rat: lack of correlation with the electroencephalogram of free-moving animals [J]. Epilepsy Res, 2009, 83 (2-3): 243-248.

[27] MARKS V. Insulin and the law [J]. Ann Clin Biochem, 2015, 52 (Pt 6): 696-698.

[28] VELISKOVA J, CHUDOMEL O, POON K L, et al. The involvement of the substantia nigra pars reticulata in hypoglycemic seizures [J]. Epilepsia, 2007, 48 (Suppl 5): 106-108.

[29] PARAMO B, HERNANDEZ-FONSECA K, ESTRADA-SANCHEZ A M, et al. Pathways involved in the generation of reactive oxygen and nitrogen species during glucose deprivation and its role on the death of cultured hippocampal neurons [J]. Neuroscience, 2010, 167 (4): 1057-1069.

[30] SHERIN A, ANU J, PEEYUSH K T, et al. Cholinergic and GABAergic receptor functional deficit in the hippocampus of insulin-induced hypoglycemic and streptozotocin-induced diabetic rats [J]. Neuroscience, 2012, 202: 69-76.

[31] AMADOR-ALVARADO L, MONTIEL T, MASSIEU L. Differential production of reactive oxygen species in distinct brain regions of hypoglycemic mice [J]. Metab Brain Dis, 2014, 29 (3): 711-719.

[32] SUH S W, HAMBY A M, GUM E T, et al. Sequential release of nitric oxide, zinc, and superoxide in hypoglycemic neuronal death [J]. J Cereb Blood Flow Metab, 2008, 28 (10): 1697-1706.

[33] SUH S W, HAMBY A M, SWANSON R A. Hypoglycemia, brain energetics, and hypoglycemic neuronal death [J]. Glia, 2007, 55 (12): 1280-1286.

[34] PÁRAMO B, MONTIEL T, HERNÁNDEZ-Espinosa D R, et al. Calpain activation induced by glucose deprivation is mediated by oxidative stress and contributes to neuronal damage [J]. International Journal of Biochemistry and Cell Biology, 2013, 45 (11): 2596-2604.

[35] SUH S W, GUM E T, HAMBY A M, et al. Hypoglycemic neuronal death is triggered by glucose reperfusion and activation of neuronal NADPH oxidase [J]. J Clin Invest, 2007, 117 (4): 910-918.

[36] MCGOWAN J E, CHEN L, GAO D, et al. Increased mitochondrial reactive oxygen species

production in newborn brain during hypoglycemia [J]. Neurosci Lett, 2006, 399 (1 -2): 111 -114.

[37] LUTZ R, PEDAL I, WETZEL C, et al. Insulin injection sites: morphology and immunohistochemistry [J]. Forensic Science International, 1997, 90 (1 -2): 93 -101.

[38] WEHNER F, MITTMEYER H J, WEHNER H D, et al. Insulin or morphine-injection? Immunohistochemical contribution to the elucidation of a case [J]. Forensic Sci Int, 1998, 95 (3): 241 -246.

[39] MARKUSSEN J, HAVELUND S, KURTZHALS P, et al. Soluble, fatty acid acylated insulins bind to albumin and show protracted action in pigs [J]. Diabetologia, 1996, 39 (3): 281 -288.

[40] MUDALIAR S R D, MOHIDEEN P, BAXI S C, et al. Pharmacodynamic and pharmacokinetic properties of a premixed 85/15 human insulin preparation [J]. Clinical Therapeutics, 2001, 23 (3): 404 -412.

[41] 杨怡, 张琳, 邢景军, 等. 使用胰岛素他杀1例 [J]. 中国法医学杂志, 2016, (2): 216, 219.

[42] KOSKINEN P J, NUUTINEN H M, LAAKSONEN H, et al. Importance of storing emergency serum samples for uncovering murder with insulin [J]. Forensic Sci Int, 1999, 105 (1): 61 -66.

[43] AUER R N, HUGH J, COSGROVE E, et al. Neuropathologic findings in three cases of profound hypoglycemia [J]. Clin Neuropathol, 1989, 8 (2): 63 -68.

河鲀毒素中毒死亡的检测研究及法医学鉴定

李俊涛¹　李军²　云利兵¹

（1. 四川大学华西基础医学与法医学院，四川成都，640041；2. 杭州市公安局萧山区分局，浙江杭州，311200）

【摘　要】　本文对河鲀毒素的理化性质、代谢分布、中毒机制等毒理学特征和中毒临床表现及病理改变进行了简单的概述，通过归纳中毒死亡的案例，系统阐释了河鲀毒素的检测分析方法，并探索了法医学鉴定的发展。

【关键词】　河鲀毒素；中毒；液相色谱-串联质谱法；法医学

Research on detection and forensic appraisal of the death by tetrodotoxin poisoning

【ABSTRACT】　A brief overview of the physical and chemical properties, metabolic distribution, toxic mechanisms of tetrodotoxin in the toxicology and its clinical manifestations and pathological changes of poisoning. By summarizing the cases of poisoning death, the detection and analysis methods of tetrodotoxin were explained and the development of forensic appraisal was explored.

【KEYWORDS】　tetrodotoxin；poisoning；liquid chromatography-tandem mass spectrometry；forensic medicine

河鲀毒素（tetrodotoxin，TTX）是自然界中发现的毒性最强的神经毒素之一，主要存在于河鲀的内脏、卵巢、血液、鱼皮、鱼头等组织器官中，此外，某些蟾蜍、蝾螈及相关海洋微生物亦含此种毒素。沿海地区食用河鲀中毒的事件屡有发生，TTX涉及的食品安全监测和临床诊治研究备受关注[1-2]。随着人们对TTX的有效镇痛且不易上瘾的

作者简介：李俊涛，男，1995年生，重庆人，硕士研究生，主要从事法医病理学研究；E-mail：lijuntaoscu@163.com。

通讯作者：云利兵，男，1978年生，副教授，硕士研究生导师，主要从事法医病理学研究；E-mail：yunlibing@scu.edu.cn。

特点的认识，TTX 已被广泛用于麻醉、抑制肿瘤细胞及戒毒等医疗方面。除了常见的误食河鲀致死，医用不当甚至以往罕见的利用 TTX 他杀案件也时有发生[3]，快速高效检验 TTX 对于法医学检验和司法鉴定实践尤为重要。

1 毒理学特征

1.1 理化性质

TTX 属于氨基全氢喹啉化合物，分子式为 $C_{11}H_{17}N_3O_8$，相对分子量为 319.27，其粗制品为棕黄色粉末，纯品则为无色柱状结晶，难溶于水且不溶于无水乙醇等有机溶剂，易溶于稀酸水溶液，进入人体内的途径主要为口服和注射。TTX 进入人体后被吸收并通过血液在各个组织器官分布的研究结果有待证实[4]。TTX 有河鲀酸、4-表河鲀毒素、脱水河鲀毒素、4,9-脱水-6-表河鲀毒素等多种衍生物，但毒性均弱于河鲀毒素[5]。TTX 理化性质较稳定，中性和酸性条件下热稳定，盐腌或日晒均不能使其破坏，对碱不稳定，可在氢氧化钠溶液中被破坏降解为无毒物；其制剂长久放置亦可发生化学结构变化，表现为毒性降低，因而使定量检验的难度增大。

1.2 代谢分布

TTX 在体内的作用时间较长、药力较持久。曾有研究者[4]采用同位素示踪法和同位素示踪纸层析法研究其代谢动力学，两种方法测定血浆药物浓度的结果均符合二房室模型。系统探索组织和体液分布规律的研究仍较少，其中，刘伟等[6]建立了 TTX 的豚鼠灌胃染毒致死模型，豚鼠染毒均出现呼吸急促、精神萎靡等中毒症状继而死亡，随即解剖提取心、肝、脾、肺、肾、脑、胃、肠、胆汁、心血和尿液，并用 LC-MS/MS 检测 TTX 含量，结果显示 TTX 在豚鼠体内死后分布不均匀，肺、胃、肠、尿液和血液中含量较高，提示在疑似 TTX 中毒时可将其作为检测 TTX 的较佳检材。该类研究为 TTX 中毒的法医学鉴定和临床诊治提供了方法和评价依据。此外，小鼠静脉注射同位素标记的 TTX 在组织分布的结果亦证实血流丰富的肺组织含量最高，血脑屏障的作用使脑中含量较低，但脑组织对 TTX 的高度敏感性与已有药理研究揭示脑中 TTX 受体亲和力最高的结论吻合。TTX 在小鼠体内清除较慢，经 24 h 代谢后仅清除一半，从理论上为 TTX 中毒后恢复正常时间相应较慢提供了依据[7]。

1.3 中毒机理

TTX 是选择性极高的快速 Na^+ 通道阻断剂，毒理作用的发生主要是阻遏神经冲动在神经与肌肉间的传导。具体机理为通过分子内胍基于神经细胞膜钠离子通道上的羧基间相互吸引，阻止 Na^+ 进入细胞；TTX 的结合位点位于 Na^+ 通道内高度保守的成孔区域，该区域有与 TTX 高度亲和的芳香性氨基酸。如果该区域出现由芳香性氨基酸向非芳香性氨基酸的氨基酸置换，就会显著影响它与 TTX 结合的灵敏度[8]，而其选择性体现于钾离子通道完全不受影响，导致细胞内钾、钠离子通道数量失衡而严重影响细胞正常功能。TTX 是属于毒性最强的一类天然毒素。根据部分中毒事例推断，体重为 50 kg 的成年人口服最小致死量为 2 mg（10 000 MU/50 kg）。1 g TTX 的毒性是同样重量氰化物的数千倍，中毒后致死时间最短为 1h，正常成年人的致死量为 6～7 μg/kg。现有文献关于 TTX 中毒量报道不多，多数是案例报道的一些血尿检测结果[9]，目前仍缺乏统一且明确的中毒量和致死量也是检验与鉴定领域面临的难题。

2 法医学检验

2.1 中毒征象

TTX 中毒后症状出现的快慢、严重程度与个体差异及毒素摄入量有关，通常摄入毒素 30 min 即出现典型中毒症状，包括直接作用于胃肠道引起有恶心、呕吐、腹痛或腹泻等局部刺激症状，迅速使神经末梢和神经中枢发生麻痹，出现口唇、舌尖、指端麻木，继而全身麻木，眼睑下垂，四肢无力行走不稳，共济失调，肌肉软瘫和腱反射消失；毒量增大时会累及迷走神经，影响呼吸，造成脉搏迟缓；严重时体温和血压下降，最后导致血管运动神经和呼吸神经中枢麻痹而迅速死亡。基于动物实验对 TTX 长期中毒的研究也有相似发现，董延生等[10]对大鼠肌肉注射 TTX 并进行了为期 1 个月的长期毒性试验研究，结果显示 TTX 反复肌肉注射给药后动物注射侧后肢出现活动障碍，随剂量增加出现麻痹、肌无力症状，以及活动减少、精神萎靡和困倦、全身肌无力等表现。TTX 的长期毒性主要表现为局部和全身的神经肌肉传导阻滞及中枢系统的抑制。

2.2 病理学改变

TTX 中毒死亡者多因呼吸功能衰竭死亡而缺乏特征性病理形态学改变。尸体解剖常见的大体改变包括脑沟回变浅和脑血管充盈，心腔血液不凝固呈流动性，胰腺表面呈红色且切面充血，多器官淤血水肿等。组织学检查可见脑血管及神经细胞间隙加宽，肺间质血管扩张淤血，肺泡腔红色均匀一致液体渗出，部分肺泡腔红细胞聚集，部分肺泡腔扩大，代偿性肺气肿[9]。肝细胞水样变性和肝窦淤血。肾小球腔内淡红色渗出、肾曲小管浊肿、髓质血管淤血。肠黏膜下少量中性粒细胞、单核细胞及嗜酸性粒细胞浸润。基于小鼠开展的河鲀毒中毒研究，所发现的病理改变为肝脏局部粘连、脑室积液、肾上腺萎缩。组织病理学检查可见肺细支气管旁慢性炎症、前列腺的慢性炎症、肝淤血和肝细胞坏死，胃黏膜改变等，未呈现明确的中毒作用靶器官[11]。

2.3 中毒死亡案例

TTX 致死绝大多数与吞食有毒的河鲀和腹足动物的意外事件有关，特别高发于印度洋-太平洋区域，而他杀及自杀一直罕见。但近年来利用河鲀毒杀人的案例已有报道，对各类 TTX 致死案件进行系统的总结归纳，也有利于提升在此类案件中快速高效检验 TTX 等法医学鉴定技术。（表 1）

表 1 TTX 中毒死亡案例

序号	死亡方式	案例梗概及死亡状况	检验结果	文献
1	他杀	2016 年，1 名青年男性被注射 TTX 后迅速死亡	心血、肝组织、左臀部组织及臀部组织内针梗中均检出河鲀毒素，其中心血、肝组织内 TTX 含量分别为 1.26 ng/mL、12.1 ng/g	[12]

续表1

序号	死亡方式	案例梗概及死亡状况	检验结果	文献
2		1986年，1名日本女性先后服用含有TTX和乌头碱药物后死亡	使用GC-MS检测死者血液中的TTX，其血液中TTX及其衍生物的总浓度为26.4 ng/mL	[3]
3		1999年，1名3岁幼女与母同食河鲀鱼片，女孩4小时后死亡，其母中毒	使用TCL、HPLC、GC-MS检测河鲀鱼干内TTX含量为7.1 μg/g；胃内容物中未检出TTX；剩余鱼干喂食小鼠的生物试验阳性	[9]
4	意外	1994—2003年，中国台湾地区和1977—2001年，浙江省舟山市误食含TTX食物致死人数分别为8人和16人	未做生物检材法医毒物学分析	[13]
5		2001年，53人食用河鲀肉干后22人有中毒症状，其中死亡2人	未对所提取鱼干、呕吐物、死者胃内容物、血液及肝组织等检材进行毒物化验	[14]
6		1996年，5人误食河鲀鱼面，死亡4人	鉴定剩余鱼头源自河鲀 未做生物检材法医毒物学分析	[15]

3 TTX检测方法

3.1 生物检测法

3.1.1 小鼠生物测定法

小鼠生物测定法是日本的监管部门最早用来检测TTX的方法，也是我国目前检测TTX的标准方法。该方法通过对小鼠进行腹腔注射TTX，也是观察小鼠的死亡时间来计算TTX量，其中规定使20 g ddy系小鼠皮下注射0.2 mL河鲀毒素溶液于10 min死亡的剂量为1个鼠单位（1 MU）。小鼠生物测定法[16-17]检测TTX方法准确且结果稳定，但该方法对试验小鼠的要求高，同时检测结果受试验小鼠的个体差异影响较大，甚至不同种小鼠的LD_{50}也有差异，加之操作过于烦琐且价格高昂，故难以实现大规模检测。

3.1.2 其他生物试验法

其他生物试验法与小鼠生物测定法的原理及基础相同，主要是将其他对TTX敏感的生物作为受试对象，通过注射不同浓度的毒素，观察生物的症状与死亡时间，得到浓度与死亡时间的关系。张伍金等[18]利用红色鸡泡眼金鱼为受试对象，分别注射不同浓度TTX，观察金鱼出现中毒的症状并记录死亡时间，进而得到其死亡时间与体重、注射剂量之间的关系及回归方程。相比小鼠生物测定法，金鱼比较生物试验法具有操作简便、价格便宜等优点。但生物试验法普遍存在个体差异影响导致重现性并不理想的问题，须足够重视。

3.2 理化检验法

3.2.1 荧光测试法

荧光测试法检测 TTX 已有数十年的历史，其原理是将 TTX 加碱水解生产 C_9 碱，再对水解产物在特定波长下进行荧光检测[19]。郑典元等[20]用荧光分光光度法测试 TTX 的浓度，实验条件为在 370 nm 激发（狭缝 10 nm）并在 495 nm 处出现特征峰。荧光分光光度法与小鼠测定法有较好的相关性，均可满足 TTX 定性检测的需要，但在实际检验中较少使用。

3.2.2 液相色谱法

色谱法是 TTX 检测常用的理化方法，其中以高效液相色谱法应用最为广泛，后来发展为多项色谱方法联用的检测技术，如液相色谱法与气相色谱法联用、液相色谱法与质谱法联用等检测方法。利用高效液相色谱法－串联质谱法检测 TTX 的研究中[21]，采用电喷雾正离子模式进行分析，结果显示，该方法在 5～1 000 ng/mL 的范围内线性关系良好。郑仁锦等[22]应用超高效液相色谱－电喷雾串联质谱法测定河鲀鱼干中的 TTX 含量，结果提示，该方法在 1.00～100.00 μg/L 范围内呈线性关系，定量限为 0.01 mg/kg；3 个添加水平的平均回收率为 83.7%～89.8%，RSD 为 3.6%～4.3%。国外学者[16]使用亲水相互作用液相色谱－串联质谱法检测人全血中 TTX 含量，研究发现在 2～1 200 ng/mL 范围内呈线性关系，检测限和定量限分别为 0.32 ng/mL 和 1.08 ng/mL，且该方法曾运用于检测渔民误食不明鱼类中毒死亡的案例。液相色谱检测方法是目前国内外学者普遍采用的方法，国家颁布的司法鉴定技术规范—生物检材中河鲀毒素的测定（液相色谱－串联质谱法）进一步规范了相关技术操作，从而有效保障了实际检案的应用。总体而言，液质联用检测法灵敏度高，但实践中也存在处理烦琐耗时长、检验设备昂贵、耗费高、使用不同的试剂设备及具体的操作方法所得检出限与定量限差异较大等不足。

3.2.3 气相色谱法

气相色谱法具有较高的分离效率和灵敏度，成为近年来法医毒物检验应用发展较快的领域，同时它可与多种高选择性检测器联用，例如与柱后衍生液相色谱联用进行痕量毒物分析，应用范围更为广阔的气质联用色谱。吴平谷等[23]建立了一种利用气相色谱－质谱法检测河鲀鱼中河鲀毒素定性、定量的测定方法，将河鲀鱼肉、内脏提取出的 TTX 脱脂后用碱将 TTX 水解成 C_9 碱，采用气相色谱－质谱法全扫描方式测定经衍生的水解液，此方法最低检测限为 0.05 mg/kg，回收率为 51.2%～87.0%，RSD 为 4.7%～6.6%。然而，烦琐的前处理过程极大地限制了灵敏度高且定性、定量准确的该方法应用于鉴定实践。

4 小结

研究 TTX 在体内的作用机制、分布及代谢规律和病理学改变，有利于此类物质的法医学鉴定。TTX 的检测对于法医学鉴定实践意义重大。在实际检案测定中需严格按照样本的特征，选择合理的方法和联用策略进行样本的有效检测已是目前法医学鉴定实践的关键环节[24-25]。随着对 TTX 研究的不断深入和复杂样本对检测要求的不断提高，特别是应用液相色谱-串联质谱法测定生物检材中TTX作为行业规范方法日趋成熟，寻找更敏感、准确、快捷且适用于检验的方法也是TTX检测研究的发展趋势。同时，立足新型案件所提出的检验需求，尽快完善法医学鉴定相关的程序和技术将是一项重要课题。

参考文献

［1］方力，余新威，张志超，等. 亲水液相色谱-串联质谱法检测即食烤鱼片中的河鲀毒素［J］. 中国卫生检验杂志，2015，25（15）：2486-2488.

［2］孙静，何毅，胡春华，等. 河鲀毒素的检验［J］. 刑事技术，2000（4）：9-10.

［3］OHNO Y. Tetrodotoxin-medicated delay in aconitine toxicity: a murder in Okinawa［J］. Forensic Science Review, 2014, 26（2）: 139-144.

［4］刘敏，赵创新，齐秀丽，等. 河鲀毒素在小鼠体内分布及代谢动力学［J］. 中国药理学通报，2006（4）：507-508.

［5］桂英爱，王洪军，郝佳，等. 河鲀毒素及其代谢产物的研究进展［J］. 大连水产学院学报，2007（2）：137-141.

［6］刘伟，达情，沈敏. 河鲀毒素在死后豚鼠组织和体液中的分布［J］. 法医学杂志，2012，28（3）：198-200.

［7］HOW C K, CHERN C H, HUANG Y C, et al. Tetrodotoxin poisoning［J］. American Journal of Emergency Medicine, 2003, 21（1）: 51-54.

［8］周晓翠，谢光洪，刘国文，等. 河鲀毒素检测方法的研究进展［J］. 中国畜牧兽医，2008；35（7）：43-46.

［9］陈龙，李中，赵子琴. 河鲀中毒死亡的法医学鉴定［J］. 法医学杂志，1999，15（3）：131-132.

［10］董延生. 河鲀毒素（TTX）的一般毒理学研究［J］. 中国人民解放军军事医学科学院，2008.

［11］CHEN L, HUANG G Z. Poisoning by toxic animals in China-18 autopsy case studies and a comprehensive literature review［J］. Forensic Science International, 2013, 232（3）: 12-23.

［12］李学闻，张翔宇. 河鲀毒素中毒死亡法医学鉴定1例［J］. 中国法医学杂志，2018；33（1）：106.

［13］方力，余新威，张志超. 浙江沿海地市典型海产品中河鲀毒素含量调查与分析［J］. 中国卫生检验杂志，2017；27（6）：886-888.

［14］庞志军. 22人河鲀中毒的案例分析［J］. 广西警官高等专科学校学报，2007（S1）：78-79.

［15］李培展. 一起误食河鲀鱼引起食物中毒死亡的调查［J］. 上海预防医学杂志，1997（8）：366-367.

［16］HWANG E C, SU Y A, In S S, et al. Determination and validation of tetrodotoxin in human whole blood using hydrophilic interaction liquid chromatography—tandem mass spectroscopy and its application［J］. Forensic Science International, 2012；217: 76-80.

［17］OHNO Y, CHIBA S, UCHIGASAKI S, et al. The influence of tetrodotoxin on the toxic effects of aconitine in vivo［J］. Tohoku Journal of Experimental Medicine, 1992, 167（2）: 155-158.

［18］张伍金，蒋云升. 金鱼比较生物试验法检测河鲀毒素的研究［J］. 扬州大学烹饪学报，

2011 (2): 53-56.

[19] YIN H L, LIN H S, HUANG C D, et al. Tetrodotoxication with nassauris glans: a possibility of tetrodotoxin spreading in marine products near Pratas Island [J]. American Journal of Tropical Medicine & Hygiene, 2005, 73 (5): 985.

[20] 郑典元, 夏依依, 丁占平. 河鲀毒素生物检测法与荧光光度法的比较研究 [J]. 湖北农业科学, 2012, 51 (7): 1450-1455.

[21] 吴佳俊, 黄文雯, 肖陈贵, 等. 高效液相色谱-串联质谱法检测河鲀毒素的方法研究 [J]. 食品安全质量检测学报, 2014, (11): 3529-3536.

[22] 郑仁锦, 黄宏南, 杨艳, 等. 超高效液相色谱-电喷雾串联质谱法测定河鲀鱼干中的河鲀毒素 [J]. 预防医学论坛, 2014, (10): 777-779.

[23] 吴平谷, 赵永信, 沈向红, 等. 河鲀鱼中河鲀毒素的气相色谱质谱法测定 [J]. 中国卫生检验杂志, 2009, 19 (3): 549-551.

[24] ANDERSON P D. Bioterrorism: toxins as weapons [J]. J Pharm Pract, 2012, 25 (2): 121-129.

[25] BYARD R W. Death by food [J]. Forensic Science Medicine & Pathology, 2018, 14 (3): 395-401.

第三部分 经验交流

11例中毒致死心脏传导系统的病理变化

廖信彪[1]　张付[1]　宋一璇[2]　姚青松[3]

（1. 广东省公安厅刑事技术中心、法医病理学公安部重点实验室，广东广州，510050；2. 中山大学中山医学院法医学系，广东广州，510080；3. 广州市刑事科学技术研究所，广东广州，510030）

【摘　要】　目的：观察人中毒致死心脏传导系统的病理变化。方法：采用石蜡切片、HE染色方法，对44例12种毒物中毒死亡的CCS进行光镜观察。结果：①在12种常见毒物中，仅见有机磷农药、氰化物、铜、铊和蛇毒中毒死亡者CCS有明显病理变化。②CCS病理变化表现为重度急性循环障碍或结、束细胞变性、坏死及炎性病变。结论：毒物对人体的器官组织都有损伤作用，但靶器官的CCS也很显著。

【关键词】　法医病理学；中毒；CCS；病理变化

目前，法医对可疑中毒死的解剖检验，除取心血液或肝组织做毒物检测外，即使做组织学检查，也几乎无人关注一种特殊心肌——心脏传导系统（cardiac conduction system，CCS）的病理变化。我们对44例中毒死的CCS进行了组织学观察，发现11例有机磷农药、氰化物、铜、铊及银环蛇毒中毒者，其CCS见到鲜为人知的病理变化，现报道如下。

1　材料与方法

1.1　材料来源

材料来自于广东省公安厅法医科和广州市刑事科学技术研究所1992—2010年的86例中毒死案例中，选出44例具有完整CCS的标本进行组织学观察。

1.2　标本处理

所有标本均在死后12～36 h内取材，采用我们创建的CCS取材方法切取4～6块[1]，常规石蜡包埋，切片厚5 μm，切片全部采用HE常规染色。光镜观察。

2　结果

2.1　年龄、性别分布

11例中，小于10岁2例，21～30岁6例，45和52岁各1例，年龄不清1例；男

作者简介：廖信彪，男，1973年生，副主任法医师，医学学士，美国马里兰州法医局访问学者，主要从事法医病理学、临床法医学检案和研究工作；电话：13926052050；E-mail：liaoxinbiao@163.com。

性7例，女性4例。

2.2 11例中毒致死者CCS的临床、病理变化

44例中，12种常见毒物包括有机磷农药、毒鼠药、海洛因、吗啡、氯胺酮、甲醇、乙醇、一氧化碳、硫酸铜、蛇毒、铊及氰化物等，中毒致死者的CCS进行组织学观察，结果仅见有机磷农药（6例）、氰化物（2例）、硫酸铜（1例）、铊（1例）及蛇毒（1例）致死者的CCS有明显的病理变化，其临床症状及解剖所见见表1。

表1　11例中毒致死者临床症状及解剖所见

毒物名称	发病到死亡时间	临床症状	解剖所见
有机磷农药	0.5～12 h	头晕、呼吸困难、唇指发绀、双肺湿啰音、抽搐、口吐白沫、呕吐、昏迷	两肺高度水肿，各内脏瘀血，食道、胃黏膜腐蚀性糜烂。镜下呈现消化道、肺、肾、脑有病变
氰化物	<5 min	流涎、恶心、呕吐、头晕、头痛、乏力、胸闷呼吸困难、意识丧失，最后呼吸、心跳停止	双肺广泛出血、水肿
硫酸铜	7 d	口很渴，上吐黄绿色液体，下泻黑色稀便，发展到尿血和便血，肾和肝都出现衰竭	心肌、肝细胞、肾小管上皮细胞、神经细胞变性坏死
铊	16 d	四肢远端麻木、头晕、双下肢乏力及阵发性剧烈疼痛、双膝关节以下痛觉消退，双手呈"手套"样感觉减退，双侧面瘫，最后出现昏迷	双侧胸腔积液、肺水肿，中毒性肝病、中毒性肾病、非特异性胃肠炎、交感神经节病、脑颅神经出血
蛇毒	12 h	睡眠中被银环蛇咬伤右脚踝内侧部，次日发现昏迷死亡	心肌细胞水变性、核固缩或间质溶解，灶性白细胞、单个核细胞浸润。咬伤部呈现出血性皮肤炎病变

11例CCS的病理变化如下：

（1）氰化物中毒。窦房结（SAN）和房室结（AVN）淤血、水肿显著，呈现小静脉及毛细血管高度扩张、淤血（图1）。间质疏松，P细胞、移行细胞间距明显增宽，P细胞胞浆内出现细小的空泡（图2）。

（2）有机磷中毒。CCS病变表现在SAN（图3）、AVN（图4）的小静脉与毛细血管极度扩张、淤血，有些部位间质内有均质淡染水肿液。小动脉管壁及周围组织水肿（图5）。

（3）硫酸铜中毒。CCS的损害出现在房室传导系统，包括AVN、房室束（HB）和左束支（LBB）。AVN结细胞广泛空泡变性，并有散在的结细胞肌浆疏松，肌原纤维溶解灶。LBB部分传导细胞脂肪变性、脱失，伴有节段性出血、水肿、淋巴细胞浸润。

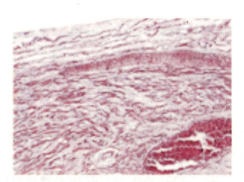

图1 AVN 淤血。间质小静脉、毛细血管高度扩张、淤血（HE×25）

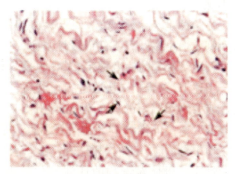

图2 SAN 水肿。结细胞疏松，胞浆内出现空泡（↑）（HE×200）

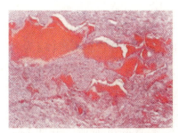

图3 SAV 淤血。SAN 静脉与毛细血管高度扩张、淤血（HE×20）

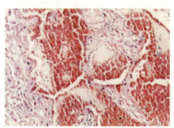

图4 AVN 淤血。AVN 静脉与毛细血管高度扩张、淤血（HE×25）

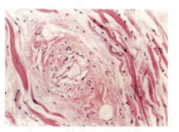

图5 SAN 水肿。SAN 小动脉壁增厚，内膜下组织疏松，空泡形成，周围组织水肿（HE×100）

（4）铊中毒。AVN、HB 细胞间隙增宽、水肿，HB 小静脉扩张充血，部分结、束细胞出现空泡或细胞稀疏、变细，束细胞灶性脱失及胶原组织增生。窦房结周多个神经节节细胞肿胀、变性，间质血管充血。

（5）银环蛇毒。心肌及 HB 水肿显著，SAN 周围神经炎。

3 讨论

3.1 本组5种毒物致 CCS 病理变化的特点

经过对12种常见中毒致死的毒物，包括有机磷农药、毒鼠药、海洛因、吗啡、氯胺酮、甲醇、乙醇、一氧化碳、硫酸铜、蛇毒、铊、氰化物等的研究，除相应的脏器有病理变化外，我们还发现有机磷农药、氰化物、硫酸铜、铊及蛇毒中毒者的 CCS 有明显病变，有两种类型。

一种呈现为急性重度血液循环障碍，有的毛细血管高度扩张，管腔内充满红细胞，有的小静脉显著淤血管壁呈菲薄状，有的小动脉管壁增厚，内膜下组织疏松，空泡形成管腔变狭窄。间质水肿，结细胞间距明显增宽而变得"稀疏"。而实质细胞变性则见许多细胞胞浆内出现细小的空泡。此型见于氰化物、有机磷中毒和蛇毒致死者。

另一种是炎症性病变,结、束细胞变性及核缩、核溶解的细胞坏死显著,炎细胞浸润及间质增生以及束支的节段性出血,见于铜和铊中毒。

3.2 CCS 的病变提示 CCS 也是 5 种毒物的靶器官

上述 12 种毒物被吸收进入血液后,早期可平均分布在各个脏器,而引起急性中毒死亡者,本组最短的只有 5 min 至 0.5 h,在 HE 染色各脏器还没见明显改变时,CCS 已见有病变,由此推测 CCS 也是靶器官,是促进中毒后快速死亡的诸原因中的重要因素。

而中毒后 7~12 天死亡者,由于人体各脏器组织结构以及生理特点不同,毒物的理化性质及机体对毒物的代谢转化特点的不同,使毒物在体内必然存在再分布的过程[2],这就是检测各脏器发现其毒物含量不一致的原因。然而对 CCS 的观察表明,CCS 的病变随着中毒时间的延长而严重,说明 CCS 与硫酸铜、铊中毒的靶器官肝、肾一样,对毒物有易感性(亲和力),或毒物同时也选择性地作用于 CCS。

3.3 易感性毒物致 CCS 病变的推测

CCS 每单位面积的毛细血管网较其他组织丰富,再加上毛细血管网构筑较为特殊[3],尤其是 SAN,氰化物与有机磷毒物作用于血管,是其氰离子直接结合血管平滑肌细胞内的线粒体色素氧化酶(EC)并使之失去活性[4],而有机磷则抑制胆碱酯酶的活性,不仅引起严重的神经功能障碍,还造成血管运动调节功能紊乱。可见在中毒的早期,两种毒物都从各自的理化途径,造成 CCS 血管网功能障碍致高度淤血,并使 CCS 主质细胞出现病变。

本组铊、铜中毒,都是毒物的离子与蛋白质结合后,致使其逐渐失去生理活性与代谢障碍,继而发生实质器官细胞的变性、坏死,心 CCS 的房室传导系统结、束细胞变性坏死后,产生一系列的非感染性炎性反应病变,以及窦房结周神经节病等靶器官的亚急性病理过程。并伴有心、肝、肾、脑等实质器官的变性、坏死。

本组 12 种毒物中毒后的早期,大量毒物理化离子蓄积并围绕着 CCS 各部位结细胞,但只有 5 种引起病理改变(41.7%),说明仅有一些毒物对 CCS 有选择性地形成病理损伤。

死因分析时可能具有三种情况:①协同作用;②参与死因竞争;③单独成为死因。尤其一些轻度中毒而尸检呈"阴性"时,应仔细观察特殊而又关键的部位——CCS,以免遗漏。

参考文献

[1] 宋一璇,姚青松. 心脏传导系统病理图谱 [M]. 广州:广东科技出版社,2012:12-20.

[2] 郑志仁. 环境病理学 [M]. 济南:山东科学出版社,1989:P6.

[3] 李澈. 窦房结 [M]. 北京,北京医科大学出版社,2001:4.

[4] 刘晓,卢中秋,胡国新. 氰化物急性中毒机制研究进展 [C]. 中华医学会急诊医学分会全国创伤复苏中毒学术会议,2005.

精神病人杀人案件的法医学分析

余德伦[1]　王涛[2]　张天叶[1]　费耿[1]

（1. 上海市公安局物证鉴定中心，上海，200083；2. 上海市公安局松江分局刑侦支队，上海，201600）

【摘　要】 随着社会的不断发展，社会竞争压力不断增大，精神病病人逐年增多，精神病人致人死亡的案件也屡见不鲜。笔者通过对近10年53例精神病杀人案件的分析，总结其特点，以期为侦查办案提供依据。

【关键词】 法医病理学；精神病；凶杀案件现场

凶杀案件易引起社会的广泛关注。其中，精神病人致人伤亡的案件因其特殊性，易造成一定的社会影响，对其责任能力的司法评定往往也慎之又慎。认识和研究精神病人作案的特点，对于现场法医第一时间判断案件性质具有重要的意义。笔者在学习同行研究成果的基础上，对上海地区2007—2017年53例精神病杀人案件进行了回顾性总结。结合实际案例，在案情特点、现场特征、尸检情况三方面进行法医学分析，归纳总结此类案件的特点，辅助现场法医更快速准确地判断案件性质、刻画嫌疑人特征，为法医精神病鉴定的时效性评估提供佐证。

1　案件资料与分析

2007—2017年，上海地区各类命案共计4 800余起，其中，精神病杀人案件共53起，占命案总数近1.1%。笔者对上海地区近10年53例精神病杀人案件的原始资料进行梳理归纳，从案情特点、现场特征、尸检情况三方面进行分析，设定了3类12个指标，统计结果见表1。

表1　精神病杀人一般特征分析　　　　　　　　　（例）

项目	作案时间		案发季节				作案目的				作案对象	
案情特点	白天	夜晚	冬春	春夏	夏秋	秋冬	财杀	仇杀	情杀	不明	熟人	生人
	33	20	22	5	21	5	0	0	0	53	49	4

作者简介：余德伦，男，1989年生，法医师，主要从事法医病理学鉴定和刑事案件现场勘查工作；电话：18964596220；E-mail：yudelun_nos@163.com。

续表1

现场特征	案发地点		破坏程度		伪装现场		工具是否在场	
	公共	室内	严重	一般	有	无	有	无
	4	49	35	18	0	53	29	4

尸检情况	损伤部位			损伤程度		异常损伤		致伤手段	
	头部	颈部	躯干	集中	分散	有	无	工具	徒手
	14	10	25	17	36	6	47	33	20

2 统计分析

通过对上述53例案件的统计学分析，发现案件具有如下特点：

2.1 案情特点

（1）案发时间随意性。上述案件中，有33例发生在人员流动性大的白天，有别于一般凶杀案件多发生于夜晚的特征，且在冬春及夏秋季节交替时呈高发态势，两季节发案率占比81.1%。

（2）犯罪目的不明性。此类案件案发现场十分凌乱，但财物并未丢失，并无情感类纠纷，往往由作案人病发时的"本能"驱使，作案动机并不明确。

（3）作案对象熟悉性。上述案件中，侵害对象系熟人共49例，占比92%，且多以家人和朋友为主，被害人往往来不及反应，故抵抗伤较少。

2.2 现场特征

（1）毫无掩饰性。49例案件发生在室内场所，但大多有门窗打开的情况，事后亦无任何处理与伪装，更有多起案件发生在有人证在场的情况下。

（2）严重破坏性。此类案件除了对被侵害对象造成严重损害外，现场物品摆放十分凌乱且被毁坏严重。

2.3 尸检情况

（1）损伤部位随意性。53例尸检中，头面部损伤14例，颈部损伤10例，躯干损伤25例，损伤部位无明显特异性，有17例损伤部位相对集中，其余36例击打部位散乱，且重复打击明显。

（2）作案工具易得性。经分析发现53例案件中，除20例徒手致死外，其余33例使用工具的案件中，致伤工具在现场均可以轻松获得，以菜刀、水果刀、棍棒居多，其中有29例案件勘查人员在现场直接找到作案工具，占比54.7%。

（3）尸体异常损害性。53例案件中，有6例在尸检时有异常的加害行为，如在死者的尸体上撒洗衣粉、浇香油、往死者阴道里塞入遥控器等。

3 讨论

从公安法医角度分析，此类案件通常无明确发案时间，但与精神病人发病季节有密切关联，以季节交替时常见，白天人流较大时亦有发生。案发现场比较凌乱，破坏程度大，但无财产及其他物品丢失，勘查现场有时可以找到尚未清理的作案工具。尸体检验时常见损伤部位范围广、程度深，且在局部位置常见反复加害的痕迹，有时甚至在尸体上检见难以理解的加害动作。面对此类现场，公安法医应对精神病人作案保持高度的敏锐性。

针对上述53例精神病人致人死亡案件的分析可以得出，精神病人在作案时，在辨认能力和控制能力上，较正常人存在明显的差异，具体表现在：

（1）行为动机离奇。精神病人由于思维逻辑障碍或严重意识改变，其行为动机往往荒谬离奇，脱离现实。如上述某案例中，患抑郁症的妻子杀死自己丈夫，其辩解称"二月二，龙抬头"，会有人上门杀死全家人，与其别人动手，不如自己先来。

（2）作案无预备。精神病人在病态的情况下，其选择时机往往是突发，令人猝不及防，难以预料，作案工具"就地取材"。作案时通常是单一行动，无合伙协同。

（3）手段残忍。精神病人所伤害的对象往往与之并无深仇大恨，很多是平时感情尚好的亲人，或者是随机相遇的受害人，其行为的残忍性有悖情理，较作案人之前的人身教养、社会身份不相称。

从法医精神病鉴定的角度分析，在评定作案对象有无刑事责任能力，必须同时兼顾到"医学要件"和"法律要件"。其中，"医学要件"是指行为对象要具备精神类疾病的病理学基础，这是精神病评定的前提和客观依据；"法学要件"是从心理学角度上分析主体在发生危害行为时，是否因精神病理基础的作用而丧失或削弱了辨认和控制自己的行为能力。在进行法医精神病学鉴定中，切忌"有病推理"的思维模式，对被鉴定人的精神状态需先假定为正常，除非有确凿的证据证明被鉴定人患有精神障碍并因此影响对自己行为的辨认和控制能力时，才可以做出相应的责任能力的结论。

参考文献

［1］万立华. 法医现场学［M］. 北京：人民卫生出版社，2012.
［2］胡泽卿 法医精神病学［M］. 北京：人民卫生出版社，2009.
［3］邹华明，潘守亭，万立华，等. 精神分裂症与无精神病杀人案例比较分析［J］. 中国法医学杂志，2007，12（2）：122 – 123.

氟乙酰胺的法医毒理学鉴定要点分析

施文兵

（广东省公安厅刑事技术中心，广东广州，510050）

【摘　要】 对痕量氟乙酰胺类杀鼠剂的分析，一直是化验专业的高难项目。本文对其四种分析方法进行了总结。结合案例，指出在进行痕量氟乙酰胺类杀鼠剂的检验时，要注意使用多种检验方法，要使用灵敏度高的检验方法，必要时进行定量分析，要科学使用检验结论。

【关键词】 氟乙酰胺；检验方法；注意事项

氟乙酰胺类杀鼠剂有效成分包括氟乙酰胺（$FCH_2-\underset{\underset{\|}{O}}{C}-NH_2$）、氟乙酸（$FCH_2COOH$）、氟乙酸钠（$FCH_2COONa$）。氟乙酰胺在干燥环境下性质稳定，在潮湿环境或动物体内可分解，转化为氟乙酸或氟乙酸盐。

一般认为，氟乙酰胺进入生物体后，脱胺形成氟乙酸，氟乙酸先与辅酶 A 作用形成氟乙酰辅酶 A，再与草酸乙酰作用，生成氟代柠檬酸，氟代柠檬酸能抑制乌头酸酶，阻断三羧酸循环，引起机体代谢障碍，最终造成神经系统的损害。此外，对心脏也有明显的损害，导致心率失常，心室颤动。

氟乙酰胺、氟乙酸钠原为农药，后被禁用。但其灭鼠效果好，生产方法简单，自 20 世纪 80 年代起，被大量非法生产、销售，在全国各地被滥用，致使涉及氟乙酰胺类杀鼠剂的误食事件、投毒案件层出不穷，甚至发生近百人中毒、几十人死亡的特大恶性案件。虽屡经全面打击风暴，但禁而不绝。近年来，又被伪装成抗凝血鼠药被销售、使用，仅广东省内，无论在经济发达还是不发达的地区，均不断出现利用氟乙酰胺类杀鼠剂投毒案件，且呈上升趋势。

1　氟乙酰胺类杀鼠剂的检验方法

氟乙酰胺类杀鼠剂包括氟乙酰胺、氟乙酸、氟乙酸钠。氟乙酰胺进入人体后，经过一定时间（约 24 h）转化成氟乙酸盐。所以，对氟乙酰胺类杀鼠剂的检验具有多样性，可分别针对氟乙酰胺、氟乙酸盐进行检验。针对氟乙酸盐，主要是分析氟乙酸根阴离子，或将其与其他化合物反应（衍生化反应），衍生成易挥发、热稳定的产物，再用气

作者简介：施文兵，男，1968 年生，博士，副主任法医师，主要从事刑事化验技术工作；E-mail：173563588@qq.com。

相色谱仪分析；或直接使用液质联用仪分析。它是化验专业最难的检验项目之一，目前尚未形成统一的检验方法，其检测方法主要有以下几种。

1.1 针对氟乙酰胺，使用 GC-MS 检验

使用乙酸乙酯、二氯甲烷等有机溶剂直接萃取检材中的氟乙酰胺，经离心、浓缩后，用 GC-MS 检验。

这种方法的优点是速度快；其缺点是仅能检验氟乙酰胺，且灵敏度低，若为阴性结果，须使用其他方法重新检验其中是否有氟乙酸盐。

1.2 针对氟乙酸盐，经 N,N-二乙基对苯二胺衍生化，使用 GC-MS 或 GC-NPD 检验

将检材中的痕量氟乙酰胺类杀鼠剂转化成氟乙酸，同 N,N-二乙基对苯二胺反应，衍生成热稳定的氟乙酰 N,N-二乙基对苯二胺，再用 GC-MS 或 GC-NPD 分析，其中，NPD 检测器（氮磷检测器）对含氮化合物反应灵敏。反应式如下：

$$FCH_2COOH + H_2N\text{-}\underset{C_2H_5}{\underset{|}{\overset{C_2H_5}{\overset{|}{N}}}}\text{-}C_6H_4 \longrightarrow FCH_2\text{-}\overset{O}{\overset{\|}{C}}\text{-}NH\text{-}\underset{C_2H_5}{\underset{|}{\overset{C_2H_5}{\overset{|}{N}}}}\text{-}C_6H_4$$

此方法的缺点是：在前处理及衍生化步骤，反应转化率过低（<30%），致使提取率偏低，灵敏度较差。此方法适用于体外检材或中毒致死者的生物检材的检验；对用药量偏少、中毒症状较轻的则不适用。鉴于此，广东省内刑事技术部门已于 2001 年停用此方法。

1.3 针对氟乙酸盐，经五氟苄基溴衍生化，使用 GS-MS、GC-ECD 检验

将检材中的痕量氟乙酰胺类杀鼠剂转化成氟乙酸钠，同五氟苄基溴反应，衍生成热稳定的氟乙酸五氟苄基酯，再用 GC-MS 或 GC-ECD 分析，其中 ECD 检测器（电子捕获检测器）对含氟化合物反应灵敏。反应式如下：

$$FCH_2COONa + BrCH_2\text{-}C_6F_5 \longrightarrow FCH_2\text{-}\overset{O}{\overset{\|}{C}}\text{-}OCH_2\text{-}C_6F_5$$

此方法最初由公安部物证鉴定中心研究成功并推广应用，发挥了重要作用。广东省公安厅刑事技术中心经多年研究，对该方法进行了两项改进：①制备了衍生化产物纯品，使 GC-ECD 检验更方便；②研究成功自动固相萃取前处理方法，实现了自动化、稳定化。

该方法的优点是灵敏度高，是目前最灵敏的分析方法，对血液检材，检测限低至 $0.1\ \mu g/mL$；其缺点是萃取过程、衍生化反应步骤多，耗时长。

1.4 针对氟乙酸盐，使用 HPLC-MS 检验

近年来，液质联用仪发展较快，越来越多地进入化学分析实验室，推动了氟乙酸盐的 HPLC-MS 检验方法的应用。此方法的优点是前处理简单，无需衍生化反应，灵敏度尚可；其缺点是液相色谱柱的分离效果没有气相色谱柱好，基质效应大，对于血、尿等生物检材的检验要慎重使用。

2 办理氟乙酰胺案件的注意事项

氟乙酰胺案件的检验一直是理化专业的难题,根据经验,有以下几点要引起注意。

2.1 要使用多种检验方法

氟乙酰胺类杀鼠剂本身就有氟乙酰胺、氟乙酸、氟乙酸钠三种成分,另外,氟乙酰胺在一定条件下,也会转化成氟乙酸盐,因此,不能单独使用针对氟乙酰胺原药的GC-MS分析方法,在未检出氟乙酰胺的情况下,要采用其他方法进行氟乙酸盐的检验。

2009年,广东省东莞市某酒楼厨师在制作炒鸡蛋这道菜时,投放了氟乙酰胺类杀鼠剂,致使多名就餐员工出现中毒症状。东莞市公安局及广东省疾控部门使用了针对氟乙酰胺原药的GC-MS方法进行检验,均未检出氟乙酰胺。因为,即使投放了氟乙酰胺,经过高温煎炒,也已完全转化为氟乙酸盐了。最后,由广东省公安厅刑事技术中心使用五氟苄基溴衍生化、GC-MS分析,很快检出氟乙酸盐成分。

2.2 要使用灵敏度高的检验方法

对于案情复杂、易引起争议的氟乙酰胺投毒案件,要使用灵敏度高的检验方法,切忌使用灵敏度较差的检验方法,以免导致诉讼结果复杂化。

10年前,某地办理了一宗多人中毒、2人死亡的氟乙酰胺投毒案件,诉讼过程历经多年,无果而终。虽然导致这种结果的原因很多,但笔者认为,办案人员使用了灵敏度不高的检验方法,是一个不可或缺的原因。

办案人员使用了灵敏度不高的N,N-二乙基对苯二胺衍生化、GC-MS检验方法,可能导致3个问题:①辩方专家对关键检材的谱图提出疑问,怀疑案件定性错误;②办案人员对嫌疑人接触的检材表面是否有氟乙酰胺,给出了模糊的书面结论;③未提取并检验中毒轻微受害者的血液或尿液,因为该方法不具备检验此类检材的灵敏度。由此导致对毒物的最初载体产生了争议。

2.3 必要时须进行定量分析

在某些特殊案件中,仅采用定性分析方法,不能解决问题,必须进行定量分析。

2014年10月,吴某(男)、陈某(女)在广东省潮州市某宾馆相约服毒自杀,结果陈某死亡,吴某被救活。据吴某交代,两人喝了等量的掺有氟乙酰胺的白酒。

经定量分析,结果以氟乙酸钠计算,陈某心脏血氟乙酸钠含量为 9.42 μg/mL,吴某静脉血氟乙酸钠含量为 11.6 μg/mL。检验结果证实了吴某的交代。

2.4 要科学使用检验结论

复杂投毒案件的检材通常会经过省、地两级技术部门的检验,各部门使用的方法不同,检验的对象也不同,而且大部分检材只能用于定性检验,不具备定量分析的条件。在这种情况下,要通盘考虑检验结论,给侦查人员提供正确的方向。

2015年4月21日,广东省廉江市村民庞某(女,31岁)及其4名子女(2~8岁)出现中毒症状,后庞某死亡。据调查,当天5人共喝了1盒纸包装冬瓜茶及4支AD钙奶。冬瓜茶最初来源于在菜市场遇到的一陌生人,而AD钙奶为庞某亲自买来的。湛江市公安局技术人员从冬瓜茶中检出了氟乙酰胺成分,广东省公安厅技术人员从其中

1支AD钙奶中检出了氟乙酸盐成分,其他AD钙奶未检出。综合分析,判断氟乙酰胺的最初载体为冬瓜茶,AD钙奶中的氟乙酸应为共用吸管而导致。接下来,打开冬瓜茶包装盒进行仔细检查,发现针孔及"502"胶水,至此,定性此案为无目标的投毒。最终,嫌疑人在使用相同手段再次进行作案时被抓获。

综上所述,氟乙酰胺类杀鼠剂具有多样性、极性强、易溶于水的特点,发展到今天,虽然出现了多种检验方法,但它仍然是最难检验的毒物之一。在"以诉讼为中心"的办案条件下,遇到氟乙酰胺类鼠药投毒案件,要特别慎重,既要考虑检验速度,更要考虑检验方法的灵敏度,特别是对于轻微受害者的体内生物检材,一定要使用最灵敏的方法进行检验。

参考文献

[1] 夏元洵. 化学物质毒性全书 [M]. 上海:上海科学技术出版社,1991:510-511.

[2] 温玉麟. 药物与化学物质毒性数据 [M]. 天津:天津科技出版社,1989:211.

[3] 陆惠民. 毒物分析 [M]. 北京:警官教育出版社,1995.

[4] 高玲,杨元,谯斌宗. 气相色谱-质谱联用测定中毒食物中的氟乙酰胺和毒鼠强 [J]. 中国卫生检验杂志,2003,13(4):450-451.

[5] 于忠山,封世珍,张继宗,等. GC/ECD 检验生物材料中的氟乙酸钠 [J]. 中国法医学杂志,1999,14(4):224-227.

[6] 顾明松,胡绪英,刘勤,等. 流动注射-高分辨飞行时间质谱检测毒饵大米中的氟乙酰胺 [J]. 质谱学报,2002,23(2):214-219.

法医学死亡原因及死因分析浅析

陈庆 刘晓菲

（北京市公安司法鉴定中心，北京市，100000）

【摘　要】　作为长年在公安战线从事命案工作的法医实践者，笔者结合多年实战经验，试探性地对法医病理专业涉及的死亡原因相关基本概念和死因分析方式方法进行了梳理和总结，并在此基础上提出了法医病理学死因鉴定结论的规范性表述。同时，通过对死亡过程、现场勘验、尸体检验、死因分析和鉴定结论等紧密相关概念及其关系的梳理，倡导学界、司法、社会人事更加科学全面地认知、接纳法医鉴定结论。

【关键词】　法医病理学；死亡原因；死因分析；鉴定结论

在目前法医实践工作中，作为法庭主要证据的法医病理鉴定书结论经常会存在或引发以下问题：

（1）死亡原因与死亡方式、死亡机制等概念不清或相互混用，如高坠作为死因等。

（2）根本死因（或主要死因）与直接死因概念不清或相互混用。

（3）伤病等多因素致死的案件中，各因素关系及作用不清，盲目放大或缩小损伤/疾病等在死因的参与度。

（4）司法部门及社会大众对法医的死因分析、结论认知存在片面性和局限性。

笔者认为，要解决上述普遍客观存在的问题，首先需要厘清涉及死亡原因和死因分析的法医病理专业相关概念。

作为应用学科而产生的现代法医学，死亡原因及其相关的概念基本上都是沿用或演化自临床医学。法医学界对于死亡原因的分类和概念表述多引用的临床统计分析为宗旨的《国际死亡原因编目》1994年第10次修订版（简称ICD-10）。该分类方法将死亡原因定义为"所有导致或促进死亡的疾病、病态情况或损伤及造成任何这类损伤的事故或暴力的情况"。ICD-10分类的主要目的是紧紧围绕临床医学，即疾病或损伤等因素作用机体所致的死亡分类，其核心以预防和治疗为目的，主要关注导致死亡的启动因素或持续因素。它的死因分析是单向流水式的描述方式，即直接死因为（a），导致（a）的为（b），导致（b）的为（c）等，是理想化的单向导出式死因分析结构，这种单向式结构显然难以符合法医所面对诸多因素作用下的复杂命案分析。这个定义自然不包括（或明确）法医所关注的死亡现场、致死方式、生前症状体征和其他与死亡有关

作者简介：陈庆，副主任法医师，北京市公安司法鉴定中心；电话：13911859379，E-mail：fayibingli@163.com。

的诱因、辅助因素等。

法医病理学的死因分类还要考虑法医学和诉讼最关注的参与整个死亡过程的全部因素，以及它们在整个过程中所处的环节、所起的作用，从而划分出具有法医专业特色的根本死因、直接死因、辅助死因、诱因、联合死因和死亡方式等概念。上述概念为法医专业多年以来逐渐巩固并在业内形成共识。具体释义如下：

（1）死亡方式：主要是指可能产生死亡原因的案件情节，它的概念外延大于死亡原因，包括疾病、衰老、自杀、他杀、意外事故或灾害、死刑等。在实践中，往往不明确指出死亡方式，而是用"被他人"或"自己可以形成"来阐述检验的重点，即明确他杀或是自杀。

（2）根本死因：是指引起死亡的原发性自然性疾病或损伤，实践中常见损伤和损伤叠加，或损伤和疾病叠加，也即联合死因或者辅助死因。

（3）直接死因：是指直接引起死亡的原因，如果根本死因不经过中间环节直接引起死亡，则此死因即是根本死因，又是直接死因，也是唯一死因；若根本死因没有立即致死，而因为它的继发后果或合并症致死，则后者为直接死因。

（4）死亡机制：是指由损伤或疾病引起的、最终导致死亡的病理生理过程，是各种不同的死因通向死亡终点的几条共同通道。常见的死亡机制有心脏停搏、心室纤颤、反射性心脏抑制、严重代谢性酸中毒或碱中毒、呼吸抑制或麻痹、心肺功能衰竭、肝肾功能衰竭、延髓生命中枢麻痹。所有这些机制最后都会导致心、肺、脑活动停止而死亡。

（5）诱因：是指诱发身体原有潜在疾病恶化而引起死亡的因素，包括各种精神情绪因素、劳累过度、吸烟、外伤、大量饮酒、性交、过度饱食、饥饿、寒冷的概念。实践中可见某种轻微的、非致命的损伤引起自身的喜、怒、忧、思、悲、恐、惊等情绪突变，进而诱发原有的潜在性疾病加重或者恶化，甚至死亡。

（6）主要死因：是指某一死亡案件中存在"多因一果"的情形，通过分析能够明确其中对死亡起了主要作用的因素（损伤或疾病）。

（7）辅助死因：是指主要死因之外的损伤或疾病因素，它们本身不会致命，但在死亡过程中起到辅助作用。

（8）联合死因：是指导致死亡的"多因一果"情形中，通过分析难以区分主次，又称"合并死因"。

（9）辅助死因、联合死因、诱因：都是多个原因通过一种或多种病理生理途径共同导致死亡，区别在于原因是疾病还是损伤，原因之间发生的顺序有无差别，各个原因对死亡的发生作用之间的差别。在判定的时候要特别谨慎，因为涉及定罪量刑的问题。

在法医病理学死因鉴定实践中，经常遇到死亡诱因和辅助死因不易鉴别的情况。一般地讲，死亡诱因应是一些对机体生理功能影响轻微的、短暂的一过性躯体或精神刺激的情况。单就损伤程度而言，仅应属于轻微损伤范畴。而辅助死因，损伤则具有一定程度，其对受伤者生理功能和精神痛苦的影响应当是较严重的和持续性的，直至死亡。

诱因与结果之间并没有内在的、必然的、合乎规律的联系，在法医鉴定中，经常存在轻微外伤后数小时、数日死亡，且外伤后到死亡时的过程与情况并不能被鉴定人所掌握,故无法片面认定死亡前轻微外伤或是争吵等事件为死亡的诱因。且有的司法人员或律师常把诱因与原因混同。为避免误解,在死亡过程不清的情况下,法医在鉴定结论中不要片面、武断的认定诱因,即便在鉴定书的论证中也宜用"条件""基础"一词替代"诱因"。

为了更好地理解死亡发生的过程及死亡原因、死亡机制、死亡方式之间的关系,笔者特引入图1进行阐述。

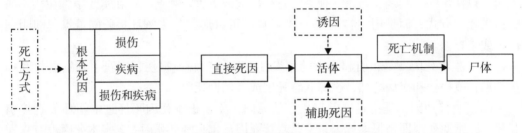

图1 死亡过程、原因、机制、方式间的关系

上述是笔者对死亡原因、分类及相关概念的阐述,下面重点谈谈命案中的死因分析。

笔者认为,法医要将死亡看作一个动态过程(图1),而不仅仅是结果。一个人的死亡离不开现场、死亡过程和尸体这三方面客观因素。法医通常能够接触到最多的就是现场和尸体,而死亡过程往往就需要通过对现场和尸体检验来进行分析,三者作为死亡的有机要件进行碰撞组合,才能形成最为接近实际死亡过程的分析,从而得出正确的死亡原因。

在理论层面,如图1所示,法医工作者应用法医等相关知识,分析致死方式如何作用于活体,活体如何产生反应(损伤或疾病),反应如何持续、相互作用及发展,并导致死亡的病理生理性程序(如失血性休克、心脏衰竭、呼吸衰竭、生命中枢抑制等)启动,最终造成机体死亡。这整个过程是有机的、连贯的。机体和现场、致死方式之间是紧密联系、互动的,他们之间的关系可能是直线因果关系,也可能呈多维关系,甚至(恶性)循环关系,但结果是唯一的,即机体的死亡。在掌握大量客观数据和结果的基础上,结合法医工作者主观的专业知识和经验,法医将提供其中最合理、矛盾点最少的死亡过程分析,也就是整个案件最合理的死因分析。因此,孤立地对尸体检验结果进行死因分析,犹如盲人摸象,是人为地将死亡的过程性隔离开来,仅仅分析死亡的最终结果,而忽略了现场和死亡过程,这必将导致死因分析的片面性和局限性,甚至导致错误的死因。这里需要阐述的也是作为国内一直沿用至今的法医命案侦查机制,即法医参与现场勘验和尸体检验两个环节,而国外广泛采取的是"勘验分离"制度,孰优孰劣上面已经表述得很清楚,而且国内的命案侦破率在国际上也是有目共睹的客观事实,这里不再赘述。

另外,需要再强调的是,法医采用的死因分析方法实际上是排除法,即通过系统全面的工作,逐一对每一种可能性进行排除,直到最终不可排除的死因显露出来,再根据现场、尸检等客观证据进行明确,明确的程度可以依次增强。一般在鉴定书上表述其明确程度递增为以下方式：第一层次，不能排除××致死的可能性；第二层次，倾向于××致死；第三层次，符合××致死；第四层次，系××致死。

综上所述，在这里提供一个规范性的鉴定书结论表述格式，可以将上述所有因素的作用和表述位置完整地在结论中展现出来，供大家参考使用。

法医病理学鉴定书结论规范性表述：××（不排除、倾向于、符合、系）在（诱因、辅助死因）基础上/条件下，（被××损伤、××疾病等根本死因）作用，导致（直接死因/死亡机制）死亡。

这种结论的全面与否，以及是否取舍某一部分（诱因、死亡方式、死亡机制三者的组合、取舍），要根据每个死亡案件的实际客观条件而综合考虑，同时，如何将诱因、辅助死因、根本死因、直接死因、联合死因等主观性分析并限制性整合，使结论更趋近于客观死亡过程，也反映出（或者说决定于）鉴定者在主观方面对该死亡案件的整体认知和法医能力水平。

必须说明的是，不是所有尸体都能明确死亡原因，如同人类目前并不能对所有疾病进行完全的认知和诊断，死因分析同样是不断发展和推进的。死因分析和推断是基于三方面因素：一是客观条件下留存的用于推断死因的现场、尸体等客观条件充足与否；二是受制于当时科技水平、法医技术发现和证实死亡相关过程的客观技术水平；三是主观方面现场勘验人员、法医、检验人员等相关参与技术分析人员的主观经验和认知水平。鉴于上述情况，法医判断死亡原因和死因分析是否客观准确，不能脱离前述三个因素的共同作用。如前所述，它是一种基于一定时期、一定环境下的三方变量的综合理性分析和推论，不具完全性、绝对性。因此，不仅司法部门、广大群众，而且学界也应当理性、客观、发展地看待法医死因鉴定结论。这样，就能够解释或者理解30年前的死因鉴定结论和30年后的死因鉴定结论为什么不完全一致，或许，只有这种不一致才能证明我们法医病理学科在发展、在进步。

法医病理学应用创新

钝性心脏损伤致死案件的法医学分析

袁自闯　张付　廖信彪

（广东省公安厅刑事技术中心、法医病理学公安部重点实验室，广东广州，510050）

【摘　要】　在伤害致死案件法医学检验实践中，经常遇到诸如心脏震荡、挫伤、破裂以及创伤性心肌梗死等钝力性心脏外伤致死的个案。因其致死机制复杂，尸体检查表现为阴性解剖或损伤轻微，有显著的隐蔽性，轻微体表损伤不足以解释死因，并且目前功能性改变为主的损伤缺乏相应的实验室检查，从而导致法医鉴定往往久鉴不决，当事人反复上访，极易引起社会矛盾和纠纷。因此，对钝性心脏损伤致死案件进行系统的法医学分析，具有极其重要的法医学意义。

【关键词】　心脏损伤；法医学；死因；鉴定

在伤害致死案件法医学检验实践中，经常遇到诸如心脏振荡、挫伤、破裂以及创伤性心肌梗死等钝力性心脏外伤致死的个案。因其致死机制复杂，尸检表现为阴性解剖，有显著的隐蔽性，轻微体表损伤不足以解释死因，导致法医鉴定往往久鉴不决，当事人反复上访，极易引起社会矛盾和纠纷。因此，对钝性心脏损伤致死案件进行系统的法医学分析，具有极其重要的法医学意义。

1　资料和方法

收集广东省公安厅刑事技术中心2005—2018年6月尸体剖验结果为钝性心脏损伤的致死案件23例。尸体均经全身系统尸检，并提取脏器和组织进行法医组织病理学检查，排除毒物中毒以及其他死因。

2　结果

2.1　性别年龄分布

23例中，男20例、女3例，男女比例为6.7∶1；年龄分布为16～69岁，其中16～50岁15例、50～60岁6例，60～69岁2例。

2.2　死者既往病史

根据死者生前就医记录调查：18例生前体健，4例生前有冠心病史，1例有高血压病史。23例均为伤后立即死亡或送医院抢救2小时内死亡。

作者简介：袁自闯，男，1979年生，河南许昌人，主检法医师，主要从事法医病理学检案及研究工作。地址：广州市北较场横路3号大院刑侦局技术中心；邮编：510050；电话：13922716186；E-mail:13922716186@139.com。

2.3 死亡机制

死于心脏振荡者 2 例 (9%)，死于心脏挫伤者 12 例 (52%)，死于心脏破裂者 6 例 (26%)，死于创伤性心肌梗死者 3 例 (13%)

3 讨论

造成钝性心脏损伤的成伤机制为钝性外力直接作用于心前区，通过力的压挫、拉伸、剪切或旋转等引起不同类型的心脏创伤，主要为外力作用当时发生的心脏振荡、心脏挫伤、心脏破裂等原发性创伤，也包括伤后继发的诸如外伤性心肌梗死、外伤性心包炎、心包粘连等继发改变；钝性心脏损伤导致急性死亡的主要原因在于心脏的起搏传导机能、代谢、结构变化急剧而播散，伤后即刻发生致命性心律失常、传导阻滞，导致心脏停搏从而引起死亡。

心脏振荡常与心脏挫伤、心脏破裂等合并存在，单纯性心脏振荡在大体解剖上并无特殊改变，需结合法医组织病理形态学改变做出诊断，这些改变包括心外膜和心肌内播散性点灶出血、微血栓形成，也可检见心脏传导系统出血、心脏神经节出血等损伤，尤其是心肌肌膜爆裂（sarcolemma burst）更为诊断心脏振荡损伤形态学指征。

心脏挫伤可发生在心脏前壁、后壁、室间隔，也可播散在心脏各部内膜和肌层，这与心脏本身的结构特点和暴力的压挫、拉伸、剪切或旋转等应力效应有关。法医组织病理学可见组织挫碎出血坏死灶，心外膜和心肌内点灶状散在性出血，特别是如有窦房结、房室结等心脏传导系统部位出血，则可确诊心脏挫伤致死。

钝力性心脏破裂与暴力作用、心脏结构特点、心脏节律收缩等因素有较大相关性。心脏心尖游离、心底固定且与大血管相连，受到暴力冲击时如发生扭转，牵拉大血管，可造成心脏破裂或大血管干断裂。心脏在舒张末期容易发生破裂，特别右心室遭受暴力作用，极易发生破裂[1]。

钝性外力作用胸壁引起的外伤性心肌梗死国内外多有报道[2-4]，其诱发冠心病急性发作的主要机制包括外力冲击引起冠状动脉痉挛、外力冲击引起冠状动脉内膜损伤、情绪精神紧张等。创伤性心肌梗死以左心室壁多见，其次是右心室壁和室间隔，死者多见于 50 岁以上老年人，多数有冠心病史，这在一定程度上说明患有病变的心脏自身血管对暴力有更强的应激性和"易感性"，容易诱发潜伏病变发作。

钝性心脏损伤致死的法医学鉴定要点：具有明确的胸腹部或背部外伤史；体表检见钝性暴力作用损伤痕迹，如片状表皮剥脱、皮下出血、肋骨骨折；解剖可见胸背部有出血、骨折；法医组织病理学检见红细胞浸润等挫伤或破裂的形态学改变；排除其他致命性损伤和疾患；死者原有的心脏疾病要注意发现并综合分析加以鉴别。总之，此类鉴定要结合案情、大体尸体解剖及细致的法医组织病理学检查，全面把握信息，重点突出，综合考虑做出客观、全面、准确的死因鉴定结论。

参考文献

[1] 闵建雄. 法医损伤学 [M]. 北京：中国人民公安大学出版社，2001：117 - 124.

[2] 李德祥. 外伤性心肌梗塞法医病理学研究. 法医学杂志 [J]. 1990；11 (3)：99 - 101.

[3] FOREDE R C, LINDSEY D, Steinbronn K. Sudden unexpected death from cardiac concussin with unsual legal complication [J]. J foren Sci, 1979, 24: 752.

[4] LIEDTKE A J, DEMUTH WE, Jr. Non penetrating cardiac injuries: a collective review [J]. Amheart J, 1973, 86 (5): 867.

98例高坠死亡案件综合分析

曹甲卓　刘英锋

（黑龙江齐齐哈尔市公安局刑事技术支队，黑龙江齐齐哈尔，161000）

【摘　要】 目的：通过对98例高坠死亡案件的统计分析，旨在为高坠死亡的死亡方式推断提供理论支撑，为下一步建立高坠损伤学资源库奠定基础，这对法医损伤学的发展具有重要价值。方法：所有案件资料均包括死者姓名、性别、年龄等基本信息，亦包括案件性质、坠落高度、着地部位等。结果：98例高坠死者中，男性占绝大多数（72.4%），意外58例，自杀29例，他杀5例，死亡方式不明的6例。意外案例高度多小于10 m，自杀案例高度较意外高。结论：高坠死亡案件的现场勘查、尸体检验等工作细致与否，严重影响着案件定性的方向是否正确。提高法医工作者的理论学习和业务技能是一项任重道远的工作。

【关键词】 法医病理学；法医损伤学；高坠；死亡方式

1　前言

近些年，随着社会各行业的发展，人们工作、生活各方面压力不断加大，高坠死亡的案件亦明显增多。高坠是导致严重损伤和死亡的一个重要原因，在中国，高坠死亡是仅次于交通事故死亡的第二位意外死亡原因[1]。死亡性质以自杀、意外较为多见，他杀案例较少，亦有极个别案例发现后无法确定死亡方式，并伴随对死亡性质的争论，个别案件由于某些原因造成对死亡方式、死亡性质的鉴定结论产生偏差，也偶见家属质疑鉴定意见，甚至引起群体性事件的发生。本文通过分析近几年发生在黑龙江省齐齐哈尔市的高坠案例的死亡方式，旨在为法医学实践提供科学参考。

2　材料与方法

样本来源于齐齐哈尔市2012—2017年的高坠死亡案件档案资料，对98例案件情况进行整理、分析，资料包括死者姓名、性别、年龄等基本信息，亦包括案件性质、坠落高度、着地部位等。采用WPS表格软件对统计数据进行处理和分析。

3　结果

3.1　一般情况与案件性质

性别：98例高坠死亡死者中以男性居多，为71人，女性27人，男女比例约为

作者简介：曹甲卓，主检法医师，黑龙江省齐齐哈尔市公安局刑事技术支队；电话：18745298460；E-mail:cjvcjv_cn@163.com。

2.6∶1。

年龄：98例年龄为1～81岁，其中，10～60岁85例（86.7%）。各年龄段及案件性质数量见表1。

表1　性别、年龄与案件性质的关系

（例）

性别	自杀	意外	他杀	不明	合计
男	21	45	1	4	71
女	8	13	4	2	27
年龄/岁	自杀	意外	他杀	不明	合计
1～10	0	1	4	0	5
11～20	4	1	0	0	5
21～30	1	18	0	2	21
31～40	5	21	0	0	26
41～50	10	13	1	0	24
51～60	4	4	0	1	9
61以上	4	0	0	0	4
不明	1	0	0	3	4
合计	29	58	5	6	98

案件性质：98例中案件性质明确的有92例，其中意外58例，男性45例（77.6%），女性13例（22.4%）；自杀29例，男性21例（72.4%），女性8例（27.6%）；他杀5例。

3.2　坠落高度与案件性质的关系

98例案件坠落起点包括楼顶、厂房、窗户、电梯、烟囱、塔吊和桥面等，坠落高度在3～65 m范围之间，其中，意外以2～10 m高度最多，为25例（43.1%），自杀则以11～20 m高度为最多，为13例（44.8%），而5例他杀案件均在30 m以下（表2）。

表2　坠落高度与案件性质的关系

（例）

高度/m	自杀	意外	他杀	不明	合计
2～10	2	25	1	1	29
11～20	13	15	3	1	32
21～30	6	4	1	2	13
31～40	1	3	0	0	4
41～50	1	5	0	0	6

续表2

高度/m	自杀	意外	他杀	不明	合计
51～60	2	3	0	0	5
61以上	1	0	0	0	1
不明	3	3	0	2	8
合计	29	58	5	6	98

3.3 着地部位与案件性质的关系

死者身体着地部位的确定是根据尸体损伤的部位、类型及程度、目击者的证言并结合现场勘验而综合确定的。着地部位明确的96例，其中以头部着地的29例、身体前面21例、侧面20例占多数（表3）。

表3 着地部位与案件性质的关系 （例）

部位	自杀	意外	他杀	不明	合计
头部	8	19	0	2	29
前面	7	11	3	0	21
背面	4	6	1	1	12
侧面	5	13	1	1	20
臀	1	3	0	1	5
足	3	6	0	0	9
不明	1	0	0	1	2
合计	29	58	5	6	98

3.4 着地部位与坠落高度的关系

98例案件中坠落高度明确的有90例，其中以头部着地为最多29例，其次是身体前面着地21例，不同高度与接触身体部位的关系（表4）。

表4 不同高度与接触身体部位的关系 （例）

高度/m	头部	前面	背面	左侧	右侧	臀	足	不明	合计
2～10	16	5	2	2	2	0	2	0	29
11～20	8	9	4	4	4	2	1	0	32
21～30	3	2	2	2	2	1	1	0	13
31～40	0	0	1	0	1	1	0	1	4
41～50	0	2	1	0	1	0	2	0	6

续表4

高度/m	头部	前面	背面	左侧	右侧	臀	足	不明	合计
51～60	0	1	1	1	0	0	2	0	5
61以上	0	1	0	0	0	0	0	0	1
不明	2	1	1	1	0	1	1	1	8
合计	29	21	12	10	10	5	9	2	98

3.5 损伤类型与死亡原因

98例高坠死者的死亡原因均为坠落导致的机械性损伤，损伤主要表现为皮肤擦挫伤、颅脑损伤、胸肋骨和四肢骨骨折、脊柱及骨盆骨折、大血管损伤及内脏破裂等损伤。致命性损伤常为多个器官损伤，第一位是脑损伤，72例（73.5%）；第二位是肝损伤，53例（54.1%）；第三位是肺破裂46例（46.9%），其余依次是心脏破裂33例（33.7%）、脾破裂24例（24.5%）、大血管损伤17例（17.3%）、脊柱损伤15例（15.3%）。

3.6 毒物分析结果

98例案件均提取心血、胃内容物作毒物分析，有12例发现血液酒精浓度≥80 mg/100 mL，其中意外8例，自杀3例，他杀1例，其余未发现常见毒物。

4 讨论

在高坠死亡案件的鉴定工作中，死亡原因的确定一般比较容易，难点及重点是死亡方式的认定，即是自杀、意外还是他杀。本文98例高坠案件的分析结果显示，意外案例最多（58例），自杀案例为次（29例），与薛爱民[2]和都定元[3]等以往研究结果相符。在意外和自杀案件中，男性分别占77.6%和72.4%，男性死亡率明显高于女性，这与从事高空作业中男性居多有关。

意外和自杀案例在各年龄段的差别较明显，58例意外案例中，60岁以上无一例，死者年龄主要分布在1～60岁，且以21～40岁为集中；29例自杀案例中，1～10岁年龄组无一例，死者年龄多分布在11～90，以41～50岁为最高；他杀5例案件中，10岁以下有4例，未成年人的自我保护和反抗能力弱是重要因素。

意外坠落案件高度多在10 m以下，且大多数是在工作中，以建筑工地最为常见，这与近几年齐齐哈尔市进行大量基础建设有密切关系。一方面与施工者作业高度较低，易放松警惕有关；另一方面与建筑公司重视不够，经常忽视安全方面的教育以及与安全防范设备不齐全有关。自杀案件坠落高度集中在11～30 m范围内，且多数在夜晚时段，通常情况下自杀者的坠落高度比意外坠落的高度要高，这可能与自杀者的求死心理有关[4]。

坠落高度对于高坠伤的严重程度起着决定性的作用。坠落的高度越高，身体所受的撞击力越大，导致损伤越严重，致命性损伤的数目越多。高度较低时（10 m以下），头颈部的致命性损伤多于胸腹部；随着高度增加（10 m以上），则联合胸腹部的致命性损伤部位明显增多。

在自杀案件中，以头颈部、胸腹部着地多见，且多数不采取保护性姿势，反映出自杀者当时的心理状态。而意外案件常事发突然，死者坠落姿势不一，着地部位无明显特异性。需要特别注意的是，他杀案件坠落起点多有搏斗痕迹，且尸检时往往有可以发现存在高坠不能一次形成的损伤。

综上所述，高坠的损伤类型受许多因素影响，如尸体质量、衣着、地面性质、坠落高度和落地姿势等，因此在重建坠落过程时只依靠损伤形态难以准确判断死亡方式[5]。我们结合走访调查、现场勘查、尸体检验、毒物分析来进行现场重建或模拟坠落过程，这对案件定性具有重要意义。这就要求我们在勘查高坠现场时应特别留意对高坠起点、坠落地点及坠落经过的物体进行全面细致的勘查，以求为案件定性提供客观、准确的依据。

参考文献

[1] 薛洪大，施庆忠. 坠落伤68例伤情分析与救治体会[J]. 中华现代外科杂志，2005，2(6)：345-346.

[2] 薛爱民. 上海地区成人高坠死亡45例尸体解剖分析[J]. 法医学杂志，1998，14(4)：487-488.

[3] 都定元，高劲谋，林曦，等. 道路交通事故伤与坠落伤流行病学比较研究[J]. 创伤外科杂志，2000，2(2)：75-77.

[4] 喻永敏，常红发，夏鹏，等. 134例高坠死亡案件鉴定分析[J]. 中国法医学杂志，2012，27(6)：276-278.

[5] 毛士伟，刘锡杰，苏昌沛，等. 574例高坠死亡案件分析[J]. 法医学杂志，2009，25(4)：276-278.

脂肪栓塞的诊断及在死因中的作用分析

凌静[1]　庞俐[2]　董曦哲[1]　宋喜彬[1]

(1. 连云港市公安局刑警支队技术大队，江苏连云港，222000；2. 滁州市公安局刑侦支队，安徽滁州，239000)

【摘　要】 目的：明确脂肪栓塞的病理学诊断，总结脂肪栓塞综合征的表现，分析其在死因中的作用。方法：对镜下检出脂滴的6例实际案件，进行资料回顾，分析其临床表现和病理学改变，结合尸体检验，对脂肪栓塞进行分级量化的基础上，探讨死亡机制和参与度。结果：6例常规HE切片观察发现肺泡隔毛细血管透亮空泡，经冰冻切片、苏丹Ⅲ染色确证为脂栓，成为致死因素之一。结论：软组织损伤经过一段时间死亡的病人，应该做好尸检预案，尽早对肺、脑、肾等脏器进行冰冻切片、苏丹Ⅲ染色，减低脂肪栓塞的漏检，并对脂肪栓塞进行诊断评价。

【关键词】 法医病理学；软组织损伤；脂肪栓塞；死因竞合

1　案例资料

1.1　案例1

苏某某（女，79岁）某日14时被儿媳用巴掌、木棍、石块等殴打致多处受伤。次日凌晨1时许，经抢救无效死亡。病历摘要入院时血压130/85 mmHg，神清，精神差，全身多处青紫，以面部、上肢、胸部为甚，头面部可见7条创口，CT示左侧颧弓骨折，于次日凌晨1时许，突然出现昏迷，血压下降，对光反射消失，后经抢救无效死亡。尸体检验：头面部数处创口，全身多处软组织挫伤（占体表面积19%左右）。病理检验：多器官部分间质血管空虚，部分充血、淤血，肺少部分间质小血管腔内见空泡，经OCT固定、冰冻切片、苏丹Ⅲ染色，肺脂肪栓塞Ⅲ～Ⅳ级。鉴定意见：死者符合被他人用钝器打击致全身多处软组织挫伤及挫裂创口，引起创伤性休克继发脂肪栓塞死亡。

1.2　案例2

毕某（女，25岁）上午因吸毒被男友发现用输液拉杆抽打半小时，傍晚被发现死亡。尸体检验：头面部、四肢大片状软组织挫伤（占体表面积15%左右）。病理诊断：肺脂肪栓塞Ⅰ～Ⅱ级；肺水肿、肺气肿、肺出血；畸胎瘤；脑及心肌急性缺血缺氧改变；肾小管上皮自溶，少数管型；脑、心、肺及脾等多器官淤血；胰腺自溶；深部肝组织自溶。鉴定意见：死者符合被他人用钝器打击致全身大面积软组织挫伤，引起创伤性

作者简介：凌静，女，主检法医师，主要从事法医病理及法医临床检验鉴定工作，电话：15861236615；E-mail：251373292@qq.com。

休克合并肺脂肪栓塞死亡。

1.3 案例3

周某（女，32岁）因生活不能自理，连续3年被单独放在一间屋内，并被长期打骂后死亡。尸体检验见全身多处软组织挫伤（占体表面积5%左右）。病理检验多脏器贫血改变；肺脂肪栓塞Ⅰ级。鉴定意见：死者符合被他人用钝器打击致全身多处软组织挫伤，引起创伤性休克合并肺脂肪栓塞死亡。

1.4 案例4

王某某（女，54岁）被其丈夫在家打倒在地，后送医院。病历摘要：入院时意识模糊，烦躁不安，不言语，血压98/60 mmHg，入院后2个小时血压持续下降，后经抢救无效死亡。尸体检验：头面部多处创口，深达皮下，其中一处深达骨膜，四肢广泛软组织挫伤（占体表面积4%左右）。病理诊断：脾、肝、脑、肾等多脏器缺血改变；高血压病；心脏高血压改变（心肌向心性肥厚、心肌细胞肥大）、脑、心、肺、肝、肾等多脏器细小动脉硬化；肺气肿，右肺下叶实变、淤血，肺间质小动脉少量脂滴；脑、心等急性缺血缺氧改变；肾小管腔内管型，少数肾小球纤维化；肝细胞浊肿，轻度脂肪肝，点、灶状肝细胞坏死。经OCT固定、冰冻切片、苏丹Ⅲ染色，在肺间质少数小动脉内见猩红色脂滴。鉴定意见：死者符合被他人用钝器打击全身致失血性休克死亡。

1.5 案例5

张某，男，32岁，与另外二人在村里一废弃的屋内因打牌产生矛盾，被殴打致身体多处受伤，3人都有智力残疾，伤后入住某县人民医院，2天后入住村卫生院。病历摘要：神志模糊，心肺听诊异常，腹部隆起，大便未解，小便少。伤后第4天神志模糊不清，血压下降，小便不能排出。伤后第5天伤者神志模糊不清，烦躁不安，血压下降，小便不能排出，全身肿胀明显。伤后第6天一般情况差，神志模糊不清，血压70/40 mmHg，心跳呼吸弱。伤后第7天死亡。尸体检验：后背部及双大腿内侧大片皮下出血（占体表面积30%左右）（图1），阴囊肿胀明显，呈紫黑色，CT报告示右侧髂骨、股骨颈及腰3、4左侧横突多发骨折并骨盆周围软组织肿胀，右侧梨状肌肉肿胀，考虑血肿。病理诊断：部分肾小管腔内见管型，小血管内见脂滴，部分肾小管上皮坏死或自溶；部分肝细胞浊肿，部分坏死或自溶；肺脂肪栓塞Ⅱ～Ⅲ级；部分肺水肿，灶性肺气肿；脑、心、肺、肝及脾等多器官部分血管（窦）空虚；脑、心等急性缺氧改变；少部分脾中央动脉管壁增厚，有的伴玻变。鉴定意见：死者系全身遭钝器多次打击致大面积软组织挫伤，引起肺脂肪栓塞及肝、肾等脏器功能损害，最终多器官功能衰竭死亡。

1.6 案例6

周某某（男，37岁）某晚被人骗至野外，多人用皮带、树枝等抽打4 h后昏迷，送至医院抢救4 h无效死亡。尸体检验见全身多处软组织挫伤（占体表面积55%左右）。头皮下出血，蛛网膜下腔广泛出血。病理检验：部分肾小管内见管型，偶见肾小球纤维化；左肺下叶出血，肺脂肪栓塞Ⅰ级，肺组织多见局部气肿伴萎陷，各肺叶间广泛粘连；脑水肿，多处蛛网膜下腔薄层出血；心脏肥大，心肌细胞呈急慢性缺血缺氧改变；偶见肝细胞点状坏死；脾、肾、肝小动脉管壁轻度增厚，脾中央小动脉管壁玻变。鉴定意见：死者符合被他人用钝器打击致全身多处软组织挫伤（图1），引起颅脑损伤

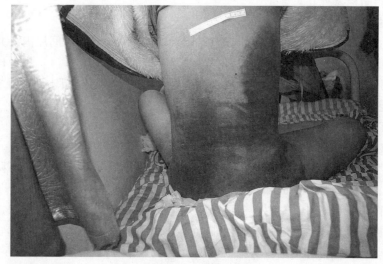

图 1　软组织损伤情况

合并创伤性休克死亡。

2　讨论

脂肪栓塞是指发生于严重外伤特别是长管状骨、脂肪组织丰富的软组织挫压伤后,肺脏、脑等多器官微血管脂滴堵塞管腔的现象[1]。国外学者 Mudd 等[2] 采用 5 μm 厚的锇酸染色的肺组织切片,用 4 倍、10 倍、40 倍的物镜观察 10～20 个视野,制定了标准:0 级,无脂栓;1 级,1～5 个/4 倍;2 级,1～5 个/10 倍;3 级,1～5 个/40 倍;4 级,>5 个/40 倍。

3/4 以上的病人临床表现有一定程度的呼吸功能不全,通常在创伤发生以后不久即出现. 但是有时也可长达 48 h 或 72 h[3-4]。胸部 X 线摄片可发现双侧肺泡浸润。中枢神经系统表现可有定向力障碍和意识不清。皮肤改变为腋窝、颈部及皮肤皱褶处出现特征性的皮下出血。发热和心动过速较常见。引起死亡的脂肪栓塞,死前往往有意识障碍、皮肤瘀斑、呼吸窘迫和进行性低氧血症等临床表现[5]。脑脂肪栓塞引起的神经症状包括兴奋、烦躁不安、谵妄和昏迷等[6]。脂肪栓子从静脉入右心,再到达肺,直径大于 20 mm 的脂滴栓子引起肺动脉分支、小动脉或毛细血管的栓塞;直径小于 20 mm 的脂滴栓子可通过肺泡壁毛细血管经肺静脉至左心达体循环的分支,引起全身多器官的栓塞,最常阻塞脑的血管,引起脑水肿和血管周围点状出血[7]。从脂滴释出的游离脂肪酸还能引起局部中毒,损伤内皮细胞,出现特征性的淤斑皮疹,也可能与血小板黏附在脂滴上,数量迅速减少有关[8]。

关于脂肪栓塞,以往资料大多从骨折方面做出统计,如脂肪栓塞的发病率在单发骨折病人为 26%,在多发骨折病人可增加至 44%。软组织损伤方面鲜有报道,而 6 例检案以软组织挫伤为主,未显示与年龄、性别、体态存在相关性,脂肪栓塞的程度与软组织挫伤的面积也不成正比,依据镜下肺中脂栓级别分析其在死因中的参与度虽较为客观,案例1重度肺脂肪栓塞,病程连续,临床表现符合脂肪栓塞的发展和转归,故单独作为死因。案例2、案例3肺脂肪栓塞虽然为轻中度,但原发软组织损伤也较轻,二者互补,共同作用,与创伤性休克构成合并死因。案例4病程上表现为进行性血压下降,间质少数小动脉内见猩红色脂滴,在死因中可忽略不计。案例5出现了多种因素,要从机理、顺序、作用上综合考虑,脂肪栓塞综合征作为创伤并发症,表现有肺功能不良、凝血机制障碍,与循环脂肪颗粒增多有关的神经功能失调则不常见,本例肺内脂栓虽达Ⅱ~Ⅲ级(图2),肾脏镜下也出现脂滴(图3),未见周围血管血栓形成和中性粒细胞聚集等反应,但病程上持续表现肾功能障碍,结合肾小管内可见管型,分析脂栓应作为体内动态循环中的未代谢物,限制肺功能同时,要从影响肾功能的整体来分析。案例6有明确而严重的原发损伤作为死因,轻度肺脂肪栓塞不构成致死因素。

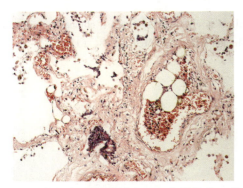

图2 肺泡壁毛细血管内见猩红色的脂滴(苏丹Ⅲ染色×400)

图3 肾脏间质见猩红色的脂滴(苏丹Ⅲ染色×100)

对有长骨骨折及大面积软组织挫伤的尸体,行冰冻切片、特殊染色已是常规,从6例检案看,都是常规HE切片观察发现肺泡隔毛细血管透亮空泡(图4),最终经冰冻切片、苏丹Ⅲ染色确证为脂栓,少量脂肪栓塞组织和器官可无肉眼变化,仅在组织的冰冻切片脂肪染色时始见小血管腔内有脂滴。本文6例案例的共同特点是反复、多次、持续打击致多发软组织损伤,并且伤后经过一段时间死亡。提示在今后检验中,即使没发生骨折,软组织损伤可能轻微的尸体,应该做好尸检预案,注意脂肪栓塞的筛查,及时提取肺、脑、肾边缘部位,将特殊染色检查充分利用起来,如经OCT固定、苏丹Ⅲ染色,以减低脂肪栓塞的漏检率和忽视其作用力。

图4 肺脂肪栓塞,肺间质血管腔内见透亮脂肪空泡(HE×200)

参考文献

[1] 张月涵. 脂肪栓塞综合征的研究进展[J]. 北京联合大学学报,2018,32(2):40-44.

［2］MUDD K L, HUNT A, MATHERLY R C, et al. Analysis of pulmonary fat embolism in blunt force fatalities ［J］. J Trauma, 2000, 48（4）：711 - 715.

［3］江庭彪. 骨折后脂肪栓塞综合征的诊断与治疗［J］. 现代诊断与治疗, 2016, 27（1）：43 - 44.

［4］邓思远. 多发性胸部骨折致肺脂肪栓塞的临床分析及诊治对策［J］. 临床肺科杂志, 2013, 18（11）：2003 - 2004.

［5］SHAIKH N. Emergency management of fat embolism syndrome ［J］. J Emerg Trauma Shock, 2009,（2）：29 - 33.

［6］HAN Y T, TANG J, GAO Z Q, et al. Clinical features and neuroimaging findings in patients with cerebral fat embolism ［J］. Chin Med J（(Engl), 2016, 129（7）：874 - 876.

［7］罗程, 王威. 脂肪栓塞综合征的机制与早期预防研究［J］. 华南国防医学杂志, 2017, 31（3）：209 - 212.

［8］SHAIKH N, PARCHANI A, BHAT V, et al. Fat embolism syndrome：clinicalband imaging considerations：case report and review of literature ［J］. Indian J Crit Care Med, 2008,（12）：32 - 36.

AIS-ISS 评分在外伤与疾病构成联合死因的案例中的应用

孙乐平[1]　练勇伶[1]　缪麒[1]　李冬日[1,2]

(1. 南方医科大学法医学院，广东广州，510515；2. 广东省交通事故鉴定工程技术研究中心，广东广州，510515)

【摘　要】 目的：在法医病理司法鉴定工作中分析伤病关系的委托较为常见，其中外伤与疾病构成联合死因的案例容易引起争议。本文探讨 AIS-ISS 评分法对于分析该类案件的适用性和局限性。方法：收集 15 例法医病理死因分析结果为外伤与疾病构成联合死因的案例，对其外伤进行 AIS-ISS 评分，分析损伤程度与死因之间的相关性。结果：15 例联合死因案例中，12 例其外伤 AIS-ISS 评分值在 16～25 分，占总数的 80%；2 例 AIS-ISS 评分值小于 16 分，死因为严重并发症（急性肺动脉血栓栓塞和脂肪栓塞）而非原发性损伤；另 1 例其损伤程度较重且同时伴有较严重的自身疾病，法医病理学分析外伤与疾病构成联合死因，而根据其外伤 AIS-ISS 评分大于 25 分，分析外伤与死亡后果之间存在主要的因果关系。结论：在外伤与疾病构成联合死因的案例中，原发性损伤的 AIS-ISS 评分值多位于 16～25 分，反映 AIS-ISS 评分法在外伤相关的联合死因分析中具有良好的应用价值；而在外伤后因肺动脉血栓栓塞或脂肪栓塞等严重并发症致死的案例中存在局限性，另外，当与疾病构成联合死因的外伤 AIS-ISS 评分值大于 25 分时，则提示外伤对死亡后果所起到的影响程度更大。AIS-ISS 评分法在伤病关系分析中对明确外伤对死亡结果的影响程度更具优势，并且 AIS-ISS 评分法对人体不同部位和器官的损伤进行量化和分级更具客观性，更容易被理解和接受。

【关键词】 法医病理学；AIS-ISS 评分法；外伤；疾病；联合死因

在法医病理实际检案工作中，需要对伤病关系进行分析的案件并不少见，其中分析死亡后果与损伤之间的相关关系是难点之一。根据法医病理学死因分析理论，可将法医学死亡原因分为以下 5 种：根本死因、直接死因、辅助死因、死亡诱因和联合死因。其中联合死因，即疾病与暴力联合构成死亡后果是最容易发生法律争端的情况[1]。目前对于死亡原因及伤病关系的分析主要依据法医病理学死因分析理论，缺乏对损伤的客观

基金项目：国家自然科学基金（81772021）；公安部重点实验室开放课题（GAFYBL201601）。

作者简介：孙乐平，男，1994 年生，安徽安庆人，硕士研究生，主要从事法医病理学、法医临床学的科研工作；E-mail：lepingsun0116@163.com。练勇伶，女，1994 年生，广东云浮人，硕士研究生，主要从事法医病理学、法医临床学的科研工作；E-mail：416585484@qq.com。缪麒，男，1995 年生，湖北麻城人，硕士研究生，主要从事法医病理学、法医临床学的科研工作；E-mail：MQ950929@163.com。

通讯作者：李冬日，男，1970 年生，辽宁抚顺人，副教授，博士，主要从事法医病理学、法医临床及道路交通事故痕迹的教学、科研、司法鉴定工作；E-mail：m13826034910@163.com。

量化指标，主观性较强，也是容易引发争端的重要原因。全球一致认同并通用的损伤严重程度评分法——简明损伤定级标准（abbreviated injury scale，AIS）以解剖学为基础，按损伤的解剖部位及严重程度对身体各区域每一损伤进行6个等级的划分[2,3]。AIS与以其为基础的损伤严重度评分（injury severity score，ISS）相结合是医院内评分方案中应用最广的方法。国内有学者[4-5]将AIS-ISS评分与法医学损伤程度评定方法进行对比，结果表明AIS-ISS评分法与现行人体损伤程度鉴定标准之间存在较高的契合度，可在人体损伤程度评定中作为修正手段及补充，具有良好的参考和应用价值。

本文通过归纳和总结笔者所在鉴定中心鉴定的外伤与疾病构成联合死因的案例，分析AIS-ISS评分法在法医病理学伤病关系分析中的适用性与局限性及在明确外伤对死亡后果的影响程度中的优势，供同行参考。

1 资料与方法

1.1 案例来源

随机收集本中心鉴定的外伤与疾病构成联合死因的案例共15例，鉴定结论均被委托方接受，均已结案。

1.2 方法

通过法医病理系统剖验、法医组织病理学检查、死者生前相关病历资料及委托方提供的案情资料对死者各种损伤进行AIS2005-ISS方法评分、定级。再与法医病理学死因分析结果进行比对、分析及统计学处理。ISS评分系3个不同部位最高AIS分值的平方和，按ISS分值大小主要分为3个等级：轻伤（ISS<16分）、重伤（ISS≥16分）、严重伤（ISS≥25分），且当ISS>20分时外伤与死亡后果之间具有很强的相关性，ISS>50分时存活者少[6-7]。

2 结果与分析

对比资料结果如表1所示。损伤与疾病构成联合死因的15例案例中，12例的原发性损伤AIS-ISS分值位于16～25分，占总案例数的80%，经χ^2检验，$P<0.05$，说明AIS-ISS分值位于16～25分的原发性损伤与法医病理学联合死因之间存在相关关系。2例的外伤AIS-ISS评分低而死因系AIS-ISS评分无法评定的严重并发症（急性肺动脉血栓栓塞、脂肪栓塞）；1例为外伤较严重同时伴有较严重自身疾病的案例，法医病理学死因分析结果为两者共同构成死亡后果，然而AIS-ISS损伤评分属严重伤，外伤与死亡后果之间存在主要的因果关系。

表1 15例案例的AIS-ISS评分法与法医病理学死因分析评定结果比较

损伤相关法医病理学死因分析		AIS-ISS方法评分/例		
死因分析	例数	<16分	16～25分	≥25分
联合死因	15	2	12	1

3 讨论

本文所得结果显示，在外伤与疾病构成联合死因的案例中，原发性损伤的AIS-ISS

评分值多位于 16～25 分，且两者的比较结果具有统计学意义。故分析认为，当原发性损伤 AIS-ISS 评分值达到 16～25 分区间时，外伤与死亡后果具有一定的相关性，可考虑外伤与疾病共同构成死亡后果。而在法医学死因分析理论中，外伤与疾病构成的联合死因仍存在外伤或疾病何者对死亡后果的影响程度更大的问题。

本文一案例法医病理学死因分析为外伤与疾病构成联合死因，而其原发性损伤 AIS-ISS 评分值大于 25 分。该案例系 52 岁男性因交通事故致重型颅脑外伤（弥漫性轴索损伤，左额颞脑挫裂伤，双侧额颞顶枕部急性硬膜下血肿，蛛网膜下腔出血）及体表多处擦挫伤，同时患有高血压病（高危组）、冠状动脉粥样硬化症、陈旧性脑梗死及 2 型糖尿病等自身疾病。因该案例死者自身基础疾病较为严重，对重度颅脑损伤后的治疗、预后产生不利影响，故根据法医病理学死因分析理论，分析外伤与疾病对其死亡后果均有因果关系，共同构成死亡后果。然而 AIS-ISS 评分值达 26 分（弥漫性轴索损伤 AIS 分值为 5 分，体表擦挫伤 AIS 分值为 1 分，计算其平方和得 ISS 分值为 26 分），属严重伤。该损伤程度说明即使没有基础疾病其存活率也不高，因此分析外伤与死亡后果之间更具有相关性。此类案例体现了 AIS-ISS 评分法的优越性。

然而，AIS-ISS 评分法并非适用于所有案例。由于 AIS-ISS 评分法主要用于对原发性创伤严重程度进行评估并定级，而不评价损伤造成的长期后果[8]，因此在外伤导致一系列并发症或后遗症的伤病关系分析中，AIS-ISS 评分法就存在一定的局限性。例如，表 1 中 AIS-ISS 分值低于 16 分的两个案例系外伤后因下肢深静脉血栓形成继发急性肺动脉血栓栓塞或脂肪栓塞而死亡的案例，其主要损伤为单纯下肢骨折或骨盆骨折，创伤程度并不严重，所以 AIS-ISS 评分值较低。

在外伤与疾病共同参与的法医病理学死因分析案例中，排除由外伤的严重并发症导致死亡的可能后，当原发性损伤的 AIS-ISS 分值位于 16～25 分时，可以考虑外伤与疾病共同构成死亡后果，属联合死因。而联合死因中，外伤或疾病可能存在一者对死亡后果的影响程度更大，届时若原发性损伤的 AIS-ISS 分值大于 25 分，则提示外伤对死亡后果具有更大的影响。对于法医病理学伤病关系的分析，在结合自身疾病、年龄及营养条件等情况综合分析的同时，根据 AIS-ISS 评分法对全身各部位损伤综合量化评估[9]，可进一步明确外伤对死亡后果的影响程度，为法医病理学分析提供客观的科学依据。故 AIS-ISS 评分法在法医病理学伤病关系分析中的应用值得进一步的规范和推广。

参考文献

[1] 丛斌. 法医病理学 [M]. 5 版. 北京：人民卫生出版社，2016：20-36.

[2] 美国机动车医学促进会（AAAM）. 简明损伤定级标准 2005 [M]. 重庆市急救医疗中心编译. 重庆：重庆出版社，2005：1-35.

[3] Rating the severity of tissue damage. The abbreviated scale [J]. JAMA, 1971, 215 (2)：277-280.

[4] 孙乃祥，王岩. 创伤的 AIS 评分与损伤程度评定的对比分析 [J]. 中国法医学杂志，2002，17 (3)：139-140.

[5] 王长保，董黄勇. AIS-ISS 创伤评分在人体损伤程度鉴定中的应用 [J]. 中国法医学杂志，2015，30 (5)：524-525.

［6］BAKER S P, O'NEILL B, DADDON W, Jr, et al. The injury severity score: a method for describing patients with multiple injuries and evaluating emergency care ［J］. J Trauma, 1974, 14（3）: 187 – 196.

［7］COPES W S, CHAMPION H R, SACCO W J. The injury severity score revisited ［J］. J Trauma, 1988, 28（1）: 69 – 77.

［8］张连阳. 规范应用 AIS-ISS（2005）提高多发伤诊断水平 ［J］. 创伤外科杂志 2009, 11（6）: 572 – 573.

［9］陈维庭. 正确掌握和使用创伤评分法（AIS-ISS）［J］. 创伤外科杂志, 2001, 3（2）: 81 – 82.

尸体检验中提取毒药物检材的方法

曹喆[1] 郭成[2] 赵东[3]

[1. 鞍山市公安局刑侦支队，辽宁鞍山，114001；2. 江门市公安局刑侦支队，广东江门，529000；3. 2011计划司法文明协同创新中心、证据科学教育部重点实验室（中国政法大学），北京，100088]

【摘 要】 在尸体检验时提取用于毒药物检测的人体检材是法医的基本工作之一。但在实际工作中，本文作者发现基层法医除了常规提取心血、尿液、胃内容物及肝脏之外，对于其他用于毒药物检测的人体检材的法医学意义了解甚少，更无从谈及常规提取，而且常规检材的选择及提取方法亦存在诸多问题。因此，本文作者在查阅了相关文献资料后，对尸体检验中人体检材的选择与提取的原因及方法作以说明，以期为基层法医提供帮助。

【关键词】 法医病理学；尸体检验；毒物检验；检材提取

在尸体检验时提取用于毒药物检测的人体检材是法医的基本工作之一。但在实际工作中，大多数基层法医除了常规提取心血、尿液、胃内容物及肝脏之外，对于其他用于毒药物检测的人体检材（如玻璃体液、血肿、肺脏、脂肪、毛发等）的法医学意义了解甚少，更无从谈及常规提取，而且常规检材的选择及提取方法亦存在诸多问题。因此，本文作者在查阅了相关文献资料后，对尸体检验中人体检材的选择与提取的原因及方法作以说明，以期为基层法医提供帮助。

1 血液

血液是许多毒药物检测的理想检材。在实际工作中，大多数基层法医提取的是心腔内血液，因为操作简单、提取容易。但是实际上心脏或其他胸腹腔内部器官中的血液会由于死后毒药物的弥散作用（死后再分布）而出现假阳性或浓度假性升高，而外周血与胸腹腔器官相对远离和孤立，能提供准确的毒药物检测结果，因此，最理想的血液检材是外周血[1-4]。血液的提取最好在解剖开始之前进行，首选通过注射器从腹股沟处股静脉中提取，如果不能的话，按如下顺序从其他部位提取血液：锁骨下静脉、主动脉根

作者简介：曹喆，男，1975年生，辽宁省海城市人，医学学士，副主任法医师，主要从事法医现场勘查及检验鉴定工作；通讯地址：辽宁省鞍山市公安局刑侦支队技术一大队；电话：13898069788；E-mail：897286955@qq.com。

通讯作者：赵东，男，1973年生，辽宁省大连市人，医学博士，教授，主要从事法医病理学和法医物证学研究；E-mail：dzfslm@163.com。

部、肺动脉、上腔静脉和心脏[1-2,5,7]。提取的血液总量最好达到 40～50 mL，并标明采血的部位，用玻璃试管在 -20～-4 ℃的低温中保存，有条件的最好将部分血液用氟化钠防腐及草酸钾或 EDTA 抗凝，防腐剂及冷冻会减缓毒药物的死后代谢（降解）作用[1-2,4,6-7]。千万不要通过前胸壁盲刺心脏的方法采集血液，这样可能会造成血液被食道、心包腔、胃或胸腔内液体成分污染。如果最终要进行解剖，就不要进行锁骨下穿刺，因为这种操作会导致血管内的血液外渗进入肌肉间，产生明显的肌肉内出血的假象，对死后颈部的检验造成困难。另外，也不要在打开心包腔后，把试管放在心底，然后切开心脏让血液流入试管中，因为这样做血液也可能受到心包液或其他胸腔内成分的污染，还可能稀释血液；应该用注射器穿刺心腔抽取，并要保证心腔内的血液充分混合，以避免获得的血液样本中红细胞比容过低或过高进而影响毒药物检测的结果[2,4-7]。

如果尸体由于严重外伤或碎尸等原因造成血管或心腔内没有血液，也可以提取胸腹腔内的血性液作为毒药物检测的检材，但要充分考虑到死后毒药物再分布的影响及污染的可能，要结合其他检材比如玻璃体液或肌肉中的毒药物浓度综合分析评价血性液的检测结果[1-2,7]。

2 玻璃体液

玻璃体液是除了血液之外最有价值的毒药物分析检材，甚至在某些方面玻璃体液要好于血液，这是因为玻璃体液的无细胞特性、相对孤立性、对生物化学变化的不敏感性和不易受污染性[2-3]。对于某些特定的毒药物（如酒精），玻璃体液中的浓度相当于死亡之前 1～2 h 血中的浓度，并且如果使用的仪器设备足够灵敏，任何血中可检出的毒药物在玻璃体液中都可检出，只是由于玻璃体液的量较少，因此要收集全部的玻璃体液[2,5-7]。

3 尿液

因为尿中没有蛋白质结合并妨碍毒药物的提取，而且许多毒药物在尿中都是浓缩的，因此，尿液的毒药物分析比较简单，尿液也是毒药物检测的理想检材之一[2-3]。至少要收集 20 mL 的尿液并保存在不含防腐剂的试管中，在体表检验时可以从下腹壁耻骨联合上穿刺抽取，解剖时如果膀胱空虚，则应保留全部膀胱或提取膀胱冲洗液送检[2-4,7]。有人建议，如果没有尿液，也可以提取 1/2 的肾脏进行检验[5]。

但要注意的是，尿液在膀胱中同以前和以后滤过的尿液相混合，因此，任何时间尿中毒药物浓度都不可能准确代表血中的毒药物浓度，尿中毒药物浓度只能代表两次排尿间的平均浓度[2,5-6]。

4 肝脏和其他器官和组织

当药物的原体和代谢产物的浓度以及它们之间的比值对于法医鉴定非常重要的时候，应该提取肝脏或其他实质性器官[1]。肝组织（最好是肝右叶深部组织）在检测抗抑郁药物或其他高蛋白结合药物时特别有用，肺组织在疑为挥发性毒物中毒时特别有用，而肾组织在疑为重金属毒物中毒时有用（比如铅、汞、砷）[1]。每种组织至少要收集 50 g，同时，我们也要知道这些器官中药物水平和血中药物水平没有直接关系[2]。

死亡之前不久形成的硬膜外、硬膜下和脑内血肿中的血块离开大循环，被组织包裹、孤立，同时也脱离了正常的代谢途径，所以它们可能比循环血液中保留了更多的毒药物，会提供损伤当时血中毒药物浓度更准确的结果，因此，如果死者伤后存活了一段时间或曾经输血补液，可以在解剖时收集这种血肿以进行毒药物检测[1-2,5]。

脂肪组织也是一种可能的毒物分析检材，比如在分析存活一段时间的死者是否是挥发性毒药物中毒时就非常有用[1]。头发和指（趾）甲对于查明慢性重金属中毒（如砷、铊）或者长期药物滥用（吸毒）是有帮助的，取材时，毛发应连同毛根拔下，指（趾）甲亦应完整拔下[1-5,7]。疑为慢性铅中毒时宜提取骨骼作为检材，一般取股骨中段[3]。提取胆汁作为检材时至少要收集 10 mL[7]。新生儿的胎粪可以作为母亲在怀孕期间服用药物的检材使用，即使分娩时母亲的毒药物检测结果为阴性，胎粪仍能反映怀孕期间母亲药物滥用的情况[1]。

腐败尸体的骨骼肌也是毒药物分析的良好检材，这是因为它们的药物浓度比肝或肾更接近生前血中药物浓度，但要从四肢远端提取骨骼肌检材才可能会将死后药物再分布的影响降到最低[1-2,7]。对于严重腐败的尸体，也可以收集蛆虫进行毒物分析[1-2,5]。提取鼻腔拭子可以检测出通过烫吸法吸食的毒品[5]。

总的来说，我们对用于毒药物检测的人体检材的选择提出如下建议：如果尸体只进行体表检验，我们建议提取死者血、玻璃体液和尿液；常规解剖时要提取血、玻璃体液、尿和胆汁；对于怀疑口服过量药物的情况，除了上述体液之外，还要提取胃内容物，以及肝、肾和肌肉之一；腐败尸体除了上述体液之外，至少还要提取 50 g 的大腿肌肉、肝脏和肾脏[2,7]。

血、尿、胆汁和玻璃体液都应该放置在玻璃容器中，而不是塑料容器中，因为这些液体会从塑料容器管壁中浸出塑料聚合物。如果随后进行气相色谱检验，这些聚合物会形成高峰掩盖特定成分并干扰分析结果。在一些案件中，由于塑料的吸收会导致挥发性成分的缺失[2]。

参考文献

[1] DAVID D, EVAN W M, EMMA O L. Forensic pathology principles and practice [M]. San Diego, California: Elsevier Academic Press Inc., 2005: 488 - 491.

[2] VINCENT J D. Forensic Pathology Second Edition [M]. Cleve land: CRC Press, 2001: 519 - 532.

[3] 刘良，张国华. 法医毒理学 [M]. 4 版. 北京：人民卫生出版社，2009，37 - 38.

[4] JOSEPH P. Forensic pathology for police, death investigators, attorneys, and forensic scientists [M]. Totowa, New Jersey: Humana Press Inc., 2010: 263 - 267.

[5] SPITZ W U, SPITZ D J. Spitz and Fisher's medicolegal investigation of death: guidelines for the application of pathology to crime investigation. [M]. 4th ed. Springfield: Charles C Thomas, 2006: 1218 - 1229, 1267 - 1271.

[6] MICHAEL T. Forensic Pathology Reviews Volume 1 [M]. Totowa, New Jersey: Humana Press Inc., 2005: 307 - 333.

[7] VINCENT J M D, SUZANNA E D. Handbook of Forensic Pathology [M]. Austin: Landes Bioscience, 1998, 220 - 222.

人像比对技术与法医人类学相结合在查找尸源中的运用

孟航[1] 张明昌[2] 谢建辉[2] 肖碧[1] 许路易[1] 马开军[1]

（1. 上海市公安局物证鉴定中心、上海市现场物证重点实验室，上海，200083；2. 复旦大学法医学系，上海，200032）

摘 要 个体特征推断一直是法医人类学的研究重点和难点，在法医实践中，尤其是在刑事案件（如凶杀命案）中意义重大。人像比对技术是近年来兴起的新技术，其原理源于法医人类学，通过人体面部的不同特征以及各测量指标的比例，进而达到可应用精度的人体识别。笔者从上海地区一起杀人碎尸案的侦破过程入手，着重阐述新人像比对技术在查找尸源工作中的作用。人像比对系统的有效运用离不开传统法医人类学，细致认真的法医学检验是人像比对系统发挥效能的关键。

关键词 尸源；法医人类学；人像比对

法医人类学个体特征推断一直是法医人类学的研究重点和难点，在法医实践中，尤其是在刑事案件（如凶杀命案）中意义重大。在一起凶杀命案的侦查初期，如果警方获知了被害人准确的年龄、身高、体态等个体信息，就会极大地缩小排查范围，从而节省巨大的人力物力。这一点在一些特殊的命案中尤为重要，如碎尸案。因为，此类案件被害人和嫌疑人一般具有熟识关系，一旦查明尸源，将为案件侦破提供重要线索。此外，在一些重大灾难事故中，对遇难者准确的个体信息推断，对于整个个体识别工作也具有很高价值。人像比对技术是近年来产生的新技术，已经被广泛用于商业的人脸识别，已被各大手机厂商所采用。人脸识别技术原理源于法医人类学，通过人体面部的不同特征以及各测量指标的比例，从而做到、达到可应用精度的人体识别。2017年，公安部推出了人脸识别比对系统，意味着这一新技术已经运用到公共安全领域。笔者从上海地区一起杀人碎尸案来阐述新人像比对技术与传统法医人类学相结合在查找尸源中的运用。

1 案例资料

1.1 简要案情

2017年某日清晨，上海市某区某小河西侧沿岸绿化带中发现若干尸块。经查，此

作者简介：孟航，男，1982年生，主检法医师，硕士，复旦大学博士研究生，主要从事法医病理学、法医人类学及法医临床学方面的鉴定及研究工作；电话：13916355233；E-mail: kgmh@sina.com。

通讯作者：马开军，1975年生，主任法医师，上海市公安局物证鉴定中心副主任，主要从事法医病理学、法医人类学及法医临床学方面的鉴定及研究工作；电话：13918509114；E-mail: makaijun@sina.cn。

案为一起恶性杀人碎尸案。

1.2 尸块检验情况

尸块均由黑色垃圾袋包裹，共有头部及四肢石块共9块，躯干部尸块缺失。

根据死者颜面部青紫肿胀，两眼球睑结膜及心肺表面检见出血点，右侧颈部检见皮下出血，右侧胸骨舌骨肌局部检见出血，符合生前被他人扼压颈部所致的机械性窒息而死亡，并且死后进行分尸，分尸工具为砍器和锯类工具。

2 分析破案情况

2.1 本案的法医学分析过程

本案首先需要查找该受害者的尸源，查找尸源需要检案法医经过细致的尸体检验，发现或推断出尸体的个体特征点，以便于侦查人员作为排查指标，比如年龄、身高、体态等，这需要法医人类学知识。本案仅右前臂尺桡较为完整，其他长骨因部分缺失无法得到完整的长度，推断出死者身高为150 cm出头，身高较矮。并且根据尸块大小，推断死者体态瘦小。本案的难点在于，由于躯干段的缺失，既往年龄推断所依据的经典指标耻骨联合、胸骨、肋软骨都无法获取，检案法医只能根据牙齿磨损情况以及其他尸体检验情况大致分析死者年龄在40岁左右。此外，由于案发为8月底，昼夜气温均较高，而尸体腐败征象尚未出现，故推断死者死亡及分尸距发现尸块时间较短。

2.2 传统法医人类学与人像比对新技术的结合运用

根据以上法医推断出的年龄、身高等信息，运用新人像比对系统，找出全国范围内与死者面相最为相似的个体。经过反复查找，最终确定38岁的吴某为本案的受害者。

2.3 破案情况

找出尸源后，本案迅速告破，死者系因夫妻感情原因被丈夫扼压颈部致死后分尸，案发时间为前一日晚。

3 展望

本案的迅速告破得益于尸源的迅速确定，不可否认，新的人像比对系统在查找尸源中发挥了很大作用。但是，需要指出的是，本技术基于的是活体面相特点，在查找尸源中也存在局限性：首先，需要死者面容完整，无腐败现象或者腐败很轻微不影响面部特征。本案中，刚开始尸体眼睛是呈闭合状态的，而且尸体面部还存在斑片状的擦伤，故人像比对的结果很不理想，在法医对死者面容进行"修复"后（把死者眼睛微张，用脂粉将面部损伤遮掩，把发型整理自然等），结果就比较理想。其次，数据库里人像数据是海量的，因此，需要法医根据划定范围（主要是年龄和身高）再进行比对。最后，比对出相似度极高的人员，不可轻信找到的尸源。本案走过弯路，刚开始找到一名极像死者的人员，但经过调查后发现死者还活着，只能排除。一定要根据法医其他的信息，如死者体态、面部标志物（如发际线、黑痣、瘢痕等）进一步甄别，最终还要经DNA比对确认。

综上所述，新人像比对技术在查找尸源工作中作用巨大，不仅可以运用于类似本案的恶性刑事案件，而且可以运用于无名尸体尸源的查找工作中。但是，人像比对系统在运用时离不开传统法医人类学的推断信息，更离不开细致认真的法医学检验，一定要将两者相结合，才能发挥更大的作用。

根据胃内容物推断死亡时间方法分析

曾惠方　曾晓冠

（湖南省公安厅物证鉴定中心，湖南长沙，410001）

【摘　要】　目的：了解食物在胃、肠内消化吸收规律，初步探索根据胃、肠内容物消化程度推断死亡时间具体方法。方法：收集17起明确死亡时间的杀多人案件资料，对44名死者胃内容物与死亡时间关系进行分析。结果：不同年龄死者胃内容物性状没有显著差别，不同性别死者胃内容物有一定区别，距末次进餐时间4～5 h及6 h以上的胃内容物量和性状均有一定差距。结论：年龄因素对推断方法影响小，性别因素对方法有一定影响，胃内容物尚有一定量、也有一定消化程度时，要适当放宽推断时间。

【关键词】　法医病理学；胃、肠内容物；死亡时间

根据胃、肠内容物消化程度推断死亡距最后一次进餐的时间是目前死亡时间推断常用方法之一。一般认为，胃内充满食物呈原始状态而没有消化时，为进食后不久死亡；胃内容物大部分移向十二指肠，并有相当程度的消化时，为进食后2～3 h死亡；胃内空虚或仅有少量消化物，十二指肠内含有消化物或食物残渣时，为进食后4～5 h死亡；胃和十二指肠内均已空虚，为进食后6 h以上死亡[1-3]。由于受食物种类、个体状况等诸多因素影响，在实践工作中用上述方法推断出的死亡时间容易产生误差，本文通过对17起杀多人案件中的44名死者胃内容物与死亡时间关系进行分析，以期提出更实际可行的操作方式。

1　案例资料

1.1　案例来源

本文收集了湖南省2010—2017年杀多人案件资料共17起（2人死亡9起，3人死亡6起，4人死亡2起），所有44名死者的死亡时间都明确，且同一案件的死者最后一次进餐均在一起，以尽量减少食物种类因素影响，保证分析的客观准确。相关资料涉及死者的年龄、性别、案发时间、胃内容物量及性状等具体信息。

1.2　方法

对所获得的资料进行整理，将相关项目进行分类统计，包括死者年龄、性别、胃内

作者简介：曾惠方，湖南省公安厅物证鉴定中心，主检法医师；电话：15388996801；E-mail：409782563@qq.com。曾晓冠，湖南省公安厅物证鉴定中心，主任法医师；电话：15388996318；E-mail：hnstzxg@163.com。

容物的量、胃内容物的性状、距末次进餐时间，其中胃内容物的量按多少分为大量（1 000 mL以上）、中量（500～1 000 mL）、少量（50～500 mL）、残余（0～50 mL）4档，无残余的另注明空虚；性状按软硬程度大致分为固态、黏稠状、稀稠状、液态4档，空虚算液态档；时间均取整数。对每起案件中的多个死者数据进行比较，再对所有死者数据进行对比分析。（表1）

2 结果

2.1 死者胃内容物与死亡时间关系分析

17起案件（共44名死者）中，同一案件中死者的胃内容物量有12起在同一档，另外5起相差1档，主要是少量和残余的差距，同一案件中死者的胃内容物性状有10起在同一档，6起相差1档，1起相差2档。由此看出，食物在胃内消化有相对稳定的规律，死者胃容物的量和性状与死亡时间关系紧密。

2.2 死者年龄与胃内容物关系分析

17起案件44名死者中，年龄从5～83岁不等，老年（60岁以上）16人，中年（40～60岁）10人，青年（18～40岁）10人，未成年人（5～18岁）8人。同一案件中死者年龄层次不同的有12起，不同年龄层次的死者胃内容物有10起量和性状均在同一档，有2起量在同一档，性状相差1档。由此分析，不同年龄死者胃内容物性状没有显著差别。

2.3 死者性别与胃内容物关系分析

同一案件中死者性别不同的有14起，不同性别的死者胃内容物有8起量和性状均在同一档，有4起量相差1档，均为男性大于女性，有5起性状相差1档，3起男性比女性硬，特别是在2起4人案件（均为2男2女）中，男性胃内容均量多质硬。由此分析，不同性别死者胃内容物有一定区别。

2.4 距末次进餐时间与胃内容物关系分析

44名死者距末次进餐时间1小时以内的4人，胃内容物量均为大量，性状多为固态；距末次进餐时间2～3 h的7人，胃内容物量有1人为大量、3人为中量、3人为少量，性状均为黏稠状；距末次进餐时间4～5 h的12人，胃内容物量有9人为少量，2人为残余，1人空虚，性状7人为稀稠状，2人为黏稠状，2人为液态，1人为空虚；距末次进餐时间6 h以上的21人，胃内容物量有4人为少量，6人为残余，11人为空虚，性状6人为稀稠状，4人为液态，11人为空虚。由此分析，距末次进餐时间1 h以内的胃内容物量和性状都比较稳定，距末次进餐时间2～3 h的胃内容物性状较稳定，量有一定差距，距末次进餐时间4～5 h及6 h以上的胃内容物量和性状均有比较明显的差距。

表1 年龄、性别、距末次进餐时间与胃内容物情况统计

案例	性别	年龄/岁	时间/h	胃内容物量	胃内容物性状	案例	性别	年龄/岁	时间/h	胃内容物量	胃内容物性状
1	男	61	1	大量	固态	11	男	41	8	残余（空虚）	
	男	10	1	大量	稀稠状		女	30	8	残余（空虚）	
2	男	54	3	中量	黏稠状		女	5	8	残余（空虚）	
	女	50	3	中量	黏稠状	12	男	64	3	少量	黏稠状
3	男	52	5	少量	稀稠状		女	61	3	少量	黏稠状
	女	51	5	少量	黏稠状		女	42	3	少量	黏稠状
4	女	37	6	残余（空虚）		13	男	6	12	残余（空虚）	
	女	7	6	残余（空虚）			男	38	12	残余（空虚）	
5	男	75	5	少量	稀稠状		男	83	12	残余	稀稠状
	女	64	5	少量	稀稠状	14	男	66	8	少量	稀稠状
6	女	65	4	残余	液态		女	64	8	残余	液态
	男	72	4	残余	液态		女	9	8	残余（空虚）	
7	男	83	2	大量	黏稠状	15	男	19	4	少量	稀稠状
	女	74	2	中量	黏稠状		男	11	4	少量	稀稠状
8	女	66	1	大量	固态		女	15	4	少量	稀稠状
	男	69	1	大量	固态		男	49	4	少量	稀稠状
9	男	60	8	残余（空虚）		16	女	25	4	少量	黏稠状
	女	45	8	残余	液态		男	28	4	残余（空虚）	
10	男	50	8	残余	稀稠状		男	66	8	少量	稀稠状
	女	50	8	残余	液态	17	女	6	8	残余（空虚）	
	女	26	8	残余（空虚）			男	32	8	少量	稀稠状
	男	26	8	少量	稀稠状		女	29	8	残余	液态

3 讨论

利用胃、肠内容物推断死亡时间的方法，除了考虑食物种类和性状的影响外，还需综合考虑死者个体情况，本文通过对一案杀多名家庭成员的17起案件（44名死者）资料进行分析，旨在研究年龄、性别对推断方法的影响程度及完善推断方法。

调查结果表明，年龄因素对方法影响小，2起胃内容物性状有区别的案件，一起案件是饭后不久死亡，两名死者胃均充盈，胃内容物种类区别明显，固态的为饭粒、海

带、辣椒等物，稀稠状的为饭粒和蛋花样物，食物种类差别明显，考虑稀稠状的个体饮汤所致。另一起案件是末次餐后12 h死亡，83岁的死者胃内容物还有稀稠状，考虑高龄人群消化功能严重退化，所以在使用推断方法时，关于年龄方面主要需注意高龄和低龄人群的消化能力变化的影响。

调查结果表明性别因素对方法有一定影响，4起胃内容物量有区别的案件，除1起是案件饭后2 h，83岁男性（高龄）量多外，其余3起案件都是饭后8 h，男性死者还有少量稀稠状胃内容，女性死者则均空虚（或仅有残余液态），分析可能为男性进食量较大，胃排空所需时间要大于女性，所以在使用推断方法时，要适当考虑不同性别进食量的差异对胃排空时间的影响。

调查结果表明，对于胃内容物量多，消化程度低的，推断方法相对准确；对于胃内容物量少，部分消化时，推断方法误差较大，距末次进餐时间4～5 h的12人中大部分胃内容物还有一定量且饭粒等尚可辨，距末次进餐时间6 h以上的21人中有小部分胃内容物仍有一定量，有些甚至还能辨识食物类型，这都明显比推断方法中消化程度低，容易造成误差（主要表现为实际时间大于估计时间），这与相关文献报道相一致[4-6]。所以在运用推断方法时，当胃内容物尚有一定量，也有一定消化程度时，要适当放宽推断时间，慎用"距末次进餐后×～×小时"的分析意见（尤其不要写入鉴定书），需要指出的是：当胃内容物量很少时或性状为液态，即使有部分食物能辨，考虑到胃排空不全可能有食物残留，饮水、体液分泌和反流等因素影响，可适当考虑比照胃空虚进行推断。

根据胃、肠内容物消化程度推断死亡时间，不仅要考虑胃内容物情况，还需要看十二指肠内容物情况，由于工作习惯使然，本文中收集的材料中仅有1起案件提供了十二指肠检验情况和照片，因此，只能根据胃内容物进行比较分析，另一方面，本文收集的尸体量也不够多，不足以完整体现相关规律性，只是为完善胃内容物推断死亡时间方法提供一种思路，随着法医检验规范化、信息化的不断发展，通过更多完整的资料积累，再进一步总结分析，根据胃、肠内容物消化程度推断死亡时间的方法将会越来越完善。

参考文献

[1] 丛斌. 法医病理学 [M]. 北京：人民卫生出版社，2016：74.

[2] 黄光照，麻永昌. 法医病理学 [M]. 北京：中国人民公安大学出版社，2002：128.

[3] 陈忆九，王慧君. 法医病理司法鉴定实务 [M]. 北京：法律出版社，2009：93.

[4] 姚小亮，丁轩坤. 胃内容物排空延缓5例分析 [J]. 法医学杂志，2006，22（4）：301-302.

[5] 刘文俊. 据消化时间推断死亡时间出现误差2例 [J]. 刑事技术，2003，（3）：48.

[6] 夏元飞，韩志杰，宋红. 胃内容推断死亡时间的误差（附2例报告）[J]. 法律与医学杂志，1999，6（4）：180.

道路交通事故中自行车驾驶员行为方式的法医学鉴定

胡冲 朱浚文

(广州市黄埔区公安司法鉴定中心,广东广州,510000)

【摘 要】 本文回顾了道路交通事故中需要进行自行车骑行与推行交通方式鉴定的案例,探讨此类案例鉴定的思路和技术方法。收集近几年10例本单位处理的道路交通亡人事故中涉及自行车驾驶员的案例,利用现场勘查笔录、车辆痕迹检验、死者损伤情况,分析碰撞过程、损伤形成特点及规律。根据尸体的体表损伤形态特征、痕迹分布,结合车辆痕迹检验结果,得出确认自行车驾驶员事故发生时符合某种交通行为方式或者不符合某种交通行为方式的判断,结合案件的相关情况分析重建交通事故过程,综合分析方法是分析判断自行车驾驶员在事故发生过程中的行为方式的基本思路。

【关键词】 法医病理学;交通事故;自行车;驾驶员;交通行为方式鉴定

法医临床学鉴定实践中,鉴定内容除了传统的损伤程度鉴定、伤残等级鉴定等项目以外,还有部分案件涉及对道路交通事故中涉案者的交通行为方式进行鉴定。交通行为方式鉴定一方面可以解决损伤成因问题,另一方面常常对交通事故涉案者的责任认定起到至关重要的作用,在道路交通事故处理实践中的作用越来越得到重视。尤其是对于成伤机制复杂多变、损伤形态多样的道路交通事故受害者的致伤方式推断,更是办案交警部门对涉案各车辆、人员的事故责任进行准确认定的主要依据之一。[1] 本次研究主要针对道路交通事故中较为特殊的一类案例,即涉及自行车驾驶员死亡的交通事故中驾驶员行为方式的法医学鉴定。

自行车是我国城市和城郊的主要交通工具之一,随着共享单车的普及,自行车出行方式在短途出行中呈现暴增趋势。由于许多城市的非机动车道不能满足公共需求,造成自行车与机动车在道路上容易发生路权纠纷,进而引发交通事故,甚至造成自行车驾驶员死亡的损害结果。在路权不明、没有视频监控路段的交通事故中,自行车与机动车之间的事故责任认定往往是比较复杂的难题。本文通过实际案例,综合分析为道路亡人交通事故中涉及自行车的交通行为方式,将受理的部分案件进行总结,分析此类鉴定涉及的主要问题和主要方法,供同行参考、借鉴。

作者简介:朱浚文,男,四川巴中人,法医师,主要从事法医病理学、法医临床学检验鉴定工作;E-mail:774925002@qq.com。胡冲,男,四川简阳人,法医师,主要从事法医病理学、法医临床学检验鉴定工作;E-mail:22816137@qq.com。

1 材料和方法

1.1 案例资料

收集本单位处理完成的涉及自行车驾驶员死亡的交通事故中自行车驾驶员交通行为方式鉴定的案件10例。

1.2 研究方法

司法部司法鉴定管理局发布了部颁司法鉴定技术规范《道路交通事故涉案者交通行为方式认定》（SF/Z JD0101001—2010），对涉案者交通行为方式的司法鉴定进行了规范[2]。根据该司法鉴定技术规范，在进行涉案者交通行为方式鉴定时，必须进行的检验包括法医学活体损伤检验或尸表检验、肇事车车辆痕迹检验。本文认为，在处理涉及自行车驾驶员死亡的交通事故中驾驶员行为方式法医学鉴定时，除了依照上述规范外，还需要结合自行车亡人交通事故特点、现场勘验情况、碰撞的位置关系进行综合分析认定。在此基础上，我们收集了10个相关案例，包括被鉴定人的一般资料，如交通事故发生的时间、地点，涉案人年龄、性别、死亡与交通行为方式的关系。

2 结果

2.1 一般情况

共收集涉及自行车驾驶员死亡的交通事故10宗，案件时间跨度从2009—2017年。自行车涉案驾驶人员共10人。其中男性8例，女性3例。涉案人员年龄36～70岁，平均49.2岁。交通事故发生时间分为白天和夜间，其中白天（6时至18时）8例，夜间（18时至次日6时）2例。事故道路类型主要包括城市市区道路6例，城市郊区道路（村道、乡道）4例。交通事故致自行车驾驶员10人死亡，其中9人的死因为颅脑损伤，1人死因为脊髓断裂合并颅脑损伤。涉及机动车类型有：重型半挂牵引车1例，中型货车3例，小型客车5例，轻型普通货车1例。

2.2 自行车驾驶员行为方式鉴定方法

在本组案例资料中，采用的技术方法包括法医学活体损伤检验、尸表检验、肇事车车辆痕迹检验、现场勘验及复勘重建。10例自行车驾驶员死亡的交通事故均进行了法医学尸表检验，涉案的肇事车均进行了车辆痕迹检验，10宗案件均进行了现场勘验及复勘重建，有2例进行了现场人体模拟实验。

2.3 自行车驾驶员行为方式鉴定结论

经过现场勘查笔录、车辆痕迹检验、死者损伤情况，分析碰撞过程、损伤形成的机制，认定这10例交通事故中自行车驾驶员死亡时的行为方式为9人骑行状态，1人推行状态。以上案例均已完成交通事故责任认定工作，自行车驾驶员行为方式鉴定意见均符合案件事实。

3 讨论

3.1 自行车亡人交通事故案件的一般情况

本组自行车涉案驾驶人员共10人。其中男性8例，女性2例。涉案人员年龄36～

70岁，涉案人员平均49.2岁，以中年人居多。交通事故发生时间主要集中在白天（6时至18时），视线良好。事发路段在城市快速道路路口附近及城市郊区道路分布较为均匀，城郊路段目击证人较少，需要进行自行车驾驶员交通行为方式认定。

3.2 自行车亡人交通事故案件的自行车驾驶员行为方式情况

本组资料10例交通事故中自行车驾驶员发生事故时的行为方式为9人骑行状态，1人推行状态。自行车驾驶员在道路发生交通事故时以骑行状态为主，但偶有推行交通行为的自行车驾驶员。提示我们在处理涉及自行车驾驶员道路交通事故时需要对自行车驾驶员的交通行为做出分辨。尤其是在事发时间为夜间、事发路段为城郊结合区域时，要重视对自行车驾驶员的交通行为认定，为案件的准确定性奠定基础。

3.3 自行车亡人交通事故损伤特征及形成机制分析

自行车与机动车碰撞是自行车亡人事故中最常见、最严重的类型，它分为骑行碰撞与推行碰撞两种。

在骑行碰撞中，骑车者因抛落和摔跌，人与自行车分离较远。不同角度与方向碰撞，造成的碰撞伤分布类型各异：①被来自后方的机动车碰撞，由于人体后仰与汽车碰撞，损伤多发生在头顶枕部、肩背部和上肢，下肢损伤则少见。②与来自侧面的机动车碰撞，损伤的高度位置与脚踏板的离地高度有关；碰撞导致的摔跌伤发生在直接撞击伤的对侧，常表现为严重的颅脑损伤、四肢骨折、全身广泛性擦挫伤；损伤的部位依次为下肢、头部和上肢，下肢表现为双腿中下段骨折或踝关节骨折、脱位，同时在会阴部和大、小腿内侧出现擦挫伤，内踝部擦挫伤，自行车车垫常发生偏移；手掌出现防御支撑性损伤，如表皮剥脱、皮下出血，甚至骨折[3]。

推行自行车与机动车发生碰撞，往往人与自行车相邻倒地，易出现下肢外侧的擦挫伤和楔形骨折，楔形骨折尖端可指示撞击方向[4]，承重腿损伤较重，出现挫裂伤和骨折，足跟部与地面作用导致明显擦伤，而非承重腿损伤较轻，仅出现软组织挫伤或裂伤[5]。当人在自行车左侧推行时，如机动车从推车人左侧碰撞，往往在人体左侧尤其是下肢出现横形挫裂伤和骨折，人体右侧则出现与自行车相碰擦的较轻损伤和衣裤痕迹；若机动车从自行车右侧碰撞致推车人倒地时，则人的身体右侧损伤相对较少较轻，而身体左侧因与地面或其他物体碰撞而损伤较多较重。当人在自行车右侧推行时，同样出现上述相应的损伤特征。被机动车撞击的人体部位可出现与机动车碰撞部位形状相近的横条纹、网眼状、弧形、角形等形状的擦挫伤和皮下出血，并常出现胫腓骨的楔形骨折[6]。

在自行车事故损伤中，除了互相撞击造成的人体损伤外，自行车本身对人体也会造成相应的损伤，其类型主要有以下几种：①骑车人在撞击和抛落过程中与自行车把手擦划可出现胸腹部长条状擦挫伤。②脚蹬管、飞轮、链条对胫骨下段、内踝及足内侧软组织的挫伤。③自行车横梁对大腿内侧的擦伤，大腿内收肌离断或形成股骨干、股骨颈的骨折。④自行车车把对人体上下肢形成挫伤。⑤鞍座对会阴部的损伤，可造成阴囊和肛门周围形成擦伤和挫伤。

3.4 综合分析在自行车道路交通亡人事故中的应用

在实际工作中，我们要充分利用现场勘查笔录、车辆痕迹检验、死者损伤情况，分析碰撞过程、损伤形成特点及规律。根据尸体的体表损伤形态特征、痕迹分布，结合车辆痕迹检验结果，得出确认自行车驾驶员事故发生时符合某种交通行为方式或者不符合某种交通行为方式的判断，结合案件的相关情况分析重建交通事故过程，综合分析方法是分析判断自行车驾驶员在事故发过程中的行为方式的基本思路。

3.4.1 法医学检验的必要

认真细致的损伤检验，注意发现有推断致伤物价值的损伤或者特征性损伤。临床法医学检验的目的不仅仅是明确损伤程度。在一些比较特殊的案件中，也常需推断致伤物和成伤机制。尤其是在需要认定驾驶员行为方式的道路交通事故案件中，一些特征性的损伤可以帮助法医判断伤者的交通方式或者事故当事伤者的位置等情况，为明确认定驾驶员提供依据。人体骑行自行车过程中下肢内侧与自行车接触较紧密，发生交通事故时，会阴部和下肢内侧与自行车的坐垫、链条、脚踏板等突出部位发生摩擦、碰撞，容易在下肢内侧隐蔽部位形成损伤；推行自行车则是人体的外侧与自行车接触较紧密，发生交通事故时容易在身体外侧形成损伤，而身体内侧隐蔽部位极难形成损伤。在以往类似的交通事故中，位于会阴部、四肢（尤其是下肢）内侧的损伤，在人体骑行自行车时发生的交通事故中较多见。

3.4.2 车辆痕迹检验必要

涉及自行车的道路交通事故需要对自行车和涉事机动车分别进行车辆痕迹检验。自行车检验需要留意的征象：①坐垫旋转。人在骑行自行车时，人体与坐垫接触，当发生交通事故时因为受到外力碰撞后人体与自行车发生不同步运动，人体与坐垫相摩擦，从而产生旋转作用力造成坐垫旋转。如果是推行自行车过程中发生交通事故，倒地过程中如果坐垫未受到力的作用，将不会发生旋转。②脚踏所处的位置。机动车与自行车事故中由于自行车质量小、易变形，碰撞后自行车往往会发生变形、机件固定，保留碰撞时的形态。检验车辆时需留意自行车的原始状态，尤其是脚踏板的位置、离地高度等，不同的位置和高度会对人体损伤形成的部位造成影响。

3.4.3 损伤距地高度在推行与骑行状态下的区别

在推断自行车驾驶员交通行为方式过程中，需要重点对损伤形成部位距地高度进行准确测量。尤其是直接碰撞造成的骨折、裂创等损伤中心部位距地高度进行测量，方便对自行车驾驶员推行和骑行状态进行推断。人在推行与骑行状态下身体各部位距地高度存在明显差异，个别部位损伤，如臀部、大腿外侧、头部等损伤，会在两种交通行为状态下存在 8～10 cm 的距离差，这对推断事故发生时的交通行为方式有重要价值。如果难以推断两种状态下损伤形成的距离差距，必要时可进行人体模拟实验，选择身高相近的个人骑行同类自行车，模拟事故发生过程，与损伤结果之间进行比对，分析自行车驾驶员的交通行为方式。

4 结论

实践结果证明，在鉴定实践中，根据人体（活体或尸体）的体表损伤形态特征、痕迹分布，分析其致伤物和致伤方式，结合车辆痕迹检验结果，得出确认自行车驾驶员事故发生时符合某种交通行为方式或者不符合某种交通行为方式的判断，结合案件的相关情况分析重建交通事故过程,通过综合分析方法判断自行车驾驶员在事故发过程中的行为方式成为我们法医学鉴定的基本思路。

参考文献

[1] 赵丽萍,洪仕君,熊亚明,等. 道路交通事故中涉案者交通行为方式的法医学鉴定[J]. 鉴定实践,2012.

[2] 中华人民共和国司法部司法鉴定管理局. 司法部司法鉴定技术规范—道路交通事故涉案者交通行为方式鉴定规范(SF/Z JD0101001-2010).

[3] 田利华,刘开俊,胡湍,等. 道路交通伤机动车碰撞类型比较研究[J]. 中华创伤杂志,2002.18(6):11.

[4] 刘宁国,邹冬华,毛明远,等. 骑跨伤在机动车碰撞自行车事故中的特征及生物力学分析田[J]. 法医学杂志,2007,23(6):401-404.

[5] 邹东华,刘宁国,陈建国,等. 轿车与自行车碰撞事故仿真研究及骑车者致伤特点分析[J]. 法医学杂志,2007,23(4):250-257.

[6] MAKI L, KAJZER J, MIZUNO K, et al. Comparative analysis of vehicle-bicyclist and vehicle-edestrian accidents in Japan[J]. Accid Arral Prev, 2003, 35(6):927-940.

最初损伤在暴力杀人案件侦破中的运用

胡雪辉[1]　李晓明[1]　孙佳胜[1]　关少华[2]　贾胜卫[2]

(1. 长沙市公安局刑侦支队，湖南长沙，410004；2. 长沙县公安局刑侦大队，湖南长沙，410007)

【摘　要】　本文中所提的"最初损伤"，是指在暴力杀人案件中，犯罪分子暴力袭击被害人时，在后者躯体上形成的第一处损伤。公安法医在参与暴力杀人案件的现场勘验及尸体检验时，除了要解决死亡原因、死亡时间、致伤工具等法医学常规问题外，更重要的是能够运用专业知识为案件性质的判定和侦查方向的确定提供有效依据，为侦查破案提供有价值线索。而在作案动机分析、嫌疑人刻画，进而为侦查人员在调查访问和讯问过程中能够有效甄别犯罪嫌疑人提供支持等方面，法医对致伤方式、致伤过程的分析十分重要，尤其是对最初损伤的认定和其形成过程的分析，意义更加突出。然而，在笔者参与的许多暴力杀人案件的现场勘查及尸体检验工作中，由于多方面的原因，对最初损伤所蕴含的信息给予足够重视并进行彻底挖掘的案例并不多见，现试从几个方面进行浅显探讨，以期引起同行们重视。

【关键词】　法医病理学；最初损伤；法医检验；嫌疑人刻画

1　最初损伤的确定

对于每一起暴力杀人案件，尸体上所有损伤形成的先后顺序是每一位法医都必须要面对和解决的问题，有关这一方面的理论研究和实践经验很多。例如，从损伤分布、形态特征及性状等方面来讲，颈部、胸部等处的集中而浅表的锐器伤多为威逼伤；分布散在且方向凌乱的一般是搏斗伤；双前臂及双手部的散在损伤多为抵抗伤；损伤集中、走向基本一致的一般是死者丧失抵抗能力之后所形成的损伤等等。就其形成顺序，一般而言，当然威逼伤在前，搏斗伤和抵抗伤随后，抵抗能力丧失后的损伤在最后；分布相对独立而方向凌乱的损伤在前，分布集中而方向相似的损伤在后。又如，从皮肤和骨骼上损伤的叠加来分析损伤的先后顺序，已经有较成熟的理论可以应用，许多基层公安法医都是行家里手。另外，还可以根据损伤的生活反应、行凶过程中由于致伤工具的作用面变形而形成的变异损伤、现场血迹分布情况等来分析。虽然要确定所有损伤的先后顺序绝非一个简单的课题，但只要在每一起案件的现场勘验和尸体检验中仔细勘验，认真研究，具体问题具体分析，反复推敲，就一定会形成一个相对客观的分析结果，要确定最

作者简介：胡雪辉，男，43岁，长沙市公安局刑事侦查支队技术大队教导员，副主任法医师；电话：13875889075，0731 - 8505217；E-mail：hxh9076@ sina. com. cn。

初损伤也并非不可能，在此不作深究。

2 最初损伤对案件性质的反映

通过对最初损伤的部位、程度、形态特征、作用方向进行分析研究，可反映出最初损伤的原始形成状况，进而可分析犯罪分子着手袭击死者时的心理状态和某些心理活动特征，发现案犯最原始的作案动机和目的，从而辨明案件的性质。例如，最初损伤为威逼伤说明犯罪分子对死者有所求，并非完全以杀人为目的，而是为达到某种其他意图，在杀人之前与死者有过一段时间上的纠缠；而最初损伤的程度若重至足以致命，则说明案犯是直接以杀人为首要目的。最初损伤的形态特征亦可反映凶器的种类，结合现场勘查中的现场搜索甄别，若确定作案工具为案犯专门携带，则该工具可反映杀人、盗窃、或抢劫等犯罪目的，如用携带的螺丝刀、撬棍等杀人的，其目的显然是盗窃；若携匕首、斧头、铁锤、菜刀、枪支等杀人的，其目的显然是预谋杀人或意欲抢劫；而徒手杀人或就地取材杀人说明案犯没有杀人的准备，属激情杀人、犯罪过程失控被迫杀人，或有杀人准备但案犯熟知死者情况，自认为与死者力量相差悬殊，有徒手将死者置于死地的把握等等。

3 最初损伤对案犯与死者之间关系的反映

通过最初损伤所处的部位，损伤的性状、程度和作用方向等可分析出该损伤的形成方式，结合现场勘验，可进一步反映出案犯与死者当时所处的相对位置关系、两者的体位姿势及案犯袭击死者时的行为动作，从而分析出暴力袭击发生前两者的相对状态，为推断案犯与死者之间的关系提供依据。特别是室内杀人现场，上述分析更是有着非常重要的意义，如果能将最初损伤与现场勘查中案犯进出路线的选择、现场血迹的分布、物品的摆放和位移等情况相结合进行综合分析，往往能发挥很好的作用。笔者曾参与侦破过一起入室杀人案，经甄别最初损伤为左后顶部的一处从左上至右下稍斜行的砍创，结合现场勘查中血迹的分布，可判断最初损伤的形成过程为：案犯与穿睡衣的年青女死者同坐在一条木沙发上，趁女死者低头时突然用沙发前茶几上摆放的菜刀从右侧砍击死者左后顶部，造成死者左后顶部颅骨开放性骨折，其余损伤多为正面砍击伤和抵抗伤。案犯能与穿睡衣的女死者坐在同一条沙发上，趁死者不备突然袭击其头部，分析案犯与死者关系密切，可能有感情纠葛，破案后证实为其情夫所为。当然，在室外现场的杀人案件中，只要针对某个特定的案件，结合现场环境，对最初损伤的形成方式和案犯行为动作进行仔细研究，也一定能获取到很多可以反映出两者关系的相关信息。

4 最初损伤对案犯个体特征的反映

通过对最初损伤的特征进行研究，可反映出凶器特征及案犯的行为动作特征，进而分析出案犯的某些个体特征和行为习惯。例如，从最初损伤的位置、高度，结合被害人的体位，可大致反映出案犯的相对身高，袭击站立的被害人头顶部的案犯一般比被害人高。又如突袭杀人，最初损伤较轻的一般反映案犯力量不大或者工具不便；而从背后用钝器打击死者头部左侧的一般是左利手。再如使用相对特殊的工具作案的，一般反映案犯有某些职业习惯；而用锐器直接袭击人体致命脏器的则为相对熟悉人体结构等。特别是在一些有预谋的犯罪案件中，最初损伤还能反映出案犯犯罪预备时的心理状态，比如青少年犯罪往往设计不够周密，出手仓促；自身力量不如被害人时往往突然施袭或者有第二手准备；徒手或正面袭击被害人的，一般对自己的暴力程度相对自信等。当然不同的案件都有着其特异性，不能一一枚举，分析只是权衡各种可能性的大小，并非绝对，但对案犯个体特征的刻画，特别是某些带有职业特征现象的分析，往往对缩小侦查范围有着特殊的作用，在实际办案中值得一试。

5　最初损伤研究在犯罪现场重建中的作用

根据最初损伤的程度判断死者受伤后的行为能力，进而对整个杀人过程中的袭击、抵抗和搏斗动作过程进行综合分析推断；根据最初损伤的形成方式、状态对作案人数进行分析判断；根据最初损伤在现场留下的血迹，分析现场物品位移情况等，对于重建整个犯罪现场均有着重要的意义。

总之，在所有命案的现场勘查和尸体检验过程中，法医所进行的一切工作都是围绕为侦查破案提供线索这一中心服务的，法医的准确分析对确定侦查范围和侦查方向、提供侦查线索、调查甄别和确定嫌疑对象、提供锁定案犯的证据等方面都有着不可替代的作用，而最初损伤的研究对案件性质判断、案犯作案动机目的判定、作案人数的分析、作案过程的推断、案犯个体特征的刻画、案犯与死者关系的推理及犯罪现场的重建等方面都有着重要意义。当然，损伤研究是法医专业一个非常复杂的课题，笔者仅从最初损伤的几个方面给予一些浅显的归纳分析，肯定存在许多片面和不足的地方，只望能给各位同行一定的参考。

溴敌隆中毒的法医学鉴定 2 例

王黎扬[1] 杜猛[2]

(1. 上海市公安局物证鉴定中心、上海市现场物证重点实验室，上海，200083；2. 上海市公安局嘉定分局刑事科学技术研究所，上海，201800)

【摘　要】　溴敌隆属于第二代抗凝血杀鼠剂，是目前世界上许多国家首选的灭鼠用药[1]，它具有适口性好、毒性大、靶谱广等特点。随着溴敌隆的广泛应用，溴敌隆中毒的案例也随之增加。溴敌隆不同于毒鼠强或氟乙酰胺等杀鼠剂中毒后的尸体征象，其有着中毒的潜伏期较长，发病缓慢等特点[2]。同时，溴敌隆中毒 4～6 d 后，出现不同程度的出血倾向[2]，其尸体征象更应该与其他毒物、药物、出血性疾病致死的尸体征象加以鉴别。

【关键词】　法医病理学；溴敌隆；中毒；凝血功能障碍

溴敌隆（bromadiolone，BRD）别名乐万通，属二代香豆素类杀鼠剂。由于其价格低廉，灭鼠效果好，是我国目前常用的灭鼠剂之一。溴敌隆中毒案件除投毒、自杀服毒外，也有误服和职业性中毒[3]。对于投毒、误服和职业性中毒，一旦出现身体不适并及时救治，对于案情的了解也会较为清晰；而对于自杀服毒死亡的，由于其案情的隐蔽性，若不及时判定其死亡原因，往往会给侦查办案带来资源的浪费。本文就两例服用溴敌隆自杀死亡的案例进行分析，阐述溴敌隆中毒的法医学鉴定要点，以期为相关案件鉴定及审理提供参考。

1　简要案情

1.1　案例 1

2012 年 6 月 4 日下午，在上海市某区一座桥上发现一具未知名男尸，左手腕包裹纱布，身上有血迹。

1.2　案例 2

2017 年 2 月 16 日晚，在上海市某区一高速跨线桥下简易房内发现一具未知名男尸，现场门窗封闭，无打斗痕迹。

作者简介：王黎扬，1984 年生，男，主检法医师，主要从事法医病理学和法医临床学鉴定；电话：13917942969；E-mail：leeyoung_wang@sina.com。

2 尸体检验情况

尸体检验情况见表1。

表1 尸体检验情况

	案件1	案件2
衣物	沾染大量血迹	沾染大量血迹
尸表颜色	苍白、局部紫癜	苍白、局部紫癜
尸斑	暗紫红色、指压褪色	暗紫红色、指压不褪色
尸僵	尚未形成	已完全缓解
损伤情况	左手腕有数条水平走行的锐器创	两手腕均有数条水平走行的锐器创;两侧颈部有数条前低后高的锐器创。
损伤特点	近乎平行排列、深及肌层、未伤及重要血管、创周皮下血液渗入广泛	近乎平行排列、深及肌层、未伤及重要血管、创周皮下血液渗入广泛
紫癜	体表少量	体表少量
球、睑结膜及口唇	苍白色	苍白色
口、鼻腔	口、鼻腔内见有血迹	口腔内见有血迹
脑	淤血	淤血
心、肺	未见出血点,淤血	未见出血点,水肿
肝、脾	淤血	淤血
胆囊	肿大、内有血液	肿大、内有血液
肾	淤血、实质内出血	淤血、实质内出血
胃、肠	无成形物,有血性液体	无成形物,有血液
后腹膜	弥漫性出血	弥漫性出血
膀胱	血性尿液	血液
毒化检验	心血和尿液中检出溴敌隆	心血和尿液中检出溴敌隆

三、讨论

溴敌隆是一种高效杀鼠剂,其致死机理为破坏正常凝血功能,降低人体血液凝血功能及损伤毛细血管,造成体内多器官出血而死亡。溴敌隆属4-羟基香豆素类抗凝血类杀鼠剂(大鼠口服的 LD_{50} 为1.125 mg/kg;小鼠口服的 LD_{50} 为1.25 mg/kg[4]),其特点是毒力强,且急性与慢性毒力差别不明显[1]。溴敌隆主要经消化道吸收,在肝脏内转化。因4-羟基香豆素结构与维生素 K_1 相似,拮抗肝脏对维生素 K_1 的利用。4-羟基香豆素可以抑制凝血因子谷氨酸的γ羧基化,从而阻碍凝血酶原和凝血因子Ⅴ、Ⅶ、

Ⅸ、Ⅹ的生物合成及其活性,使得凝血活性明显减弱甚至丧失,导致凝血障碍[1,5],其分解产物亚苄基丙酮还可进一步损害毛细血管壁,轻微的创伤即可导致出血,人口服中毒后,可因广泛出血死亡[4,6]。因此,在溴敌隆中毒后可存在一定时间的潜伏期,有文献报道,人误服溴敌隆后中毒过程隐匿,症状的出现至少需要12～24 h[4,7],潜伏期多为3～5 d[5]。

溴敌隆多见于农村使用,在城市中极为少见,笔者收集上海地区近20年案件,仅有2例溴敌隆中毒死亡的案件,根据现场勘查及尸体检验,2例均为自杀,死者均有自杀割腕、割颈的行为。分析案件经过为:2名死者初期想通过服用鼠药自杀,但是由于缺乏对溴敌隆的了解,在服用后一段时间未达到死亡的目的,从而开始割腕、割颈,但在此过程中犹豫,所以创口均表浅。同时案件1中死者创口经缝合处理,案件2中死者用现场的棉被捂压创口,但由于凝血功能障碍,仍然无法止血,因此,在2名死者的衣物上均发现有大量的血迹,由于创口表浅,不及致死,最终2名死者在出现严重的凝血功能障碍的表现后死亡。

通过上述2例案件,溴敌隆中毒死亡尸体的法医学鉴定要点主要有以下几点:①体表表现为全身性的紫癜,生前的创口出血不愈,创周皮下软组织可见弥漫性的血液渗入;②口、鼻腔内见有明显的血迹,口腔黏膜或齿龈黏膜可见有出血斑;③全身脏器均成淤血状;④胆囊肿大呈深色,内有暗红色血液;⑤胃、肠呈深色,内容物为暗红色血性糊状物或液体;⑥后腹膜有弥漫性出血,以输尿管周围为重;⑦肾脏切面呈弥漫性出血;⑧尿液呈暗红色血性液体;⑨血液和尿液均为良好的检材,并检出溴敌隆成分。由此,笔者认为,溴敌隆中毒死亡尸体的特异性在于:①体表创口出血不愈;②全身无原因的多发性出血,以口鼻腔、胃肠道、泌尿系统的出血为重;③胆囊肿大,胆汁、尿液呈血性;④血液和尿液中检出溴敌隆。以上均为笔者在实际工作的几点经验和总结,供广大法医工作者交流和参考,以便在工作中能快速判定溴敌隆中毒的案(事)件,避免造成不必要的侦查资源浪费。

参考文献

[1] 熊孟韬. 第二代抗凝血灭鼠剂应用概况[J]. 医学动物防制,2001,6:327-331.

[2] 刘良. 法医毒理学[M]. 4版. 北京:人民卫生出版社,2013:188-192.

[3] 丁连明,杨福兵. 吸入溴敌隆中毒1例报告[J]. 中国职业医学,2002,29(6):37.

[4] 张宁,肖昕,朱宁. 毒鼠强并溴敌隆急性中毒一例诊治的经验教训[J]. 小儿急救医学,2000,3:163-168.

[5] 封世珍,周恒智,李玉兰,等. SPE/HPLC法分析血液及肝组织中4种杀鼠剂[J]. 法医学杂志,1999,15(1):23-24.

[6] 王学虎,赵志新,全瑜,等. SPE、LC/ESI & MSD法分析胃内容中的溴敌隆杀鼠剂[J]. 中国法医学杂志,2006,21(6):349-351.

[7] 夏培宏,夏春晓. 一起急性溴敌隆中毒诊治体会[J]. 职业与健康,2000,16(7):78.

腹股沟伸展创在铁路交通损伤性质分析的应用

郭平　张智杰　雷一鸣

（广州铁路公安处，广东广州，510010）

【摘　要】　伸展创多见于机动车交通事故，但笔者在工作中发现，在铁路交通事故的尸体检验中，特定部位的伸展创如腹股沟伸展创，亦对事故现场的还原亦具有一定的价值。

【关键词】　法医病理学；铁路交通事故；腹股沟伸展创

1　案例资料

1.1　一般资料

笔者单位收集2011—2014年辖区内铁路交通事故尸体检验案例资料，发现尸表有腹股沟伸展创的交通事故20例，均为成年人尸体。经调阅行车记录仪和司机供述，均为撞击背侧。

1.2　尸表检验

撞击点和撞击面均位于尸体背侧。其中男性18例，女性2例。伸展创位于左侧12例，右侧7例，双侧1例。创呈条索状，基底红色，平行排列。创呈集群分布，最少为2条伸展创，最多达15条，创群范围最小为$1.0\ cm\times2.2\ cm$，最大为$3.3\ cm\times8.2\ cm$。

2　讨论

铁路交通损伤是指发生在铁路沿线上的与列车有关的各种事故造成的损伤[1]，包括行驶中的列车撞击、碾压在铁轨行走坐卧的人，以及跳车后人与地面相对运动造成个体伤亡的事故。在沿线没有视频监控、行车记录仪、目击证人的情况下，通过法医对尸体的检验，推断事故发生时死者的位置、姿势、状态，对铁路交通事故的定性和事故的责任认定，具有重要意义。铁路交通事故的尸表检验的要点在同行中多早有论述，但专门论述腹股沟伸展创在铁路交通事故中的辅助应用并不多。

伸展创也称为纹状浅表撕裂，指皮肤组织受到牵拉，牵拉力度超过皮肤的抗拉极限时，皮肤沿皮纹裂开形成浅小的撕裂创。表现在人体四肢与躯干相连接部位，如腹股沟

作者简介：郭平，男，湖北石首人，法医师，主要从事法医病理学、法医临床学检验鉴定工作；E-mail:705013313@qq.com。张智杰，男，广东广州人，法医师，主要从事法医病理学、法医临床学检验鉴定工作；E-mail:705013313@qq.com。雷一鸣，男，山东聊城人，主检法医师，主要从事法医病理学、法医临床学检验鉴定工作；E-mail:705013313@qq.com。

等身体屈侧部位，皮肤表面可见数个微小撕裂群，各个撕裂呈断断续续平行排列，其走行方向多与皮肤纹理一致。这种微撕裂创，长1～2 cm，宽约0.4 cm，创腔很浅，创底可直视真皮而呈白色，死后可因皮革样化而变深色[1]。列车车头自人体背后撞击人的中心区，身体向后过度伸展形成腹股沟或下腹部的伸展创。在铁路交通事故中，有一种特殊的状态易在死者腹股沟处皮肤形成皮肤伸展创，即死者生前以站立位立于铁轨之间，背向行驶中的快速列车车头。普通列车运行速度可达140 km/h，车头突出部分高度一般位于成人腰背臀部位置。车头质量大、速度快，动量大，当车头突出部位撞上人体重心位置如腰臀部时，着力部位瞬即获得一个加速度，而相邻部位由于惯性保持静止状态，此时腹股沟处将产生剧烈的反关节运动，肢体极度伸展，腹股沟处菲薄的皮肤难以承受巨大张力时，最为薄弱的皮肤纹线处撕裂成创，形成腹股沟伸展创。因为撞击的力度和位置，高速行驶的火车相较于行驶中的小汽车，更容易对人体形成腹股沟伸展创。

腹股沟伸展创在铁路交通事故尸表检验中非常重要，因为伸展创形成的特殊条件，一般可以推断出：①死者生前处于站立位置；②背对列车车头；③撞击的力度大且列车的速度快。在信息有限的情况下，以上推断对排除铁路抛尸案件、自杀或是意外、列车运行状态有重要辅助意义。一般是生前并且未被麻醉状态才能直立于铁轨中，可初步排除铁路常见的死后抛尸和麻醉后放置钢轨；背向列车提示可能是意外或自杀；有伸展创形成提示撞击时列车速度较快，有可能情况突发、视野不佳或司机失误导致列车制动不及。以上信息对通过有限的尸体现象来辅助还原现场至关重要。

参考文献

[1] 赵子琴. 法医病理学 [M]. 4版. 北京：人民卫生出版社，2009：173-187.

运用综合信息推断死亡时间1例

董其兵[1]　郑国民[1]　许荣河[1]　张全福[1]　方俊杰[2]

(1. 滁州市公安局刑事科学技术研究所，安徽滁州，239000；2. 安徽省公安厅物证鉴定中心，安徽合肥，230061)

【摘　要】 在命案侦破中，死亡时间推断通常是案件侦破工作的重点之一。准确推断死亡时间，有利于划定侦查方向与范围、甄别犯罪嫌疑人，但死亡时间的推断受到诸如死亡原因、环境等因素的影响。传统的运用尸体现象对死亡时间的推断存在着较大的局限性，推断结果误差较大。本文利用一起案件中的多样现场信息对死亡时间进行综合推断，推断的结果与实际死亡时间之间误差较小。多信息的综合运用在死亡时间的推断中有着较好的应用价值，包括法医在内的命案侦破者应该培养信息综合运用的意识。

【关键词】 法医病理学；死亡时间；现场信息

死亡时间（time of death）也称死后经历时间[1]（postmortem interval，PMI），是法医学研究的重点及难点问题。各种单一方法推断都存在一定的误差，本文介绍在一起死亡案件侦破过程中，综合利用现场和尸体信息进行死亡时间推断，最终得到了较为准确的结果。

1 案例资料

1.1 简要案情

2017年4月11日上午9时许，某公安分局刑侦大队接报称在一山上树林中发现一具女性尸体。

1.2 现场勘查

尸体呈俯卧位，趴于树林中斜坡上。现场斜坡上物品摆放整齐，有四处叠好的方块纸巾，其中两处纸巾已被绿色植物完全覆盖包围，尸体周围绿色植物高度为16.5 cm。

作者简介：董其兵，男，主检法医师，学士，主要从事法医现场、法医病理损伤检验、法医临床检验工作；电话：15955099539；E-mail:277627830@qq.com。

郑国民，男，副主任法医师，学士，主要从事法医现场、法医病理损伤检验、法医临床检验工作；电话：13955007576；E-mail:13955007576@139.com。

许荣河，男，主检法医师，主要从事法医现场、法医病理损伤检验、法医临床检验工作；电话：13505504219；E-mail:396684687@qq.com。

方俊杰，男，副主任法医师，硕士，主要从事法医现场、法医病理损伤检验、法医临床检验工作；E-mail:iamfangjunjie@163.com。

尸体下方植物较小,部分被压迫的根茎颜色发白。

1.3 尸体检验

死者上身穿驼色呢料大衣、米白色高领毛衣、黑色衬衣、浅蓝色胸罩;下身穿黑色休闲裤、黑色衬裤、黑色内裤,脚穿黑色休闲鞋、黄色袜子。尸体高度腐败,头面部、颈部仅少许软组织残存,部分面颅骨外露,苍蝇吸附,大量蛆虫形成,最长蛆虫长度为2.0 cm,未见蛹壳。解剖见胃内空虚,仅见有少量暗红色液体,未见成形的食物,肠内容物在小肠内迁移距离为260 cm。

1.4 死亡时间推断

本案中因尸体高度腐败,死亡时间难以明确,导致案发时间不能判定,侦查一度陷入僵局,案件性质也难以确定。只有明确死亡时间方能缩小侦查范围。

1.4.1 根据死者穿着和当地气温进行推断

死者上身穿驼色尼料大衣、高领毛衣衬衣;下身穿黑色休闲裤、黑色衬裤,脚穿黑色棉鞋。大衣和裤子均较厚,鞋子为棉鞋,符合天气较冷时的穿着。查询我市上一个月和本月气温(表1)。

表1 本地区天气气温 (℃)

月份		最高	最低	平均
3月	上旬	16.0	2.8	9.0
	中旬	13.7	5.8	9.6
	下旬	15.4	6.4	10.3
4月	上旬	28.0	10.8	19.5

从表1可以看出,4月上旬平均气温为19.5 ℃,气温较高,适宜穿薄外套、长袖T恤、牛仔休闲裤等单薄衣服。从死者穿着来看,符合较低气温时穿着,较之4月,显然更符合3月甚至3月前的衣着状态,推断死者应系4月前有活动迹象。

1.4.2 根据植物生长情况进行推断

现场遗留物纸巾旁绿色植物生长较长,已完全覆盖包围纸巾,绿色植物高度为16.5 cm。尸体被压植物因无光合作用,颜色变黄、变白等植物叶绿素的变化,结合树林中的光合作用时长较短,经请教当地有经验的农民,推断形成上述植物现象需要3周左右时间。

1.4.3 根据蛆虫生长发育规律进行推断

尸检时发现最大蛆虫长度为2.0 cm,根据春秋季节,蛆虫平均每日生长0.1 cm,约2周成蛹,4周变为蝇[1],现场及尸体未见蛹壳,考虑不同季节昼夜温差、日照时长差异,以及当温度低于16 ℃时,幼虫进入休眠状态[2],推断PMI在4周以内。

1.4.4 根据胃内容物消化程度和肠内容物迁移情况进行推断

死者胃内空虚,仅见少量暗红色液体,未见成形的食物,推断PMI为进食6 h以上死亡。肠内容物在小肠内迁移距离为260 cm,根据正常人体的内容物在肠道内迁移速度为1 m/h[3],结合胃肠功能状态和健康状况,综合分析PMI距末次进餐9 h左右。后期调查最后一次看见死者进餐的时间是 2017 年 3 月 20 日 17 时左右，假设本次为末次进餐，推断 PMI 为 2017 年 3 月 21 日 2 时左右。

1.4.5 根据现场视频监控情况进行推断

2017 年 3 月 8 日晚上 8 点左右，在死者家门口的监控里看到死者外出后一直未归。期间死者背着挎包一直沿着县市间省道步行。2017 年 3 月 19 日上午 11 时左右，在一乡镇省道路上的监控里看到死者，此时距离死亡地点是 17.9 km，根据高德地图查询，输入起始和终点，选择步行选项，测出死者需要 4 小时 20 分钟左右抵达。根据现场视频监控死亡应该是在 2017 年 3 月 19 日至 20 日抵达，考虑可能休息状况，2017 年 3 月 20 日到达现场可能性比较大。根据现场物品摆放和鞋印，死者在现场有逗留和徘徊迹象，推测死者 PMI 可能为 2017 年 3 月 21 日。

综上所有现场信息及尸体信息，综合分析推断：死者的死亡时间应该为 2017 年 3 月 21 日 2 时左右。

1.5 破案后证实

调查显示，2017 年 3 月 20 日 17 时左右，在山脚下，有附近村民看到该女子坐着休息吃面包。后期在现场的复勘过程中，在树木丛中发现手机一部，打开后见到死者临死前的一段录音，显示时间为 2017 年 3 月 21 日 1 时 38 分，与当时推断的死亡时间达到了几乎吻合的效果。

2 讨论

死亡时间推断是法医工作者专业研究的内容之一，历来是法医病理学研究的热点及难点问题，中外法医学者提出了许多研究方法或学说，但迄今为止仍然未得到很好解决。

死亡时间推断一般分为早期死亡时间推断、晚期死亡时间推断、白骨化尸体死亡时间推断。在早期死亡时间及晚期死亡时间推断中，由于尸僵、尸斑、角膜混浊等尸体现象推断死亡时间受个体状况、死亡原因、外界环境等因素影响较大，更有些尸体现象形成的机制都不能明确，根据尸体现象推断死亡时间的准确性及可靠性受很大影响。更不用说白骨化尸体的死亡时间推断，其误差会更大。

在目前推断死亡时间较有价值的指标中，国内同行较为认可的有尸温、胃内容物消化状况、尸体昆虫等。上述指标中，尸温仅限于早期尸体死亡时间的推断，超过 24 h 的死亡时间推断理论上已经没有意义和价值。在运用胃内容物的消化程度推断死亡时间中，胃内容物消化状况相对其他尸体现象来说，影响因素较小。但即使对于较好的胃内容物消化状态，其推断的死亡时间也是一个相对的时间，是相对于末次进餐时间而言，但在命案侦办过程中，正是因为侦查难以明确末次进餐时间，故不能明确具体的死亡时间，即案发时间。尸体昆虫推断死亡时间一般是针对晚期尸体而言，其受昆虫种类、地域、现场位置、环境温度等因素的影响，对死亡时间的推断一般难以准确。

正因如此，通过法医学等自然学科解决死亡时间面临着专业瓶颈，虽然有很多的基础理论研究，但在案件现场对死亡时间进行推断时如何将这些基础理论转化为实践非短期能够完成。

命案现场勘验中一些客观信息是恒定不变的或者随着一定的自然规律进行变化，不会随人的意志转移而变化。犯罪嫌疑人很少注意到或者主动去改变这些信息，从事现场的法医如果能够多加利用，再结合尸体信息往往能够更精准的推断死亡时间，为案件侦破提供意想不到的帮助[4]。本案中，运用法医学自然科学和现场社会科学等综合信息对死亡时间进行推断，达到了很好的效果，为查明案件真相发挥了重要的作用。

在命案现场勘验及案件侦破过程中，法医工作者除获取尸体上的信息外，应积极主动参与到现场勘验的全过程中去，力求获取全面、客观的现场信息，有效地利用这些信息不但可以解决尸体死亡时间等专业问题，还可以为现场分析、案件侦办方向等提供指引，从而更加快速破案。

参考文献

［1］丛斌. 法医病理学［M］. 5 版. 北京：人民卫生出版社，2016：242.

［2］吕宙，万立华. 昆虫学证据在死亡时间推断中的应用［J］. 刑事技术，2016，41（5）：352 - 356.

［3］肖圣兵，秦明. 利用小肠内容物迁移距离推断死亡时间［J］. 刑警和科技，2016，1：69 - 71.

［4］蒋艳伟，韩鹏，杨岳. 根据现场客观信息推断死亡时间［J］. 中国法医学杂志，2017. 33（4）：402 - 403.

特殊环境对死亡时间推断的影响

陈新　张东川

（上海市公安局物证鉴定中心，上海，200083）

【摘　要】 对于死后晚期死亡时间的推断，我们常采用尸体腐败情况和法医昆虫学两者结合的方法来分析判断。但是，采用这种方法得到的结果有时可能并不准确可靠。本文通过两起特殊环境下的死亡案例，对死亡时间的判断进行一定探究，并提出相应的解决思路和方案。

【关键词】 死亡时间；法医昆虫学；特殊环境

死亡时间（postmortem interval，PMI），又称死后经过时间，是指人体死亡后经历的时间，即自人体死亡到尸体检验时所经过的时间。死亡时间的推断对于公安法医至关重要，因此，公安法医的重要任务之一就是尽可能地把死亡时间准确地缩小到一定范围并协助办案人员划定侦查范围，为案件的侦破提供有力线索。对于死后晚期的死亡时间推断，通常多以尸体腐败情况和法医昆虫学等来分析和判断[1]。在本文中，我们通过2起死亡案例来讨论特殊环境对于死亡时间推断的影响，为更好地进行死亡时间推断提供新的视角和思路。

1　案例资料

1.1　案例1

2014年4月14日，因房租纠纷，上海某小区18楼衣橱内发现一具女尸。

尸体被床单、浴帘等包裹，包裹层内可见多量蛹壳及少量苍蝇。死者尸长158 cm，上身穿淡黄色衬衫、浅黄色胸罩，下身穿淡蓝色睡裤，黄色三角内裤，内有一次性尿布（75 cm×30 cm）衬垫于背后至会阴部，赤足。尸体整体呈"干尸"状，部分已腐败。

死者头蓄黑色长发，顶部长约50 cm，头发易脱落。全身体表皮肤大多干瘪、变硬，呈黄褐色，并于左侧面部、颈部检见散在分布白色霉斑。两眼球塌陷、变软；口、鼻腔周围软组织已腐败缺失。背部皮肤已部分腐败。肺脏已腐败、皱缩，心脏已皂化，肝脏、脾脏等实质脏器已自溶、腐败。胃内检见少量白色粉末样物质黏附于胃壁，肠道呈薄纸状。

根据尸体整体呈"干尸"状，部分已腐败、霉变、皂化，并结合包裹层内蛹壳及

作者简介：陈新，1965年生，男，硕士研究生，主任法医师，主要从事法医病理、法医临床及命案现场勘查工作；E-mail：chenxin803xj@163.com。张东川，1991年生，男，硕士研究生，法医师，主要从事法医病理及命案现场勘查工作。

苍蝇等综合分析，尸检时间距死亡时间应在3个月以上。

1.2 案例2

2015年10月22日，某小区居民在16层居民楼顶水箱下发现一具无名女性尸体。

尸体已经高度腐败，部分骨质已经暴露。死者尸长约156 cm。死者上身穿红色短袖圆领衫，黑色胸罩；下身穿蓝色牛仔裤，黑色三角短裤（裆部有一块卫生护垫），赤足。尸体体表黏附有少量黑色的蝇蛹或蛹壳。

死者尸体已经高度腐败，头面部、颈部、左肩部及上胸部等处软组织已经大部分缺失，相应部位骨质暴露；残存皮肤全层明显干燥、硬化呈棕褐色皮革样化。两眼球全部缺失，外鼻软组织全部缺失，解剖见脑组织已腐败液化并缺失。颈项部残存肌肉等软组织腐败干缩呈污褐色改变，食道、气管及颈部血管等腐败缺失。胸、腹壁肌肉及软组织均已高度腐败，胸骨及两侧肋骨与胸壁残存软组织已经分离，部分肋骨及胸骨可徒手移除，下段肋软骨残存。胸腔及腹腔内脏器等

软组织大部分腐败缺失。胸腔内检见心脏及部分已经高度腐败的肺叶样组织，心脏已经高度腐败并软化。腹腔内检见部分胃组织及肠管残段，胃内见有约200 g的内容物，可分辨出米饭粒和菜叶等成形物。子宫及盆腔其他脏器均已腐败缺失。会阴部软组织已经大部分缺失并与盆腔相通。

根据尸体所穿衣服符合当地本季节常穿的衣物，体表软组织部分缺失，脏器大背包已被蛆蚕食，并结合尸体周围蛹壳及苍蝇等综合分析，尸检时间距死亡时间应在3周左右。

2 死亡时间的判断误差

在案件侦破后，我们发现以上2例案例对于死亡时间的推断与实际死亡时间有较大误差。其中案例1的死亡时间为2003年8月14日，与推断相差5个月；案例2的死亡时间为2015年8月7日，与推断相差近2个月。

3 讨论

通常，我们根据尸体腐败情况和昆虫的生长发育规律来推断死亡时间，这是对于一般情况下尸体检验时整体的静态情况的描述和分析，然而从死者死亡后的尸体状态到现在所见的尸体状态是一个复杂的动态过程，我们不能只考虑眼前的静态表现和一般规律而忽略动态的发展过程。通过现场勘查和对案件情况的了解，并结合嫌疑人的供述等综合分析，经过认真反思并探究原因，发现了这两起案例的一些异同点。

3.1 相同点

在这2例案例中，通过尸体情况和昆虫学来推断死亡时间与实际时间相差甚远的原因是：①事发时间均为8月。每年的七八月份，是上海地区平均气温最高、降雨量最大的一段时间。温度变化与昆虫的发育速率之间并不是鉴定的线性关系，而是呈回归曲线的形式[2]。当夏季午后气温达到最大值时，曝晒下的尸体温度高于周围环境，不适合蝇类活动，致使活动反而减弱；高温除了影响昆虫活动外，高温下尸体迅速脱水导致皮肤和软组织干化，可能会影响昆虫取食[3]。②尸体均存放在楼层较高的楼房中。昆虫

在地球上的分布极其广泛,从赤道到两级,从高山到海底,但是不同区域的昆虫有不同的习性。在以往的法医昆虫学研究中,我们多在各种自然环境下实验并收集数据进行分析[4-7],来了解昆虫的自然习性。而人类社会的短短几十年中飞速发展,万丈高楼平地而起,改变了原本的自然环境,但是当地的昆虫是无法在短时间内适应这种偶发的环境改变,这也是我们在高层建筑里很少能见到蚊蝇等昆虫的原因。③尸体存放的区域通风非常好。首先,昆虫是通过尸体散发的气味来确定尸体的位置,在风速高的情况下,气味散播明显加快,昆虫不易找到此位置[8]。其次,昆虫确定位置后,在风速高的情况下找到尸体并在尸体相应部位成功产卵的难度明显高于正常自然环境。最后,高风速时,会加快皮肤脱水和软组织干化,进一步影响昆虫取食。

3.2 不同点

案例1的死后时间间隔远大于案例2,而案例2的腐败程度较案例1更为明显:①两名死者身体状态不同。案例1死者身体极度消瘦,皮下脂肪层很薄,全消化道极度空虚,据犯罪嫌疑人交代,死者系自行绝食,中间曾断断续续食用少量流质食物,后经约45天死亡。在极度消瘦的情况下,死后尸表皮肤会因水分迅速蒸发,干燥变硬,而出现皮革样化的变化,影响腐败进程。案例2死者发育正常,营养中等,相比较而言,案例2中死者被昆虫取食的速度较案例1快。②尸体存放周围温度不同。案例1死者尸体存放于高层楼房的室内,周围温度与周围自然环境温度相差不大。案例2死者尸体被藏匿在顶楼水箱下面,白天上海地区气温高,但有水箱隔挡,尸体周围温度相对较低;晚上上海地区气温较低,但水箱会散发白天储存的热量,故其尸体周围的温度较案例1的情况来说,更适宜昆虫的生长发育,故案例2中尸体被昆虫取食的速度较快。③有无外来人为影响。案例1中,死者生前在整个死亡过程中,其丈夫一直守护在身旁,一直把房间打扫干净,也会驱散飞来苍蝇等,此类人为因素会明显阻碍蝇蛆的生长和发育,据笔录介绍,死后多日才发现苍蝇飞舞,蝇蛆爬动。案例2中,尸体被藏匿高楼顶楼水箱下,直至被人发现前,没有外来人为影响。相比之下,案例2中死者更易被昆虫取食。

在以上2例案例中,我们发现通过死后尸体的腐败情况和法医昆虫学来进行死后晚期死亡时间推断是一个复杂的问题,不能简单地通过现存的静态的表现和一般规律来判断,要以一个全面的动态的过程来考虑。

在此,建议从以下几个方面进一步探究和改进:①注意环境的特殊性。在城市高层建筑的高层或者通风极好的环境下,探究其对尸体腐败过程和昆虫演替规律的影响。②对现场情况进行规范细致的勘查。如案例1中,现场所见的蝇蛆数量极少,要考虑外来人为因素的影响,本案与死者丈夫一直守护在死者身旁且经常打扫有关。③对尸体进行系统全面的法医学检验。对案例1中,死者裆部见纸尿裤,与正常年龄和身体状况不符合,且死者胃肠道完全空虚,肠壁菲薄如纸等状况,均在一定程度上反映出死者生前的生理状态。④不要轻易用一般尸体的腐败规律来直接否认案情所反映情况的可信性。规律是人类对于事物研究总结出来的,但也要注意一些特殊情况。如案例1中,嫌疑人供述死者系因宗教信仰为证明"真爱"而自行绝食死亡,而嫌疑人也是因宗教信仰相信死者会死而复生,这使得对此宗教没有了解的大多数人无法相信和理解。故只有通过对案件情况进行客观理性的分析认识，才能最终找出案情与尸体检验、现场勘查的符合性或不符合性。

综上所述，对于一线法医，需要充分利用案情、现场、尸检三者结合的现场分析模式，更快更好的解决公安法医面对的实际问题。

参考文献

[1] 赵子琴，廖志钢，王英元，等. 法医病理学［M］. 北京：人民卫生出版社，2012.

[2] 彩万志，庞雄飞，花保祯，等，普通昆虫学［M］. 北京：中国农业大学出版社，2015.

[3] 蔡继峰. 现代法医昆虫学［M］. 北京：人民卫生出版社，2011.

[4] AMENDT J, KRETTEK R, ZEHNER R. Forensic entomology［J］. Naturwissenschaften, 2004, 91: 51 – 65.

[5] BENECKEA M, JOSEPHIB E, ZWEIHOFF R. Neglect of the elderly: forensic entomology cases and considerations［M］. Forensic Science International, 2004. 146: S195 – S199.

[6] KULSHRESTHA P, SATPATHY D K. Use of beetles in forensic entomology［J］. Forensic Science International, 2001. 120: 15 – 17.

[7] HORENSTEIN M B, LINHARE A X, Deferradas B R, et al. Decomposition and dipteran succession in pig carrion in central Argentina: ecological apects and their importance inforensic science［J］Medical and Veterinary Entomology, 2010, 24: 16 – 25.

[8] 郎跃深，纪景民. 蝇蛆高效养殖技术精解与实例［M］. 北京：机械工业出版社，2017.

系列强奸案的行为动机分析

徐斌

(湖北省汉川市公安局刑侦大队,湖北汉川,431600)

【摘 要】 系列性强奸案件的发生,与因愤怒、贪婪、嫉妒、贪财、报复等所引发的犯罪原因的极度夸张相比,犯罪动机更显离奇或模糊不清,也因其诡异、隐秘,是较难侦破的案件类型之一。但这并不影响我们从这种看似"隐秘"的系列犯罪中,寻求其潜在的规律,在这种似乎"变态"中寻找"常态"的信息,从而得到有意义或有价值的分析。如果我们能在不断的总结认识中累积足够的经验,在各种人的行为模式中找出某些共同特点,就能弄清楚究竟"发生了什么"和"为什么"这个问题,接着也就能够回答"谁干的"这个最终问题。在这一过程中,我们会发现用心理学理论去揭示案件真相是一项很具挑战性的实践,当一个复杂而真实的人被发掘后,又会在我们心里搅动复杂难言的反应和对人性的遗憾。

【关键词】 强奸;性本能;反社会;行为;动机

1 材料和方法

本文研究内容不涉及同性间的强奸行为,仅限于异性间的强奸、性谋杀和性侵害。

本文收集笔者参与的56起已判决系列强奸案案件的侦查资料,侧重于现场资料和犯罪证据的梳理,对包括年龄、性别、职业、婚姻状况、行为方式、侵害对象、暴力程度等进行整理和回顾性分析,获得符合本文内容的有效资料32例。

本文32例犯罪行为人年龄23～45岁,平均年龄34岁,独立作案次数3～5次,无共同或协同犯罪。

本文根据犯罪心理学理论及动机分析,参照美国联邦调查局暴力犯罪中心对强奸犯的分类[1],按作案动机的不同,将系列强奸犯罪行为人分为5种类型:证明能力型、激情自信型、愤怒报复型、性虐待型、机会型,并展开分析、讨论。(表1)

(1) 证明能力型。感觉自己卑微无能,需要通过强迫女性发生性关系来弥补容貌、心理或生理上的欠缺。本组8例,占统计数的25.0%,没有明显的职业特征。

(2) 激情自信型。在性本能的驱使下,以寻求性刺激为目的故意实施对女性的性侵害或满足性好奇,反映出混乱的性取向和试图体验亲密的行为,或体验性道德自由化。本组65%发案当时是处于酒后状态,71.9%受酒力的影响(9.3%的受害人,27%的作案人以及35.6%的受害人和作案人同场饮酒,后发生强奸行为)。

作者简介:徐斌,湖北省汉川市公安局刑侦大队;地址:湖北省汉川市仙女山街道办事处西湖路53号;邮编:431600;电话:13507291693;E-mail:HB97531@163.com。

表1 系列强奸犯的类型及行为表现分析

项目	证明能力型	激情自信型	愤怒报复型	性虐待型	机会型
场所选择	附近或相同地区	方便安全地点	无固定场所	选择地点	无固定
接近方式	突然袭击	欺骗或突然袭击	闪电式的突然袭击	欺骗	任何方法
攻击方法	威胁、使用工具	威胁、暴力胁迫 使用工具	残暴伤害、极端暴力 使用凶器、爆发攻击	突然攻击 使用凶器	任何方式
暴力方式	攻击时间短 遇反抗停止	使用凶器 暴力程度高 反复攻击	霸道、专横 愤怒、敌对用语 谴责、责怪被害人	引诱用语 贬低侮辱	简单命令
性接触	性前爱抚 不强迫性要求 商议性行为	随意性强 性惩罚或性侮辱 性幻想 俘获、征服和控制	性自私 语言下流 性折磨	有色情照片 奴役用具行为 射精特殊	性幻想 色情照片
伤害行为	不伤害身体 不威胁 使被害人屈服	撕、割衣服 惩戒 掐、捏、咬	撕衣服 损害重 直接攻击后扩展攻击	暴力残酷 长时折磨 防御性杀人	必要攻击 一般暴力
犯罪策划	有预谋、独身 清晨、深夜	无预谋 选择被害人个性	职业扮演 选择特定人员	行为有序 周密计划	弱点诱骗 获利性强
行为特征	攻击前偷窥 拿私人物品 攻击记录 猥亵通信	选择受害人 攻击时间短	愤怒情绪 特殊器械 有触怒过程	捆绑 物质回报	获取物品

（3）愤怒报复型。通过强奸来发泄自己内心的愤怒，具有明显的暴力倾向，缺乏自制力和易于被激怒，报复心强。本组研究发现，行为人除性冲动外，表现出的愤怒情绪贯穿于整个作案过程。

（4）性虐待型。受支配、控制、伤害他人的性幻想的驱使，根据性幻想的偏好的不同，强迫被害人发生阴道性交，伴有其他异常的性行为，包括折磨或者杀死被害人而满足个人的快感和满足感。

（5）机会型。出于抑制不住的性欲，包括猥亵和露体等。多数性格懦弱且极度自卑，表现特点为不敢对人直视，平日懦弱且自制能力较差，容易受欲望驱使而进行性侵害。本组农村老人、教师、劳务人员、邻居和亲属，对儿童或弱智女的性侵多于其他类型。

2 结果

2.1 现场与行为人范围

作案地点有明显的近至远现象,选择作案地点与活动路线密切相关。本组与英国学者对强奸犯罪距离的研究大致相同:94%的系列强奸犯罪发生在犯罪行为人活动空间 2.5 km 范围内,72% 的犯罪发生在 5 km 活动区域,且绝大多数在 2.0 km 内,从强奸地点到最近的犯罪人活动区域的平均距离是 0.9 km,犯罪行为人日常路线的平均距离是 0.53 km。且行为不超出他们的日常经验、习惯以及对外界的理解和认识,选择行为空间里最方便的地方进行作案。

2.2 作案时间、地点

犯罪空间的抽象性、潜在性决定了人的个性心理特征的趋向性。室外凌晨到次日 6 时间无案件记录,可能与女性夜间外出人员较少或活动空间有关,室内该类案件可发生在任何时段。熟人间作案在 70% 以上,白天的犯罪概率高于夜间。多数行为人选择犯罪地点都有一个"基础活动点",通常是居住场所、工作地点或公共场所,其实施的犯罪行为与这个点都会存在某种形式的关联。随机性的、陌生人间的系列强奸案的确多发生于夜间,这一时段外出活动的人较少,利于犯罪也有利于罪犯逃脱或者隐藏踪迹。猥亵案则多发于白天。

2.3 婚姻状况

判断犯罪行为人的婚姻状况,已婚、未婚或离异是侦查阶段的必要环节。本组,已婚 9 人占 90%,离异 7 人占 70%,未婚 1 人;离异者多有性伴侣一起生活,多次婚姻 4 人。

2.4 职业特征及教育程度

大部分人(80% 以上)有固定职业和稳定收入,其中,务工人员 12 例,自由职业 5 例,学生 3 例,在职人员 6 例,其他 5 例。受过中等以下教育 26 例,2 人初中辍学。绝大多数人(90% 以上)独居或居住(农村或城乡接合部),1 人住在城市。(表2)

表 2 职业与犯罪类型

类型	农民	工人	自由职业	学生	在职人员	其他
证明能力型	3%	2%	1%	1%	1%	—
激情自信型	—	—	—	3%	—	—
愤怒报复型	4%	3%	1%	1%	1%	—
性虐待型	—	2%	—	2%	1%	—
机会型	—	2%	1%	1%	2%	—
	22%	15%	15%	11%	22%	15%

2.5 性格及性活动特征

7 名犯罪行为人从青少年时期就对性方面的兴趣,并透过侵犯行为处理自身压力。

6人有恋物癖和其他错乱举动，3人在青少年时期有尿床、虐待动物或偷窃行为。多数行为人喜欢与比他年纪小的孩子一起玩，并有初期的反社会行为。

2.5 年龄范围与既往犯罪

强奸行为发生的平均年龄约29岁，85%的人第一次性接触在21岁左右，与以往相关报道的研究结果大致相同，前科人员86%，主要是偷盗类犯罪；第一次接受处罚的年龄是在20岁以前，包括入室盗窃、人身攻击、纵火等。

2.6 对象选择和损伤程度

犯罪行为人大多选择自认为可以应对的被害人，能够支配、操纵以及控制的对象，偶尔不经挑选表现出愤怒。4人在与异性关系等方面曾有挫败经历，年龄阶段在27～33岁。死亡2人，重伤4人，轻伤8人，轻微伤16人。暴力模式：①直接攻击：在相遇或接触伊始就立刻展开实施暴力。②伺机攻击：跟踪、接近侵害目标后，寻找合适的时机进行攻击，或在其熟悉使他感到自由和便利能控制的场所范围内，等待侵害目标进入后实施攻击行为。③激情攻击：受情绪影响，未经计划地展开寻找侵害目标的行动，其选择基本上是随机的。

2.7 家庭特点和形成原因

每个犯罪行为人都有家庭背景和一段痛楚的人生经历，多数在幼年时期有过被损害的背景。本组统计显示，来自贫穷、底层社会，在不稳定家庭中受过虐待或被忽视的男性，广泛存在着情感冷漠或不在意、性认知偏。同时家庭环境、教育方式、管教方法都直接影响心理成长，但并非所有早期有侵犯倾向、自制力差等反社会行为的人，都注定会成为性犯罪人员。如果有先天倾向成长阶段不能正确修复、斧正道德缺陷，后期的行为方式暴力倾向明显。

2.8 交通工具及着装风格

犯罪行为人性格大多具有强迫特征，偏好深色物品，自我形象和清洁度良好，行为方式也与其交通工具密切相关。本文1例杀人抛尸不超过30 m，1例没有使用交通工具背至8.0 km。

2.9 心理痕迹

本组案情各有不同，但心理痕迹有明显的阶段性特征。心理应达期：童年时期受到不良的社会或生活环境影响形成记忆；情感淡漠期：受生活事件的影响，导致其对社会依附性的否定，进而使其情感反应逐渐减弱；情感叛逆期：具有强烈的物质欲望、放纵的性欲望和性行为、强烈的权力欲望、不合群、攻击性、反叛及说谎等个性特征；发展期：行为进一步扩展；形成实施期：具有暴力倾向和重复性，性活动只是性欲的发泄而已，与感情无关，有性歧视言行。

3 结论

系列强奸案泛指行为人在性本能的驱使下或在反社会意识的支配下，为满足性欲而对异性或同性故意采取的多次侵犯他人性权利，妨害、破坏社会秩序和社会人际关系的性交或非性交性行为。该类案件的形成过程中，意识、反应、支配、泄欲是其四个行为标志，而缺乏自制能力，控制不住自己的欲望或怒火，是其共同点。就犯罪动机分类体系而言，尽管犯罪行为是多样性的，但促使其犯罪行为所需要的犯罪动机却是大体相同的。而从行为心理学的角度分析这类案件，发现不同的作案方式透露出的个性特质和心理轨迹，把现象置入动机中去揣度和解读，无疑能给系列强奸案件的侦查带来一个新的视野。

4 讨论

对系列性强奸案的行为动机分析和对嫌疑人的分类，并非刻意、牵强地将行为人机械性地归类，或贴上结论性标签，而是通过行为观察发现犯罪动机，把看似无规律的现场现象按照不同的特点、类型等分类，使现象具有规律性从而更进一步地破解犯罪行为。

人的行为有时受意识不到的心理倾向支配，有时也受无意识支配。有关强奸动机的理论分析总是把注意力集中在人的自体、心理和社会方面，研究者们从不同角度以研究，生物学观点强调先天性异常，精神分析学派则从早期精神创伤，行为主义理论认为性心理障碍是后天获得的异常行为模式。同时，有些学者如 Jon Weger、Gene Abel 等提出了整合理论模式，主张整合各种理论的有用部分加以运用，强调社会文化、家庭环境及个体社会化等多方面因素[2]。汉密尔（Hamill）认为强奸案的发生案犯都有心理加工过程和心理准备：存在着某种犯罪动机；案前有准备，克服自身压抑增加犯罪信心；必须克服外界环境限制并可以接近受害人；必须有能力控制受害人的反抗[3]。利用引诱、恐吓的计谋去说服孩子发生性行为时，就会感受到自己的能力；利用暴力行为感受被害人，是对被害人的生命进行控制的感觉；暴虐的主要动力是出处于想在感情上与另一个人建立更高亲密度的愿望；性攻击是作为发泄愤怒和受挫的一种方式；露阴是通过让陌生人感到震惊以求发泄不满；性知识和性体验缺乏时容易选择"减小障碍"的对象，从而与年龄较小的孩子发生关系。贝克·凯瑟琳将强奸行为的动机分为 7 种，囊括了任何一种性犯罪的动机，并提出了强奸的动机之一是将女人视为物件、无所谓、男人的财产。帕克埃利奥特·迪茨认为作案人的性需求只是性犯罪行为的部分原因，因此不能把性犯罪行为称之为由性需求为动机的犯罪行为[4]。

本文 30 例都曾有过不同程度的性幻想经历，性觉醒阶段由于性认知发展过程不当或性知识缺乏，性幻想多为影视明星、淫秽书籍某个人物的影像上，并伴有严重的手淫习惯；犯罪期则把幻想转移到其他女性受害人身上，特别是体貌特征相似的女性。23 例行为人在童年时代受过精神或性创伤，多数是心理上的挫败少数是身体上的侵害，施暴者绝大多数是与生活关系密切者。值得注意的是，由于缺乏有关性或性教育的正确信息和青春期带来的身体骤然改变，以及针对青少年和儿童性觉醒的谬论广泛流传，在青少年间充满着困惑，往往倾向于相信关于性的谬论和毫无根据的事实。在性心理障碍者犯罪案例中，通过猥亵儿童作为常用、偏爱甚至唯一的性欲满足方式，占有一定的数据，尤以中年男性、已婚者居多。因为工作、生活、人际关系受挫，身心疲劳、紧张、畏惧，把兴趣转移到未成年人身上；情感交流受阻对成年人之间性生活失去兴趣；性格缺陷、智能发育不全、酒精依赖等是其常见诱因。诚然，对儿童的关注是一种普遍现象，其心理活动是无可厚非的，但这种行为和心理超出了一定的限度，作为一种观念在头脑中固定下来并控制人的行为，便成了犯罪动机。

本文1例犯罪行为人虽然曾过有颅脑外伤史，但没有器质性损害。间断性在范围3.0 km内以捕蛇为由，流动性、伺机对4名受害人进行过度伤害，造成1人死亡、2人重伤。犯罪行为人把暴戾和幻想转移到受害人身体和尸体上，除了致命的颅脑损伤外还附加有对女性性特征的毁损，在阴道内插入木棍，双侧乳房上各写一个"恨"。尸体检验在死者阴道内未得到凶嫌的 DNA 基因，而在腹部发现一小块精斑，表明犯罪行为人并未发生插入式阴道性交，而在尸体上进行手淫，用异物插入尸体进行替代性行为。而在实际生活中，犯罪行为人是一个情感挫败者，与女性交流存在障碍，保持关系有很大困难，在性方面不成熟和性欠缺。显然，性犯罪是不能通过找出作案人的心理病理的个性特征来加以解释的。

系列性案件的侦查，如果没有找到隐藏在犯罪背后的动机，通常认为它并不完整的，也是一种缺憾。特别是系列性强奸案件，利用现场现象对行为人的心理类型和作案动机进行分析，我们肯定能获得某些启示。事实证明，行为心理学分析与侦查没有抵触和冲突，对许多成功的侦查案例都起到了重要的指导性作用。笔者有理由相信它的合理性和拓展空间，尽管它还在实践的初始阶段，但通过不断完善、充实，它将会给案件侦查带来更多希望。

参考文献

[1] [美] 约翰·道格拉斯，马克·奥尔沙克. 顶级悬案 [M]. 邓海平，译. 海口：海南出版社，2001：356-357.

[2] 易发建，冯正直，倪泰一，等. 心理医生 [M]. 重庆：重庆出版社，2010：329.

[3] [美] 布伦特·E. 特维. 犯罪心理画像 [M]. 李玫瑾，等，译. 北京：中国人民公安大学出版社，2005：539.

[4] [德] 汉斯·约阿希姆·施奈德. 犯罪学 [M]. 吴鑫涛，马君玉，译. 北京：中国人民公安大学出版社，1990：377.

法医病理学应用创新

提高强奸案内裤精斑检出率探索

杨航[1]　尹路[2]　王伟妮[2]

（1. 深圳市龙华区公安司法鉴定中心，广东深圳，518109；2. 深圳市公安局刑事科学技术研究所、法医病理学公安部重点实验室，广东深圳，518040）

【摘　要】　目的：总结强奸案中受害人内裤上精斑的分布规律，探索有效的提取方法。方法：通过检验 2 例强奸案中的受害人内裤，从 PSA 显示强弱、光学显微镜下精子计数、实时荧光 PCR 定量数据三个方面对比内裤裆部 7 个部位的差异。结果：受害人内裤 7 个部位的 PSA 显示强弱与镜下精子计数没有必然联系。镜下精子计数与实时荧光 PCR 定量数据保持正相关关系。结论：对同一条内裤裆部的检验，采用多部位、小面积的取材方法可以提高检出率。

【关键词】　法医遗传学；内裤精斑；检出率

强奸案中阴道擦拭子及内裤是必提取必送检的物证。对于内裤的检验，鉴定人员除了肉眼观察，手触质感外，光源辅助观察是越来越多应用到的技术手段。在确定可疑部位之后，鉴定人员会进一步通过抗 P30 胶体金免疫试纸条（PSA 试纸条）进行精斑的确证实验，有条件的实验室还可以通过显微镜下观察以确认有无精子及精子的数量，所有的努力只为能检出单一有效的短串联重复序列（short tandem repeat，STR）分型。本文通过对 2 起强奸案受害人内裤的检验，从 PSA 显示强度、光学显微镜下精子计数、实时荧光 PCR 定量数据三个方面进行比较，力图总结精子在内裤的分布规律，探索恰当的剪取方法，以尽可能地为检出单一有效的 STR 分型奠定基础。

1　材料与方法

1.1　样本采集和编号

日常检案中受害人内裤 A、B 2 条，分别剪取内裤裆部上层中间有白色分泌物处的布块（0.5 cm² 大小）编为 A1、B1。以 A1、B1 为中心向前 1 cm 分别剪取同样大小的布块编为 A2、B2；向前 2 cm 分别剪取同样大小的布块编为 A3、B3；向后 1 cm 分别剪取同样大小的布块编为 A4、B4；向后 2 cm 分别剪取同样大小的布块编为 A5、B5；裆部下层对应 A1、B1 处分别剪取 0.5 cm² 大小布块编为 A6、B6，再向前 1 cm 剪取同样

作者简介：杨航，1987 年生，男，广东茂名人，学士，法医师，研究方向为法医遗传学、法医病理学；E-mail：yanghang0418@126.com。

通讯作者：尹路，1979 年生，男，山东新泰人，学士，主检法医师，研究方向为法医遗传学、法医病理学；E-mail：13510365756@139.com。

大小布块编为 A7、B7。

1.2 仪器和试剂

抗 P30 胶体金免疫试纸条（Biowin 品牌）；苏木素 – 伊红；光学显微镜（蔡司公司，德国）；Quantifiler Duo 试剂盒（美国 Life Technologies 公司）；7500 型实时荧光 PCR 定量仪。

1.3 抗 P30 胶体金免疫试纸条（PSA）检验

为区分抗人精试剂条检验时的反应强度，以检测线所显示紫红色的深浅程度，将检测结果分为强阳性（＋＋＋）、中阳性（＋＋）、阳性（＋）、弱阳性（±）、阴性（－）5 个等级。

将各检材置于 1.5 mL 离心管中，加入 1 000 μL TNE 缓冲液浸泡 15 min 后，适度振荡，将抗 P30 胶体金免疫试纸条依次插入各离心管中，待液面上升至观察区后取出观察，结果见表 1、表 2。

表 1　内裤 A 各部位抗 P30 胶体金免疫试纸条检验结果比较

编号	A1	A2	A3	A4	A5	A6	A7
等级	＋＋＋	＋	＋	＋	＋＋＋	＋＋	＋

表 2　内裤 B 各部位抗 P30 胶体金免疫试纸条检验结果比较

编号	B1	B2	B3	B4	B5	B6	B7
等级	＋＋	＋＋	＋	＋＋＋	＋＋＋	＋＋	＋＋

1.4 显微镜下精子计数观察

按精斑处理的两步法消化完成第一步消化后，清洗 3 次，弃上清，取沉淀悬浮液 1.0 μL 用苏木素 – 伊红染色，置于光学显微镜 10×40 倍下观察，人工计数单个视野或多个视野下观察到的精子数量，结果见表 3、表 4。

表 3　内裤 A 各部位精子计数结果比较　　　　　　　　　　　　　　　（个）

编号	A1	A2	A3	A4	A5	A6	A7
单个视野计数	1～2	1～2	2～3	/	/	/	/
多个视野计数	—	—	—	1	2～3	2～3	无

表 4　内裤 B 各部位精子计数结果比较　　　　　　　　　　　　　　　（个）

编号	B1	B2	B3	B4	B5	B6	B7
单个视野计数	—	—	—	—	—	—	1 个
多个视野计数	1～2	1～2	无	1～2	1	无	—

1.5 DNA 提取后的实时荧光 PCR 定量

取样本 A、B 的检材沉淀分别加入 200 μL chelex-100（10%）悬浮液、5.0 μL 蛋白

酶 K（10%）、5.0 μL DTT（1 M），56 ℃恒温混匀仪 900 r/min 消化 40 min，99 ℃恒温混匀仪 900 r/min 消化 10 min，振荡后 13 000 r/min 离心 3 min，取上清 2.0 μL 用 7500 型实时荧光 PCR 仪 25 μL 体系扩增定量，结果见表 5、表 6。

表 5 内裤 A 各部位第二步消化产物的定量结果比较

编号	A1	A2	A3	A4	A5	A6	A7
定量数值/ng·μL^{-1}	0.99	1.05	1.18	0.01	0.18	0.21	0

表 6 内裤 B 各部位第二步消化产物的定量结果比较

编号	B1	B2	B3	B4	B5	B6	B7
定量数值/ng·μL^{-1}	0.12	0.09	0.04	0.22	0.06	0.03	0.27

2 结果

通过对表 1 至表 6 的比较，抗 P30 胶体金免疫试纸条表现为强阳性（+++）的 A1、A5、B4、B5 4 个检材，其精子计数并不体现相关性。A1 为单个视野下可见 1～2 个精子，B5 则为多个视野下才能见到 1 个精子。所有检材中，精子计数最多的是编号 A3 检材，但其抗 P30 胶体金免疫试纸条仅表现为阳性（+），而同样表现为阳性（+）的 A7、B3，在镜检时多视野均未检见精子；B6 处检材"反差"最突出，其抗抗 P30 胶体金免疫试纸条表现为中阳性（++），但多视野均亦未检见精子。由此可见，对于对内裤布片检材，抗 P30 胶体金免疫试纸条的显示强度与显微镜下精子计数之间无明显相关性。

对比显微镜下精子计数与荧光 PCR 定量数据，可以发现，显微镜下精子计数最多的 A3，其定量数据为 1.18 ng/μL，是所有定量结果中数值最高的，如 A4、B5 两处检材的多个视野中只能看到 1 个精子，定量结果分别为 0.01 ng/μL 和 0.06 ng/μL，视野中无精子的 A7 检材也出现定量为 0 的结果，精子计数与定量数值之间的有一定相关性，见图 1、图 2。

3 讨论

本实验中数据显示强奸案中内裤的剪取部位与检验结果没有必然相关性，故在实际检案中应多部位剪取，以提高检验成功率。

本实验数据显示抗 P30 胶体金免疫试纸条的检验结果与最后目标 DNA 检验结果无相关性。有文献[1]显示，强奸案提取送检的受害人阴道拭子，经抗 P30 胶体金免疫试纸条初检显阴性，却能检出男性 STR 分型。有文献[2]报道，2 名未婚志愿者的阴道分泌物、1 名志愿者黄体期阴道分泌物、1 名多囊卵巢综合征病人阴道分泌物 PSA 检验均为阳性。此外，有文献[3]报道了无精子症嫌疑人"假阳性"现象。综上所述，抗 P30 胶体金免疫试纸条在特异性方面可呈现各种假象。

因此，在实际检案中，对内裤检材应采用多部位小面积剪取，在经过 PSA 确证试

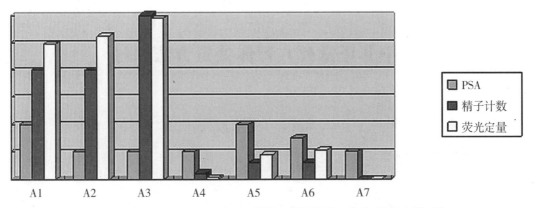

图1　A 内裤 PSA 显示强度、显微镜下精子计数、荧光 PCR 定量对比

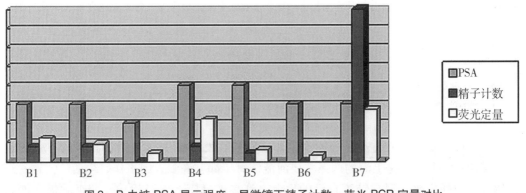

图2　B 内裤 PSA 显示强度、显微镜下精子计数、荧光 PCR 定量对比

验后,应综合镜检及定量等方法提高实验的成功率。同时,不应将抗 P30 胶体金免疫试纸条的显示强度作为检材有无精子的唯一确证实验。

参考文献

[1] 王玉健,杨智,匡金枝. 1 例强奸案件 DNA 鉴定分析[J]. 中国法医学杂志,2006,21(3):184-185.

[2] 陈森,吕德坚,陆惠玲. 抗 P30 胶体金免疫试纸条灵敏度和特异性探讨[J]. 法医学杂志,2008,21(3):214-215.

[3] 赵禾苗,徐珍,王冲,等. 利用 mRNA 检验确证无精子症精斑 1 例[J]. 中国法医学杂志,2016,31(6):636-637.

水中非正常死亡尸体处置方法探讨

邓德元[1]　许路易[2]

(1. 上海市公安局水上公安局，上海市，200000；2. 上海市公安局物证鉴定中心，上海市，200000)

【摘　要】 时代的不断发展，科技水平日新月异，法制理念不断完善，这对公安工作既是机遇又是挑战。目前，影响社会和谐稳定的矛盾纠纷不仅大量存在，且尤为突显关联性、聚合性、敏感性等特点。公安工作代表公平、公正，容易处于各种矛盾和社会舆论的焦点，若业务能力不强、执法水平不高，不求创新和突破，势必会给社会带来不良影响。作为公安的一个分支，水上公安不为大众熟知，执法手段具有其专业性和特殊性。其中，在处置水中非正常死亡的案件中，如果不能对案件的性质、死亡时间、死亡地点等给出正确的判断和合理的解释，很难让死者家属或案件相关人消除疑虑。我局法医在处置水中非正常死亡案件方面，经过多年的积累，总结出一套切实可行的经验。

【关键词】 水中；非正常死亡；未知名；法医；尸调办；查找

上海市公安局水上公安局处置水中非正常死亡的水域主要包括黄浦江和苏州河流域。黄浦江、苏州河是上海的两条主要河流，每年都有许多人因工作、生活、情感、经济等原因选择投浦（河）结束自己的生命，许多被打捞上岸经检验、调查后仍不能明确尸源。近几年，每年处置的尸体数量约 150 具，其中未知名尸体约占 80%。为高效查到尸源，让其落叶归根，给死者家属一个交代，我局在现有基础上加大人力、物力和科技资源，逐步完善水中非正常死亡案件处置的系列工作。

1　处置水中非正常死亡案件常规方法

水中非正常死亡尸体的检验与查找主要分两个部分：一是法医的检验和判断，通过推断死亡原因、案件性质来为查找尸源提供方向；二是尸体调查办公室（以下简称"尸调办"）工作，通过线索查找尸源，判明案件性质。

1.1　法医检验

1.1.1　水中尸体死亡性质的判断

黄浦江、苏州河河道内环境复杂（包括暗流、漩涡、异物等），有些尸体会遭到水

作者简介：邓德元，主检法医，四级鉴定官；地址：上海市公安局水上公安局刑侦大队法医室；电话：15001714357；E-mail:49360872@qq.com。许路易，初级法医师，主要从事法医病理和法医人类学工作；地址：上海市公安局物证鉴定中心法医室；电话：18621578161；E-mail:535002679@qq.com。

中不明异物的撞击、鱼虫的啃食、过往船只的拖带和碰击，形成创口多而复杂或者尸体残缺不全的表象；还有很多尸体经水中长期浸泡形成高度腐败，很难辨别损伤形态。经过几代水上法医人的经验积累，我们可以根据尸体的损伤形态明确辨别生前损伤和死后损伤；另外，还会根据手术病变痕位置、创口大小来推断死者生前有什么疾病，依据衣着特征来推断死者生前的大体生活工作状态等，以此来为尸源调查工作提供方向。

1.1.2 尸体出现的高发时间

上海冬季水中气温低，尸体腐败减缓、上浮时间长，但随着天气的变暖、腐败加剧，浮力增加造成尸体上浮。因此，每年3—4月，打捞上岸的尸体多为沉入水中的跨年尸体，这个季节也是抑郁症高发的时间点，很多病人会在此期间病发选择投浦（河）；每年的5—7月，"五一"和端午小长假、高考季、大学毕业季等因素，选择投浦（河）的人数明显增多；每年的8—9月，正值暑期旅游高峰，外地来沪投浦（河）人数居多，同时也伴有观光期间不慎失足落水、违规野游溺水身亡的情况；每年的10—11月，天气转凉疾病高发，外加国庆假期，也是同类案件高发时间点。

1.1.3 尸体出现的高发地点

黄浦江流域空间上呈现浦西侧远多于浦东侧，地点上多位于徐浦大桥、南浦大桥、卢浦大桥、杨浦大桥水域附近，以及沿江的滨江观光带水域附近（即沿江可以自由进出的公共区域）。苏州河流域多见于外白渡桥、浙江路桥、河南路桥、武宁路桥水域附近及靠近汇入黄浦江的水闸口附近。

1.1.4 尸体入水时间和地点的判断

我局水上辖区跨度长，涉及陆上近十家分局，受岸线周边的探头覆盖率、拍摄角度、保存时间、视频探头完好程度参差不齐，以及案发时大多数缺少目击证人等众多因素的影响，通过常规手段确定入水时间和地点难度大。再加上黄浦江、苏州河河水自西向东流淌，同时还会受到潮汐、过往船只拖带影响，水中尸体的入水时间和地点的判断难度进一步加大。我局法医常年和水打交道，经过长时间的经验积累和总结，可以通过尸表腐败征象结合气温、潮汐、风速、水流、季节的变化等一类系列自然指征，综合推断出较为准确的入水时间和地点，为后期的查找提供重要依据。

1.1.5 通过解剖明确死因，并为查找尸源提供新线索

法医在经过DNA比对及尸源查找未果后，会根据相关文件和规定及时上报审批，申请对未知名尸体进行解剖及相关检验（硅藻检验、毒化检验等），并进一步明确死因和挖掘线索，为查找尸源提供新线索。

1.2 尸调办工作内容

1.2.1 通过尸体随身携带物查找尸源

法医在初检时，尸体上可能会有一些随身携带物品，如身份证、驾驶证、社保卡、银行卡、工作证、火车票等可以查明身份的证件，以及写有地址、电话号码的纸片（老年人居多），手机等，尸调办通过这些物品可以直接或间接地查找到死者家属。

1.2.2 通过尸体身上明显的标志性特征查找尸源

水中尸体经过长时间的浸泡，会造成肿胀、腐烂、白骨化，对死者的身高和体重的判断可能会有明显的出入，但是尸体身上一些明显的标志性特征不会随着长时间的浸泡

而改变，如胎记、文身、病变痕、畸形等；另外，也会通过衣着和衣着上图案、首饰饰品等标志性特征在失踪人员库内滚动比对。

1.2.3 通过公安工作日常滚动多次查询

通过法医提供的摸排线索和时间、方位，尸调办民警会放宽一定范围，每日在网上多次滚动排查相似的人员，一旦发现相似目标，立即取得联系进一步核实相关情况信息。

1.2.4 通过视频追踪查找尸源

如有目击人目睹了投浦（河）的，会根据目击人提供的时间和地点，在周边寻找合适的探头一路追踪死者生前的活动轨迹，并根据活动轨迹进行沿途的走访，试图确认尸源身份。

1.2.5 通过媒介向公众发布尸源信息

将法医、尸调等多方信息进行整合后，在网络上发布认尸协查通告和在报纸上定期发布相关文字、图片信息。

通过以上常规手段，自2012年起，尸源查找率屡创新高，且始终保持在75%以上，远远高于全国其他省份的未知名尸体查找率。

2 处置水中非正常死亡案件处置流程的完善

随着时代的不断发展，科技水平日新月异，法制理念不断完善，这对公安工作既是机遇又是挑战。目前，影响社会和谐稳定的矛盾纠纷不仅大量存在，且尤为突显关联性、聚合性、敏感性等特点。公安工作代表公平、公正，容易处于各种矛盾和社会舆论的焦点，若业务能力不强、执法水平不高、不求创新和突破，势必会给社会带来不良影响。作为公安的一个分支，水上公安不为大众熟知，执法手段具有其专业性和特殊性。其中，在处置水中非正常死亡的案件中，如果不能及时有效地对案件性质、死亡时间、死亡地点等给出正确的判断和合理的解释，很难让死者家属或案件相关人消除疑忌。我局于2017年年初通过一系列的调研，为进一步完善工作机制出台如下措施，将新的理念和科技手段运用到处置水中非正常死亡案件工作中，使未知名尸体的查找率首次达到83%。

2.1 警力不足的解决

提高全警认识的同时，在各个派出所扩充尸调专员，配合刑队尸调办共同开展相关工作；并根据不同线索和特征，加大不同警种之间的相互配合以开展工作。

2.2 业务水平的提高

法医方面：首先，充分把握"请进来，走出去"的大方针，通过把业务专家请来授课讲学的方式学习先进的技术检验手段；其次，将我局法医派到先进的业务科研机构深造学习、业务交流，以此掌握先进的发展技术，取长补短；最后，积极探讨和研究虚拟解剖技术对于水中尸体的可行性的科研。

尸调办方面：转变理念，改善工作机制。将社会信息资源、大数据等技术运用到工作中。

2.3 明确权责分工，发挥队所联动机制

除加大水域日常巡控和沿岸探头覆盖外，还要进一步明确尸调办的职责和分工，尸调办由分管局领导任组长，指挥室、刑队、巡（交）警大队、各水上派出所分管领导任副组长。发挥尸调办牵头作用。发现尸体后，由尸调办牵头，根据尸体的不同情况和已知条件，制定相应的工作计划，各自分头开展工作。明确管辖主体职责。现我局侦查办案的模式是队所联动，在尸体的调查中，也应发挥作用。一具水中尸体情况的查明有时比案件的侦破还要困难，在这个过程中，责任区队要会同辖区派出所按照疑似命案的要求去开展排摸调查工作。

2.4 加大视频监控的力度

整合沿江（河）岸线周边的社会视频探头，对其进行标注、筛选、分类，记录好探头角度、保存周期等。加大力度增设沿江（河）公安探头的分布。

2.5 积极向上级业务单位学习

与总队法医病理室形成共建共创，积极向总队法医学习相关病理检验的业务知识和经验，定期派水上法医前去开展业务交流学习、进修，并积极参加总队法医病理室开展的法医小课堂等学习活动；向总队法医业务骨干积极学习和探讨大数据时代下，如何将人像比对技术与水上未知名尸体完美结合；在处理一些棘手的非正常死亡案件时，和总队法医病理室开通网络会诊，第一时间将信息通过安全网络传送给专家组成员，进行网络会诊。

2.6 建立检验绿色通道

在 DNA 比对、毒化检验等过程中，专人负责和上级单位实时追踪，第一时间得知结论。这样不但提升了水上法医自身的业务知识、开阔的知识度，还大大提高了办案效率，为明确案件性质、尸源查找、家属的接待赢取了宝贵时间。

2.7 民政 VIP 通道

上海居住人口众多，民政部门的殡仪馆每天业务繁重，很难第一时间快速到达指定定点托运尸体。法医和殡葬部门建立了合作机制，以利于尸体打捞上岸检验完毕后，可及时阻止尸体的腐败、缩短尸体停留公共场所的时间，减少环境污染，降低社会负面舆论等。确保在最短时间到达指定地点托运尸体。

2.8 共享信息

法医室与多家涉及黄浦江、苏州河流域的分局刑科所、涉水社会单位实现了投浦（河）、涉水警情的信息共享，为我局尸调工作提供更多详细的信息。

浅议尸检中提取生物物证污染的原因分析及对策

刘德丽　邹亚晶　周杰

（南通市公安局，江苏南通，226007）

【摘　要】 法医尸体检验过程中不仅仅要解决死亡方式、死亡原因、死亡时间等法医病理学问题，更需要有效提取尸体上生物物证。随着DNA检验技术的进步，检验灵敏度不断提高，尸检中不当的操作、不洁的器械和设施都可能导致污染的发生，因此，对法医技术人员提取生物物证提出了更高要求。本文针对近年来工作中发现的尸检中提取生物物证污染的案例进行原因分析，探讨相关对策。

【关键词】 法医学；尸体检验；生物物证污染

1 案例资料

1.1 案例1

2013年1月17日，唐某某在一歌厅被伤害致死，其左手食指指端拭子DNA分型比中本地2011年12月27日另一起杀人分尸案件死者林某某。经调查，唐某某尸检时使用的解剖台，在案发前两天用于"12·27"案件死者林某某尸块拼合，由于解剖台洗消不彻底，导致二次污染。

1.2 案例2

2014年6月15日，张某某遭抢劫杀害，其口周擦拭拭子DNA分型与此前连续几起案件尸体提取微量生物物证的DNA分型一致。经调查，提取检材棉签出自同一解剖室，为棉签存放、保管不当导致的污染。

1.3 案例3

2016年5月24日，顾某某因情感纠纷被伤害致死，其肛门拭子检出嫌疑人精液DNA分型，提示肛交可能，嫌疑人对杀人过程供认不讳，但对肛交矢口否认。经调查，尸检时尸体阴道有精液流出到肛周，未分段提取导致肛周精液带入到肛内。

1.4 案例4

2016年12月24日，宋某某被强奸杀害后抛尸水中，各项证据均锁定犯罪嫌疑人李某某，但尸体颈部掐痕拭子却检出另一男性DNA分型。经调查，为法医尸检过程中手套接触其他物品后触碰尸体颈部导致的二次污染。

作者简介：邹亚晶，副主任法医师，江苏省南通市公安局刑警支队；地址：江苏省南通市青年中路99号；邮编：226007；电话：13390960595。

2 讨论

2.1 原因分析

（1）随着 DNA 检验技术的进步，检验灵敏度大幅提升，微量生物物证的检出率不断提高，理论上只要存在人体细胞的生物物证就可以检出 DNA 分型，意味着任何足以导致生物细胞转移的物理性接触均会造成物证污染，传统"三套一罩"最基本的防护方式已不能完全有效避免污染发生。

（2）尸体从现场到尸体解剖室，环节众多，在此过程中，不符合清洁要求的包装、搬运均会导致尸体被污染。尤其是进入尸体解剖室，整洁灭菌的环境要求远低于 DNA 实验室的清洁度标准，势必残留大量生物检材，尸体保护、耗材保存不当极易导致物证污染。

（3）随着生物物证证据优势的显现，操作人员提取意识不断增强，但由于专业知识的匮乏，对于交叉污染、二次转移污染的危险性还未正确认知，相应的防护理念和操作规范还未完全建立，导致生物物证提取率上升的同时有效检出率下降，产生了一批与案件无关甚至相矛盾的数据，从案件审理的角度出发也属于污染范畴。

2.2 对策

2.2.1 强化解剖室管理

尸体解剖室是巨大的污染源，务必建立相应的管理制度，对环境的受控保持、设施的维护使用、耗材的验收存放做出详细要求，从源头上杜绝污染发生。例如，合理分区，生物物证提取专用耗材单独存放，与其他区域物理隔离；特殊洗消，转移提取载体及重复使用提取器械，使用前进行去核酸处理。

2.2.2 强化技术培训

操作人员培训上岗，普及 DNA 检验基础知识，细化各类生物检材的提取方法，固化防污染操作的习惯养成。要严格每个环节的防护方法，严禁检材提取载体、目标提取部位与污染源接触，避免提取过程二次转移污染，如尸体、衣物在提取生物物证之前铺垫清洁的防水铺巾，无血部位保护操作，接触不同部位前更换一次性手套。要设置物证提取的标准动作，如掌握干湿两步提取法的手法和擦拭范围，阴道、肛门拭子分段提取等。

2.2.3 强化证据意识

随着以审判为中心办案理念的转变，生物物证的证据价值从认定人身拓展到犯罪过程的印证，而生物检材无所不在，一旦发生污染，将对整个案件的证据链产生巨大影响。操作人员务必强化证据意识，提取前要对作案过程进行分析，有针对性地选择提取部位，采取正确规范的提取方法，既要确保目标部位生物检材完全提取，又要避免其他因素污染干扰。

DNA 检验作为认定人身的主要手段，在案件中的运用已然发挥到极致，然而微量生物物证的高检出率成为一把双刃剑，一方面直接认定犯罪嫌疑人，提高破案率；另一方面，大量数据的甄别也对办案提出了新的挑战。作为提取人员，如何规避污染风险，精准提取到有效生物物证任重道远。

第四部分 案例分析

左大脑中动脉外伤性血栓致脑梗死尸解 1 例

盛立会[1]　杨宇[1]　易旭夫[2]

（1. 深圳市公安局刑事科学技术研究所、法医病理学公安部重点实验室，广东深圳，518000；2. 四川大学华西基础医学与法医学院，四川成都，610041）

外伤性脑血管血栓案例在法医组织学检查中少见，外伤性脑血管血栓致新鲜脑梗死案例更少见，现报告1例。

1　案例资料

某男，34岁，某日被人用手猛击头部，伤后自觉头痛、头晕、恶心、未呕吐，回单身宿舍休息，次日发现死亡。法医病理解剖检验见：尸体长168 cm，发育正常，营养中等。尸僵存在于全身大关节，尸斑位于背侧，紫红色，指压不褪色。左侧面部肿胀，角膜轻度混浊，瞳孔等大形圆，直径0.6 cm，结膜未见出血点，外耳及耳道、鼻及鼻腔、口唇未见异常，牙完好。余体表未见损伤痕迹。腹部解剖：腹壁脂肪厚2.5 cm，切开腹壁，见腹腔内20 mL草黄色液体，大网膜游离，肠系膜未见异常，肠系膜淋巴结无肿大。肝下缘位于右锁骨中线下0.5 cm，剑突下3 cm，膈肌高度左右均在第4肋间，肝脏表面光滑，暗红色，切面呈暗红色，未见结节及出血，胆道及胆囊未见结石。胰腺、脾脏未见出血。胃内少许黄褐色未消化物，量约10 mL，胃黏膜未见糜烂出血。阑尾未见异常，为盲肠后位。双肾表面光滑，暗红色，切面未见异常，肾上腺未见异常。颈部解剖：皮肤、皮下及肌肉未见出血，舌骨及甲状软骨未见骨折。双侧颈动脉及颈内动脉内膜光滑，未见动脉粥样硬化及血栓。咽喉部、气管及食道未见异常。胸腔解剖：胸腔少许淡黄色液体，左肺上叶与胸壁广泛粘连，暗红、褐色相间，切面呈暗红色，右肺表面光滑，暗红褐色相间，切面暗红色。心包腔内见少许淡黄色液，肺动脉主干及左、右分支未见血栓，主动脉内膜光滑。心脏重250 g，冠状动脉未见明显异常，主动脉瓣周径6.5 cm，肺动脉瓣周径7 cm，二尖瓣周径9 cm，三尖瓣周径11 cm。左室壁厚1.0 cm，右室壁厚0.3 cm。颅腔解剖：头皮及皮下未见出血，颅骨未见骨折，硬膜外未见出血。左侧硬脑膜张力增加，硬膜下未见出血，蛛网膜下腔未见明显出血，脑沟变浅，脑回增宽，左侧颞、顶叶脑组织大片坏死，以大脑中央前后回为中心，范围10 cm×5 cm。脑底动脉环未见动脉瘤及血管畸形，亦未见动脉粥样硬化及血栓。掰开左外侧裂见大脑中动脉主干血管有一条长0.3 cm血栓，此处血管外观未见膨隆或狭窄，

通讯作者：盛立会，男，1978年生，硕士研究生，主检法医师，主要从事法医病理检验工作，电话：18194058419。

表面呈暗红色,未见黄色斑块,触之变硬。脑切面见左侧丘脑、内囊及颞、顶叶广泛点状出血,呈倒三角形分布,大小为 4 cm×2.3 cm。脑室系统未见积血。

显微镜下见：左大脑中动脉病变处血管内膜下少许出血,腔内见混合血栓形成,无机化,无再通,管壁未见病理改变。左大脑外侧裂处蛛网膜下腔灶性出血,左侧丘脑、内囊及颞、顶叶脑皮质内广泛散在灶性出血,神经细胞肿胀明显,局部脑组织神经纤维呈筛网状改变。心冠状动脉管内膜微增厚,管腔未见狭窄,心肌间质轻度增宽,间质血管淤血,心肌未见明显异常。双肺细、小支气管未见明显异常,肺淤血、水肿明显,间质见碳尘沉积。肝、脾窦充血。双侧肾上腺髓质出血。胰腺及胃肠呈自溶改变,甲状腺间质淤血。

2　讨论

外伤性脑梗死常常是由于头部、面部或颈部受到暴力作用,致颈动脉或椎动脉至颅内动脉损伤引起脑供血中止所致[1-2],其动脉损伤分为四种类型：①动脉血管裂伤;②血管痉挛;③血栓形成;④动脉瘤形成[3]。上述发生的部位为颈总动脉至颈内动脉常见,颈内动脉至大脑中动脉起始部次之,大脑中动脉主干至其分支少见,而椎动脉罕见,其原因是颈总动脉至颈内动脉,再向上通过颈内动脉孔,这段动脉暴露于颅外,最易受到外伤,在颅内动脉向外上经外侧裂沟,向后上附颞叶表面再分为脑皮质分支,这段动脉损伤次之,相反椎动脉在椎孔内行走,进入颅内至延髓与脑桥交界处汇成基底动脉,向上分布于脑干前面,这段动脉不易损伤,这种解剖结构差异,导致损伤部位不同。其临床表现为头晕、头痛、恶心、呕吐、偏瘫,定位症状,伤后出现临床表现大约时间为血管裂伤 20 min 至 4 h,血管痉挛 4～24 h,血栓形成 1～7 d,动脉瘤 7 d 至 2 个月[4-5]。尸解发现脑梗死后,应根据脑梗死的部位,检查供应其血运的血管。从颈总动脉至内动脉以及颅内动脉环剖开检查是否存内膜裂伤或血栓,掰开大脑外侧裂检查大脑中动脉及其分支,用手触之是否有质地改变,确定有无血栓存在的可能,椎动脉可以通过造影进行检查。进一步组织学检查：动脉裂伤可见内膜的撕裂,管壁的出血致管腔狭窄。动脉的痉挛可见内弹力纤维明显收缩,内膜不规则的增厚,致管腔狭窄。动脉血栓形成可见新或旧的血栓致管腔狭窄。动脉瘤可见血管壁厚薄不均,部分弹力纤维或平滑肌缺如[6]。本案例系左侧面部遭到外力作用后致大脑中动脉上干动脉内膜损伤,形成血栓,造成其供血的脑梗死。因此,我们认为,解剖发现脑梗死时,通过组织学检查其供血血管是否存在病理学改变,才能全面地对伤与病是否存关联及关联程度进行综合的分析判断。

参考文献

[1] 李舜元,王飚,谢锐锋. 成人外伤性脑梗塞 48 例临床分析 [J] 华西医学,2008,23（6）：1257 - 1258.

[2] 魏俊,杨珉,王威,等. 颅脑损伤并发脑梗塞的相关因素分析 [J]. 中华全科医学,2012,10（10）：1573 - 1574.

[3] 苏一家. 成人外伤性脑梗塞影响因素研究进展 [J]. 海南医学,2011,22（11）：133 - 135.

[4] COGBILL T H, MOORE E E, MEISSNER M, et al. The spectrum of blunt injury to the carotid artery: a multicenter perspctive [J]. J Trauma, 1994, 37: 479 – 499.

[5] ASADOLLAHI M, RAMEZANI M. A case of post-traumatic cerebral venous sinus thrombosis [J]. Journal of Neurology and Neuroscience, 2016, 7 (4): 135.

[6] NAKAYAMA K, OBARAK, TANABE Y, et al. Interactive role of tyrosine kinase, protein kinascC, and Rho/Rhokinase systems in the mecha – notransduction of vascular smooth muscles [J]. Biorheology, 2009, 40 (1 – 31): 307 – 314.

冠状动脉心肌桥引发猝死的法医学鉴定

张晓东[1] 宋涛[2] 李波[3] 孟航[1] 马开军[1]

(1. 上海市公安局物证鉴定中心,上海,200083;2. 上海市公安局闸北分局,上海,200072;3. 济宁邹城市公安局刑侦大队,山东济宁,273500)

猝死是在日常生活、工作或睡眠中,出乎人们意料的情况下发生的突然死亡,是由于机体潜在的疾病或重要器官急性功能障碍导致的意外的突然死亡[1]。猝死者身体往往貌似"健康",预先没有明显症状和体征,或者仅有极轻微的几乎不会想到可能致死的症状或体征。由于死亡突然,人们没有思想准备或应急措施,往往会引起家庭纠纷、社会矛盾等,这对法医的检验鉴定提出很大的挑战。冠状动脉心肌桥引发的猝死是猝死中比较特殊的一种,现将法医检案中遇到的这种特殊情况加以分析。

1 案例资料

1.1 案例1

某年4月,在上海一医院急诊抢救室收治一名来院已死的病人。经民警了解,死者系在他人家中与人争吵、打架后死亡。死者为男性,年龄26岁,营养发育良好。检验时死者衣着正常,未见破损。头顶部表皮剥脱伴皮下出血0.5 cm×1 cm,左下眼睑表皮剥脱0.2 cm×0.3 cm。除此外体表未见明显损伤。

1.1.1 解剖检验

颅骨无骨折,脑组织未见出血。颈部肌肉等软组织未见出血,舌骨、甲状软骨无骨折,食管内未见异物。会厌部及气管腔内见少量血性泡沫。胸、腹部软组织无出血,胸骨、肋骨无骨折,两肺水气肿,心、肺外膜下见散在出血斑、点,肝脏、脾脏等实质脏器均呈淤血状,未见破损。胃内检见约50 g糊状物,胃黏膜下广泛出血。膀胱充盈。十指甲床发绀。

1.1.2 病理检验

(1) 器官检查:心脏重251 g。心外膜光滑,左心室心尖部见点状出血。左、右心腔未见扩张,心肌呈暗红色,质地中等。左心室壁厚1.1 cm,右心室壁厚0.3 cm;心

作者简介:张晓东,男,山东人,副主任法医师,主要从事法医病理学和法医临床学鉴定工作;电话:13918072860。

通讯作者:马开军,男,安徽人,主任法医师,上海市公安局物证鉴定中心副主任,主要从事法医病理学和法医临床学鉴定、管理工作;地址:上海市虹口区中山北一路803号上海市公安局刑侦总队法医室;邮编:200083;电话:13918509114。

脏各瓣膜未见异常，各瓣膜周径测量如下：二尖瓣 8 cm，三尖瓣 10 cm，主动脉瓣 5.5 cm，肺动脉瓣 6 cm。冠状动脉开口未见异常，各分支未见粥样硬化病变，冠状动脉左前降支中下段走行于心肌内，被心肌覆盖。

（2）组织病理检查：心外膜下灶性淋巴细胞浸润，局部心肌排列紊乱，呈分叉状排列，个别心肌细胞肥大，部分心肌呈波浪样排列，嗜伊红染色增强，心肌散在灶性溶解伴少量淋巴细胞浸润。局部心内膜下心肌间质纤维组织增生。冠状动脉左前降支中段走行于心肌内，被心肌纤维覆盖。

（3）病理学诊断：冠状动脉心肌桥，急性心肌缺血。

鉴定结论：本案例系冠状动脉左前降支心肌桥致急性心肌缺血、心功能衰竭而死亡。外伤、情绪激动等可以是其发作的诱发因素。

1.2 案例 2

某年 11 月，某人因纠纷与他人发生肢体冲突后倒地不起，送医院抢救无效死亡。死者为男性，年龄 51 岁，营养发育良好。检验时死者全身赤裸。左侧枕部见 4 cm × 2.5 cm 的头皮下出血，左右上眼睑、鼻背部及左颧部见散在皮下出血。此外，体表未见明显损伤。

1.2.1 解剖检验

头皮下未见出血，两侧颞肌无出血，颅骨无骨折，硬膜外、硬膜下及蛛网膜下腔均未见出血，脑组织未见挫伤、出血。颈部肌肉无出血，舌骨、甲状软骨未检见骨折，食道检见少量胃内容反流物，气管黏膜下出血，气管腔内检见少量黏液。胸骨及两侧锁骨、肋骨未检见骨折；胸腹腔各脏器未见破损，胸腹腔无积血、积液，心脏表面见白斑，心、肺外膜见多量出血点，心脏呈"牛心"状改变，胃内见约 400 mL 糊状液体，其内含有米饭粒、菜叶等有形成分，膀胱空虚。十指甲床发绀。

1.2.2 病理检验

（1）器官检查：心脏重 543 g。心脏体积增大，心外膜下见多量脂肪组织沉积，右心前壁见 4 cm × 1.2 cm、1.7 cm × 0.6 cm 白色腱斑，左心耳见多处小片状白色腱斑，左心前壁近心尖处见 1.5 cm × 1.2 cm 白色增生性纤维膜性结构，心内膜光滑，心肌呈暗红色，质地中等，左、右心室腔未见扩张，左心室壁厚 1.5 cm，右心室壁厚 0.4 cm。主动脉瓣膜灰白色增厚，质地硬，各瓣膜未见赘生物，周径测量如下：二尖瓣 8 cm，三尖瓣 12 cm，主动脉瓣 5.5 cm，肺动脉瓣 6.5 cm。冠状动脉未见粥样硬化改变，左前降支距开口处 2.6 cm 起走行于浅层心肌内，长约 2.5 cm，心肌桥厚度为 0.1～0.2 cm。

（2）组织病理检查：局部心外膜略增厚，外膜下见灶性淋巴细胞浸润。部分心肌细胞肥大，局部心肌排列紊乱，片状心肌细胞断裂、嗜伊红染色增强，局部心内膜下心肌细胞肿胀，胞浆崩解，可见收缩带，胞核内可见脂褐素，心肌间质纤维组织增生，散在灶片状纤维瘢痕伴小灶性淋巴细胞浸润，间质小血管高度淤血。冠状动脉左前降支局部内膜轻度增厚，余各主要分支未见异常。主动脉瓣膜重度纤维性增厚伴局部黏液样变性，可见钙化灶。

（3）病理学诊断：冠状动脉左前降支心肌桥，急、慢性心肌缺血改变。主动脉瓣膜纤维性增厚。

鉴定结论：本案例系冠状动脉左前降支心肌桥致急性心肌缺血、心功能衰竭而死亡，外伤、情绪激动等可以是其发作的诱发因素。

2 讨论

心血管疾病猝死占成年人猝死的第一位。据统计全世界范围内每5秒钟就发生1例心肌梗死。根据我国疾病猝死资料分析，因心血管病引起的猝死占了50%～60%，居猝死发生率之首，但冠状动脉心肌桥引发猝死的案例报道比较少。

冠状动脉心肌桥是一种先天性的冠状动脉发育异常。冠状动脉主干及其分支通常行走于心脏表面的心外膜下脂肪中或心外膜深面，然而在冠状动脉发育过程中，冠状动脉或其分支的某个节段被浅层心肌覆盖，在心肌内走行，被心肌覆盖的冠状动脉段称壁冠状动脉，覆盖在冠状动脉上的心肌称为心肌桥（myocardialbridge，MB）[2]。心肌桥是冠心病发病的因素之一，会引起心肌缺血。心脏收缩时狭窄，心脏舒张时冠状动脉压迫被解除，心肌供血又恢复正常。好发部位常在冠状动脉的心肌内段，尤其是左前降支的心内段。心肌桥分为表浅型和纵深型。表浅型因为心肌桥薄而短，对冠脉血流影响较小，一般不会出现明显的心肌缺血症状。纵深型因为心肌桥厚而长，对冠脉血流影响大，会导致心肌缺血，引发猝死。

冠状动脉心肌桥通常要在某些诱发因素下，才会引起猝死。目前常见的诱因有：精神、心理因素，如暴怒、狂喜、恐惧、争吵、情绪激动等；剧烈运动、搬抬重物、过度疲劳等，都使心脏负荷突然增加。

对于冠状动脉心肌桥引发猝死的法医学鉴定，首先，要排除颅脑损伤、重要脏器及大血管破裂等暴力性外伤导致的死亡；其次，进行详细的解剖和病理检查，寻找导致死亡发生的病理因素。在本文的2例案例中，均发现心脏冠状动脉左前降支中下段走行于心肌内，被心肌覆盖，并且心肌纤维波浪样变性，嗜伊红染色增强，心肌灶性溶解伴少量淋巴细胞浸润，具有典型的急性心肌缺血表现；最后，一定要紧贴案情，了解案发当时的状况，因为这种猝死一般会有诱发因素，这2例案例中，死者生前均是在与他人争吵、打斗中猝死的。

综上所述，对于冠状动脉心肌桥引发猝死的诊断，我们一定要把案情、尸检及病理检查综合分析，只有这样，才能得出正确的鉴定结论，为死者家属提供具有说服力的资料。

参考文献

[1] 赵子琴. 法医病理学[M]. 4版. 北京：人民卫生出版社，2012：405-411.

[2] PORSMANN W, IWIG J. Intramural coronary vessels in the angiogram[J]. J Fortschr Geb Rontgenstr NUKlearned, 1960, 92: 128-133.

死因竞争的分析基础——从 1 例野外火烧尸体案例谈起

张彦甫[1] 冯越[2] 董玉友[1] 马剑龙[1] 杨宇[1] 任志[1]

(1. 深圳市公安局刑事科学技术研究所、法医病理学公安部重点实验室,广东深圳,518000;
2. 四川大学,四川成都,610000)

火场中尸体往往因焚毁碳化等原因,体表损伤特征遭到破坏,而不能准确判断死亡方式,进而确定案件性质。所以,对于该类死亡,需要特别注意进行细致而全面的尸体检查。而在面对外部损伤与自身疾病因素互相叠加的复杂案件时,更需要通过尸体检验,厘清主次,方可正确推断出死亡方式。

1 案例资料

1.1 基本案情

2018 年 1 月 31 日 16 时许,某派出所接一男子报称,在某山荔枝林,发现其父亲许某死亡,原因不详。1 月 30 日,该所曾接许某家人报案称其前一日失踪,公安机关通过技术手段测定许某停留于某山后寻找,第二天许某被家人发现在山间树林内死亡。

1.2 现场勘查

野外开放式现场,现场保护较好。死者仰卧于一棵荔枝树下地面,双腿微蜷曲,双臂张开,口唇微张,右手指尖有黑色炭末。距右脚前侧 10 cm 处有一块类方形石块,石块表面有青苔和泥土附着,翻起后下面较清洁。尸体周围地面布满枯叶,尸体足部以远 1 m 处有一处 2.4 m×1.6 m 燃烧灰烬残留的火坑,周围有尺寸近似的石块围绕,烧灼无向外蔓延痕迹。火坑内残留一个打火机金属盖,余为炭化的树枝、树叶。火坑正上方树冠有烟熏和高温灼烧痕迹。

1.3 尸体检验

1.3.1 衣着情况

尸体所着衣物烧灼程度以小腿、大腿前侧、上衣两侧、近腹部及袖管上部为重,领口、胸部、受压与地面接触部位及鞋烧灼痕迹轻微或没有。左脚从鞋内脱出,右鞋外侧大量泥土附着,两鞋内均有泥土附着。两侧裤兜中各发现一个烟盒锡纸。

1.3.2 尸表检验

中年男性尸体一具,发育正常,营养良好。尸长 170 cm,黑色短发,发长 1.0 cm。

作者简介:张彦甫,男,硕士,主检法医师,主要从事法医临床学和法医人类学研究;电话:18938088958。

小关节较松弛,大关节僵硬。尸斑浅淡,呈淡紫红色,位于腰背部未受压处,尚未完全融合成大片状,指压可完全褪色。

尸体颈部、双上臂、腋下、腹部、会阴部、双下肢皮肤可见不同程度烧伤,总面积达61%。其中双上肢背侧呈Ⅲ度烧伤,可见焦痂及部分炭化,臀部及双下肢烧伤呈Ⅲ~Ⅳ度烧伤,可见大片焦痂及炭化。烧伤皮肤与正常皮肤交界处可见红斑、水疱。

额面部轻度充血,色红,左下颌及左耳轻度烧伤及熏黑。左侧嘴角至耳前有血性液体流注痕迹。

双侧球睑结膜充血,角膜轻度浑浊。睫毛尖端和眉毛尖端焦化卷曲,头发无明显烧灼痕。鼻内见少量炭末,鼻毛烧焦。口唇黏膜未见损伤。

1.3.3 解剖检验

顶部头皮一处6.0 cm×4.0 cm挫伤,双侧颞肌片状出血并形成血凝块,所对应部位头皮和颅骨未见损伤,余颅骨及脑组织未见异常。喉室黏膜充血水肿,气管内存在大量血性黏液及泡沫附着。黏液内可见细小的呈丝状排列的黑色颗粒物。胸壁皮下软组织未见损伤,肌肉颜色鲜艳偏红,胸部肌群未见出血,胸骨、肋骨未见骨折,双侧胸腔未见积血、积液。

双肺淤血水肿,右肺中叶与下叶间见少量出血点,部分与胸壁粘连。

左心室前壁呈局灶性灰白色改变,三尖瓣周径11.0 cm,肺动脉瓣周径7.5 cm,主动脉瓣周径6.5 cm,二尖瓣周径9.0 cm,左室壁厚1.1 cm,右室壁厚0.2 cm。左冠状动脉前降支粥样硬化伴钙化,管腔Ⅲ~Ⅳ级狭窄,右冠状动脉粥样硬化,管腔Ⅱ级狭窄。

肝质硬,表面凹凸不平呈颗粒样改变,体积明显增大,切面红黄相间。脾脏体积增大。双肾体积稍大。

胃黏膜出血;胃内有约20 mL灰褐色液体,内含细小沙石。小肠内为黄褐色食糜,含炭化的植物叶片叶梗,从十二指肠至距离幽门6 m处间断发现炭化树叶。

1.4 病理组织学检验

大脑、小脑蛛网膜下腔及实质血管淤血,大脑蛛网膜下腔可见散在出血,大脑皮质内可见噬神经现象及卫星现象。小脑实质血管淤血,皮、髓质结构清晰。脑干实质未见出血,小血管扩张淤血,个别血管周围见粉红色颗粒样渗出。

胸腺见大量脂肪组织。甲状腺血管扩张淤血,甲状滤腺泡内胶质充盈、呈均质红染,滤泡大小不一,部分滤泡胶质内可见椭圆形淡蓝染物质。局部可见灶性淋巴细胞浸润。

双肺血管扩张淤血,多数肺泡内可见均质粉染物质,部分肺泡间隔断裂,邻近肺泡融合,形成较大含气腔。

左冠状动脉前降支内膜不规则增厚,内膜下见粥样斑块,斑块大部分钙化,管腔Ⅲ~Ⅳ级狭窄。右冠状动脉内膜不规则增厚,内膜下见粥样斑块,斑块大部分钙化,管腔Ⅱ级狭窄。心外膜下散在出血,间质血管淤血;左、右心室壁大部分心肌排列整齐,局部排列紊乱呈波浪状,心肌细胞及肌束间隙缩窄,灶性心肌出血,灶性心肌钙化。窦房结区及房室结区可见结细胞。

肝细胞片灶性脂肪变性，肝内血管扩张淤血，肝血窦空虚。肝小叶结构消失，汇管区之间纤维结缔组织增生，包绕肝细胞形成假小叶，汇管区灶性炎细胞集聚，以淋巴细胞为主。

脾被膜未见增厚，红、白髓质可区分，小血管扩张淤血。胃壁黏膜下血管淤血，见少量淋巴细胞散在。肾上腺皮质、髓质结构清晰，血管淤血未见出血。肾内血管扩张淤血。肾小球内血管淤血，肾小囊壁层未见增厚。部分近曲小管上皮细胞浊肿脱落，远曲小管结构尚清。

左胸部皮肤局部表皮与真皮分离，表皮层内见小气泡；皮下脂肪散在出血。

右小腿内侧皮肤表皮层与真皮层间均见较多含气腔隙，局部剥脱分离，真皮乳头层变扁平，真皮内胶原纤维融合，嗜碱性增强，血管腔内充满均质红染物质。

左大腿前侧皮肤局部表皮缺失，部分表皮内见小气泡，皮下组织血管淤血。

1.5 病理学诊断

①冠状动脉粥样硬化：左冠状动脉前降支管Ⅲ～Ⅳ级狭窄，右冠状动脉Ⅱ级狭窄，心肌早期缺血性改变；②蛛网膜下腔出血；③肝硬化；④肺水肿、肺气肿；⑤多器官淤血改变（心、脑、肾等）。

1.6 毒化检验

①死者心血中未检出乙醇、碳氧血红蛋白成分；②死者尿液中未检出常见毒品、安定、硝基安定、利眠宁、艾司唑仑、咪哒唑仑、阿普唑仑、三唑仑、巴比妥、苯巴比妥、速可眠、氯丙嗪、异丙嗪、泰尔登、氯氮平、阿米替林、多虑平成分；③现场火坑内灰烬、尸体背侧衣物、尸体下方地面树叶、土壤均未检出汽油、柴油、煤油等助燃剂成分。

2 分析讨论

2.1 死因分析

本案例中死者存在多种损伤，如钝性机械性暴力、热力作用并伴有严重的内源性疾病。如何在死因竞争中得到正确答案，下面我们来逐一分析。

2.1.1 机械性损伤

死者除顶部头皮挫伤外体表无严重机械性暴力损伤。双侧颞肌出血但对应部位头皮无明显损伤，颅骨未见骨折，脑实质亦无明显损伤。即可以排除机械性暴力损伤致死的因素。

2.1.2 热作用损伤

（1）死者烧伤面积达61%，其中双上肢呈Ⅲ度烧伤，可见焦痂及部分炭化，臀部及双下肢烧伤呈Ⅲ～Ⅳ度烧伤，可见大片焦痂及炭化。烧伤皮肤与正常皮肤交界处可见红斑、水疱，存在生活反应，但程度相对微弱，表明死者受到严重的烧灼伤，且当时没有处于生物学死亡期。但死者面部毛发经灼烧后卷曲，额面部充血发红，但身体前侧体表及衣物的烧灼程度较低或没有，背部则完全没有烧灼痕迹，烧毁的衣物碎屑自然脱落于尸体倒卧位置周围，说明死者曾与直立位或坐位接触火源，但短时间即倒下，其后在身体受到强热力作用时，没有明显的动作与位移，与正常状态下人生前烧伤的自然躯体反应不同，烧伤不能成为独立死因。

尸体体表烧伤区域周缘红斑浅淡，呼吸道内烟灰较少，提示死者生活反应不明显，且在火场内呼吸时间较短。符合濒死期烧伤之特点。

（2）尸体检验查见喉充血、水肿明显，支气管黏膜呈樱红色，肺水肿，肺表面可见少量针尖样出血点，符合死者生前吸入灼热、刺激性气体引起急性窒息的病理表现。窒息现象明显，但吸入烟灰较少，且窒息死亡是一个相对缓慢的过程，不能解释死者倒下后迅速死亡的现象。

2.1.3 内源性疾病

解剖同时发现死者基础疾病严重，左心室前壁呈局灶性灰白色改变，病理组织学查见心肌波浪化、心肌出血等的早期缺血性反应，左冠状动脉Ⅲ～Ⅳ级狭窄及严重肝硬化。冠状动脉的严重病理基础，加之心肌出现缺血性表现，提示存在冠脉疾病急性发作的高度可能性，也解释了死者生前受烧灼伤，但迅速倒地死亡的原因。

综上所述，死者生前大面积烧伤、火场窒息、急性心血管疾病发作等任何单一死因难以解释所有的尸体现象。当Ⅱ度烧伤占1/2体表面积或Ⅲ度烧伤达1/3体表面积时，即可引起死亡[1]。故死者符合冠状动脉粥样硬化性心脏病急性发作后，引燃衣物、烧伤，最终死亡的过程。

死者胃肠中大量树叶和砂石，而无口唇及消化道的明显机械性损伤，反映出死者生前长期未能正常进食，自主吞咽异物充饥的状态。且据调查，死者生前有数十年饮酒史，曾经因肝病就医后家属嘱戒酒，但平时经常饮酒，失踪前晚仍有饮酒。而死者生前因饥饿、寒冷、存在严重肝脏疾病等均可成为冠状动脉粥样硬化性心脏病发作的诱因。

2.2 现场重建

死者许某于1月29日凌晨离家后，一直在山上停留。后在林中低洼处用石块圈出区域，用随身携带的打火机点燃枯枝落叶等进行取暖，以树叶和碎石子为食。死者在火坑前蹲着烤火取暖时，因冠心病急性发作，倒入火场引发衣服着火，许某受到火焰灼烧后反射性后退，被身后的石块绊倒，石头翻起，左足亦从鞋中脱出。许某身上的火继续燃烧，吸入灼热刺激性气体导致窒息。最后，许某在心脏疾病和热力联合作用下死亡。

3 结语

该案最大的特点在于，表面上看死者受到火烧时没有明显的位移和动作，似乎属于杀人焚尸现场。而通过法医学检验，尸体上有红斑、水疱以及呼吸道内炭末，都证明死者为生前烧伤。由于这两种角度的不同，推断出的案件性质也会完全不同：如果是焚尸则必定有第三人在场，可能是杀人焚尸案件；如果是烧死，则自杀、意外的可能性更大。

随着例如尸体脚边的石块、心血中未检出碳氧血红蛋白、死者胃肠中的树叶石子、严重肝硬化、调查得知的饮酒习惯、冠心病及心脏梗死灶等线索的发现，各种信息混杂，此时更需要厘清关键证据和证据之间的逻辑关系：死亡原因的准确判断，正是通向揭露案件真相的一把钥匙。

机械性暴力损伤、窒息、烧伤和急性冠心病发作都有可能成为独立的死亡原因。但通过细致的尸体检验和对损伤特征、病理变化及意义的准确把握，结合丰富的现场信息，运用逻辑推理的方法，最终在多死因竞争的情况下确定死亡原因，并成功重建了现场发案过程。

参考文献

［1］丛斌. 法医病理学［M］. 5版. 北京：人民卫生出版社：2016.

珠江中勒颈自杀分析1例

石河 宋贞柱 何树文

（广州市公安局、法医病理学公安部重点实验室，广东广州，510030）

1 案例资料

1.1 简要案情

某男，33岁，于2018年5月27日被发现死在珠江边，颈部用电线缠绕悬吊在水中。据调查，死者于2018年5月26日下午离开家后与家人失联，有大量债务。

1.2 现场勘验

现场位于珠江堤岸边，尸体悬浮在江边水中，呈俯卧位，距堤岸20 cm，堤岸距水面高2 m，有一梯子可下至水中，岸上有一根白色线管，电线一端从线管伸出后沿梯子下垂至江中，在颈部缠绕2圈，无打结。现场未发现打斗等痕迹物证。

1.3 尸体检验

（1）尸表检验。上身由外至内穿白色斑点黑色圆领短袖T恤；下身由外至内穿黑色条纹白色方格中裤，蓝色三角短裤。足穿黑色短袜，灰色、紫色相间波鞋。中裤右后裤袋内有一张姓名为"杨某"身份证，住址为"广州市海珠区××巷×号"，中裤左前下裤袋内有一张住户证。死者衣着整齐，上身穿短袖T恤，下身穿灰色短裤、黑色内裤，赤足。尸斑形成于背侧未受压部，指压稍褪色；尸僵开始形成于全身各关节，程度中等；指甲床发绀，角膜透明，可见瞳孔；球睑结合膜可见出血斑。口唇发绀，面部呈淤血状，可见较多散在性的出血点；舌尖露出列齿外，舌尖上可见牙齿的咬痕；鼻腔有血性液体流出。颈部喉头下方有2道闭锁勒沟，呈水平状环绕颈项部。

（2）解剖检验。脑淤血水肿。颈部勒痕下颈部肌肉无出血，舌骨、甲状软骨无骨折；喉室黏膜可见散在性出血点；颈椎未见骨折。心外膜有点状出血。肺有捻发感，水性肺气肿明显，肺切开有大量泡沫状液体流出，气管支气管内有少许泡沫。肺叶间膜可见散在的点状出血。颞骨岩部出血明显。余脏器未见明显损伤及病理性改变。

（3）硅藻检验。

（4）毒物检验。在所送心血中未检出常见巴比妥类、苯二氮䓬镇静催眠药，未检

作者简介：石河，男，安徽砀山人，主任法医师，主要从事法医病理学、法医临床学检验鉴定工作，电话：13924269650@139.com。宋贞柱，男，安徽和县人，副主任法医师，主要从事法医病理学、法医临床学检验鉴定工作，E-mail：songzhenzhu@21cn.com。何树文，男，江西新干人，硕士研究生，副主任法医师，主要从事法医病理学、法医临床学检验鉴定工作，E-mail：hsw1214@163.com。

出乙醇。

2 讨论

2.1 死亡原因

本例尸体检验见颜面部瘀紫,有多处出血点,球睑结膜有出血斑,心肺外膜有出血点等明显窒息征象,颈部缠绕2圈电线,有明显勒沟,双肺水性肺气肿明显,肺切面有泡沫液体流出;结合实验室检验及案件调查分析认为,死者符合电线勒颈合并溺水死亡[1]。

2.2 案件性质

根据现场勘查、尸体检验及调查访问情况分析,本案性质应为自杀案件。理由为:①颈部缠绕电线自己可以形成:岸边水浅,死者能够站立;电线没有打结,可以主动松开求生。②尸体检验未发现抵抗伤及其他致命外伤及疾病,体内未发现常见镇静催眠药,可排除损伤或者药物致其失去反抗后被他人用电线勒颈的可能。③现场用于勒颈的电线为岸边工程电线,很长,不方便作案使用。④死者生前因赌博欠下较多债务,有自杀动机。⑤现场监控发现死者独自一人在江边徘徊,后下至江中,站在水里用岸边垂下的电线缠绕颈部。综上所述,死者符合自己站在江中用电线缠绕颈部致窒息合并溺水死亡。

自杀勒死不少见,自杀溺死更是常见,但在水中勒颈合并溺死较为罕见,分析原因为:一是岸边水较浅,堤岸仅高2 m,若从岸边跳入江中,不一定能溺死;二是岸边有梯子可下至水中,堤岸线管刚好有损坏的电线伸出垂落,死者站在水中用电线勒颈昏迷后再沉入江中可确保死亡。

参考文献

[1] 赵子琴. 法医病理学 [M]. 4版. 北京:人民卫生出版社,2009:298-303,316-331.

法医病理学应用创新

论虚拟解剖在法医学检验中的应用

张宏　赵俊

（株洲市公安局刑事科学技术研究所，湖南株洲，412000）

虚拟解剖（virtual autopsy）又叫无创解剖，是指利用影像学技术（CT、MRI）获取尸体表面及内部详细影像学信息，构建人体器官组织的二维或三维图像，为判断死亡原因和死亡方式等提供线索的一种非侵入性（微创）的新型"解剖"技术。公安法医的尸体检验目的是查明刑事案件中死者的死亡原因、成伤机制，推断致伤物和分析判断非正常死亡现场的性质。在日常工作中，法医大部分检验的是非正常死亡尸体，包括高坠、溺水、火灾、电击、交通事故、中毒、猝死等。例如，湖南株洲地区近5年来法医检验尸体共1 852具，其中命案尸体只有158具。很多非正常死亡事件，办案单位和死者家属的诉求并不是要查明死亡原因，而是要排除一些死亡原因和损伤方式，以明确案（事）件的性质。因风俗或者家属的意愿，导致很多尸体没有办法进行解剖。如何能够在不破坏尸体的前提下尽量得到法医所需的资料，有的地区将虚拟解剖开始应用于日常的尸体检验中，并解决了相关问题，化解了社会矛盾[1]。由此可见，虚拟解剖是法医检验尸体的一种重要手段。

1　案例资料

1.1　案例1

罗某，女，4岁，2014年8月×日，在幼儿园就读期间突然出现呕吐，经医院抢救无效于40 min后死亡。家属认为死者不管是食物中毒还是损伤致死，园方负有不可推卸的责任。而园方则认为己方没有责任，要求走司法程序解决。双方情绪激动，无法调和。法医对尸表进行检验，未见明显伤痕，建议进行系统解剖检验，查明死因，死者家属坚决反对解剖。在此情况下，法医提议将死者尸体送至医院进行CT三维重建检查明确是否有骨折、颅脑损伤等异常情况，并提取死者的血液及现场地面呕吐物送毒化检验明确是否有食物中毒。该提议当事双方均无异议。经CT三维重建检查发现颅脑未见损伤改变、全身无骨折，毒化检验未检出常见毒物。将检验情况通报当事双方后，双方均未提出异议，同意协商解决该事件。

作者简介：张宏，1977年生，株洲市公安局刑事科学技术研究所，副主任法医师；电话：13874171961；E-mail：6675335@qq.com。

赵俊，株洲市公安局刑事科学技术研究所，法医师；电话：15507330535；E-mail：329664630@qq.com。

1.2 案例2

于某,男,64岁,2014年6月×日被发现死于小区自家楼下的躺椅上。经法医初步尸表检验,死者枕部可见一处3.0 cm×2.5 cm头皮挫伤,余未见损伤。死者现任妻子刘某私下向民警反映:当天凌晨1时许,死者的儿子小于(17岁,系于某和前妻所生)到家中要钱去上网,父子发生口角,死者将儿子小于追打到了楼下,怀疑是小于在楼下打击于某头部致死。当民警提出解剖尸体时,死者其余家属均强烈反对,认为是突发疾病死亡,没有必要解剖。强行解剖,如排除外界暴力致死,可能会引起家属反感并造成刘某和死者近亲属间的矛盾;不解剖,可能漏掉一起命案,且没有办法解除刘某心中的疑问。法医提出:将死者的尸体送至医院进行头部、颈部及胸腹部的CT扫描,如果发现颅内有出血、脑挫伤等异常情况就不能排除刑事案件,按照相关规定必须进行尸体解剖。该意见得到了家属的理解并同意。经CT检验,未发现脑挫伤及颅内出血等异常。死者近亲属和现任妻子刘某对检验结果均无异议。公安机关获取了于某非外伤致死的证据,为不予立案提供了依据,消除了以后死者妻子刘某上访的隐患。

1.3 案例3

张某,男,31岁,2016年5月×日被枪击致死。经尸表检验,在尸体左胸部腋前线平第四肋发现一1.4 cm×0.7 cm大小的枪弹伤入口,未见出口。为寻找弹丸,在进行解剖检验前将死者尸体运至医院行X线检查,基本确定了弹丸所在的位置,在尸体解剖时,很顺利地找到了弹丸。

2 讨论

从上述案例中可以得知虚拟解剖有以下优点:①外界干扰小,易于施行。很多的案(事)件因为死者家属的原因或者是风俗的原因造成全面解剖尸体的难度很大,而不进行系统的检验公安机关又无法确定案件的性质,如高坠、猝死等。《中华人民共和国刑事诉讼法》第一百二十九条尸体解剖的程序规定:"对于死因不明的尸体,公安机关有权决定解剖,并且通知死者家属到场。"但是这样容易造成公安机关和死者家属及乡邻的反感,甚至引起群体性事件。而虚拟解剖在某些情况下能够起到很好的作用。②时效性更好。有相关研究表明,虚拟解剖每例尸体的CT检验时间,包括摆放位置及扫描检验时间为10~15 min,初步诊断时间约需15 min,后续阅片及三维重建的时间45~90 min。而解剖时间根据损伤部位多少以及分布不同而有区别,为3~5 h[2]。③相对干净、安全。对尸体没有额外的创伤,减少法医工作者直接接触尸体的机会和时间,有效地降低了接触带有传染源尸体的概率,从而降低了接触传染性疾病的概率。④保存性、经济性更好。很多地方命案尸体解剖后,尸体一般都需要保存一定时间,很多家属不能接受,且长期存放在殡仪馆会产生一定的费用。而虚拟解剖可以通过相关辅助检验,将尸体损伤转换为图像、视频等方式保存,可以一定程度上解决这些问题。⑤直观性、客观性、广泛性更好。虚拟解剖在枪弹伤的弹丸的寻找、原始弹道(创道)的还原更加直观、客观。作为案件的证据提交法庭,可以让控辩双方更加直观地看到检验图像,增强证据的效力。虚拟解剖还可以更多地应用于交通肇事案件的解剖。现在很多地区公安机关法医在交通肇事案件仅做尸表检验,不进行系统解剖,只要解决了民事纠纷，死因问题不再深究，最后往往具体死亡原因不了了之，这其中存在很大隐患。如果能够实现虚拟解剖，那么交通肇事案件的解剖率将会大为提升，案件质量也将大有保证[3]。

虚拟解剖具有以上优点，但是也有其局限性：①缺乏开展虚拟解剖的相关法律依据。根据《中华人民共和国刑事诉讼法》第一百二十九条，对于死因不明的尸体，公安机关有权决定解剖，并且通知死者家属到场。而关于虚拟解剖则没有相关的法律依据。②缺乏公共行业标准等相关操作规范和指南。在美国，在法医学解剖中，X 线检查作为辅助检验和支持性服务的常规项目[4]。在欧盟法医学尸体规则中，X 线检验也广泛应用于儿童虐待死、枪击死、爆炸死等死亡中[5]。如对于腐败尸体、水中尸体等的作用不大，也无法查明非正常死亡尸体的具体死亡原因[6]。必须结合具体情况来决定是否采用虚拟解剖，而不是像系统解剖那样可以适用于所有的尸体检验。我国没有类似的操作规范明确可以进行虚拟解剖的类别。③法医专业人才影像学知识匮乏。法医缺乏影像学知识的系统培训，对于 CT、MRI、MRA 等影像学专业认识不够，学习不深，甚至从未涉及。

虚拟解剖具有无创（微创）性、原位性、保存性、客观性、科学性、便捷性等特点，由此可见，虚拟解剖应用于法医学实践是大势所趋[7]。在我国，将虚拟解剖应用于法医尸体检验中，笔者认为可需要采取以下措施：①尽快出台相关法律法规，在法律上承认虚拟解剖的检验结果。②制定虚拟解剖的操作规范，逐步推行虚拟解剖的发展。虚拟解剖可以广泛应用于非正常死亡的尸表检验、交通事故、枪弹伤弹丸的寻找。对于溺水、高腐、中毒等死亡尸体虚拟解剖可以协助排除相关机械性损伤。可以针对现有的影像学检查利用各自的优势在尸体检验中进行专科检查，如 X 线可以进行平面骨骼摄影。CT 检验可以进行无创断面解剖，MRI 可以进行断面软组织解剖，MRA 可以进行血管的定位、定向，而 CT 三维重建技术可以通过计算机后期处理得到立体的图像，让法医及相关人员更加直观、客观的结论，弥补系统尸体解剖中无法还原、肉眼难以分辨、容易遗漏的损伤，同时图像、视频等证据可以得到长期保存。③加强法医专业人才的影像学知识培训，为虚拟解剖的逐步开展打下坚实的理论基础。在相关规范的指引下，虚拟解剖利用高科技手段与系统解剖相结合，取长补短，将会有助于提高和丰富法医检验手段。

参考文献

[1] 夏辉，杨晓光，童铁军. 无创伤解剖在尸体检验中的应用 [J]. 刑事技术，2011（3）：46-47.

[2] 郑剑，刘宁国，邹冬华. 三维螺旋 CT 在机械性损伤尸体检验中的价值 [J]. 中国法医学杂志，2010，25（3）：150-154.

[3] 王泓杰. 对交通肇事案中的死者进行"全面尸检"的必要性及措施 [J]. 犯罪研究，2014（4）：64-68.

[4] 张海东，杨天潼，刘良. 美国《法医学尸体解剖执行标准》介绍 [J]. 法医学杂志，2009，25（2）：141-145.

[5] 陈忆九，邓建强，颜峰平. 欧盟成员国法医学尸体解剖规则介绍 [J]. 法医学杂志，2005

(21): 8 - 12.

[6] 鄢思倩, 刘力. 虚拟解剖技术在溺死检验中的研究进展 [J]. 刑事技术, 2016 (41): 13 - 15.

[7] 沈春宇, 陈正莲, 陈新山. 法医学的革命: 虚拟解剖的研究现状及前景展望 [J]. 医学与法学, 2014 (6): 82 - 84.

吸食冰毒后尸体特殊损伤的法医学鉴定

张晓东[1]　李波[2]　宋涛[3]　马开军[1]

（1. 上海市公安局物证鉴定中心，上海，200083；2. 济宁邹城市公安局刑侦大队，山东济宁，273500；3. 上海市公安局闸北分局，上海，200070）

吸毒已经成为当今世界一个普遍性问题。21世纪以来，世界毒品消费和生产格局已发生了明显变化，以冰毒为代表的苯丙胺类兴奋剂等新型毒品，将逐步取代海洛因、鸦片等传统毒品成为全球范围滥用最广的毒品。由于吸食冰毒后，滥用者精神极度兴奋、易冲动，会出现幻听、狂躁及暴力倾向等症状，行为反常，举止怪异，如果不加制止，容易造成连吸食者自己都没有察觉到的身体损伤伤害。现将法医检案中遇到的这种情况加以分析总结。

1 案件材料

1.1 案例1

某男，33岁，某日早晨在一繁华街道旁绿化带内被发现已经死亡。死者上身穿黑色T恤，下身穿黑色牛仔裤及红色短裤，两足均无鞋，右足黑色袜子破损，并上移至右踝部，左足无袜子，两足底沾有大量尘土。

尸体检验：死者两眼角膜清晰，瞳孔散大等圆，睑结膜淤血，球结膜有多处出血斑。枕部在15 cm×7 cm范围内见散在的头皮挫擦伤。颜面部、颈项部、胸腹部、背部及两上肢皮肤有散在的方向凌乱、大小不一的表皮剥脱伴皮下出血，最小为0.3 cm×0.1 cm，最大为12 cm×7 cm。尸体解剖：右枕部头皮下有1 cm×1 cm出血，颅骨未见骨折，脑组织高度水肿、淤血。颈部肌肉等软组织未见出血，舌骨及甲状软骨无骨折。食道内未见异物，气管腔内有少量淡红色泡沫。胸腹壁肌肉未见损伤、出血，胸、肋骨无骨折。心外膜下未见出血点，两肺水肿，外膜下有出血斑。胃内有液体约100 mL及极少量食物残渣，胃黏膜未见出血。小肠内可见大量液体，膀胱充盈。毒化检验：死者的心血中检出甲基苯丙胺成分，其含量为1.44 μg/mL，未检出常见安眠镇静药物和乙醇成分。死者的尿液中检出甲基苯丙胺成分。

1.2 案例2

某男，27岁，某日早晨被其同事在一楼库房内发现，身体沾满血迹且已经死亡，遂报案。死者上身穿黑色羊毛衫，下身穿黑色短裤，赤足，足底沾有大量泥土及血迹。

尸体检验：死者两眼角膜清晰，瞳孔散大等圆，球睑结膜苍白。左眉弓外侧、左颧部、右肘后及左足背处见散在皮肤挫擦伤。颅骨未见骨折，脑组织未见损伤出血。颈部肌肉等软组织未见出血，舌骨及甲状软骨无骨折。食道、气管及支气管腔内未见异物。胸腹壁肌肉未见损伤、出血，胸、肋骨无骨折。心、肺外膜下未见出血点。胃内约150 mL糊状物，胃黏膜未见出血。膀胱充盈。左大腿上段内侧近腹股沟处见一斜形长4 cm创口，该创口创缘较整齐、创壁较光滑，创腔内股动脉横断，股静脉破裂。毒化检验：死者的心血中检出甲基苯丙胺成分，其含量为2.05 μg/mL，未检出常见安眠镇静药物和乙醇成分。死者的尿液中检出甲基苯丙胺成分。

2 讨论

冰毒即甲基苯丙胺，又称甲基安非他明、去氧麻黄素，为纯白色晶体，晶莹剔透，外观似冰，俗称"冰毒"，吸、贩毒者也称之为"冰"[1]。该药小剂量时有短暂的兴奋抗疲劳作用，故其丸剂又有"大力丸"之称。苯丙胺类兴奋剂具有强烈的中枢兴奋作用。滥用者会处于强烈兴奋状态，表现为：不吃不睡、活动过度、情感冲动、不讲道理、偏执狂、妄想、幻觉和暴力倾向。急性中毒症状与可卡因中毒相似，表现为兴奋，精神、体力均显活跃，动作快而不准，焦虑、紧张、震颤、意识紊乱、眩晕。严重中毒者谵妄、恐慌、躁狂、幻觉、自伤及类偏执型精神分裂症。可有外周拟交感神经反应：心动过速，呼吸增强，血压升高，头痛，高热，颜面潮红，大汗淋漓。最后心律不齐，发生循环衰竭死亡[2]。慢性中毒可造成体重减轻和精神异常（即苯丙胺精神病，或称妄想障碍，出现幻觉、妄想状态，酷似偏执性精神分裂症）。同时，也会发生其他滥用感染合并症，包括肝炎、细菌性心内膜炎、败血症和性病、艾滋病等。高剂量或重复使用"冰"可产生中毒性精神病，表现有被害妄想、幻觉，多为幻视，也可能出现听幻觉和触幻觉。现代医学称之为苯丙胺精神病。

在案例1中，发现死者头面部、颈部、躯干部、四肢都有方向凌乱、大小不一、表皮剥脱及皮下出血，给人一种被他人打击致死的感觉，但仔细进行尸体检验后，发现损伤的分布部位非常广泛，甚至在上臂内侧、腋下等不易被击打到的部位，也有上述形态的损伤，并且损伤均较轻微，仅深及皮下，未达肌层，不足以导致死亡；结合死者"右足袜子破损，并上移至右踝部，左足无袜子，两足均无鞋，两足底见尘土"等衣着情况，反映出死者在到达该死亡地点前，应该有一个长时间行走的过程。通过侦查访问及调取沿路探头，确认死者是在前一天晚上吸食冰毒，吸食地点距离其死亡地点较远，死者在行走过程中"手舞足蹈、疯疯癫癫"，符合人吸食冰毒后处于强烈的兴奋状态，身体不自觉与其他物体产生碰擦，最后造成一种"遍体鳞伤"的现象。在案例2中，死者致命伤只有一处，就是左大腿上段的创口，给人第一印象就是被他人用锐器刺戳所致。但仔细检验后，发现该处创口的位置在大腿内侧，并且创道的方向是从下往上，这与我们常见的他人加害的方式不太相符；并且从现场血迹的分布及方向等分析，未见常见打斗现场的分布特征，而是比较有规律性，符合人在奔跑中，血迹自然滴落到地面的特点。勘查人员在死者办公室发现吸毒工具及未吸完的冰毒，调取公司探头，发现该男子处于极度亢奋状态，在公司"疯疯癫癫"，四处奔跑，在从二楼跳到一楼时，被一楼花坛一根带尖的金属护栏扎到，但他自己根本不知道，继续奔跑，最后倒在一楼的库房内；经检验金属护栏的尖部发现死者的血迹。

这提示我们在检验吸食冰毒的尸体损伤时，不仅要关注损伤的类型、形态等特点，还要密切结合案情，了解损伤形成的客观条件，只有这样才能更加准确地刻画损伤的形成过程，这对判定案件性质也是非常重要的。

参考文献

［1］刘文，张新威. 中国刑事科学技术大全毒品和毒物检验［M］. 北京：中国人民公安大学出版社，2003：441.

［2］黄光照. 法医毒理学［M］. 2 版. 北京：人民卫生出版社，1998：85.

摩托车交通事故驾乘关系的法医学分析 1 例

朱浚文

(广州市黄埔区公安司法鉴定中心,广东广州,510000)

在道路交通事故中,为准确区别责任人及进行事故处理,需要准确认定事故发生当时谁是驾驶员的问题,这是日常交通事故处理岗位需要面临的难题,在工作中学会运用法医学损伤原理根据事故中人体损伤特点来认定或推断驾驶员成为法医工作的一项重要内容。在道路交通环境中,摩托车、超标电动车在道路上出行频次增多。由于路权不明或是摩托车类驾驶人员交规意识缺乏,道路上经常会发生摩托车与机动车路权纠纷的事故。考虑到摩托车设计时速和道路危险性,摩托车类事故往往会造成比较严重的后果。同时,摩托车的总体结构与汽车结构有较大差异,如摩托车是缺乏紧急状况的安全防护,而汽车是相对封闭式,因此交通事故后人体所处的状态及运动方式有明显区别。我们需要在法医学鉴定过程中注意摩托车损伤特征,区分摩托车驾驶员与乘坐人员身份,准确认定案件事实。

1 案例资料

1.1 简要案情

2016 年 9 月 6 日,疑为陈某某驾驶无号牌两轮摩托车搭载何某某、汤某某沿广汕公路由西往东行驶至九龙大道路口时,与涂某某驾驶的粤 A 牌轻型厢式货车发生碰撞,造成陈某某当场死亡,何某某经医院抢救无效死亡,汤某某重伤的交通事故。现应办案需要对事发时陈某某是否为摩托车驾驶员进行分析。

1.2 交通事故现场勘查

现场勘查情况如下:现场位于 G324 国道九龙大道路口,G324 国道呈东西走向,九龙大道南北走向,干燥的水泥路面,夜间有路灯照明,该路口设有交通信号等控制。出事的粤 A 轻型厢式货车车头向东北,车位朝西南停在事发路口,给车右侧前轮轴心距基准线及基准点分别为 470 cm、1 480 cm;该车右侧后轮轴心距基准线及基准点分别为 210 cm、1 680 cm;出事的无号牌普通二轮摩托车车头向西,车尾朝东往左倒在事故路口,该车前轮轴心距基准线及基准点分别为 120 cm、1 900 cm;该车后轮轴心距基准线及基准点分别为 40 cm、1 890 cm。死者为男性,头向西、脚向东仰面倒在出事无号牌

作者简介:朱浚文,男,四川巴中人,法医师,主要从事法医病理学,法医临床学检验鉴定工作;E-mail:774925002@qq.com。

普通二轮摩托车车头以西240 cm处,其头部距基准线及基准点分别为120 cm、2 230 cm;其脚部距基准线及基准点分别为120 cm、2 140 cm。

1.3 车辆痕迹检验

粤A号轻型厢式货车车厢右侧往内凹入,碰撞部位粘有黑色衣物纤维;粤A号轻型厢式货车制动系、方向系、全车灯光合格,该车事故车速为35.19 km/h。无号牌普通两轮摩托车车头严重变形,右侧油箱碰撞变形,表面粘有黑色衣物纤维。无号牌普通两轮摩托车制动系、方向系、全车灯光合格,该车事故车速为64.61 km/h。

1.4 法医检验材料

死者陈某某,黑色短袖T恤右肩部见白色油漆,胸腹部有一破口,咖啡色休闲短裤右侧裤腿破损,并见白色油漆附着。右额部见8.0 cm×2.4 cm创口,深及颅骨,颈部见8.5 cm×3.5 cm擦挫伤,右肩部至腹部见约50.0 cm×6.5 cm擦挫伤,其中腹部见13.0 cm×2.0 cm、12.0 cm×1.2 cm皮肤裂伤,右腰部见7.8 cm×1.3 cm擦挫伤,左肘窝至前臂见约15.0 cm×8.0 cm范围散在表皮剥脱及皮肤裂伤,右前臂外侧见10.0 cm×8.0 cm创伤,尺、桡骨开放性骨折,左腹股沟见4.5 cm×3.5 cm擦伤,左大腿根部前侧见约7.0 cm×3.5 cm擦挫伤,左小腿内侧见11.0 cm×1.0 cm擦伤,左膝关节内侧见4.5 cm×4.5 cm擦伤,左脚内侧近拇指处见4.3 cm×0.5 cm创伤,右大腿根部内侧见约7.0 cm×1.0 cm擦挫伤,右大腿前、外侧见约26.0 cm×18.0 cm范围擦挫伤,右大腿外侧至膝盖见约25.0 cm×7.0 cm创伤,右股骨、髌骨开放性骨折,右小腿外侧见约18.0 cm×10.0 cm擦伤。躯干及四肢有多处散在擦伤。

2 分析论证

2.1 根据车辆痕迹检验结果分析

粤A号轻型厢式货车碰撞部位有黑色衣物纤维附着,无号牌两轮摩托车车头碰撞严重变形,油箱右侧碰撞痕迹明显,且有黑色衣物纤维附着。摩托车车头及右侧与货车发生碰撞,摩托车驾驶员体表正面及右侧损伤较严重,货车碰撞部位及摩托车油箱处的黑色衣物纤维为摩托车驾驶员所留。由此可知,该驾驶员所穿衣物在对应位置应该有破损痕迹。

2.2 根据尸体检验结果分析

陈某某所穿黑色短袖T恤右肩部见白色油漆,胸腹部有一破口,咖啡色休闲短裤右侧裤腿破损,并见白色油漆附着;体表损伤见额部、颈前部、胸腹部,右上、下肢损伤较重,胸腹部的损伤为类"L"形,此损伤与粤A号轻型厢式货车碰撞部位形状较吻合。而何某某尸体检验结果显示其所穿衣物未见明显破损痕迹,胸腹部未见明显损伤痕迹,仅头部及右下肢有损伤,以上痕迹及损伤出现在摩托车乘客身上较为合理。经过分析、对比可见事故发生时,尸检征象及痕迹检验符合陈某某驾驶无号牌两轮摩托车。综上所述,根据现场勘查、法医损伤检验、车辆痕迹检验、案件材料等资料,我们认为事故时陈某某是摩托车驾驶员。

3 讨论

3.1 对司乘关系鉴定
首先要对损伤进行分析、鉴别，把握损伤特点，全面检验尸体和活体，确定死因、损伤部位及严重程度，特别是注意重要部位和特征性的损伤。如可能与把手接触手腕及与油箱接触的大腿内侧，容易与其他物体碰撞的头面部、两膝和小腿前面。[1]

3.2 摩托车驾驶员的损伤特点
①摩托车因速度快、稳定性差，常常与机动车、建筑物、树木、电线杆碰撞刮擦，造成头面部、四肢的碰撞伤。损伤一般比较广泛而又相对集中。②发生交通事故时，双手与把手剧烈作用，易造成尺桡骨骨折。③摩托车的挡风玻璃和路上横着的电线，可造成面部、颈部、上胸部的玻璃切割伤，甚至造成头颅离断。④两侧大腿内侧与油箱的猛烈擦蹭，可出现裆部的撕裂创、皮肤上油箱印痕等擦蹭伤。⑤急刹车时，头、颈部由于急剧的反向运动，易造成颈椎骨折、颈髓及脑干的挥鞭样损伤或剪切样损伤。⑥摩托车翻倒，可造成压伤、拖擦伤。

3.3 乘员的损伤特点
①摩托车乘员在发生交通事故时易由于惯性被抛出甩出去，在抛甩过程中，与其他车辆、建筑物、电线杆、地面等碰撞造成损伤，抛甩伤是减速运动，常伴有对冲伤，其损伤的部位大都在头面部和颈部，四肢损伤常集中在一侧。②乘员在摩托车行驶中，也可以碰撞路旁物体，致头、四肢形成碰撞伤。其损伤以抛甩伤为主，伤势也较重，而碰撞伤较少。坐在中间乘员的损伤特点：中间的乘员由于位置的关系，不易与物体碰撞，因此很少有碰撞伤，一般表现为抛甩伤特征。

3.4 重视现场勘查
对司乘关系的鉴定，必须及时、细致地勘查现场，了解事故现场的车辆行驶方向、速度、碰撞部位、散落物、路面痕迹、刹车痕迹及距离、周围建筑物、树木等，明确尸体、活体原始位置、血迹分布、车辆的动态过程。把损伤情况结合现场综合分析。

3.5 司乘关系的鉴定
司乘关系的鉴定在交通事故鉴定中有非常重要的意义。摩托车交通事故往往人员损伤比较严重，或发生在夜间，现场没有证人；或当事人死亡、昏迷，对受伤情况失去记忆；或当事人有重大的利害关系，互相推诿。法医的科学鉴定结论为事故的定性处理起到很好的作用。

3.6 细致的损伤检验
注意发现有推断致伤物价值的损伤或者特征性损伤。临床法医学检验的目的不仅仅是明确损伤程度。在一些比较特殊的案件中，也常需推断致伤物（致伤工具）和成伤机制。尤其是在需要认定驾驶员的道路交通事故案件中，一些特征性的损伤可以帮助法医判断伤者的交通方式或者事故当事伤者的位置等情况，为明确认定驾驶员提供依据。两轮摩托车在发生道路交通事故时，在驾驶员腹部、会阴部、大腿内侧、小腿胫前等部位会形成能反映摩托车特定致伤部件的特征性损伤，而乘员在这些部位的损伤多为摔跌形成，难以反映摩托车特定部件的特征[2]。上述损伤特征成为认定驾驶员的基础。

二轮摩托车司乘关系鉴定是指在二轮摩托车交通事故中,法医运用法医学原理,对损伤情况进行分析,结合现场和案情,从而认定当事人的事故责任。法医在详细检验的基础上,需要结合现场勘查的情况和车辆痕迹检验的情况综合分析,从而得出客观准确的结论。

参考文献

[1] 冯建军. 一例摩托车交通事故驾乘关系的法医学分析 [J]. 法医临床学理论与实践,2013: 390-391.

[2] 来剑戈,梅冰松,张弢,等. 两轮摩托车道路交通事故驾驶员损伤特点的观察 [J]. 中国法医学杂志,2003,18 (3):139-141.

伤病关系复杂的死亡事件法医病理学检验与分析1例

江 东

(重庆市公安局轨道交通总队刑侦支队技术大队，重庆，400013)

1 案情与材料

1.1 简要案件

柳某于某日11时许，被他人用脚踢中左肩臂部后右侧位倒地。16时40分，在汽车站候车厅昏倒后被送往医院抢救无效，于2日后死亡。

1.2 尸体检验

右肘（大小9 cm×6 cm）及右季肋区胸壁软组织淤血（大小12 cm×10 cm）。尸体解剖见右侧季肋区第6、7、8、9、10肋骨不完全性骨折，皮下组织及肋间组织出血明显（大小18 cm×16 cm）。左肺脏层胸膜与壁层胸膜粘连明显，双肺气肿膨胀、剪开肺大泡后肺脏体积立即明显皱缩。提取脏器组织检材进行法医病理学检验。

1.3 法医病理大体检验

脑：大脑表面及切面未见异常。左小脑半球实质内有1.3 cm×1.8 cm大小深灰白色伴点状出血区。脑干切面未见异常。肺脏：左肺粘连变形，叶间裂粘连，左肺脏层胸膜见多发性大小不等的肺大泡结构形成，大泡已经皱缩，大泡位置浅表、泡壁薄，左肺触摸有蜂窝感与局部实变感，向肺门区等厚切开见细小支气管壁增厚、扩张，部分细小支气管腔充满灰白色物质，肺组织呈弥漫性大小不等的空泡，正常肺组织结构破坏，左肺胸膜下及近肺门区肺组织内出血。右肺叶间粘连，右肺尖、右肺下叶胸肋面及膈面有7个肺大泡形成，部分大泡已经皱缩，个别大泡呈半充气状态，右肺触摸有蜂窝感与局部实变感，向肺门区等厚切开见细小支气管壁增厚、扩张，肺组织呈弥漫性大小不等的空泡蜂窝状，正常肺组织结构破坏，右肺下叶胸肋面见局部肺胸膜下出血，近肺门区实质内可见粉红色出血实变区。右肺下叶膈面肺胸膜下有2.5 mm×2.5 mm×0.5 mm灰白色实变区。心脏：重213.5 g，大小10.5 cm×7.5 cm×4.5 cm。左室肌壁厚1 cm，右室肌壁厚0.5 cm；室间隔厚1.3 cm，二尖瓣周径7 cm，三尖瓣周径9 cm，肺动脉瓣周径6.5 cm，主动脉周径8 cm。

作者简介：江东，1980年生，执业医师，主检法医师；地址：重庆市渝中区黄花园轻轨站重庆市公安局轨道交通总队刑侦支队技术大队；邮编：400013；电话：023-68003319，15223170282；E-mail:1031876547@qq.com（外网），xz-jiangdong@gaj.cq（公安内网）。

1.3 法医病理组织学检验

①双肺严重慢性支气管炎，部分细支气管黏膜鳞状上皮化生，大量细支气管腔内检见痰栓阻塞，少部分支气管腔内有出血，双肺广泛性肺气肿和多发性肺大泡，部分肺大泡破裂，部分肺组织纤维化，肺小动脉管壁增厚、部分血管玻璃样变。②肺源性心脏病，急性心肌缺氧性变性坏死。③双肺挫伤。④肝右叶包膜下浅在肝小叶局部挫伤出血，慢性肝淤血，肝慢性包膜炎。⑤急性缺氧性脑病。⑥肾脏局灶性肾小球肾炎。⑦胰脾淤血性改变。

2 讨论

根据送检资料及上述组织块病理学检验，死者死前患有严重的慢性支气管炎，双肺广泛性肺气肿和多发性肺大泡，部分肺大泡破裂，肺组织纤维化，肺小动脉管壁增厚、部分血管玻璃样变，导致肺功能严重受损；此外，大量的细支气管腔内检见痰栓阻塞，少部分支气管腔内有出血，加剧了呼吸道的阻塞，生前 X 光检查证实左侧气胸，左肺压缩 20%，上述病理改变使肺功能急剧恶化，导致急性呼吸衰竭。

死者双肺广泛性小动脉管壁增厚、部分血管玻璃样变，右心室增厚达 0.5 cm，室间隔增厚达 1.3 cm，慢性肝淤血，提示死者生前所患的上述肺部疾患已经导致肺源性心功能不全，本次检验发现死者心肌在心内膜下等部位存在急性缺氧性坏死，进一步加剧了心功能的不全，一定程度上促进了死亡的发生。

死者双肺均发现有片状的肺组织挫伤出血，出血周围肺组织水肿，肝右叶包膜下浅在肝小叶局部性挫伤出血，结合委托方所提供资料显示右侧季肋区皮下组织及肋间组织出血明显（大小 18 cm×16 cm）右季肋区第 6、7、8、9、10 肋骨不完全性骨折，综合上述损伤变化，死者右肺组织的挫伤出血及肝右叶包膜下浅在的肝小叶局部挫伤出血与右侧季肋区软组织和肋骨损伤关系密切，死者右季肋区及其深部肺肝的损伤系局部性受力所致。上述肺组织的挫伤性病理变化一定程度加速了死者生前已有肺部疾患导致的肺功能不全的进一步恶化，因此肺脏的损伤性病理变化起到辅助性死因的作用。

3 死因分析

死者患有严重的慢性支气管炎，大量细支气管腔内痰栓阻塞，双肺广泛性肺气肿和多发性肺大泡，部分肺大泡破裂，肺组织纤维化，肺源性心脏病，导致呼吸循环急性衰竭，为死亡的主要原因。

死者生前胸部及肺脏外力性损伤为死亡的辅助性原因。

4 总结

对于伤病共同参与的死亡事件（案件），病理学检验尤为重要，很多在大体检材中肉眼看不出的可以致死的病理改变在病理切片中可以清楚地检验出来，所以，针对这类尸体的法医学检验[1]中要注意的事项有：①系统全面地解剖并提取全套检材。②仔细观察病理切片，必要时可以请病理学专家帮助阅片，从而能够更准确地发现疾病确定死因。③疾病和损伤之间在分析有无因果关系，谁主谁辅，所占比重等要严格把握标准，展开集体讨论。

参考文献

［1］赵子琴. 法医病理学［M］. 4版. 北京：人民卫生出版社，2004：654 – 655。

颈内动脉斑块破裂血栓形成致大面积脑梗死亡1例

唐立冈[1,3] 张维灿[2] 王晓溪[3] 黄晓亮[4] 马鲁朋[5] 王忠新[2] 赵鹏[1]

(1. 青岛大学基础医学院，山东青岛，266071；2. 肥城市公安局，山东肥城，271600；3. 山东省公安厅物证鉴定研究中心，山东济南，250001；4. 泰安市公安局，山东泰安，271000；5. 菏泽市公安局，山东菏泽，274000)

1 案例资料

1.1 简要案情及病历资料

某男，60岁。某年9月4日骑电动车时被一轿车从侧面撞伤，右侧肢体及头部着地，当时无意识丧失，侧肩关节正位示：右侧锁骨骨折、右侧第4肋骨骨折，考虑右侧第3肋骨骨折。9月6日突发言语不清、意识模糊、肢体抽搐以右侧为著、无双眼凝视、口角流涎等体征，无恶心、呕吐等症状。急行脑CT等检查示：脑内低密度灶，考虑脑梗死。查体：老年男性，昏迷状态，全身散在皮肤擦伤，部分有少量渗血，枕部触诊可触及2个直径约3 cm包块，质软。右上肢肌力0级，肌张力正常，双侧巴氏征阳性。2017年9月6日头颅MRA头颅MR平扫示：左侧基底节区、左侧侧脑室旁、左侧额顶叶及右侧额叶多发急性-亚急性梗死；脑动脉硬化MRA表现，并多发血管闭塞。病人自发病以来，深度昏迷，去皮层状态，呼吸窘迫、有长停顿。9月23日，因抢救无效死亡。

1.3 尸体检验

尸表见枕部有2.5 cm×2.4 cm的皮肤挫伤，鼻根部有0.7 cm×0.5 cm的皮肤挫伤。

解剖见大脑脑回变宽，脑沟变浅。切开胸部皮肤：右侧锁骨骨折，其周围有8.5 cm×6.8 cm的肌间出血。左上胸部有3.2 cm×2.0 cm范围的肌间出血。左侧第2、3、4、5肋骨骨折，骨折处出血明显。纵隔有7.5 cm×5.0 cm的挫伤。双肺与胸腔广泛性粘连。开腹：见左肾周围有22 cm×8 cm范围的出血区；切开胃：见胃内空虚。余未见异常。

病理组织学见：脑组织淤血水肿，左侧大脑实质及其内部基底节区广泛脑组织坏死

作者简介：唐立冈，男，学士，主检法医师，研究方向为法医病理学；电话：18615171897；E-mail:tangligang2002@163.com。

通讯作者：赵鹏，男，主任医师，教授，硕士生导师，主要从事临床及法医病理教学、科研及鉴定工作；E-mail:zhpeng17@hotmail.com。

（图1），坏死区内可见核碎裂、核溶解改变，局部血管周边可见小灶性坏死后出血，仅左侧大脑枕叶部分区域查见存活脑组织，可见小胶质细胞增生，与坏死组织交接区可见泡沫状组织细胞增生；右侧大脑额叶坏死较广泛，其余部位可见小灶性脑组织坏死伴泡沫状组织细胞增生；脑干组织内查见多灶性脑组织坏死伴泡沫状组织细胞增生；脑基底动脉粥样硬化，最重处粥样斑块堵塞血管腔面积约40%。右侧颈内动脉（包括颅内段大脑中动脉）粥样硬化伴灶性钙化，最重处粥样斑块堵塞血管腔面积95%以上；左侧颈内动脉粥样硬化伴钙化，最终处粥样斑块堵塞血管腔面积约60%，并斑块破裂，表面血栓形成，混合血栓几乎堵塞全部颈内动脉血管腔，并延伸至颅内大脑中动脉（图2）。冠状动脉粥样硬化，最重处达粥样硬化Ⅲ级，粥样斑块堵塞冠脉血管腔面积约60%；心肌淤血水肿，部分心肌纤维肥大，心肌间质纤维组织增生，局灶查见纤维瘢痕，局部心肌间质内少量出血；右心室、窦房结区心肌脂肪浸润。双肺淤血水肿伴肺气肿，广泛脏层胸膜纤维组织增生并与周围骨骼肌粘连；肺间质内散在少量慢生炎细胞浸润，局部细支气管及周围肺泡腔内大量中性粒细胞浸润，符合小叶性肺炎改变。肝脏淤血水肿，部分自溶，汇管区少量慢性炎细胞浸润；胆囊自溶改变。脾脏淤血水肿，部分自溶，未见明显病变。肾脏淤血水肿，大部肾小管自溶，间质纤维组织增生伴少量慢性炎细胞浸润；肾周围脂肪组织内灶性出血。病理诊断：左侧大脑广泛脑梗死伴右侧大脑及脑干组织多灶性脑梗死，双侧颈内动脉粥样硬化伴左颈内动脉粥样斑块破裂并血栓形成，双肺小叶性肺炎并弥漫性纤维素性胸膜炎，心脏冠状动脉粥样硬化Ⅲ级，腹膜后肌肉及周围脂肪组织内出血并血肿形成，肾周围脂肪组织内灶性出血，多脏器淤血水肿改变。

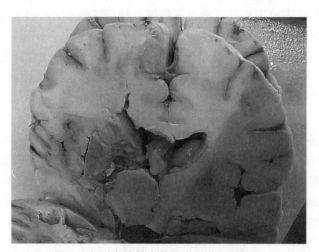

图1　左侧大脑基底节区广泛脑组织坏死

2　讨论

脑梗死是脑组织的血液供应发生障碍后，由于缺血、缺氧引起的脑组织坏死软化，是脑血管病中最常见的疾病类型。常见原因为脑动脉粥样硬化、血管炎、栓塞等病变引

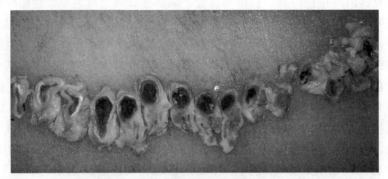

图2 左侧颈内动脉粥样硬化斑块破裂，管腔狭窄达60%，伴血栓形成

起的血管腔变窄、闭塞或阻塞，造成相应部位脑组织血流完全或不完全中断，引起相应供血区脑组织坏死，继而出现脑功能障碍，严重的可引致猝死[1]。

外伤性脑梗死是指外伤引起脑组织缺血而发生的坏死，是颅脑损伤少见的并发症。临床起病急骤，在1～2天内脑损害达到高峰，表现为头痛、意识障碍及脑损害局灶症状，大多数病人在数周内可不同程度的明显恢复。认定外伤性脑梗死依据有：①有明确头部与颈部外伤史。②多于伤后2～48 h内出现明显的神经系统定位体征。③头部CT或MRI检查可见原发性脑损伤或颈部损伤器质性病变以及脑梗死征象。④伤前无脑梗死病史和其他导致梗死的病变。由于外伤性脑梗死易与病理性脑梗死相混淆，常引起争议，外伤性脑梗死常伴发严重的颅脑外伤，如脑挫裂伤、广泛蛛网膜下腔出血、硬膜下血肿等，以儿童多见；病理性脑梗死多见于老人，既往有脑血管病史，无明确头部外伤史或轻微伤，往往是先出现头晕、站立不稳等，然后跌倒；外伤性脑梗死多单发，而脑血管病变性脑梗死常多发，以腔隙性脑梗死多见[2]。

本例交通事故外伤史明确，造成头面部挫伤、锁骨骨折及多发肋骨骨折，但当时无意识丧失，2天后病人突发言语不清，意识模糊，肢体抽搐以右侧为著，查体右上肢肌力0级，肌张力正常，双侧巴氏征阳性，CT及MRI证实左侧基底节区、左侧侧脑室旁、左侧额顶叶及右侧额叶多发急性-亚急性梗死左侧大脑及右脑梗死，其发生演变过程符合外伤性脑梗死。根据影像表现结合尸检，死者受伤后未出现脑挫裂伤、蛛网膜下腔出血、硬膜外血肿等脑损伤表现，可以排除由于脑外伤导致的脑梗死。死者病理学检见右侧颈内动脉（包括颅内段大脑中动脉）粥样硬化伴灶性钙化，最重处粥样斑块堵塞血管腔面积95%以上；左侧颈内动脉粥样硬化伴钙化，最终处粥样斑块堵塞血管腔面积约60%，并斑块破裂，表面血栓形成，混合血栓几乎堵塞全部颈内动脉血管腔，并延伸至颅内大脑中动脉。尸检见左侧第2、3、4、5肋骨骨折、左肾周出血、纵隔挫伤及右锁骨骨折说明其左侧受到外力作用较大，可引起头颈部剧烈的屈伸活动，造成颈部血管过度牵拉致左侧颈内动脉粥样硬化斑块破裂致血栓形成，堵塞左侧大脑中动脉所致其支配区广泛缺血坏死死亡，外力所致斑块破裂血栓形成为引起脑梗死的主要因素，其颈内动脉粥样硬化基础病变为次要因素。死者存在心脏冠状动脉粥样硬化Ⅲ级，但是心肌未发现新的心肌缺血改变，肺脏为非心源性猝死改变，加之其死亡过程亦不符合，可排除心源性猝死，其冠状动脉粥样硬化Ⅲ级不参与死亡原因。

参考文献

［1］丛斌. 法医病理学［M］. 5版. 北京：人民卫生出版社，2016：397.
［2］刘技辉. 法医临床学［M］. 5版. 北京：人民卫生出版社，2016：59-60.

溺婴致死 1 例

黎光锋　汪君

(广州市公安局海珠区分局刑警大队，广东广州，510290)

1 案例资料

某日 16 时许，群众在某网吧的公厕第三个蹲坑上面水箱内发现一名女婴，120 到场证实该女婴已死亡。

2 现场勘验及尸检情况

死者女性，全身赤裸。皮肤呈淡黄色，尸僵硬可破坏。尸斑呈暗紫红色，分布于面部、胸腹和下肢，指压不褪色。头发呈黑色。角膜透亮，左右瞳孔可以透视。巩膜无黄染，睑结膜未见出血点。耳部无损伤，鼻道无堵塞，牙齿无脱落。气管未见偏移。

尸长 47.5 cm，坐高 29.0 cm，头围 28.0 cm，胸围 26.0 cm，腹围 24.0 cm，体重 2.42 kg。指甲未达指尖。头发乱如绒线头。皮肤发亮、水肿、毳毛多，大阴唇不发育，不能遮盖小阴唇。脐带与肚脐相连，脐带断端处较钝。体表未见明显损伤。

头皮切开见右侧广泛性头皮下血肿，颅骨未见骨折，顶部少量硬膜下血肿和蛛网膜下腔出血。气管、支气管未见泥沙。双肺有捻发感，切开后见白色细小泡沫溢出。打开胃见大量的水溢出。其余胸腹脏器未见明显损伤。

硅藻检验：死婴肺组织检出曲壳藻，含量为 20 个/克肺组织；婴肝组织中检出曲壳藻，含量为 7 个/克肝组织；现场提取的自来水中检出曲壳藻，含量为 88 个/升水；现场提取的水箱中水检出曲壳藻，含量为 24 396 个/升水。

3 讨论

本案中新生女婴肺浮沉试验阳性，证明该死婴是分娩后是活胎。解剖见双肺有捻发感，切开后见白色细小泡沫溢出。胃内见大量的液体。死婴的肺和肝均检出硅藻。尸表和尸解未见其他致命损伤。因此，可以确定该女婴的死因为溺死。新生儿没有自主活动能力，不会自己进入水箱，所以，该女婴系他杀。

该女婴的尸体检验未见典型溺死征象，比如口鼻部蕈样泡沫、手中异物、气管内泥

作者简介：黎光锋，男，1977 年生，广东高州人，副主任法医师，主要从事法医病理学、法医临床学检验鉴定工作；E-mail:411312894@qq.com。汪君，男，1990 年生，安徽安庆人，主要从事法医病理学、法医临床学检验鉴定工作；E-mail:470812858@qq.com。

沙，水草、水肿肺等，为死因判断带来了困难。通过硅藻检验，在死者的肺、肝中检出硅藻，说明该女婴为溺死。

一般来说，蕈样泡沫来自肺中支气管，系由溺液刺激呼吸道分泌的黏液随着剧烈呼吸运动与空气和水混合而形成。通常是呈白色，混有血液时呈浅红色，因富含黏液故极其稳定不易破灭，是种生活反应。新生儿各个器官还不成熟，呼吸功能比成年人的弱，所以难以形成典型的蕈样泡沫。该案中溺水的环境是冲洗厕所的水箱，水质较干净，也不存在水中异物、鼻腔至支气管内泥沙、水草等。

案发后，经过现场调查和技术手段发现一女子梁某极其可疑。经审讯，梁某交代，她当时已怀孕33周，当日凌晨3时许，突然肚子疼，刚好路过该网吧的公厕，便进去。20 min后产出一女婴，当时女婴还有哭喊。由于自己和男朋友的经济不好，双方父母也反对，便决定丢弃这个婴儿，扔到了厕所第三个蹲坑上面的水箱中。

4例脑干损伤与冠心病共存死亡的法医学死因分析

李森全[1]　汤传宜[2]

(1. 宿迁市公安局刑警支队法医室,江苏宿迁,223800；2. 广州市公安局天河区分局刑警大队,广东广州,510030)

1　案例资料

1.1　案例1

死者闫某,男,55岁。某年4月2日,死者闫某与他人发生纠纷而相互殴打致闫某倒地,后闫某经送医院抢救无效死亡。尸检见左胸骨、右肩部皮肤轻微擦伤,解剖见左顶部头皮下见3.0 cm×4.0 cm范围内出血。病理组织学检验见中脑及脑桥三叉神经根部见灶性裂隙样出血,间脑、脑干周边部见较多肿胀红染的胶质细胞,冠状动脉左前降支、左旋支、右主干粥样硬化,局部狭窄程度Ⅳ级,心肌纤维化,局部纤维瘢痕形成及瘢痕坏死。分析认为,闫某系外伤、打斗所致的原发性脑干损伤合并外伤、纠纷、情绪激动等因素诱发冠状动脉粥样硬化性心脏病急性发作而死亡。

1.2　案例2

死者高某,男,58岁,某年11月12日,死者与他人发生纠纷时被他人推左肩部摔倒在地后昏迷,后送往医院途中死亡。尸检见左眼角外侧见一处长1.2 cm创口,解剖见左、右额颞部局灶性蛛网膜下腔出血,大脑底、脑干、小脑表面见凝血块。病理检验见右侧颞叶、双侧基底节、大脑脚、桥延沟、延髓及小脑见多灶性裂隙样出血,其中桥延沟处神经根内见出血,广泛性蛛网膜下腔出血,脑轻度水肿,脑底动脉节段性粥样硬化,冠状动脉局部粥样硬化伴管腔狭窄Ⅱ级,心肌缺血缺氧改变。分析认为,死者高某系外伤所致的原发性脑干损伤死亡,其纠纷、情绪激动等诱发冠状动脉粥样硬化性心脏病急性发作为其死亡的促发因素。

1.3　案例3

死者严某,男,67岁,某年10月22日,死者与他人争吵,被人劝开约3 min后突然向前倒地死亡。尸检见左面部见多处挫擦伤,左膝部有轻微擦伤。解剖见左颞枕部5.0 cm×1.5 cm头皮下出血。病理检验见脑充血淤血、轻度水肿,脑组织缺血缺氧改

作者简介:李森全,男,1980年生,本科,主检法医师,主要从事法医临床、法医病理、刑事技术现场勘查工作。

通讯作者:李森全,男；地址:江苏省宿迁市太湖路319号宿迁市公安局刑警支队；电话:15162915707,0527-84352184；E-mail:41651108@qq.com。

变，脑干数处有小灶性出血；冠状动脉粥样硬化性狭窄Ⅳ级、严重处几乎闭塞，右主干斑块内出血，心肌肥大，心肌多发性新旧不等梗死灶和部分心肌急性缺血缺氧性改变。分析认为，严某符合冠心病急性发作倒地合并脑干出血而死亡，头部的外伤、纠纷过程中的吵骂、打架及其情绪激动系冠心病发作猝死的促发和诱发因素，脑干出血是冠心病发作猝死的促发因素之一并在倒地时加重和加速其死亡。

1.4 案例4

死者卞某，女，46岁，某年1月18日11时许被其丈夫抓住头发在地上拖拽，后卞某呕吐、昏迷，送医院救治后于当日23时许死亡。尸检见蛛网膜下腔广泛性出血，脑室内大量血凝块，小脑扁桃体有压迹。病理检验见双侧大脑中动脉及脑基底动脉竹节样粥样硬化，左侧大脑中动脉粥样硬化性动脉瘤破裂，广泛性蛛网膜下腔出血，脑干数处小片状出血，冠状动脉左前降支Ⅱ级粥样硬化。分析认为，卞某为左侧大脑中动脉粥样硬化性动脉瘤破裂出血死亡，外伤、情绪激动、冠心病发作为大脑中动脉粥样硬化性动脉瘤破裂的诱发因素。

2 讨论

2.1 原发性脑干损伤

脑干是呼吸循环等生命中枢所在部位，受损后常出现严重的生命体征紊乱。原发性脑干损伤指外力直接作用所引起的损伤，常表现为脑干的振荡、轴索受牵拉出血、挫裂，甚至断裂。其特点为受伤当即陷入持久昏迷，昏迷时间的长短与损伤程度密切相关。据报道，脑干损伤的发生率为急性颅脑损伤的3%，占重型颅脑损伤的5.1%，死亡率达71.1%。其机制为头部或枕顶部受暴力使脑干向下移位形成[1]。常见的原发性脑干损伤原因有暴力直接打击头部、头部猛烈旋转、坠落后的头部撞击伤以及头部受冲击力传递作用于脑干等，常伴有头面部表面的挫擦伤或头皮下出血，如案例1至案例3；而少部分案例中不伴有头部的表皮外伤，如案例4。其病理改变为脑干出血、局灶性缺血坏死软化灶形成、局限性水肿、脑干内神经组织损伤。损伤以灶性、裂隙样出血常见，法医检验时大体不易发现，显微镜下损伤多见于三叉神经根部。

2.2 冠状动脉粥样硬化性心脏病（冠心病）

冠心病指由于脂质代谢不正常，血液中的脂质沉着在原本光滑的动脉内膜上，在动脉内膜一些类似粥样的脂类物质堆积而成白色斑块，称为动脉粥样硬化病变。这些斑块渐渐增多造成动脉腔狭窄，使血流受阻，导致心脏缺血，产生心绞痛。如果动脉壁上的斑块形成溃疡或破裂，就会形成血栓，使整个血管血流完全中断，发生急性心肌梗死，甚至猝死[2]。

2.3 死因分析

原发性脑干损伤与冠状动脉粥样硬化性心脏病都可归为绝对致死原因[3]。本文讨论的4例案例，均为在原有疾病（冠心病）的基础上因发生纠纷后死亡，其中案例1至案例3解剖中发现头皮有明显外伤（案例4中未发现头皮有外伤），病理检验见有两例冠脉硬化Ⅳ级，一例冠脉硬化Ⅱ级伴脑中动脉粥样硬化性动脉瘤。在分析死亡原因时应充分考虑外伤与疾病之间的关系,如案例1中的闫某,其在原有疾病的情况下(冠脉硬化Ⅳ级)因纠纷打斗致脑干损伤并诱发冠状动脉粥样硬化性心脏病急性发作死亡,其脑干损伤与冠心病急性发作在其死亡中应起同等作用。案例2中的高某为原发性脑干损伤死亡,其虽然伴有冠心病并管腔狭窄Ⅱ级,但其冠心病的急性发作只应作为其死亡的辅助或促发因素。案例3中的严某为纠纷争吵后倒地死亡,其冠心病(冠状动脉粥样硬化性狭窄Ⅳ级)的急性发作是其主要死因,其脑干出血为冠心病急性发作猝死的促发因素之一并在倒地时加重和加速其死亡。案例4中卞某的主要死因为左侧大脑中动脉粥样硬化性动脉瘤破裂出血死亡,其外伤、情绪激动、冠心病(冠脉左前降支Ⅱ级)发作为大脑中动脉粥样硬化性动脉瘤破裂的诱发因素,其脑干出血为脑动脉瘤破裂致颅内出血后的占位性病变或颅内压增高所致。

2.4 法医学鉴定要点

脑干损伤合并冠心病死亡是法医检案中的难点,一般情况下,单纯的冠心病致死在法医显微病理诊断中较常见,亦容易得出结论,但脑干损伤合并冠心病致死的案例中,在鉴定过程中要特别注意伤病之间的关系及主次地位,才能准确地分析死因。回顾上述4个案例,笔者认为,在脑干损伤合并冠心病致死的检案中,在明确冠心病诊断时,应重点对脑干的损伤进行检验与分析,检案时应做到以下几点:①全面收集案件资料,尽可能细致、全面地收集各种案件资料,特别是纠纷的时间、周围环境、争吵打斗的过程、倒地的详细情况(向前、向后或侧方倒地)及死者倒地后的症状,死亡的时间,有无抢救记录等,这些都是分析死亡原因的重要依据。②详细调查死者的平素健康情况,平时有无体检,有无心血管疾病等,还应充分考虑死者的年龄因素(冠心病的多发年龄为45岁以上)。③脑干损伤主要靠显微镜下的病理诊断,解剖及制片过程中的人为破坏,可能会造成原发性脑干损伤的假象,因此,详细的尸体检验及细致的病理取材是诊断脑干损伤的关键,解剖提取脑组织时要避免小脑及脑干受到外力的牵拉,病理检验时重点取材,在仔细审阅案件资料、掌握基本情况的基础上,围绕每个案件的关键问题,应在重点部位准确取材,数量宁多勿少。④脑干浅表性挫伤、脑干各部连接处出血、脑干内挫伤、脑神经根部挫伤、星形胶质细胞增生肥大可作为脑干受力所致损伤的诊断依据,特别是脑干内挫伤和动眼神经及面、听神经根部损伤,对脑干损伤的法医学鉴定具有重要意义,而局部弥漫性轴索损伤是脑干损伤致死的主要原因。⑤综合分析,明确死因。依据尸检和组织病理学检查所见,结合病历资料和案情调查,全面分析,在排除其他死因的基础上科学客观的得出结论。

参考文献

[1] 赵子琴. 法医病理学 [M] 4版. 北京:人民卫生出版社,2009:215-216.

[2] 赵子琴. 法医病理学 [M] 4版. 北京:人民卫生出版社,2009:411-413.

[3] 施建松. 原发性脑干损伤合并冠状动脉粥样斑块出血死亡1例 [J]. 中国法医学杂志,2012,27(6):486.

3种工具自杀案件分析1例

权国林　龙定峰

(广州市公安局海珠区分局，广东广州，510290)

1　案例资料

1.1　简要案情
何某于某日在家中被人发现死亡，体表有多处创口，现场有大量血迹。

1.2　现场情况
案发现场位于何某家中，为城中村自建小产权房。该房屋总共3层，1楼为何某开设的商铺，2楼为何某独居的卧室，3楼为仓库及杂物房。何某尸体所在2楼房间为单间，房门未锁，门口楼道通往1楼（前门为商铺门面，从内上锁；后门为楼道门口，经调查及勘查，门锁损坏已久）及3楼。何某尸体位于床上，仰卧，衣着完整。

1.3　损伤情况
死者左颈部有一创口，创角锐利，创缘整齐，两端拖刀痕细长，周围可见"皮革样化"。创腔较深，内可见大血管断裂，无组织间桥，血液已凝固，见图1。

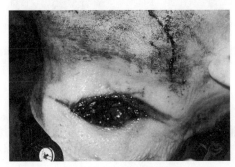
图1　死者左颈部创口

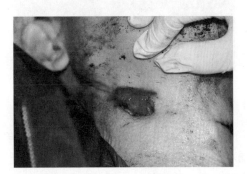
图2　死者右颈部创口

死者右颈部有一创口，创角锐利，创缘可见不规则小皮瓣，两端拖刀痕粗大，周围伴有皮下出血。创腔较浅，皮下组织无损伤，内有少量组织间桥，未见凝血块，见图2。

作者简介：权国林，男，1989年生，青海互助人，法医师，主要从事法医病理学、法医临床学检验鉴定工作；E-mail:quangl@126.com。龙定峰，男，1985年生，湖南邵阳人，法医师，主要从事法医病理学、法医临床学检验鉴定工作；E-mail:492894042@qq.com。

死者左手腕有5处创口。其中1处创口创角锐利，创缘整齐，创腔较深，内可见血管断裂，血液已凝固。另外4处为平行排列的细小创口，创角锐利，创缘整齐，创腔均较浅，未伤及皮下组织，见图3。

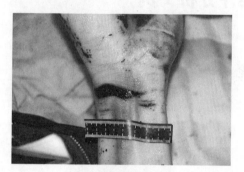
图3 死者左腕部创口

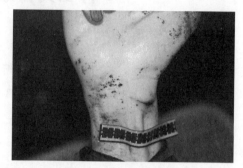
图4 死者右腕部创口

右腕部有一处小创口，创角锐利，创缘可见不规则小皮瓣，两端拖刀痕粗大，周围伴有皮下出血。创腔较浅，皮下组织无损伤，见图4。

死者左侧衣物掀起至胸部，左季肋部插入一把匕首，方向自左下方向右上方斜行插入，深入胸腔内，刀刃向右上方，见图5、图6。

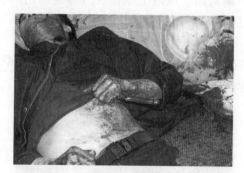
图5 左季肋部损伤情况（1）

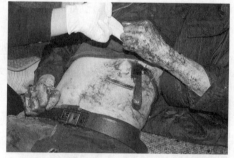
图6 左季肋部损伤情况（2）

1.4 血迹形态及分布

左面部与枕头接触部位形成一条血痂，面部左侧的枕头及床单有浸染状血迹。左颈部有大量流柱状血迹，上衣左侧完全被血浸染，左侧大腿裤管大量血迹浸染，尸体左侧床单大量血迹浸染。左手呈持刀姿势，左手血迹浸染至左前臂，左手掌留有空白区域。抬起左手，见左季肋部有左手指覆盖形成的血迹空白区域，左季肋部创口左侧创角有一条流柱状血迹流向左胸外侧，见图6。

右面部有喷溅状血迹，右颈部有少量流注状及浸染状血迹，右胸部无血迹，右侧衣服拉平整后，在衣服下摆可见少量转移状血迹，右手血迹浸染至右腕部，见图6、图7。

死者所在的床边地面有一把裁纸刀和一片剃须刀刀片，裁纸刀刀刃已生锈，刀刃及刀柄均血染。剃须刀片未生锈，朝上的面未见血迹，（图8）。

床边有处血泊，躺椅旁有2处距离相近的血泊，均已干燥结痂，血泊周围大量滴落状血迹（直径 1.5 cm 左右类圆形，周围有毛刺）和大量杂乱血鞋印，同时伴有大量喷溅状血迹（直径小于 0.3 cm、均匀分布的圆点状血迹）。见图9。

图7　右侧衣服血迹

图8　床旁裁纸刀和剃须刀片

图9　床至躺椅地面血迹

图10　通往冰箱的地面血迹

另有一条由血鞋印和滴落状血迹、喷溅状血迹组成的成趟血迹路线通往冰箱，其中左侧滴落状血迹密集，右侧相对较稀疏。冰箱上可见滴落状血迹及血指印，见图10。

2　讨论

2.1　损伤分析

现场遗留有剃须刀片、裁纸刀、匕首3件工具。剃须刀片最薄，未生锈，无污垢。裁纸刀刀刃生锈，刀身布满污垢。匕首最厚，未生锈，无污垢，刀身较长。

检验可见左腕部和左颈部创角锐利，创缘整齐，拖刀痕细长，创腔较深，符合剃须刀片切割形成。右腕部和右颈部创缘可见不规则小皮瓣，拖刀痕相对粗大，周围伴有皮下出血。创腔较浅，符合裁纸刀切割形成。左季肋部创口符合匕首刺入形成。

左腕部可见试切创，为自杀的典型特征，也是首先形成的创口。推测死者为右利手。左颈部和左腕部创腔内血液已凝固，且均为剃须刀片切割形成，说明左颈部和左腕部创口同一时间段形成。

2.2　血迹形态分析

地面留有大量血鞋印和血迹，其中血鞋印形态大小与死者鞋子花纹一致，说明现场为原始现场。地面滴落状、喷溅状以及流柱形成的血迹及血鞋印，说明受伤后还有直立行走能力，但未发现通往门口的血迹、血鞋印或爬行形成的血迹，也未发现其他形态、大小的血鞋印，说明死者受伤后无求救、逃生行为。

通往冰箱的成趟血鞋印伴行的血迹符合颈部出血形成的喷溅状血迹和腕部形成的滴落状血迹，而且滴落状血迹呈现左多右少的分布特点，与死者腕部创口左深右浅、出血量左多右少的特点一致。说明死者颈部和腕部受伤后走向冰箱又返回。

匕首插入季肋部，死者左手呈持刀姿势，左手掌留有空白区域，说明死者左手持匕首刺入左季肋部。另外，死者衣服掀开至胸部，衣服右侧下摆可见少量转移状血迹（图7），同时右手血迹仅浸染至手腕，而左手血迹浸染至左前臂，说明死者先用右手向上掀开衣服，左手由下向上刺入季肋部，所以双手血迹浸染范围不同，该行为符合自杀的特征。此外，左季肋部创口左侧创角有一条流柱状血迹流向左胸外侧，说明匕首刺入后死者未起身，最终死在床上，呈仰卧位，左季肋部创口为最后形成。

综上所述，从损伤和现场血迹形态分析，死者右手持剃须刀片试切左手腕和左颈部，造成左腕部和左颈部静脉血管破裂出血，出血量虽然较大，但出血缓慢。故死者左手持裁纸刀切割右颈部及右腕部，造成右腕部及右颈部小创口，造成双侧手腕试切和右侧颈部浅创口。因裁纸刀刀刃生锈，未能造成有效出血后，死者行至冰箱处拿匕首返回躺在床上，右手掀起衣服左手持匕首正手切腹以加强自杀行为，最终因失血过多死亡。

2.3 物证检验鉴定及调查情况

经DNA检验鉴定，死者面部、枕头、床单上喷溅状血迹、地面血鞋印、滴落状血迹、喷溅状血迹，冰箱上滴落状血迹、血指印、匕首、裁纸刀、剃须刀刀片上血迹，均为死者血。

地面多处血鞋印为同一种血鞋印，与死者鞋子花纹形态、大小一致。

经家属辨认，插入死者左侧季肋部的匕首为死者所有，平日放在冰箱上。

经家属确认，死者为右利手。

故意杀人伪装交通事故 1 例

李鹏 刘平 王小波 王科收

(招远市公安局刑事侦查大队,山东招远,265400)

1 简要案情

2017 年 4 月 29 日 5 时 30 分,某市交警大队事故中队接"122"报警称:某村村民王某于当日清晨约 4 时 50 分驾驶自己的皮卡车行驶时,不慎将正在跑步的丛某撞倒在路边的麦田地里,遂后拨打"120"及"122"报警电话求助,并亲自驾车将伤者送往该市人民医院抢救,丛某经抢救无效死亡。交警大队事故中队接到报案后,按照交通事故受案程序进行了受理,并先期对案发现场进行了勘验,同时将尸体运往法医检验中心,待交警大队法医对尸体进行法医学检验。

案发后,死者家属对死者丛某死亡原因及案件性质提出质疑,交警大队将该案移交刑侦大队侦办。刑侦大队技术中队于当日上午约 9 时接到报案,随后技术人员对案发现场进行了勘验,法医对尸体进行了法医学检验。

2 现场勘查概况

中心现场位于某村碑东侧的水泥路处及北侧的麦地中。现场中散在血迹 7 处。现场二位于距中心现场约 12 km 远一座桥下,现场有 1 根长 82 cm 的原色木棒,木棒前端直径 7 cm、后端直径 5 cm,木棒前端沾有大片的血迹。

3 尸检情况

3.1 衣着检验

死者上身外穿黑色运动夹克服,内着蓝色圆领秋衣;下身外穿黑色运动裤,内着蓝色平角裤头;运动裤左小腿前外侧见灰白色碰擦痕迹及部分纤维破碎;双足着黑色袜子,左脚穿黑色运动鞋,鞋跟高 3 cm。

3.2 尸表检验

中年男性尸体,尸长 175 cm,发育正常,营养良好。短发,头发黑色,长 1.8 cm;颜面部轻度青紫;左眼睑球结合膜苍白,右眼上睑球结合膜散在少量点状出血点;角膜

作者简介:李鹏,主检法医师;地址:山东省招远市玲珑路;电话:18660062890,13355359008。刘平,主检法医师。王小波,主检法医师。王科收,工程师。

透明，左侧瞳孔直径4 mm，右侧瞳孔直径7 mm；尸僵存在于全身诸关节，尸斑呈暗红色，位于身体背侧未受压处，指压褪色。

头面部：右眼上睑2.8 cm×2 cm范围内散在3处条片状皮下淤血；鼻背部见4 cm×1.7 cm皮下淤血；上唇上于人中右侧见2.5 cm×1.2 cm的皮下淤血；上唇红中部见1.5 cm×0.7 cm的表皮剥脱；上唇内右侧黏膜1.3 cm×1 cm范围内散在点状淤血，下唇内右侧黏膜见3 cm×2.5 cm范围的黏膜淤血并挫裂伤；鼻腔、右耳道外溢血性液体；右耳郭中部见5 cm×2.7 cm皮下淤血，并见长1.2 cm的挫裂创口；右耳后下见6.5 cm×4.5 cm的皮下淤血。①头颅右颞顶部距右耳尖4 cm处见一长6 cm的挫裂创口，创缘不整齐，上侧创缘伴一0.5 cm宽的挫伤带，下侧创缘伴一1.3 cm宽的挫伤带，创腔呈囊状，创腔内见组织间桥，创腔深达颅骨。②顶枕部见9 cm×3.4 cm的不规则挫裂创口，创缘不整齐，左下创缘伴有1.6 cm×1.1 cm的相连皮瓣，上侧创缘伴一1.3 cm宽的挫伤带，创腔呈囊状，创腔内见组织间桥，创腔深达颅骨。③右耳后见两处挫裂创口，上方创口6.3 cm×1.7 cm，上创缘伴1 cm、下创缘伴0.6 cm宽的挫伤带；下方创口2.9 cm×1 cm，下创缘伴3.7 cm×1.8 cm的挫伤带；创缘不整齐，创腔呈囊状，创腔内见组织间桥，创腔深达颅骨。

躯干部：右肩部见27 cm×11 cm的皮下淤血，肩峰处见1.5 cm×0.6 cm、2 cm×1.5 cm的两处表皮剥脱及一处1.3 cm×1.1 cm大小的水泡；左髂前上棘处见7 cm×6 cm的皮下淤血；右腰部见3.1 cm×0.3 cm的点条状表皮剥脱。

四肢：左前臂中段外侧见12 cm×8.5 cm表皮剥脱；左小腿中段外侧自左膝下5 cm处见一内上外下范围为13×9 cm的皮下淤血并表皮剥脱（损伤内上缘距足跟40.5 cm，外下缘距足跟34.5 cm），其内上缘下见4 cm×1 cm的表皮剥脱；右大腿中段前侧见5.5 cm×2 cm表皮剥脱；右膝前3 cm×1 cm范围内见2处点片状表皮剥脱；右膝外下见1.8 cm×0.4 cm表皮剥脱。

3.3 解剖检验

右顶部头皮下见10 cm×6 cm的头皮血肿，枕部头皮下见13 cm×9 cm的头皮血肿；右顶骨见一长7.6 cm的线状骨折线；大脑顶叶见7.5 cm×5 cm、右颞叶见9 cm×5.5 cm的蛛网膜下腔出血；大脑、小脑及脑干挫伤出血；右颅中窝见2条长分别为6 cm、4 cm线状骨折线；右侧颅后窝见3条长分别为6.5 cm、6 cm、2 cm的线状骨折线。左侧肺间裂散在斑点状出血；右侧肺脏肋面散在斑点状出血；余未见明显异常。

3.4 提取检材及处理

提取死者丛某心血，晾干后纸质物证袋包装，备检。

4 调查情况

（1）死者丛某访问调查情况：丛某（男，54岁），案发前为安检办主任，主要负责当地的安全生产和环境保护及治理整顿工作。平日在村居住，有晨跑的习惯。

（2）嫌疑人王某访问调查情况：王某（男，1977年生）于2004年个体经营一采石场至今，近几年经营的采石场濒临倒闭，前后赔款数百万元。

5 分析讨论

5.1 死亡原因

根据尸体检验所见，死者丛某头部有严重挫伤、挫裂创，解剖见颅骨线性骨折，蛛网膜下腔出血，大脑、小脑及脑干挫伤出血，符合颅脑损伤死亡。

5.2 损伤方式和致伤工具

（1）根据死者头部的挫裂创口多呈宽条形，创口位于条形皮下出血中央，创缘呈锯齿状，不整齐，创缘周围伴有较宽镶边状挫伤带，其中一创口创角有与受力方向一致的撕裂，创腔呈囊状，创腔内组织间桥较多，颅骨呈单条线状骨折；右肩部挫伤面积较大等特点分析，符合遭受具有一定重量、质地坚硬、较粗、类圆柱形木质棍棒多次打击所致。

（2）根据死者左小腿表皮剥脱及皮下出血等皮肤损伤的形态特点及左小腿损伤距足底及鞋底的高度，结合死者下身裤子与左小腿损伤相对应的部位灰白色碰擦痕迹及部分布纤维破碎形态，同时结合现场车辆撞击碎片、车辙及车辆有撞击痕迹等情况分析，符合机动车保险杠部位撞击所致。

（3）根据死者面部及口唇青紫，口鼻部皮下出血，口腔黏膜挫伤出血，右眼睑球结合膜散在点状出血点及解剖见肺表面散在斑点状出血等损伤的形态特点，不排除死者生前遭受钝性暴力捂压口鼻所致。

5.3 案件性质

根据死者头部创口、颅骨骨折及颅脑组织挫伤出血等损伤的形态特点，结合现场麦秆上点状喷溅状血迹等勘查情况，分析死者头部损伤交通肇事难以形成，应为钝性物体反复打击所致，案件性质应为他杀。

6 破案情况

案件发生在当地环境治理严打期间，死者生前系案发地镇政府安检办主任，身份较特殊，案件性质恶劣，影响重大。案发后，市领导高度重视，指示必须尽快破案。局领导根据法医命案现场分析情况，迅速制定侦查措施：一方面，安排侦查人员加大对案发现场及沿途路线的搜索，于当日下午在尸体中心附近的麦地里发现死者黑框眼镜一副，在距尸体中心西北方向20余米远的麦地里发现死者右足穿的"阿迪达斯"牌黑色运动鞋1只；于当日傍晚在距中心现场约12 km远的某桥下找到沾有大量血迹的木棒一根。另一方面，安排侦查人员加大对犯罪嫌疑人王某的审讯力度，同时安排法医等技术人员对嫌疑人王某衣着进行了提取，进一步摧垮其心理防线。最终，犯罪嫌疑人王某在铁的证据面前交代了犯罪事实及作案动机：2014年12月11日，采石场由其收回经营后，丛某利用手中职权，以种种手段阻挠其正常经营，导致其3年来亏损数百万元。因心中长时间的积怨及愤恨，于案发当天清晨，趁丛某跑步期间，其先驾驶车辆将丛某撞倒在路边麦地，后从其车上拿下木棒多次打击丛某头部致其死亡。

7 心得体会

本案在12小时内顺利告破，得益于各级领导高度重视，现场勘查指挥得力；各技术专业人员配合默契，尤其是法医工作人员经验丰富，发挥出色。在案情分析时，既没有"先入为主"，也没有"主观臆断"，而是有理有据，大胆分析，勇于担当。尤其是在案件定性上，准确无误，为领导指挥、决策及侦查措施的迅速布控赢得了时机，为侦查人员提供了明确的侦查方向，大大缩小了侦查范围，才使得本案基本没有走弯路，在短时间内顺利告破。在社会上打出了我们公安机关的声威。

参考文献

［1］闵建雄. 法医损伤学［M］. 2版. 北京：中国人民公安大学出版社，2010：243，245，246.

多重捆绑自杀分析1例

高云贵　汪君　方博

(广州市公安局海珠区分局，广东广州，510290)

1 案例资料

1.1 简要案情

某日同学发现周某某一直联系不到，到租住地发现其倒卧在地，全身多处被捆绑，已死亡，于是报警并要求勘验现场。

1.2 现场勘验

现场位于居民出租房内，两房一厅结构，门锁未见异常，厅内物品摆放自然，主卧房间地上铺有一被子，被子上有一具男尸，头部被两层塑料袋包裹，于颈部处用一鞋带捆绑；双手位于身体背后两侧，双手腕被鞋带捆绑；双下肢小腿部分被封口胶缠绕；尸体右侧有卷未用完的透明封口胶，足底侧有一手机及一双无鞋带的灰色旅游鞋（与捆绑尸体鞋带的颜色相同）。现场桌面放有一白色A4纸，写有"对不起了，大家！我走了"及"银行卡密码××××××"等字样。主卧房间内财物未见丢失，物品如常；现场无其他可疑鞋印。

1.3 尸体检验

（1）捆绑情况。死者头部套两个塑料袋，外边为黄色带提手的购物袋，里面为白色平口包装袋，一鞋带绕颈两圈后于颈后打3个结。去除塑料袋，颈部及口部见透明封口胶缠绕5圈，去除封口胶见颈部有两条皮肤压痕。双手置于身后两侧，两手腕被双条鞋带捆绑，左手腕见6个活结，右手腕见3个活结，两活结间鞋带长15 cm。双小腿被透明封口胶缠绕8圈。

（2）尸表检验。死者衣着整齐，上身穿短袖T恤，下身穿灰色短裤、黑色内裤，赤足。尸斑形成于背侧未受压部，指压稍褪色，检验尸体时出现转移性尸斑；角膜透明，可见瞳孔；尸僵强硬，可破坏。口鼻部见血迹黏附，颜面部瘀紫，见多处出血点。口周及颈部见较宽的皮肤压痕，双手腕均见两条皮肤压痕。双下肢皮肤见封口胶压痕。余未见损伤。

（3）实验室检验。经检验，封口胶及塑料袋上有死者指纹，捆绑的鞋带上检出死

作者简介：高云贵，男，辽宁丹东人，副主任法医师，主要从事法医病理学、法医临床学检验鉴定工作；E-mail：yggy2002@163.com。

者 DNA 成分。

1.4 调查情况

周某某近期感觉学业压力较大，曾向同学表述有自杀念头。

2 讨论

2.1 死亡原因及死亡方式

尸体检验见死者颜面部瘀紫，见多处出血点等窒息征象，头面部套有塑料袋，颈部捆绑，死者符合塑料袋套在头部致机械性窒息死亡。结合实验室检验、案件调查分析、模拟实验及视频检验，本案符合死者自行捆绑导致窒息死亡，死亡方式系自杀。

2.2 捆绑行为

捆绑行为作为一种外显性很强的行为迹象，现场勘查和尸体检验人员理应充分重视。捆绑行为能得以完成，除人以外至少需要捆绑物品、捆绑方式以及捆绑时间三种条件因素，这也是捆绑行为的重要基础。死者事前准备好鞋带、塑料袋及封口胶（均是日常用品），捆绑方式均是日常生活中常用方式，在套住头及捆绑颈部之前，先完成一部分捆绑，因缺氧窒息到意识丧失仍需要 2～3 min，捆绑颈部之后在短时间内可独立完成剩余的手部捆绑。

2.3 捆绑动机

行为缘于动机，捆绑行为也不例外。本例捆绑的动机为控制动机，死者实施捆绑行为是为了限制自救，确保死亡能够得以实现，避免因人的本能反应而导致自杀行为失败。

人的自杀行为是在特定心理状态支配下的反常行为，多见于内向型的人。在生活中遇到一些挫折，同时解决问题的能力低，又不愿与人交流倾诉，憋在心里感到抑郁和绝望。年轻人的自杀多属于激情下的冲动性自杀，因具有很强的突发性，加上性格内向不愿与人交流，自杀的诱因及原因不易被人察觉，故家属一般多很难接受自杀的现实。此案经过详细耐心地解释，消除了家属对死亡的疑问，并拒绝解剖尸体。

尽管捆绑行为看得见摸得着外显性强，但行为本身受太多因素的影响，常常指向性并不特定，因此，捆绑行为的分析判断，最终还是要放到具体的个案中，要辅以其他的相关信息综合判断。本例起初有人质疑死者不能独立完成如此复杂的捆绑而怀疑他杀。一般来说，较为复杂奇特的捆绑（如手脚弯曲一体式等）、捆绑索套过于宽松或者特别致密、肢体分离式的捆绑、捆绑物沾附血迹呈浸润状或者滴落状等多发生于死亡前捆绑；而过于简单或过于重复的捆绑、使用非常不合适的捆绑物（如衣着等）捆绑、有衬垫物覆盖的捆绑等，多为死亡后他人捆绑。对于生前多重捆绑，关键是看死者能否自己形成，如果不能，可高度怀疑他杀。本例死者的捆绑虽然较多，但并不复杂，自己完全可以形成，模拟实验证实可以独立完成，且实验室检验证实了捆绑物上均留有死者的生物信息，并有视频为证。从心理学角度上看，为了确保自杀成功，死者一般捆绑都采用比较多或复杂的捆绑，以防止自己的本能自救。

2.4 现场重建

周某某事先准备好封口胶、鞋带、塑料袋，先用封口胶依次缠绕双下肢及口部、颈部，然后使用鞋带捆绑手腕和颈部塑料袋，此过程可能的捆绑方式有两种：第一种可能是用鞋带先系住左手腕，将两塑料袋套头后用一鞋带捆绑颈部，于颈后打结，最后于背后系住右手腕。第二种可能是先系住双手腕后再套头部塑料袋、颈部捆绑鞋带，最后双手腕鞋带套过双脚置于身体后侧。经过试验两种方式均可完成捆绑。利用死者指纹解锁现场足底侧手机后，发现其录制了自杀过程，与第一种捆绑方式相符。

参考文献

[1] 闵建雄. 试论杀人案件中的捆绑行为 [J]. 刑事技术，2009，16（2）：36-39.
[2] 闵建雄. 自杀行为的心理分析 [J]. 中国法医学杂志，1988，11（4）：48-51.
[3] 赵子琴. 法医病理学 [M]. 4版. 北京：人民卫生出版社，2009：280-311.

杀人后自杀案件 1 例

李东东[1] 马力[2] 田进有[2] 张剑[3]

(1. 吴忠市公安局刑事侦查支队,宁夏吴忠,751100;2. 吴忠市公安局利通区分局刑侦大队,宁夏吴忠,751100;3. 盐池县公安局刑侦大队,宁夏吴忠,751500)

杀人后自杀案件在命案总量中所占比例不是很高,但分析推断错误时会将公安机关引向一次杀害两人以上的重大刑事案件中去。公安机关法医应当特别注意杀人后自杀案件中现场勘查和尸体检验与其他类案件相鉴别,综合分析后做出正确的判断。

尸体检验按照先尸表检验、后解剖检验的次序进行,根据尸体的状态和伤口的分布,结合现场的血迹形态,对案件进行分析。尸表检验的重点要看尸体上伤口的位置、大小、形态分布状况,是否为同一种工具所伤,特别要注意对于尸体上隐蔽部位进行检查。如果现场遗留的作案工具是家中所有,并且遗留在自杀者能拿到的地方,对于案件的综合分析有至关重要的意义。

1 案例解析

1.1 现场情况

2013 年 3 月某日,某小区 3 号楼 1 楼家中发现两具尸体。

现场有大量血迹。现场门锁完好,无强行侵入痕迹;室内物品摆放整齐,无翻动痕迹。中心现场北面的 2 个衣柜下缘向南 35 cm 有 1 处血泊,血泊东侧有 1 双女士拖鞋,鞋面及内侧面均有点状溅洒样血迹,鞋底无血迹。女士拖鞋西侧为一面积为 105 cm×67 cm 血泊。血泊西侧有 1 双蓝色男士拖鞋,鞋尖朝南,鞋面见血滴,拖鞋内侧无血迹,鞋底沾染有大量血迹。房间东侧有 3 扇窗户,窗户下摆放 1 张双人床,床上有一男一女 2 具尸体。男尸为狄某,尸体头朝东北,脚朝西南,呈仰卧状,尸体头部距北侧床缘 18 cm,距床头 22 cm,尸体赤足。尸体西侧有一把单刃刀,全长 26 cm,刀把长 11 cm,宽 2.5 cm,刀上沾染有血迹。女性尸体为杨某,尸体头东脚朝西,呈侧卧状态,赤足。尸体头部距北侧床缘 10 cm,距离床尾 95 cm,尸体上身肩部以下裹蓝色棉被,棉被见擦抹状血迹,左肩部见血手印,尸体头部有一处面积为 110 cm×60 cm 的血泊。

1.2 尸体检验及分析

(1) 死者杨某,女,51 岁。尸体呈失血貌,颈部创口(从颈前喉结偏右经左颈部

作者简介:李东东,男,主检法医师,主要从事法医病理检验和法医临床检验工作;电话:15009535656;E-mail:muqixiaozi@126.com。

止于左枕颈部）深达颈椎，造成左侧颈外、内动脉完全离断，结合现场大面积血泊，分析死亡原因系急性失血性休克死亡，此创口系致命伤。死者全身损伤均为锐器损伤，创口的创角一钝一锐，据此分析认为致伤工具系单刃锐器。死者左手部有深浅不一的创口，创缘整齐，该损伤系抵抗伤。理化鉴定报告排除常见毒物中毒死亡。综上所述，杨某系他人用单刃锐器切割颈部，致使左颈内、外动脉完全离断，造成急性失血性休克死亡。

（2）死者狄某，男，56岁。尸体呈失血貌，颈部创口深达肌层，致右侧颈内动脉完全离断，结合现场大面积血泊，分析死亡原因系急性失血性休克死亡，颈部创口系致命伤。四肢、腹部、颈部创口方向自左上到右下，创口左高右低，且起始端浅，终止端深，在主创口下缘有与主创口平行的切口，主创口左侧有多处皮瓣，这种切颈方式符合自杀切颈的规律。创口均表现为创缘整齐，创腔无组织间桥，创角一钝一锐，据此分析认为致伤工具系单刃锐器。胸腹部损伤比较集中，损伤有刺伤、切割伤、皮肤划伤，这些损伤深浅不一，创口方向一致，系试探伤。死者胸腹部有一处损伤，但是衣服完好无破裂口，据此分析这种损伤方式不符合他人所致。根据毒物鉴定报告排除常见毒物中毒死亡。综上所述，狄某系切颈后致使右侧颈内动脉断裂，造成急性失血性休克死亡。根据死者全身损伤程度及位置，综合分析自己可以形成，系自杀。

2 讨论

（1）根据现场门窗完好、无强行侵入痕迹，结合外围监控情况，可排除外人侵入作案的可能性。

（2）女性死者杨某患有脑出血，经治疗后右侧躯体功能障碍明显，与其左手有抵抗伤、右手无抵抗伤相对应。

（3）地面的女士拖鞋鞋面和内侧均有溅洒样血迹，而鞋底干净，分析排除女死者被杀时与嫌疑人在地面搏斗的可能性，应是在床上被害。地面的男士拖鞋鞋底沾染有大量血迹，分析认为男死者在女死者死亡后有室内活动的情况。

（4）男性死者身上血迹主要呈现为流注状、喷溅状，颈部周围有大面积血泊，全身无其他特殊血迹形态。尸体西侧有一把单刃刀（平时家中所用）。

综上分析，男性死者属于自杀，基本作案过程为男性死者站于地面用事先准备好的单刃刀具袭击床上的女性死者杨某，杨某予以反抗，形成左手抵抗伤，抵抗无效杨某被切颈致死。随后男性死者上床后躺在杨某某身体左侧，用单刃刀具在胸腹部进行试探性自杀未果，又切割颈部，致使右侧颈内动脉断裂，造成急性失血性休克死亡。

参考尸体直肠温度推断死亡顺序1例

刘东明[1]　袁树文[2]

(1. 海口市公安局刑科所，海南海口，570208；2. 新疆福海县公安局刑事技术室，新疆福海，836400)

1 案例资料

1.1 简要案情

某日接某派出所报案：上午12时许，某市一废品收购站内发生一起杀人案，死亡一男一女，两人为夫妻关系。

1.2 现场勘验

现场为一套民居，由一栋正房、两间北厢房和后院三间瓦房构成，两具尸体相距约5 m。正房客厅大门前地面有一具男性尸体，尸体呈屈膝侧卧状态，头西脚东，右脚抵门口边，上身穿一条白底蓝色方格细纹短袖T恤衫，下身穿一条深蓝色李宁牌运动短裤。在正房和瓦房之间地面上有1具女性尸体，尸体头南脚北，呈仰卧位。上身穿一条蓝灰色底树叶图案的中长袖T恤，下身穿一条黑色紧身裤，腰间系一草绿色腰包。现场气温30.0 ℃，相对湿度53%，风向东风。

1.3 尸体检验

男被害人尸斑均位于背部未受压部位，指压褪色，尸僵开始形成。枕项部仅见1条16 cm横行锐器创，创腔深达第2颈椎骨质，创腔内可见椎动脉破裂，第二颈椎骨质砍痕，椎体裂开。死亡原因：椎动脉破裂引起大失血死亡。男被害人直肠温度：当天17时第一次测为33.9 ℃，第二次在18时测为33.2 ℃。

女被害人尸斑均位于背部未受压部位，指压褪色，尸僵形成。额顶部可见2处均为7 cm锐器创，右颞顶部可见1处9 cm锐器创。额顶骨可见2处7 cm砍痕，颅骨无骨折，脑组织未见异常。右侧面颈部可见5处锐器创，最长为10 cm，其中右颈部1处创深达第2颈椎骨质，骨质可见砍痕并椎体裂开，创腔内可见右颈外动脉、椎动脉破裂。死亡原因：右颈外动脉、椎动脉破裂引起大失血死亡。女被害人直肠温度：当天17时第一次测为32.5 ℃，18时第二次测为31.7 ℃。

1.4 死亡顺序推断

检验男女死者尸斑、尸僵的时间为当天14时，两者尸斑、尸僵程度差别不明显，

作者简介：刘东明，男，主任法医师，主要从事法医病理学研究和检验鉴定工作；电话：13379986017；E-mail：ldm2825@163.com。

尸斑指压褪色；尸僵形成，易破坏，据此推断死亡时间均在 3～5 h。

根据所测量的两人直肠温度数据，利用三元回归方程[1] $Y = 28.1918 - 0.6475X - 0.6179X^2 - 0.0277X^3$，计算得男死者死亡时间为 $Y = 6.1235$ h，女死者为 $Y = 7.0787$ h。结合尸体现象和天气情况等，分析推断女被害人死亡时间应在上午 10 时 20 分许，而男被害人死亡时间应该在上午 10 时 50 分许，也就是说，女男先后被害。

需要特别说明的是，前期在有关死亡顺序分析上，部分人员提出了不同的意见，即根据尸体所处的现场位置、姿势等，结合两死者的损伤特征，认为死亡的先后顺序比较符合男被杀在前而女被杀在后。

1.5 作案过程推断

根据尸体检验、尸体征象及现场情况等，作案过程应该是嫌疑人携带作案工具（菜刀），首先，在现场的后院处与女被害人相遇，持刀逼迫女被害人交出现金，女被害人不从并呼喊，嫌疑人用菜刀砍击女被害人头面部导致其死亡，然后打开被害人腰包拿现金。男被害人在前院听到声音过来看到女被害人情况后，即转身向前院跑，嫌疑人持刀追上砍其颈项部而一刀致命。破案后证实，嫌疑人交代一人作案，作案时间在上午 10 时 30 分左右，作案过程是先杀女被害人，然后抢劫腰包内钱物，再杀男被害人后逃离。

2 讨论

自 1839 年 Davy 首先应用测量尸体温度推断死亡时间以来，已有很多学者对尸体温度的变化规律进行研究。研究证实，直肠温度能较好地反映尸体内部温度，相当于胸腹腔内脏器官的温度，加之测量直肠温度操作又相对简便，因此，常作为尸体内部的核心温度用于推断死亡时间[2]。有人认为，在死后 18 小时内，尸冷是推断死亡时间最可靠的一种尸体现象[3]。在命案现场的尸体检验分析过程中，直肠温度下降的幅度大多用来推断死亡时间，而在死亡二人或多人的案件中用于分析推断死亡先后顺序的尚未见报道。

本案现场勘验、尸体检验后出现了两种不同意见，即尸体位置、姿势及损伤特征等支持男被杀在前而女被杀在后；而尸体直肠温度下降的结果则恰恰相反。由于死亡先后顺序的不同，可以反映出嫌疑人的作案过程，有时在一定程度上说明作案动机，而作案动机的不同又可以来刻画嫌疑人的某些特征等。因此，某些命案中死者死亡时间推断的准确性就显得十分重要，本案例法医之所以得出此分析意见，就是抓住了利用直肠温度推测出死亡时间一般在 20 h 以内，特别是 10 h 内是相对比较准确这个已被实践证实了的经验依据，否则，如此分析推断还是存在一定风险的。

本案分析采用了拓展思维的做法，即并没有单纯把本应该使用测量直肠温度的方法仅仅只用来推测死亡时间，而是用在了判断死亡的先后顺序上。

对作案过程的分析是现场分析的重要方面。而人的行为和目的之间总是有着千丝万缕的联系，所以作案目的在整个作案过程（行为）中或多或少会表现出来，或留下提示的"痕迹"[4]。在双命或者以上命案中嫌疑人先后杀人，是其犯罪行为的具体体现，有时可以通过现场不同尸体上的损伤特点、尸体征象以及死亡先后顺序分析判断出嫌疑人犯罪时心理活动的变化及作案动机或目的，以此为依据刻画嫌疑人特征，从而达到为案件的侦破提供重要信息或线索的目的。

本案利用直肠温度结果推断女被害人死亡在前、男被害人死亡在后的顺序与嫌疑人交代的犯罪事实是一致的，这也是本案法医专业分析的一个亮点所在。影响直肠温度的因素较多，如不同的死亡原因、衣着情况、体型等因素，因此在测量直肠温度推断死亡时间时应考虑到这些因素，在应用时还应联合运用多种方法综合判断才能达到比较准确的结果。

参考文献

[1] 陈禄仕. 法医学数据手册 [M]. 贵州：贵州科技出版社，1995：21。
[2] 赵子琴. 法医病理学 [M]. 北京：人民卫生出版社，2010：71.
[3] 郭景元. 法医鉴定实用全书 [M]. 北京：科学技术文献出版社，2002：65.
[4] 闵建雄. 命案现场重建概论 [M]. 北京：中国人民公安大学出版社，2006：6.

迷信致自杀 1 例

李木兰　湛有成

(雷州市公安局刑事侦查大队，广东湛江，524200)

1 案例资料

1.1 简要案情及现场勘验情况

2015年1月某日18时50分左右，何某被发现死在一辆小轿车内，该小轿车已燃烧并被消防救熄。据查，何某，男，42岁。现场位于工业大道路边，地段相对偏僻。被烧毁的小轿车为银色力帆牌小汽车，与道路平行停靠在慢车道上，车头向东，车周围未发现刹车痕及机动车碎片遗留物，车外壳未发现碰撞痕迹，发动机、底盘等未发现损坏及燃烧痕迹。死者在车内驾驶位置，坐姿自然，面部朝前，左脚放在离合踩与脚刹之间，右脚放在脚刹与油门踩之间。车内部燃烧较外部严重，副驾驶位置燃烧较车内其他位置完全，在副驾驶位上发现冥纸燃烧残留物、橘子、本地叶粑饼等物，副驾驶位后面发现白色塑料罐燃烧残留物，在驾驶位与副驾驶位之间的储物盒内发现打火机1个。车内的手刹处于刹车状态，档位为空档。死者手机、钱包均在车内。

1.2 尸体检验

(1) 现场尸体情况：死者呈坐位于驾驶室内，双上肢屈曲于胸前抬起，双足平放在驾驶舱内，胸前、双上肢、双大腿的衣服燃烧完全，臀部、会阴部、背部、双小腿远端的衣服燃烧不全。

(2) 尸表情况：尸体双眼呈强闭眼征，口腔及鼻腔见烟灰附着，头部、右脸面部及双下颌区呈Ⅳ度烧伤，颈前区呈Ⅳ度烧伤，胸腹部呈Ⅲ度烧伤，右腋区呈Ⅳ度烧伤，腰背部、臀部呈浅Ⅱ度烧伤，双上肢呈Ⅳ度烧伤，左手背侧部分皮肤沿皮纹裂开，右手背侧皮肤裂开缺失，左大腿呈Ⅱ度烧伤，右大腿呈深Ⅱ度至Ⅲ度混合烧伤，左膝部呈Ⅲ度烧伤，双小腿呈Ⅱ度烧伤。

(3) 解剖情况：头皮下未见血肿，双侧颞肌未见出血，颅盖骨未见骨折，硬膜外、硬膜下、蛛网膜下腔未见出血，大、小脑未见出血，颅底未见骨折，颈部皮肤及各层肌肉未见出血、呈樱桃红色，舌下、喉头、气管及支气管内见大量烟灰附着，胸腹部内脏未见明显损伤，胃内容约200 mL，有米饭颗粒，胃黏膜未见出血。

(4) 毒物检验情况。死者胃内容物未检出常见有机磷农药、毒鼠强和常见苯并二

作者简介：李木兰，女，1982年生，学士，法医师，主要从事法医病理、临床工作。

氮杂䓬类安眠药成分；死者心血中检出碳氧血红蛋白成分，含量为 84.78%。

2 讨论

（1）起火点分析。根据现场小轿车车内燃烧较车外严重，副驾驶位置燃烧较车内其他位置燃烧完全，尸体烧伤右侧较左侧严重，分析起火点位置应为副驾驶位。

（2）案件性质分析。中心现场位于大道路上，小轿车停放位置自然，未发现交通事故现场依据，死者手机、钱包均在车内，副驾驶位上发现冥纸燃烧残留物、橘子、本地叶粑饼等物，副驾驶位后面发现白色塑料罐燃烧残留物，在驾驶位与副驾驶位之间的储物盒内发现打火机 1 个，死者姿势自然，尸体解剖符合生前烧死，结合死者生前极其迷信，多次向他人诉说梦见大蛇把其吞噬，睡眠不足，精神萎靡，未发现情感、钱财方面出现纠纷现象。综合分析，该案件性质应为自杀，原因为生前迷信。

利用法医昆虫学推断死亡时间 1 例

许路易[1]　孟航[1]　邓德元[2]　肖碧[1]

(1. 上海市公安局物证鉴定中心，上海，200083；2. 上海市公安局水上分局刑侦大队，上海，200083)

1 案例

1.1 简要案情

2017 年 6 月 29 日下午，分局接"110"报：上海浦东地区某地，一孤老已多日未见，在其居住地闻到恶臭。民警到场后在屋内床上发现一具尸体。经查死者为郭某，女，1952 年生。6 月 20 日郭某的女性朋友 A 前去看望，郭某的男友告诉 A，郭某外出。6 月 29 日，A 再次到访，闻到屋内恶臭不堪，遂报警。

1.2 现场勘查

现场为一厅一厨一卫户型，房门完好，未发现被撬动的痕迹。尸体位于客厅内墙角的床上，尸体被多件衣物及被子包裹，脚被丝巾包裹，并且还有圆台和凳子压附在尸体上，周围衣物遍地，杂乱不堪。

1.3 尸体情况

尸体高度腐败，全身大部分呈白骨化改变，黏附大量蝇蛆，并且可见大量蛹。颅骨残存少量软组织，仅右侧颞肌残存，颅骨未见骨折；口腔内可见多颗义齿；颈部见舌骨左侧大角骨折，甲状软骨左侧上角骨折；胸肋骨、四肢长骨、骨盆均未骨折；胸腹腔内脏器大部分均被蛆虫所食，胃内空虚。

1.4 现场分析

房门完好，未发现被撬动的痕迹，死者身上佩戴的饰物均保留完好，故推断嫌疑人并非为财而来，并且对于死者家中的布局很熟悉，因此可判断此案件为熟人作案。死者颈部舌骨及甲状软骨骨折，且存在生活反应，余未见明显损伤，符合生前颈部受外力作用致机械性窒息死亡。

作者简介：许路易，男，1992 年生，法医师，主要从事法医病理学及法医人类学研究；电话：18621578161；E-mail:535002679@qq.com。孟航，男，1982 年生，主检法医师，主要从事法医病理及法医人类学研究；电话：13916355233；E-mail:kgmh@sina.com。邓德元，男，1984 年生，主检法医师，主要从事法医病理学研究；电话：15001714457；E-mail:49360872@qq.com。

通讯作者：肖碧，男，1980 年生，副主任法医师，主要从事法医病理学研究；电话：13916291344；E-mail:shakespear1002@hotmail.com。

2 分析与讨论

法医昆虫学主要根据蝇类等的生长发育规律及在尸体上的演替规律对死后间隔时间进行推断,在对案发或死亡时间的推测上表现出良好的实用性及优越性[1-2]。

2.1 死亡时间推断

现场及尸体上黏附大量蛆虫,蛹的颜色较红润,未见蛹壳,可见蝇蛆一代发育还未完成。并且根据现场蛆虫的形态以及现场的蝇类,可以判定主要为丝光绿蝇,其幼虫体长最大长度为 13 mm。蝇蛆的发育过程为卵→幼虫→蛹→成虫,卵在 20~30 ℃、相对湿度 60%~80%条件下经过 1~2 d 即可孵化出一龄幼虫,一龄幼虫适宜在 25~35 ℃条件下生长发育,经过 1~2 d 后蜕皮为二龄幼虫,又经过 2~4 d 后蜕皮为三龄幼虫,三龄幼虫的食量很大,在孳生物上占领一定的范围,经过 2~3 d 后停止取食钻入土层或者爬到干燥物体上,寻找温度稍低(15~20 ℃)的角落为蛹前期,经 24~36 h 变为围蛹[3]。

通过浦东地区气象台查询了案发前 15 日浦东地区的日平均温度(表 1),近 15 日平均温度为 24.8 ℃。并且近 15 天来连续降雨,相对湿度较大。丝光绿蝇在不同恒温下的发育历期的统计结果见表 2[4]。因 24.8 ℃ 的平均温度最接近于 24 ℃,故参考此表中 24 ℃ 数据结果推算本案中丝光绿蝇发育阶段。

表 1 案发前 15 天浦东地区温度变化情况

日期	6.15	6.16	6.17	6.18	6.19	6.2	6.21	6.22	6.23	6.24	6.25	6.26	6.27	6.28	6.29
温度/℃	23.5	24	25	25.5	24	25.5	24.5	24.5	24.5	25	24.5	25	26	25	25.5

表 2 不同温度条件下丝光绿蝇各阶段发育所需时间 (d)

阶段	温度/℃					
	18	21	24	27	30	33
卵	1.33	0.98	0.83	0.75	0.67	0.6
一龄幼虫	1.75	1.04	0.96	0.69	0.58	0.5
二龄幼虫	2.04	1.13	1	0.63	0.58	0.5
三龄幼虫	14.5	7.25	4.75	5	13.08	13.19
蛹	15	9.92	7.71	6.67	5.25	4.75
合计	34.62	20.32	15.25	13.74	20.16	19.54

在 24 ℃ 环境下,丝光绿蝇发育至三龄幼虫所需时间共为 7.54 d;在尸体上发现了丝光绿蝇的蛹,而蛹的颜色较新鲜红润、质地较柔软,系成蛹不久的表现,三龄幼虫在此温度下发育为蛹所需时间为 24~36 h[3]。综上所述,死者的死后间隔时间为 8.54~9.04 d。

此外,本案例中蛆虫体长最长为 13mm,根据王江峰等[5]对丝光绿蝇幼虫体长变化与温度的关系研究中的推断公式 $Y = (12.97 - 0.31X)/[1 + \exp(2.73 - 1.95X)]$ (X 为发育时间,Y 为体长),推断幼虫发育时间为 7 d,卵期 0.83 d,3 龄幼虫在 24 ℃ 下发育为蛹,时间在 24 ~ 36 h,则分析得出该案件死者的死后间隔时间为 8.83 ~ 9.33 d,两种分析方法所得结果基本一致。

但由于尸体经过衣物包裹,并且位于室内,存在影响蝇类到达尸体并产卵时间的可能,故结合现场实际情况分析,死者的死后间隔时间推测范围为(10 ±1) d。

2.2 案件证实

在通过法医昆虫学分析的基础上,推断本案死者的死后间隔时间为(10 ±1) d。故本单位将侦查时间范围锁定至 6 月 19 日前后与死者接触的人员,成功锁定犯罪嫌疑人。在案件侦破后得知,死者于 6 月 19 日下午被害。死亡时间为 10 d 整,与推断一致。

2.3 讨论

对于高度腐败尸体的死后间隔时间推断,一直是法医工作者所面对的重点与难点。而法医昆虫学作为一门应用昆虫及其他自然科学的理论与技术,研究并解决司法实践中有关昆虫问题的学科[4],能为案件的分析与侦破提供有价值的线索。丝光绿蝇,俗称绿豆蝇,是一种在我国分布极广、在尸体腐败过程中最为常见的肉食性蝇类[6]。在法医学刑事案件实际检案工作中,掌握丝光绿蝇及其他常见的嗜尸性昆虫在各种环境中的生长发育规律,可以为死亡时间、地点及死因的分析提供重要的线索,是法医工作者必须掌握的技术重点。

实际检案工作中,通常很难在第一时间提供准确的死亡时间,而缺乏对于现场蝇卵和蛹等昆虫收集的意识和专业技术手段,也使得死亡时间的推断的效率和准确度得不到良好的保障。

所以想要达到合理、高效地运用法医昆虫学理论知识和技术手段推断死亡时间,我们必须开展大量细致、专业、系统化的昆虫生长发育及其演替规律的研究,以提高利用法医昆虫学推断死亡时间的效率和准确度。

参考文献

[1] KEH B. Scope and Application of Forensic Entomology [J]. Ann Rev. Ent, 1985, 30: 137 – 154.

[2] AMENDT J, KRETTEK R, ZEHNER R. Forensic entomology [J]. Naturwissenschaften, 2004, 91 (2): 51 – 65.

[3] 陈禄仕,王江峰,王杰,等. 中国尸食性蝇类 [M],贵阳:贵阳科技出版社,2013: 21 – 22.

[4] 胡萃,闵建雄,王江峰,等. 法医昆虫学 [M]. 重庆:重庆出版社,2000: 118 – 120.

[5] 王江峰,陈玉川,胡萃,等. 温度对丝光绿蝇 LuciliaSericata 幼虫体长变化的影响 [J]. 中山大学学报:自然科学版,2000(增刊2):141 – 145.

[6] 范滋德. 中国常见蝇类检索表 [M]. 2 版. 北京:科学出版社,1992:472.

他杀溺死1例

黎光锋 龙定峰

(广州市公安局海珠区分局技术中队,广东广州,510290)

1 案例

1.1 简要案情

某日,群众在水沟内发现一女性裸尸。经查,死者系吴某,25岁。

1.2 现场勘查及尸体检验

(1) 现场勘查。水沟旁的公路中间有一摊血迹,这摊血迹到尸体之间可见滴状血迹,血迹形态显示血迹为朝尸体方向运动。尸体旁的公路上有死者吴某的驾驶证,路面未见刹车痕迹。

(2) 尸体检验。尸体全身赤裸,尸斑浅淡,尸僵强,分布于各大小关节。颜面部瘀血,角膜轻度浑浊,可以透视瞳孔,结膜充血。枕部右侧有2.0 cm×0.5 cm的创口,创缘不齐,出血明显,创腔内可见组织间桥,周围伴10.0 cm×8.0 cm的头皮下血肿。前额左侧有0.5 cm×0.5 cm的擦伤,左颧面部有1.0 cm×1.0 cm的擦伤;上唇内侧有2.0 cm×1.0 cm黏膜下出血,下唇肿胀,下唇左侧有2.0 cm×1.0 cm的创口,出血明显;下唇中部有2.0 cm×2.0 cm挫擦伤,下唇系带处有1.0 cm×0.3 cm裂口,牙龈及牙齿未见损伤。颈部左侧有6.0 cm×4.0 cm类圆形皮下出血;左乳房乳头上方有6.0 cm×4.0 cm擦伤,伴6.0 cm×6.0 cm皮下出血;背侧右肩处至腰骶部有范围为40.0 cm×9.0 cm的条片状擦伤,伴皮下出血;四肢散在分布小片状擦伤及皮下出血。颅脑未见异常。项部至肩胛间区切开皮肤见软组织水肿,有15.0 cm×8.0 cm范围散在肌肉出血,第六颈椎棘突骨折。喉头及气管黏膜充血,气管腔内见少许食糜,未见明显泥沙和污泥。食管内见少许食糜。双肺水性肺气肿,触之有捻发感,切开肺及支气管见切面有泡沫性血性液溢出,胃内容200 g,可见成型肉菜,胃黏膜未见异常,膀胱半充盈。余未见特殊。

(3) 物证检验。阴棉精斑预试验为阴性。

(4) 化验检验。死者的胸腔积液中检出乙醇成分,含量为387.2 mg/100 mL胸腔积液。未检出安眠镇静类药物、毒鼠强、有机磷等常见药物毒物成分。

作者简介:黎光锋,男,1977年生,广东高州人,副主任法医师,主要从事法医病理学、法医临床学检验鉴定工作;E-mail:411312894@qq.com。龙定峰,男,1985年生,湖南邵阳人,法医师,主要从事法医病理学、法医临床学检验鉴定工作;E-mail:492894042@qq.com。

(5) 硅藻检验。死者的肺组织、肝组织、肾组织中检出直链藻、小环藻、舟形藻、菱形藻、布纹藻等硅藻，与现场水样中检出硅藻类型吻合。

2 讨论

2.1 死因分析

枕部有创口，颅骨无骨折，硬膜外、硬膜下、蛛网膜下及脑组织未见损伤及出血，可排除因颅脑损伤死亡。尸体检验未见中毒征象，未检出常见药物毒物成分，可排除因常见药物毒物中毒死亡。尸体检验未见致死性病变，可排除因疾病死亡。双肺水性肺气肿，触之有捻发感，切开肺及支气管见切面有血性泡沫溢出，死者肺、肝、肾内均检出与现场水样同类型的硅藻，说明吴某符合溺死[1-2]。

2.2 损伤分析

左侧颈部类圆形皮下出血符合牙齿咬伤，下唇损伤为可疑牙齿咬伤，常在性行为时形成。背侧右肩处至腰骶部广泛的条片状擦伤伴皮下出血，方向一致，为生前伤，符合被拖拉形成。枕部右侧创口创缘不齐，出血明显，创腔见组织间桥，伴 10.0 cm × 8.0 cm 范围头皮下血肿为钝器伤；项部至肩胛间区切开皮肤见软组织水肿，有 15.0 cm × 8.0 cm 范围散在肌肉出血，第六颈椎棘突骨折。可以推测死者曾经摔倒过。

2.3 死亡方式及性质

死者胸腔积液中检出高浓度乙醇，提示死者处于醉酒状态。结合有性行为、现场血迹及被拖拉的损伤，分析死亡方式为他杀，性质为强奸杀人。

2.4 作案人刻画

嫌疑人有性侵犯行为，应为男性。死者处于醉酒状态，自主行为能力差，难以自行到达现场。因此，嫌疑人可能为死者熟悉的人，在护送死者途中临时起意性侵。死者生前被拖拉过，1 人可以完成。

2.5 现场重建

路边水沟里的裸尸，首先应排除死者是否为交通事故后抛尸，勘察尸体旁边的公路未见刹车痕，尸体未见被车辆撞击的痕迹，可以排除交通事故后抛尸。通过损伤分析提示死者生前发生性行为时被咬伤，被人拖拉过，曾经摔倒过。现场血迹从公路中央开始到水沟边。死者的胸腔积液中检出乙醇成分，含量为 387.2 mg/100 mL 胸腔积液。综合分析死者为酒后与人发生性关系，在发生性关系期间被人咬伤了口唇和左侧颈部，并意外摔倒导致昏迷不醒，嫌疑人由于紧张和害怕，以为死者已经死亡，便开车搬运死者，开车至血泊处停下，然后将死者拖拉扔到旁边的水沟里。

破案后嫌疑人陈述：吴某请吃夜宵，饮酒后吴某醉酒。在送其回家途中到达现场，欲对吴某实施性侵犯，被吴某咬了一口，因为疼痛推吴某致其摔倒昏迷。即脱光其衣服，未见吴某有反应，用力咬死者口唇、左侧颈部、乳房仍无反应，误以为吴某死亡，将其拖拉扔到水沟里，死者衣服和包扔到旁边河涌内，离开现场。

参考文献

[1] ZHAO J, LIU C, HU S, et al. Microwave digestion-vacuum filtration-automated scanning electron

microscopy as a sensitive method for forensic diatom test [J]. Int J Legal Med, 2013, 127 (2): 459-463.

[2] ZHAO J, LIU C, BARDEESI A, et al. The diagnostic value of quantitative assessment of diatom Test for drowning: an analysis of 128 water-related death cases using microwave digestion-vacuum filtration-automated scanning electron microscopy [J]. J Forensic Sci, 2017, 62 (6): 1638-1642.

交通事故两次受伤的成因分析 2 例

苌红彦

(河南省内黄县公安局刑警大队，河南内黄，456300)

1 案例资料

1.1 案例 1

死者王某，男，59 岁。2017 年 10 月 5 日，王某被发现俯卧于路上，其所骑自行车倒于身旁。王某附近有一倒地的摩托车及一昏迷伤者（摩托车驾驶员）。王某所骑自行车与倒地的摩托车碰撞痕迹吻合。尸表检验：王某鼻腔、口腔及耳腔出血，左额角、额部右侧、右眉上方、鼻背、上唇左侧、左颞部、左颧部、左下颌支及右肘关节、双膝关节均有片状皮肤挫擦伤，其中，较大者为 3.0 cm×3.0 cm，较小者为 0.8 cm×0.6 cm；右腰背部有一类三角形皮肤挫擦伤，边长分别为 33.0 cm、26.0 cm、10.0 cm。解剖检验：双侧后顶部、枕部硬膜下血肿，广泛性蛛网膜下腔出血，颅底有一纵形骨折线；胸部皮下及肋间肌出血，双侧多发性肋骨骨折，左、右胸腔、腹腔内分别有 500 mL、300 mL、500 mL 不凝血液，双肺、肝脏膈面、脾脏均有多个破裂口。摩托车驾驶员面部有散在性片状皮肤挫擦伤，额骨及面颅多发骨折，双侧额叶脑挫裂伤，蛛网膜下腔出血。

1.2 案例 2

死者燕某，男，65 岁。2018 年 1 月 9 日 18 时许，燕某步行被一辆货车撞倒，后被一辆面包车碾轧、拖擦。尸表检验：右额部有一 0.6 cm×0.2 cm 挫裂创，创缘不整齐，周围有散在性条片状皮肤挫擦伤，深达颅骨，对应处颅骨凹陷性粉碎性骨折，左颞枕部有小片状头皮挫伤，枕部有散在性片状头皮挫伤；胸部塌陷，双侧多发性肋骨骨折，按压胸部可闻及骨擦音；右前臂下段离断，仅有少许皮肤相连，血管断端回缩，右股骨上端骨折，右股背侧有散在性片状皮肤挫擦伤，右股下段至右胫上段有散在性片状皮肤挫擦伤，左胫中上段有散在性片状皮肤挫擦伤，左手背有散在性条片状皮肤挫擦伤。解剖检验：双侧颞部、枕部帽状腱膜下血肿，额骨凹陷性粉碎性骨折，左颞骨、顶骨线形骨折，大脑、小脑广泛性蛛网膜下腔出血，左顶叶脑挫裂伤，颅前凹粉碎性骨折；胸部皮下及肋间肌广泛出血，双侧多发性肋骨骨折，双侧锁骨骨折，胸骨骨折，左、右胸腔内

作者简介：苌红彦，男，1972 年生，汉族，河南省内黄县人，现为内黄县公安局主检法医师，主要从事法医损伤学、法医病理学鉴定工作；电话：13937257068。

分别有 200 mL、500 mL 不凝血液，心包腔内有少量积血，主动脉弓横断，胸椎多发骨折，腹腔内有少量不凝血液。

2 讨论

交通事故所致死者，损伤一般较明显，具备部分或全部"四联伤"（撞击、摔跌、拖擦、碾轧）特征，死亡原因也较明显，严重颅脑损伤多见。但两车甚至多车造成一人或多人受伤或死亡时，受伤机制及死因分析便不再容易，特别是死因的分析，无论对肇事的前车还是后车，均至关重要。为此，办案人员要求法医工作者写清尸体上的损伤如何形成，是哪辆肇事车致人死亡，一方面，为逃逸案件提供线索和证据，另一方面，确定案件性质及对每名肇事司机划定法律责任。案例 1 中，从王某所受损伤不难看出，其头部损伤应为其所骑自行车与摩托车撞击后摔跌形成，而其胸腹部损伤从其严重性结合右腰背部皮肤挫擦伤分析，摔跌难以形成，还应受到另一机动车所致碾轧伤；摩托车驾驶员也只受到摔跌伤。通过尸体解剖可以看出，王某头部损伤及胸腹部损伤都较重，均能构成致命伤而形成联合死因；并且，因其胸部皮下及肋间肌出血，胸腹腔内出血量较大，生活反应明显，还可以分析出，王某头部损伤虽较重，但受到碾轧时，尚未死亡。案发第二日，案件破获，确有一辆轿车在王某受伤倒地后从王某身上碾轧后逃逸。案例 2 的情况与案例 1 大同小异，但不同的是，从受伤机制来说，案例 1 中死者王某头部仅有摔跌伤而无撞击伤，也就是说，摩托车与其所骑自行车撞击后其面部着地受伤，其本人并未与摩托车接触，只出现颅骨整体变形（颅底纵形骨折线）的特征；而案例 2 中，货车撞击燕某额部，造成燕某枕部着地，所以，其颅骨局部变形（额骨凹陷性粉碎性骨折）与整体变形（左颞骨、顶骨线形骨折）共存。从死因分析来说，虽然燕某死因也为严重颅脑损伤及创伤性失血性休克的联合死因，但其头部损伤较案例 1 中王某损伤更重，分析碾轧前死亡过程会更短。通过解剖可以看出，燕某虽然主动脉弓横断，但胸腔积血并非很多（双侧仅 700 mL），这就涉及一个重要问题：其受到第二辆车碾轧时是否已经死亡？现场视频显示燕某被第一辆车撞倒后 11 s，又被第二辆车碾轧。笔者认为，燕某头部损伤虽较重，但并非因极其严重而发生即时死（数秒到 1 min 之内发生死亡），况且，其胸部皮下及肋间肌广泛出血，血管断端回缩，有生活反应，故分析其受碾轧时应有生命体征，或至少处于濒死期。

综上分析，在有两辆甚至多辆车先后致人死亡的交通事故中，除了要详细了解案情，认真勘验现场外，还应该开展全面细致的尸体解剖，较为准确地分析出受伤机制、生前伤或死后伤、死亡原因及车辆作用人体时机体的状态，以便为侦查破案及每名司机的法律责任提供技术支撑。但是，值得一提的是，如果死者头部受伤后又被碾轧，则对碾轧前的损伤机制及死因的评定就更加困难甚至无法做出判断。

参考文献

[1] 赵子琴. 法医病理学 [M]. 4 版. 北京：人民卫生出版社，2009：32 - 33.

[2] 闵建雄. 法医损伤学 [M]. 2 版. 北京：中国人民公安大学出版社，2010：388

自渗性污水井中尸体变化分析 1 例

苑宗君

(黑河市公安局刑事技术支队，黑龙江黑河，164300)

1 案例资料

1.1 案情简要

某居民区于清理自渗性下水井时，发现 1 具尸体，尸体在打捞过程中自腰部分离。

1.2 法医学检验

死者成年女性，体态中等，衣服完整，全身软组织成灰褐色，质地硬，揉搓滑腻感，易碎，以面部、胸部、臀部、乳房及股部保存完整，内脏腐败消失，股部深层肌肉组织与骨骼已经分离，解剖可见茎突骨折，骨折端分离，骨折断面呈新鲜骨折状，为生前形成，颅底无骨折，右侧颞骨岩部呈暗紫色改变，舌骨未见骨折。

2 讨论

自渗性污水井在城市中存在着很多，在污水井特定环境中尸体的变化也具有其特殊性，会随着时间的变化，发生与时间相关的变化。

在污水井中的尸体典型的特点为尸蜡形成，尸蜡为保存型尸体的一种，为尸体受内外因素的影响，腐败过程中断，软组织免于崩解破坏而被不同程度地保留下来[1]。在特定环境中腐败变慢或停止，皮下脂肪组织分解成甘油和脂肪酸，与离子结合，形成脂肪酸盐，不饱和脂肪酸经氢化作用形成饱和脂肪酸，不溶于水的饱和脂肪酸沉积下来共同形成尸蜡，皂化反应是一个较慢的化学反应。特定环境条件为尸体在湿土或水中，成人局部尸蜡形成 3～4 个月，全身大部分尸蜡形成需要 1～1.5 年。此案例中尸体 8 个月左右全身尸蜡已完全形成，这与自渗性污水井特殊环境密不可分，城市中自渗性污水井多为生活污水，深度恒定，皂化反应通常指的是碱（通常为强碱）和酯反应，而污水井 pH 7.5～8 为弱碱性，污水井中环境密闭，水温恒定在 15～20 ℃，使得皂化反应平稳，所以加速了尸体全身尸蜡的形成。

在此案中，因尸蜡形成，成功地将茎突骨折断端保留，颞骨岩部淤血，对于案件的死亡方式提供有力的科学依据，案件破获后与嫌疑人交代吻合。蜡可能保存某些生前损

作者简介：苑宗君，男，黑龙江黑河人，主检法医师，主要从事法医病理学、法医临床学检验鉴定工作；E-mail：58022591@qq.com。

伤的痕迹，尸蜡的形成将受害人的女性特征完好地保存，在尸检过程中在盆腔中提取"T"型节育环为后期个体识别提供保障；通过尸蜡成功地推断死亡时间。案件破获后得知案犯系死者男友，二人因感情问题发生争执，厮打过程中案犯在死者背侧用肘弯扼压死者颈部，致死者窒息死亡，死后将尸体扔入下水井中，自案发到尸体被发现时长8个月多。

参考文献

[1] 赵子琴. 法医病理学 [M]. 4版. 北京：人民卫生出版社，2009：58-59.

白骨化尸体的法医人类学分析 1 例

权国林 龙定峰

(广州市公安局海珠区分局,广东广州,510290)

1 案例资料

1.1 简要案情
某日在某工地负一层发现一具白骨化尸体。

1.2 现场勘查
现场位于在建工地负一层,层高 7.459 m,温度 30 ℃,气候较潮湿,光线较暗,内有大量铁质脚手架。最靠近地面的脚手架横梁高 1.757 m,其中一横梁上挂有一件黑色布质短袖 T 恤,T 恤左袖口内有左侧肩胛骨一块。其余骨骼分布于上述横梁下方、以竖梁为中心的区域地面,其中右侧股骨位于一条灰色布质长裤右侧裤管内,上覆盖有布质内裤以及木板、石块碎屑等建材废料,旁边有若干堆清理好的建材废料。

1.3 骨骼检验
地面骨骼由远及近分别为颅面骨、躯干及上肢骨、下肢骨,其中椎体按次序排列,棘突向上。经整理,骨架包括颅骨、面骨、绝大部分椎体、绝大部分肋骨、右侧肩胛骨、大部分四肢长骨共计 94 块,所有骨块软组织及毛发消失,骨质厚密,不易掰断,形态完整,无砍痕、骨折、缺失等重大暴力作用痕迹,无骨痂、畸形等病理痕迹。另有舌骨、胸骨、第 1 胸椎、尾骨、左侧第 11 肋骨、右侧第 12 肋骨、左侧尺骨、双侧腕骨、双侧手骨、右侧髌骨、双侧跗骨、双侧足骨缺失,共计 112 块。T 恤左袖口内有左侧肩胛骨一块,软组织消失,骨质厚密、不易掰断,形态完整,无砍痕、骨折等重大暴力作用痕迹,无骨痂、畸形等病理痕迹。所有骨骼无软组织附着,全部白骨化,未发现风化、腐蚀、焚烧等痕迹。

1.4 衣物检验
上衣为一件黑色布质短袖 T 恤,左前胸有"中俄联合军演"字样及"2009 和平使命"图标,右肩袖有"中国人民解放军"字样及国旗图标,衣领标签上有"凯特龙"品牌字样,胸背部有"PLA"字样。前面袖口、前胸部等有 3 处均为 1.5 cm×1.0 cm

---

作者简介:权国林,男,1989 年生,青海互助人,法医师,主要从事法医病理学、法医临床学检验鉴定工作;E-mail:quangl@126.com。

汪君,男,1990 年生,安徽安庆人,主要从事法医病理学、法医临床学检验鉴定工作;E-mail:470812858@qq.com。

的小破口，边缘均不整齐。后背部有一 30 cm×20 cm 破洞，边缘不整齐。布质内裤已破损成条索状，蓝灰色，腰部松紧带断裂，断端不整齐，松紧带上有"DobieKEYESE"品牌字样。下装为一条灰色布质长裤，左前内侧标签处显示"POLO AILLAE"品牌字样及"34 码"字样。系有黑色皮带一条，自动扣标识不清，皮带松紧程度与裤腰一致，呈系好状态。裤腰的金属扣和塑料扣未扣，拉链拉到一半位置。右前方膝盖对应部位有 1.5 cm×0.8 cm 的两处破口，边缘不整齐。右前方小腿对应部位有 2.5 cm×1.5 cm 不规则破口，边缘不整齐。后方裤腰处有 1.0 cm×0.5 cm 破口，边缘不整齐。右后方大腿对应部位有均为 1.5 cm×1.0 cm 的 3 处破口，边缘均不整齐。右后方近脚踝位置裤管有 3.5 cm×1.0 cm、2.5 cm×1.0 cm、2.5 cm×1.0 cm 和 1.5 cm×1.0 cm 4 处破口，边缘不整齐。左前方裤裆处有均为 2.0 cm×1.5 cm 的 2 处破口，边缘不整齐。

1.5 法医人类学检验

1.5.1 颅面骨

颅骨整体大而重，颅内脑组织腐败萎缩，颅壁粗壮，肌脊明显。颅骨骨缝为不规则波折曲线，骨缝附近有滋养孔。顶结节较小。枕外隆突明显。乳突发达，枕鳞肌脊明显。颅底肌脊明显。枕骨大孔大，枕骨髁大。额部较倾斜，额结节不明显，眉间凸出度大，突出于鼻根上。眼眶较高，眶类方形，上缘较钝。眉弓明显。颧骨大而扁平，颧骨的颧额缝外缘部转折明显，颧骨高，粗壮，颧弓发达。鼻根点凹陷较浅，鼻骨低平，鼻前脊和犬齿窝较短浅。犁状孔高而窄，齿槽弓较大，近"U"形。32 枚牙齿均位于牙槽骨上，呈骨色，无折断、缺损、龋齿，磨耗较轻、均未路出牙本质，牙根未吸收，牙槽骨未退缩，上下颌中切牙均为铲形[1]。

1.5.2 脊柱

寰椎扁环形，无椎体、棘突和关节突；枢椎齿突明显；隆椎棘突较长；脊柱端肋骨小头结构明显，肋沟明显。

1.5.3 四肢骨

肩胛骨喙突明显，存在肩胛上切迹。肩关节、肘关节、髋关节、膝关节关节面较大，球形关节面的曲度较小，关节面平滑，无隆起及凹陷，滋养孔位于骨干的中部，桡骨小头、尺骨鹰嘴、腓骨小头等特殊关节面形态明显。测量右侧肱骨最大长为 350 mm，右尺骨最大长为 280 mm，右股骨最大长为 510 mm，右腓骨最大长为 440 mm[2]。

1.5.4 骨盆

骨盆整体粗壮，肌脊明显，骨骼厚重。骨盆入口纵径大于横径，呈心脏形，骨盆腔高而窄，呈漏斗形。骨盆出口狭小，坐骨脊发达。耻骨下角呈"V"字形，夹角 70°骶骨底第 1 骶椎上关节面大，占骶骨底部的 46%。髂骨的髂翼较薄，坐骨结及坐骨大切迹明显，骶骨大致呈等边三角形，骨盆内骨面较平，下端稍向内弯曲，耳状结构明显，椭圆形骶前孔，骶骨翼发达外突明显。耻骨联合面沟嵴明显，沟深，嵴隆起明显。耻骨结节骨骺未愈合，可见骨骺线痕迹。耻骨联合面下端开始形成，联合面与下支之间出现一个嵴状分界，下端呈三角形轮廓。背侧缘开始形成，于背侧缘中上部开始出现一嵴状缘。骨化结节出现。腹侧斜面开始形成，腹侧斜面自联合面腹侧下端开始出现。耻骨联合缘基本形成，联合面椭圆形周缘形成，但较薄弱。耻骨联合面隆起状。

2 讨论

2.1 种族鉴定

根据颅骨、骨盆、躯干骨的种类、形态特征可认定此骨骼为人骨。根据四肢长骨两端关节形态特征，也可认定此骨骼为人骨[3]。

2.2 尸体损伤情况鉴定

骨骼集中分布于同一区域，各椎体相互连接，根据骨性结构、关节连接位置和状态，认定此骨骼为完整骨骼，排除死后碎尸。衣着无锐器破口，全部骨块均未发现风化、腐蚀或焚烧痕迹，无砍痕、骨折等重大暴力作用痕迹。

2.3 人种推断

根据颅面骨形态及铲形门齿推断为黄种人[3]。

2.4 性别鉴定

根据颅骨表面特征及骨盆的形态特征认定此骨骼为男性[3]。

2.5 年龄推断

根据法医人类学的男性耻骨推断年龄的应用方式[3]，推断无名氏的年龄为22.71岁左右。

2.6 身高推断

根据公安部所属9省区公安厅及上海复旦大学人类学研究室合组长骨骼推算身高研究小组的四元回归方程，年龄21～30岁之间尸体生前身高（单位 mm）= 655.30 + 1.17 肱骨最大长 − 0.86 尺骨最大长 + 0.26 股骨最大长 + 2.11 腓骨最大长 + 34.14[3]，推算出此骨骼生前身高约为192 cm。

2.7 死后经过时间分析

土埋尸体白骨化需3年，有包裹的尸体所需时间更长，水中尸体白骨化时间小于2年。此骨骼处于废弃工地负一层，有衣物包裹，时有建筑废料等覆盖，又有雨水淹没，推测时间比土深埋所需时间短，比水泡所需时间长，为2～3年之间[4]。

根据法医人类学分析的信息，排查发现，2年11个月前，工地曾失踪一名保安，经白骨化尸体牙齿DNA与失踪保安父母的DNA样本对比，为亲子关系，确定该白骨化尸体身份信息为男性，山东人，失踪时23岁，身高193 cm。

参考文献

[1] 钟世镇. 系统解剖学 [M]. 北京：高等教育出版社，2003：98-99.

[2] 张继宗，舒永康. 法医人类学经典人体骨骼测量方法 [M]. 北京：科学出版社，2007：192-198.

[3] 贾静涛. 法医人类学 [M]. 辽宁：辽宁科学技术出版社，1993：161-171.

[4] 张继宗. 法医人类学 [M]. 北京：人民卫生出版社，2009：23-37.

扼死谎称病死 1 例

王军　李健　张平　李龙　庾聪聪　石学志　亓冰

（南京市公安局浦口分局，江苏南京，211899）

1　案例资料

1.1　案情摘要

2014 年 10 月 8 日 7 时许，南京市公安局浦口分局接报警称其女儿在家不行了。经接警台询问，系家住南京市浦口区顶山街道某小区 1102 室的余某发生疾病死亡，报警人系其父亲。接警民警到现场后经询问死者丈夫赵某及其父亲余某某得知，系早上死者女儿（8 岁）起来上学，发现死者不动，便叫醒死者丈夫赵某，赵某告知女儿妈妈不行了，后赵某打电话给其住同一小区的岳父岳母说明情况，岳父岳母到达现场后报"120"。因死在家里，"120" 医生不给开死亡证明，需派出所盖章，故又报"110"报警。

1.2　现场勘验

现场勘查于当日 7 时 55 分开始至 11 时 30 分结束，在自然光下进行，当日天气：晴，气温 15～28 ℃。

现场位于南京市浦口区顶山街道某拆迁安置房小区内，现场为二室一厅一厨一卫一阳台结构，大门朝北开，为向外单开防盗门结构，大门敞开，门锁完好。赵某和其妻子余某住在主卧室，中心现场卧室内仅有 1 张简易双人床、1 张单人床、1 张桌子和桌子上摆放的台式电脑、书本等杂物，现场无明显翻动迹象。门窗完好，未见撬压破坏痕迹，指纹刷显结果显示除窗户内面把手上指纹为其丈夫所留外，窗户上未发现其他有价值的指纹。在双人床上有 1 具女性尸体，该尸体被薄棉被盖住，仅有头部露出，掀开被子发现该尸体头东脚西仰卧于床上，衣着在位，脚上无袜子，脚底部干净，尸体足部略超出床尾。经询问现场财务无丢失。初步排除外来人员作案可能。

1.3　尸体检验

女性尸体，尸长 167 cm。上身穿粉色棉毛衫，下身穿粉色棉毛裤、红色内裤。其

作者简介：王军，副主任法医师，研究方向法医病理学、法医遗传学；地址：南京市浦口区黄山岭路 19 号南京市公安局浦口分局刑警大队；邮编：211899；电话 18913878117。

通讯作者：亓冰，主检法医师，硕士研究生，研究方向为法医遗传学、法医病理学；地址：南京市浦口区黄山岭路 19 号南京市公安局浦口分局刑警大队；邮编：211899；电话：18913878176；E-mail：1327525679@qq.com。

中棉毛衫领口和前襟见向下滴落流注的斑迹。尸僵强硬，形成于肢体大小关节。尸斑暗紫红色，位于背部身体低下部位未受压处，按压稍减褪。2014年10月8日8时34分现场测量尸体直肠温度为32.9 ℃，环境温度为23.5 ℃。颜面部稍发绀，四肢甲床发绀。双侧睑球结膜有针尖样出血点，以结膜穹窿部位居多。角膜透明，两侧瞳孔等大等圆，直径0.5 cm。上下口腔前庭及齿龈黏膜检见少量出血点，口唇黏膜和双侧颊黏膜未见损伤，牙齿无松动。左颞部检见一大小为7.0 cm×5.0 cm头皮下出血伴肿胀。左下颌角下方检见一大小为0.3 cm×0.2 cm擦伤。颈部甲状软骨左侧检见一大小为1.8 cm×0.3 cm皮内出血。右肘背检见一大小为5.0 cm×2.0 cm皮下出血。双足底干净，其余尸表未见明显异常。

直线切法切开颈胸腹部，腹腔脏器位置正常，未见破裂出血。脾脏包膜皱缩，体积缩小。小肠浆膜下局部见片状暗红色出血。胃内容物重760 g，内有米粒、玉米粒、红辣椒、肉末状物、菜叶等。小肠内第1～4 m均可检见红辣椒、玉米粒，第5 m至升结肠内未见红辣椒，但仍可见玉米粒。膀胱内尿液17 mL。其余腹腔脏器未见明显异常。剖开胸腔，两侧胸腔未见积液，双肺表面见出血斑点，以肺叶间明显。心底部心外膜下检见出血斑点。心腔内血液呈暗红色不凝。冠状切开头皮，左颞部检见一大小为10.0 cm×8.0 cm头皮下出血，左侧颞肌广泛性出血，颅骨未见骨折，剖开颅腔，硬脑膜外、硬膜下隙未见出血，软脑膜血管淤血，脑组织未见损伤。左侧胸锁乳突肌检见一大小为1.0 cm×1.0 cm片状出血，右侧胸锁乳突肌检见一大小为0.8 cm×0.3 cm片状出血。左颈外侧淋巴结出血，左甲状舌骨肌检见一大小为2.0 cm×1.0 cm出血，颈椎右侧颈长肌检见一大小为6.0 cm×1.5 cm出血，甲状软骨左侧上角检见一大小为0.5 cm×0.5 cm的软骨膜下出血，甲状软骨未见骨折。两侧下颌舌骨肌检见一大小为5.5 cm×3 cm片状出血。舌根淋巴滤泡、咽、喉黏膜见出血斑点，舌骨未见骨折。食道内未见异物，气管腔内见泡沫黏液。

1.4 检材提取及处理

抽取心血、剪取余某十指指甲，提取余某双侧乳头拭子、口腔拭子、阴道拭子、肛门拭子、左颈部皮内出血处拭子、死者粉色棉毛衫、死者粉色棉毛裤、红色内裤送物证检验，结果均检出死者自己的数据，未检出男性成分。其他检验：抽取心血、尿液送理化检验，结果余某心血未检出甲胺磷、敌敌畏、乐果、对硫磷、氧化乐果、呋喃丹、毒鼠强、巴比妥、苯巴比妥、氯丙嗪、安定、氯氮平、舒乐安定成分；余某尿液检材呈吗啡类、氯胺酮、甲基苯丙胺阴性。

1.5 现场走访调查

对死者岳母走访得知，平时自己女儿和其丈夫关系比较和睦，自己女儿较强势，女婿比较老实，女儿经常感觉胃方面不舒服，昨天白天刚从南京鼓楼医院看病回来，家里的房子都是自己买给女儿的，赵某父母住的房子也是自己提供。经对邻居走访，反映死者余某非常强势，经常打骂赵某，去年吵架时，余某罚赵某跪在小区大门口认错。对1002户走访，事发当晚（具体时间不记得）听到一阵嘈杂声，声音不大，时间很短，不知道是哪边传过来的。法医民警在对死者丈夫赵某询问死亡过程中得知，死者余某晚22时许讲自己胸口不舒服，先上床休息，期间未发现异常情况，大约凌晨2时许余某还去过一次洗手间，直到今天早上发生此事。民警在现场勘察时赵某非常淡定，未发现有紧张及悲伤的感觉。

1.6 现场定性问题

从现场分析基本排除外来人员作案的可能性。从尸表检验情况来讲，尸表检验发现有轻度窒息征象，而颈部皮肤损伤并不重，其他部位未见致命性损伤，双手等部位未见明显抵抗伤，不排除似因疾病死亡的可能。但结合现场及尸体检验情况来看，疑点重重。①死者的死亡时间，初步推断为22时左右，与赵某交代说次日凌晨2时许受害人还去过一次厕所有矛盾。②颈部的损伤很难进行解释。③面部的窒息征象，尤其是针尖样的出血点不符合疾病意外死亡特征。④现场勘验时尸体姿势的疑问，受害人睡觉时足部超出床尾，与正常人的睡姿有些不符。⑤在妻子发生意外情况下，赵某非常淡定，亦不悲伤，这点违背常理。⑥死者余某棉毛衫领口和前襟向下滴落流注的斑迹较为可疑，符合直立位流涎的一个过程，与在床上死亡过程不符。综上分析认为，余某死于他杀可能性较大，死因倾向是机械性窒息，不排除有扼颈[1]的可能。从现场来分析，基本排除外来人员所为，至此，赵某杀妻嫌疑骤然增加。

2 讨论

非正常死亡案件的性质判定一直是法医现场勘验的首要任务，法医日常接报的案件以溺水、自缢、烧死、中毒等非正常死亡为主，大部分属于意外、自杀等。如果确定为凶杀，则侦查部门必须全面开展工作，启动命案侦破机制。由于易受报案情况，甚至现场经过伪装等多种不利因素的影响，现场法医对案件性质的判定难以正确把握，容易错判。结合本案例，笔者注重从以下几个方面进行探讨。

2.1 现场走访调查

命案的现场走访调查一般由侦查民警进行，但是对于非正常死亡案件，侦查民警真正介入的比较少，这就需要我们现场法医在出警时也要兼顾现场走访调查，对相关人员及案情进行初步的沟通了解。通过对相关人员的询问可以了解受害人的家庭状况、身体状况、年龄、精神状况、有无疾病等基本信息，还可以了解到死者和其他人有无纠纷矛盾、临终前的表现等信息，无论对案件性质的认定还是对可能死因的认定都可以提供重要的信息。本案例中，我们对死者岳母走访得知，家里的房子都是自己买给女儿的，赵某父母住的房子也是自己提供，自己女儿较强势，女婿比较老实，也就是说女儿在家说了算。经对邻居走访得知，死者余某非常强势，经常打骂赵某，去年吵架时，余某罚赵某跪在小区大门口认错。对1002户走访得知，事发当晚（具体时间不记得）听到一阵嘈杂声，声音不大，时间很短，不知道是哪边传过来的。还有周围邻居反映，死者对其丈夫及公公、婆婆态度较差，经常对他们打骂。故经现场走访调查结合晚间的嘈杂声，不排除有吵架可能以及激情杀人的可能性。

2.2 现场勘查

在现场勘查过程中，寻找到能证明是受害人自己所为的痕迹物证可以排除是案件，寻找到嫌疑人所为的证据可以认定案件性质。故现场勘查时，尤其对非正常死亡的案例，在现场能够排除外人所为是我们勘查的重中之重，因为它可以直接帮我们判断案件的性质，我们在非正常死亡过程中的所有勘查活动也是围绕这个目的进行。本案例中家属对死因无异议，在得知医院不能开死亡证明时才打电话报警备案，首先到达现场的派出所民警并未注意是命案，只听信家属的解释，误以为是疾病死亡，故现场保护工作不到位，导致现场破坏较严重。对现场进行勘验后，门窗完好，室内亦无明显翻动迹象。经询问现场财务无丢失，现场其他部位等亦无异常情况。对现场勘察进行分析后，初步排除外来人员作案可能，如若是命案，其丈夫的嫌疑最大。

2.3 推测案发现场及死亡时间

非正常死亡案件现场，对尸体死亡时间的推断可以帮我们解决很多问题。本案例中根据死者尸温下降、尸斑情况、尸僵强硬等尸体现象[2]，结合现场情况及胃内容物情况，分析其死亡时间距现场检验时间 10 h 左右，距末次进食红辣椒等 4 h 左右。也就是说死者应该在前一天 22 时左右死亡，这个时间段死亡的话，与其丈夫的所描述过程有悖。

2.4 尸体检验

本案尸体检验是破案的关键，现场法医并没有因为家属的无异议而放松警惕，对尸体进行了全面系统的检验。本案例共进行了两次尸体检验，一次为现场初检，初步对案件进行了性质认定；第二次为系统解剖检验，明确了死亡原因。根据现场检验情况，现场物品摆放整齐、平静，死者双手等部位未见抵抗伤，尸体其他部位未见明显外伤等情况，结合死者近期身体不适，正在求医过程，似乎像一个非正常死亡的情况，和我们平时遇到的他杀并不完全符合，但死者面部轻度窒息表征，颈部有隐约可见的皮下出血，足部超出了床尾等情况让笔者无法合理解释，初步定性是案件的可能性很大。经与派出所民警商议，直接和家属交代定义为命案有些草率，公安工作先按照命案程序进行启动，家属一方按非正常死亡进行沟通处理，我们遂以天气炎热容易腐败为由将尸体送到法医检验中心进行详细检验。根据第二次系统解剖检验，余某颈前部见皮下和皮内出血，颈部肌肉、淋巴结、软骨膜下等软组织出血，其损伤符合扼颈[1]形成。尸体有颜面肿胀发绀，肢端发绀，睑结膜、齿龈、肺、心脏等皮肤黏膜出血斑点，心腔血液暗红色不凝，脾脏呈包膜皱缩、体积缩小等窒息表现，结合毒物化验等结果，分析认为余某系被扼颈致机械性窒息而死亡。至此，通过尸体检验明确了余某的死因，性质明确为他杀，其丈夫赵某的嫌疑最大。根据法医民警反馈回来的结果，侦查部门直接转变措施，心存侥幸的嫌疑人还没有心理准备，很快就如实交代了作案过程。破案后根据犯罪嫌疑人交代：当天晚上 22 时左右，夫妻两人因为小孩白天意外摔倒的事情，余某对其公婆进行辱骂，嫌疑人赵某解释了一句，余某火气更大了，对赵某进行人身及语言攻击，越打骂越厉害，嫌疑人赵某突然打了一下余某头部，余某没想到赵某敢动手，就把头伸过去说你今天要么把我弄死，要么净身出户，给我滚蛋，嫌疑人突然掐住受害人脖子致其死亡。然后嫌疑人将受害人搬动到床边的位置，盖上被子进行伪装，开始思索怎么欺骗死者父母，将此案瞒天过海。期间受害人基本未反抗，故可以解释为何未发现明显抵抗伤的原因了。

本案成功的关键是通过认真细致的现场勘查，结合了尸体面部的窒息表现、尸体损伤情况及嫌疑人的反常状况，先排除因疾病意外死亡，初步对现场定性，然后再具体分析其死因，最终使犯罪分子的伪装暴露无遗。本案例旨在为基层法医出现场时提供了一个案例参考。

参考文献

[1] 赵子琴，陈玉川，张益鹄，等. 法医病理学 [M]. 3 版. 北京：人民卫生出版社，2005：276-281.

[2] 陈世贤，闵建雄，王季中. 法医学手册 [M]. 上海：上海科学技术出版社，1998：6-12.

HbCO 检测阴性的 CO 中毒死亡 1 例

周翔[1]　戴易燕[2]　胡云星[3]

(1. 金华市公安局刑侦支队，浙江金华，321000；2. 金华精诚司法鉴定所，浙江金华，321000；3. 浙江省义乌市公安局刑侦大队，浙江义乌，322000)

1 案例资料

1.1 简要案情

某日，陆某母亲向公安机关报案，称自己儿子陆某失踪多日，在某地出租房中发现其尸体。现场房间面积约 30 m^2，门窗关闭。现场有不锈钢脸盆，内可见较多炭灰，炭已烧尽。死者陆某（男，23 岁）躺在床上，尿失禁明显。家属要求尸检明确死因。

1.2 尸体检验

死者体态消瘦，尸斑呈暗红色，分布于体背部未受压区，指压不褪色。尸体已中度腐败，颈、胸、腹部可见尸绿形成。眼睑闭合，眼周可见较多干燥黄色分泌物，角膜高度混浊，不能透视瞳孔，球睑结膜苍白。鼻腔及口腔内有少量黄色干涸的分泌物，体表未见明显损伤。双侧胸腔有暗红色腐败性渗出液。肺表面可见散在出血点。脾脏淤血。膀胱充盈，可见大量尿液。余脏器均未见异常。

组织学检验：大脑组织小灶性坏死伴充血；小肠黏膜出血；肺灶性纤维化伴肺淤血、肺气肿；肝细胞脂肪变性。心、肺、肝、脾、胃、小肠、肾、脑等器官组织已显著自溶。

1.3 理化检验

肝组织、胃组织未检出常见农药、安眠药及常见毒品成分；血液中检出乙醇，含量为 39 mg/100 mL，未检出碳氧血红蛋白成分。

2 讨论

死者陆某为青壮年男性，组织病理学检验未见明显异常，结合现场情况符合烧炭所致的 CO 中毒致死。此现场呈封闭状态，木炭燃烧会导致 CO 蓄积，CO 中毒可致人出现嗜睡、麻木、意识模糊、大小便失禁，乃至昏迷等症状；木炭烧尽后，因现场门窗虽关闭但未完全密封，室内 CO 浓度逐渐下降，血液中的 HbCO 虽然逐渐被置换，但此时中毒者处于昏迷状态，最终因呼吸衰竭而死亡。本案中死者在存在大量尿失禁的情况下，

作者简介：周翔，男，1988 年生，法医师，医学学士，主要从事法医病理损伤检验工作；电话：13386287901。

膀胱内留有大量尿液，表明死者 CO 中毒至死亡这一过程时间较长，也是 HbCO 检测阴性的原因。

血液中的 HbCO 测定通常被认为是 CO 中毒鉴定的最有力证据。血液中碳氧血红蛋白饱和度达到 50% 即可致死。儿童、老人、胎儿以及一些心肺功能较弱者对 CO 耐受力低，甚至碳氧血红蛋白饱和度在 20% 左右时也可引起中毒症状，甚至死亡。迁延性中毒死者或者死前曾接受输氧抢救者，碳氧血红蛋白测定可能出现阴性结果[1]。有报道，汽车内 CO 中毒迁延性死亡而血液中检测碳氧血红蛋白为阴性者，尸检可见大脑双侧苍白球形成对称性的软化灶及大脑皮质缺氧性损伤以及心肌纤维坏死[2]。

参考文献

[1] 刘良. 法医毒理学 [M]. 4 版. 北京：人民卫生出版社，2009：140 - 144.

[2] 高彩荣，侯养栋，王英元，等. 汽车内 CO 中毒死亡的法医学鉴定 [J]. 中国法医学杂志，2001，17（2）：100 - 101.

心源性猝死法医学鉴定 2 例分析

高振　王殿深

（广州市公安局南沙区分局，广东广州，510000）

1 案例资料

1.1 案例 1

邹某，男，47 岁。2017 年 1 月 17 日在某村口路边被发现已经死亡。

（1）尸体检验：尸体呈仰卧位于现场地面。上身穿着灰色黑白相间花纹 T 恤；下身由外至内着深灰色长裤、灰色秋裤、红色三角内裤，其中内裤在臀部蜷曲。赤足，足底干净。尸斑暗红，存在于颈部、背部未受压处。尸僵存在四肢各大关节。双眼球略突出，角膜轻度混浊，双瞳孔等圆等大，直径约 5 mm；双侧球、睑结膜充血。口唇及十指甲床发绀。头、颈部未检见表皮剥脱、皮下出血等软组织损伤。右背部有一 7 cm × 6 cm 大小的表皮剥脱。余检未见明显损伤。解剖发现心脏重 500 g，肺、肝、脾、肾淤血。

（2）病理检验：冠状动脉粥样硬化，冠状动脉左前降支开口处管腔狭窄Ⅱ级，冠状动脉左前降支距开口处 4.5 cm 处管腔狭窄Ⅳ级，狭窄程度大于 90%，仅留一针尖大小的通道；右冠状动脉开口处以远长度为 3 cm 的粥样硬化段，管壁钙化，管腔狭窄Ⅳ级。

（3）理化检验：未检见常见毒物及酒精。

（4）调查情况：死因为冠心病发作。但是由于法医检验发现尸体赤足且足底干净，与村口路边环境不相符。且尸体所穿红色三角内裤臀部卷曲，不符合一般人穿着内裤的情况。认定为一抛尸现场，报侦查部门调查。经调查事实为：死者深夜到现场所在村的出租屋内与一卖淫女发生性行为时猝死。卖淫女因害怕其卖淫事实被发现不敢报警，并伙同其男友将死者衣物穿好，待后半夜无人时将邹某尸体丢弃至村口路边制造其自己死亡假象。

1.2 案例 2

刘某，男，22 岁，2018 年 6 月 10 日在某地房间内与人发生争执推搡后倒地，意识丧失，送院抢救无效死亡。

作者简介：高振，男，河南太康人，副主任法医师，主要从事法医病理学、法医临床学检验鉴定工作；E-mail：rainingtime@tom.com。

（1）尸体检验：尸斑暗红，存在于颈部、背部未受压处。双瞳孔等圆散大，直径 6 mm；结膜苍白，口唇苍白。项部有一 4.6 cm×0.3 cm 的表皮剥脱。余尸表检验未见明显损伤。解剖发现头皮下无出血，颅内无血肿，脑组织无损伤；颈部皮下无出血。肺、肝、脾、肾淤血。尸体检验未发现致命性损伤。

（2）病理检验：心肌间质部分小血管增厚，心肌间质有一处散在少量淋巴细胞浸润；室间隔肌部小灶性脂肪浸润、部分肌肉纤维化；窦房结周围散在少量淋巴细胞浸润，房室束分叉部纤维组织增生，左束支灶性脂肪浸润、纤维组织增生。

（3）理化检验：未检验常见毒物及酒精。

2 讨论

本文两个案例均通过案情调查、尸体检验、病理检验和理化检验等手段明确了死亡原因为心源性猝死（sudden cardiac death, SCD）。虽然结果一样，但是过程却截然相反。一个是路边疑似正常死亡的案情，经过法医的尸体检验发现疑点，经过侦查确定为一起抛尸案件；另一个是与人打斗过程中死亡，疑似伤害致死的案情，经过法医尸体检验未发现致命性损伤排除了暴力致死的因素，再经过病理检验找到了心脏传到系统疾病，明确了死因。一个是从无到有，通过检验发现线索，让有罪者受到应有的惩罚；另一个从有到无，通过检验发现病变死因，为无罪者洗脱蒙受的冤屈。这有和无的对比中凸显了法医检验在猝死案件的重要性。

通过本文案例提示和笔者办理类似案件的经验，笔者认为对心源性猝死鉴定时要注意：①详尽收集死者生前的相关资料，应该包括身体状况、基础疾病、死亡时间、场所，及死前症状等。通过详尽的资料来分析猝死的诱因。SCD 的诱因有很多，以轻微外伤、精神因素、劳累最为多见（共占 86.4%）[2]。②细致的现场勘查和尸体检查。案例 1 中就是通过对尸体衣物的不正常状态发现疑点的。③全面系统的尸体解剖和病理检验。全面、系统的尸体解剖和病理检验是查明死因的关键。只有排除了其他致命性的器官病变才能考虑 SCD。④理化检验，排除了中毒死亡才考虑 SCD。⑤心脏传导系统（cardiac conduction system, CCS）的组织病理检验，除了常规的心脏病理检验外还要检查 CCS。宋一璇等发现[3] CCS 病变所致心源性猝死比例高达 45%。李明等[4]对广东地区 622 例猝死案例的流行病学调查中，心传导系统异常占 SCD 病因的 4.9%。仅低于冠心病（51.4%）、主动脉夹层动脉瘤（12.2%）及心肌炎（10.5%），高于冠状动脉畸形（4.3%）和心肌病（3.2%）。分析样本虽然不同，但 CCS 病变在 SCD 中存在较高的比例却是不争的事实。CCS 组织病理学检查能较好地解决一些疑难案例的死因鉴定。本文案例 2 中也是在解剖阴性、排除了其他病变的情况下发现了 CCS 的病变。

参考文献

[1] 曹林生，廖玉华. 心脏病学 [M]. 北京：人民卫生出版社，2010：925 - 926.

[2] 王雷，郭亚东，陈晓刚，等. 心源性猝死的病因、诱因及预防—附 178 例法医病理学解剖分析 [J]. 华西医学，2007，22（4）：790 - 792.

[3] 宋一璇,姚青松,罗斌,等. 54例心源性猝死病人心传导系统病变的分析[J]. 中华病理学杂志,1999,28(3):187-190.

[4] 李明,黄京璐,王小广,等. 广东地区622例猝死案例的流行病学调查.[J]. 中国法医学杂志,2015,30(1):66-69.

冠状动脉起源畸形猝死法医学鉴定分析

王庆伟　李沐晓

（延边州公安司法鉴定中心，吉林延吉，133000）

1 案例资料

1.1 案情简介

2016年5月8日晚16时，王某（男，36岁）在家中与朋友聚餐，喝了约3两（150 g）白酒及2瓶啤酒，聚餐过程中与朋友发生争吵，后感觉难受呕吐一次，于19时许上床休息，第二天早上被发现死亡。

1.2 尸检情况

（1）尸表检查：成年男尸，尸长171 cm。全身发育正常，营养状态良好。颈部、上肢及下肢尸僵中等，尸斑暗紫红色，分布于身体背侧未受压处，指压褪色。双眼球睑结膜苍白，角膜轻度浑浊，瞳孔等大同圆，直径0.5 cm。双鼻腔有血性液体流出，双外耳道清洁。口唇轻度发绀，双手指甲重度发绀。余未见明显异常。

（2）解剖检验：冠状切开头皮，分离皮下组织，打开颅骨，剪开硬脑膜，大脑、小脑、脑干均未见明显异常。常规沿胸腹部正中线切开皮肤，分离皮下组织，打开胸腔，双侧胸腔未见出血及积液，双肺位置正常，被膜光滑，呈暗红色，剪开气管，气管及支气管腔未见明显异常。心包完整，剪开心包，心包内有淡黄色积液，量约10 mL，心脏位置正常。打开腹腔，各脏器未见明显异常。

（3）病理检验：脑1 390 g，脑组织各切面未见明显异常，脑实质内未见出血及软化灶；镜下示轻度脑水肿。左肺重600 g，右肺重570 g，双肺被膜光滑，切面呈暗红色，挤压切面，可见白色泡沫状液体溢出，镜下示双肺肺水肿。心脏重369 g，左冠状动脉与右冠状动脉共同开口于右冠状动脉窦内，左冠状动脉开口处血管内膜光滑，开口直径2.0 mm，管腔起始段直径1.5 mm，在主动脉壁内走行1.5 cm后于左冠状动脉窦对应主动脉壁处穿出，左冠状动脉起始段在肺动脉、主动脉间走行。右冠状动脉位置、开口大小及管腔均正常，二尖瓣周径8.0 cm，主动脉瓣周径7.5 cm，三尖瓣周径12.0 cm，肺动脉瓣周径7.0 cm，左室壁厚1.5 cm，右室壁厚0.5 cm，室间隔厚1.0 cm。镜下示心肌间质充血水肿，可见心肌断裂。肝重1 427 g，切面未见明显异常；

通讯作者：王庆伟，地址：吉林省延边州公安局；电话：18043300703；E-mail：23857007@qq.com。

镜下示肝脏淤血。左肾重 154 g，右肾重 147 g，双肾切面皮髓质界限清；镜下示肾间质淤血，肾小管自溶。脾脏重 125 g，切面未见明显异常；镜下示脾脏淤血。胰腺重 90 g，长 15.0 cm，切面未见坏死、出血；镜下示自溶。

1.3 鉴定意见

死者左冠状动脉与右冠状动脉共同开口于右冠状动脉窦内，左冠状动脉开口直径 2.0 mm，为轻度狭窄，左冠状动脉起始段在肺动脉、主动脉间走行，这种冠状动脉畸形在升主动脉扩张时可引起冠状动脉开口变小，且左冠状动脉起始段受到肺动脉及主动脉挤压引起灌注量减少，加之饮酒及情绪激动心脏负荷加大，从而导致心肌供血不足，引起急性心力衰竭而死亡。综上所述，死者王某符合在左冠状动脉畸形的病理基础之上，酒后诱发心源性猝死。

2 分析讨论

2.1 心源性猝死

猝死是由于机体潜在的疾病或重要器官急性功能障碍导致的意外突然死亡。在所有自然死亡的人数中，猝死约占 10% 或更多，流行病学调查显示我国猝死的发生率约为 40/10 万。心源性猝死占成年人猝死的第一位，在我国因心血管疾病引起的猝死占 50%～60%，居猝死发生率之首，心血管系统疾病是危害性最大、猝死率最高的疾病。先天性冠状动脉畸形就是一类可引发猝死的心血管疾病。

先天性冠状动脉畸形是一类包括多种类型的先天性心脏病，根据解剖学特征分为冠脉起源和分布异常、冠脉终止异常、冠脉结构异常、冠脉间异常交通。根据临床特点分为良性和有潜在危险两类。其中，冠脉起源和分布异常是最为常见的冠状动脉畸形，是心源性猝死最重要的原因之一，应该引起足够的重视。

2.2 冠状动脉起源畸形

主动脉根部由于主动脉瓣的分割形成左冠窦、右冠窦及无冠窦，正常冠状动脉分别起源于左冠窦和右冠窦。冠状动脉起源异常是指左、右冠脉未能正常地从相对应的主动脉窦起源，而是异常开口于对侧主动脉窦或无冠窦、升主动脉甚至是肺动脉，或伴有冠脉走行异常，一般认为这是胚胎期动脉干分隔发生偏差，冠状动脉异常发育或未发育完全所致。

冠状动脉起源异常包括左主干缺如（前降支和回旋支独立开口）、冠脉开口位置异常（包括起源于对侧冠状窦或无冠窦、起源于主动脉或肺动脉）和单支冠脉，其中有潜在猝死危险的畸形包括冠状动脉起源于肺动脉，冠状动脉起源于对侧冠窦，单支冠状动脉。

2.3 猝死机制

冠状动脉起源于肺动脉时，起源异常的左（右）冠状动脉在新生儿期因肺血管阻力高，其灌注压与体循环相仿。但随着肺循环平滑肌的退化，肺动脉压力与阻力均下降，左（右）冠状动脉灌注压下降，造成心肌缺血和梗死。而右（左）冠状动脉则通过不同数量及大小的侧支血管与左（右）冠状动脉建立通道。侧支循环使得正常冠脉血流（压力大）通过异常冠脉进入肺动脉，造成心肌缺血现象。其后果导致左心室扩张，心内膜下缺血，乳头肌失去功能，二尖瓣反流和左心衰竭。此期多在1岁左右发生，患儿进食后出现面色苍白，出冷汗、烦躁等症状，即婴儿心绞痛综合征，因此，1岁左右死亡率最高，可达80%～90%，一旦度过1岁以后，病人有可能存活超过15岁。但随着分流的时间延长，会再次出现左心室扩张，心内膜下缺血，乳头肌失去功能，二尖瓣反流和左心衰竭，最终导致死亡。

  冠状动脉起源于对侧冠窦或单只冠脉，且伴有冠脉主、肺动脉间走行，当运动时，心脏血液输出量增加，主动脉及肺动脉扩张产生钳夹效应，压迫走行于大血管间的畸形冠状动脉，使冠状动脉扭曲度加大，管腔受到挤压而产生功能性狭窄，心脏收缩时冠状动脉管腔直径会减少30%～50%，导致急性心肌缺血性改变。窦房结动脉多见发自右冠状动脉起始部，当此部产生功能性阻塞时，窦房结血供可受阻，导致心律失常。冠状动脉起源畸形易造成畸形冠状动脉开口处急性扭转形成拐角，即畸形冠状动脉自主动脉发出的夹角狭小呈锐角或切线位（一般冠状动脉开口和主动脉管腔之间夹角＜45°），会导致呈扁平状的裂隙样开口及开口瓣状脊（开口狭窄的一种类型，主动脉组织突至冠状动脉开口内），造成冠状动脉开口狭窄。畸形冠状动脉自对侧冠窦发出后，通常有一较短的节段走行于主动脉壁内形成所谓壁内段。这种解剖结构可导致机体运动时，主动脉扩张的同时变异冠状动脉会被拉伸、压扁，并且心脏舒张期主动脉瓣关闭，畸形冠状动脉同样也会被冠状动脉内连接处压迫。以上因素造成此类的冠状动脉起源畸形，在升主动脉扩张时可引起冠状动脉开口变小甚至闭塞，冠脉内径过于狭窄，灌注量明显减少，可在情绪激动、劳累、运动或轻微外伤等诱因作用下，导致心脏负荷过重，心肌供血不足，引起胸痛、心前区不适等心绞痛症状，有的出现心律失常、心肌梗死的症状，甚至猝死。

利用现场血迹及尸体损伤确定死亡性质 1 例

罗应书[1]　金稀[2]　李烨[1]　谢丹[3]

（1. 贵州省普安县公安局，贵州黔西南，561500；2. 贵州省公安厅刑侦总队，贵州贵阳，550000；3. 贵州省兴义市公安局，贵州黔西南，562400）

1 案件资料

1.1 案情摘要

2015 年某日 13 时许，公安机关接报案称：某村村民刘某英（女，55 岁）于 2 日前携水桶和喷雾器到自家玉米苗地内除虫一直未归，家属在距玉米苗地斜坡坎下石头上发现血迹，遂报案。

1.2 现场勘验

在玉米苗地边缘往西 90 m 斜坡上发现蹉擦痕，蹉擦痕周围杂草倒塌，部分折断，距蹉擦痕往北 3 m 处有一喷雾器塑料胶手柄，距该手柄往西 15 m 的坎脚下有坚硬的乱石，乱石是山岩洞倾倒形成，与斜坡坎脚堆呈"U"形结构，坎高 2.0 m，在坎脚下乱石上有一 40.0 cm×30.0 cm 血迹，每处血迹自乱石尖端流淌向下堆积，乱石尖端无回溅状血迹，距此处血迹往南 3.0 m 处有一 180.0 cm×90.0 cm×80.0 cm 树枝及杂草形成的空间，沿途有成趟滴落状血迹，树枝及杂草形成的空间地面上有滴落状血迹，血迹浸入泥土深 1.0 cm，地面上未有新鲜树叶及杂草，距树枝及杂草空间往西 20.0 m 有一小路，沿途未发现血迹，向北通向村组。距树枝及杂草空间往南 150 m 处有一公路，沿途未发现血迹，公路宽 3.0 m，公路南边缘系一斜坡，斜坡距河坎水面 1.5 m，水深 2.5 m（河流自西向东流，在下域 2.0 km 处有一河坝坎截蓄水发电用），在公路南边缘公路上有一水桶，水桶手提部位沾有血迹。公路呈东西走向。次日放水发电后，水缩减在距黑色塑料水桶往南 4.0 m 处河道水内发现刘某英尸体。（图 1）

1.3 尸体检验

尸体衣服左侧前片及乳罩有滴落、流淌状血迹附着；右侧肩部及前片未检有血迹。左颞顶部包括左耳郭有 11.0 cm×13.0 cm 范围头皮挫伤，其间有一 5.5 cm×3.0 cm 边缘不整齐裂创达颅骨，距此裂创上缘 1.5 cm 处有一 1.5 cm×0.2 cm 不规则裂创达头皮下；左耳郭中上段有一 2.0 cm×0.2 cm 横形撕破口，耳根后侧有一 1.0 cm×0.1 cm 浅表撕裂；右枕顶部有一 1.0 cm×0.2 cm 不规则裂创达皮下。右前额及颞部有一

作者简介：罗应书，男，1960 年生，布依族，贵州省普安县人，普安县公安局刑事科学技术室主任，主检法医师，主要从事法医病理检验及法医临床鉴定工作；电话：13678595880。

图1 现场平面示意总图

8.0 cm×6.0 cm范围挫伤,其间有一4.0 cm×2.0 cm不规则裂创达颅骨,此裂创下3.0 cm处有一1.0 cm×0.2 cm不规则裂创达皮下,在裂创边缘有明显皮肤擦挫伤,方向从前额向下颌;右眼周充血肿胀明显。左肩背部有一5.0 cm×4.0 cm点片状皮肤挫伤。

右前额及左颞顶部头皮下出血,左顶骨有一2.0 cm×1.9 cm颅骨凹陷骨折,骨折部位有碎骨,距此骨折往颞部1.5 cm处有一1.0 cm×0.9 cm颅骨凹陷骨折,骨折部位有碎骨;锯开颅骨,颅骨外板骨折处向内板突起,前额部有一4.0 cm×3.0 cm范围蛛网膜少许出血。胃内容物为米饭等食物和少许溺液处于半充盈状态;气管壁上有黑色细小泥沙附着,双肺膨隆,有捻发感,可有肋骨压迹,切面有淡红色溺液溢出。

现场复勘及损伤主要照片见图2～图17。

图2 斜坡、坎高、乱石、树枝及杂草空间

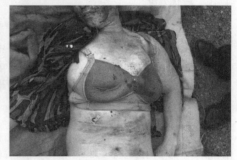

图3 衣服左侧及乳罩滴落、流淌状血迹,右侧未见血迹。

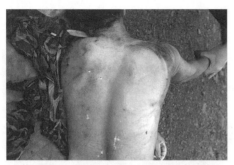
图4　左肩背部点片状挫伤情况

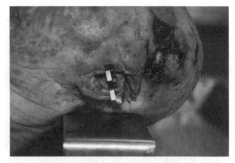
图5　左颞顶包括耳廓挫裂伤

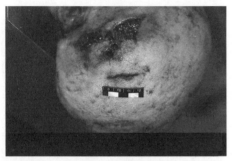
图6　顶部裂伤

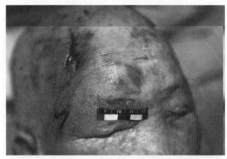
图7　头号前额、颧部及眼周损伤情况

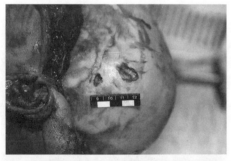
图8　左侧头皮下出血及颞骨、顶骨损伤情况

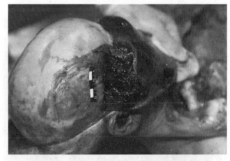
图9　右侧头皮下出血及颅骨情

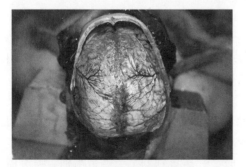
图10　锯开颅骨硬膜外情况

图11　颅骨内板情况

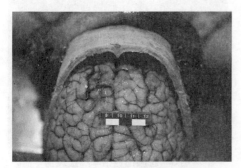
图12 前额少许蛛血

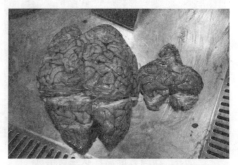
图13 大小脑切开情况

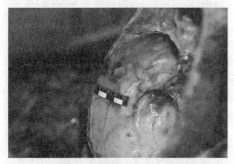
图14 左侧颅骨内板损伤情况

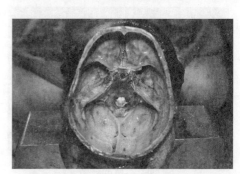
图15 颅底情况

图16 气管黏膜上黑色细小泥沙

图17 胃内容物情况

1.3 物证检验

①乱石、树枝及杂草形成的空间地面、水桶手提部位的血迹是死者DNA。②阴道擦拭物未检有人精虫。③胃内容物及肝组织未检出常有毒物成分。

1.4 调查情况

刘某英,为人正直,与寨邻相处很好,无任何矛盾纠纷,生活作风正派,从不与其他男性有亲密往来,有子女3个,在某镇学校念书。丈夫在广东打工至今未回家。

刘某英于2日前上午帮助邻居办喜事,10时,邻居看到刘某英携带水桶、喷雾器向自家玉米苗地方向走去。村民王某看见刘某英多次到公路南边斜坡下提水配药。第三次提水加药时,已经12时,刘某英跟王某说把配好的药水除尽后再回家。

当日从上午 9 时到下午 15 时，刘某英玉米地距离 100 m 处西侧山坡上有一李姓 4 人在玉米地内除杂草，未听到任何异常声音。经侦查实验，李姓家玉米地可看到刘某英家玉米地，可听到对方说话的声音。

2 分析论证

2.1 损伤机制分析

左颞顶部包括左耳郭在内头皮挫伤，其间有边缘不整齐裂创达颅骨及头皮下，左耳郭中上段有横形撕破口，耳根后侧有浅表撕裂，此处损伤应考虑与物体接触面比较大，完全覆盖左耳郭，且为一次形成的损伤。若用工具或石头打击时左颞顶部包括左耳郭在内头皮挫裂伤面积、耳郭撕裂，左顶骨及颞骨类圆形孔洞骨折的损伤无法解释；若抓着头发撞击地面乱石时，此处损伤可形成，但强烈撞击还应在抓头发部有头皮损伤（出血等）和头发脱落，但死者头部没有出现这些现象，乱石堆上亦未发现头发。右枕顶部有不规则裂创达皮下，乱石可形成。

玉米地西斜坡有蹭擦痕，蹭擦痕周围有杂草倒塌，部分折断，喷雾器手柄在附近，说明死者从玉米地往西斜坡上行走时摔倒，滚跌于斜坡坎脚下乱石上，形成左颞顶部头皮挫裂创，左顶骨及颞骨类圆形孔状骨折，右枕顶部不规则裂创和左肩背部点片状皮肤挫伤均可形成；同时喷雾器手柄滑脱留于斜坡上。以上损伤是一次损伤形成，应考虑为意外坠落伤，头部损伤不严重，不是造成死亡的主要原因。

右前额及颧部挫裂伤，裂创边缘有明显皮肤擦挫痕，方向从前额向下颌，右眼周充血肿胀明显，不符合工具损伤特征，而跌倒接触钝性地面可以形成。

2.2 现场和衣服血迹分析

乱石上每处血迹自乱石尖端流淌向下堆积，说明刘某英头部受伤后昏迷，且昏迷停留时间较长。树枝及杂草形成的空间，沿途有成趟滴落状的动态血迹，死者衣服前面、乳罩有滴落、流淌状血迹，说明刘某英昏迷清醒后，有站立行走和停留的过程。在 0.9 m 高度空间使用工具或石头损伤，难以发力，且发力时应有树叶和杂草掉落，空间地面上无新鲜树叶及杂草，应排除左颞顶部及右枕顶部的损伤被他人所形成。

2.3 死因及死亡方式的分析

据尸体解剖及初步调查情况：死者胃内容物为米饭等和少许溺液，食物与在邻居家进食种类相符。根据食物消化规律，死亡时间应在进食最后一餐后 3 h 左右死亡，与调查情况相吻合。死者气管壁上有黑色细小泥沙附着，双肺膨隆，有捻发感，可有肋骨压迹，切面有淡红色溺液溢出，符合生前溺死特征。

综合现场环境、血迹信息，物证检验情况：距树枝及杂草形成的空间往南 150 m 处有一公路，公路南边缘有一黑色塑料水桶，把手有死者血迹，说明死者伤后到达过此处。结合公路南缘斜坡下为河流，水深 2.5 m，说明死者生前头部受伤后昏迷清醒后到达公路南缘斜坡时，跌倒滑落到水中溺水死亡。

3 小结

命案现场的现场血迹、尸体损伤的综合分析是法医工作的关键环节。法医应做好三项工作,一是现场采集,就是在现场发现、提取与行为有关的痕迹、物证;二是尸体损伤机制分析,尸体上每个部位损伤均应与现场条件相结合进行成因分析;三是综合分析,要把现场痕迹、物证和损伤情况、损伤机制进行有机结合,立足现场和尸检科学分析,杜绝主观臆断。

醉驾致外伤性蛛网膜下腔出血死亡1例

余婳 钟铁涛 谭业文 田刚 苏聪蔚

(广州市公安局交通警察支队增城大队，广东广州，511300)

【关键词】 法医病理学；醉酒；外伤性蛛网膜下腔出血

1 案例资料

1.1 简要案情

2018年4月6日，广州市公安局交通警察支队增城大队接警：广州市增城区中新镇路边一名男子倒在车道上，身旁倒着两辆男装红色二轮摩托车。根据现场勘查、视频监控、车辆痕迹检验、询问笔录等调查发现，死者廖某驾驶摩托车逆向行驶时，摩托车车头与周某驾驶的摩托车车头相撞，事故发生后周某逃逸。

1.2 尸体检验

（1）尸表检验。左耳前线状擦伤4 cm，左耳郭前侧擦伤2 cm×1.5 cm（图1）。右胸内侧线状擦伤2 cm，外侧线状擦伤3 cm。右腹外侧擦伤8.5 cm×0.5 cm。左背外侧擦伤4 cm×3 cm。左手食指、中指、环指背侧点状擦伤。右手背挫擦伤7.5 cm×7 cm，挫裂伤1.8 cm×0.5 cm。左小腿下段、左膝、左小腿前侧散在挫擦伤45 cm×12 cm。右小腿前侧挫伤15 cm×3 cm，右小腿外侧擦伤2 cm×1.5 cm。

（2）解剖检验。头皮未见损伤，头皮下未见血肿，双侧颞肌未见出血，颅骨未见骨折。左耳前肌肉见1.2 cm×1.2 cm出血（图2）。硬脑膜未见破损，硬膜外未见出血，全脑广泛硬膜下出血。广泛蛛网膜下腔出血，双侧额颞部、小脑、脑干较严重，可见血凝块（图3～图5）。左右侧脑室未见出血。小脑切面出血。脑干切面未见出血。左肾周出血2 cm×0.5 cm。双侧肺脏、心脏、肝脏、脾脏、胰腺、双侧肾脏未见损伤。

（3）血中乙醇含量检验鉴定意见。血液中检出乙醇含量266.19 mg/100 mL。

（4）组织病理学观察。大脑弥漫性蛛网膜下腔出血，大脑皮质神经元层状排列未

作者简介：余婳，女，湖北汉川人，法医师，主要从事法医病理学、法医临床学检验鉴定工作；E-mail：707466025@qq.com。钟铁涛，男，广东五华人，主要从事法医病理学、法医临床学检验鉴定工作；E-mail：573179653@qq.com。谭业文，男，海南琼海人，主检法医师，主要从事法医病理学、法医临床学检验鉴定工作。田刚，男，贵州铜仁人，主检法医师，主要从事法医病理学、法医临床学检验鉴定工作。苏聪蔚，男，广东化州人，副主任法医师，主要从事法医病理学、法医临床学检验鉴定工作。

见异常，神经细胞及小血管周隙增宽，脑实质未见出血、软化等异常；小脑弥漫性蛛网膜下腔出血，分子层、颗粒层结构未见异常；脑干局部蛛网膜下腔出血，组织结构未见异常。全脑未见动脉瘤、血管畸形、粥样硬化、动脉炎等血管性病变，未见脑挫伤、炎症性改变、梗死等异常。

（5）法医病理学诊断。大脑及小脑弥漫性蛛网膜下腔出血，脑干局部蛛网膜下腔出血。

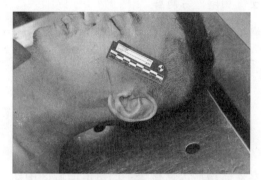

图1　左耳前侧线状擦伤，左耳郭前擦伤

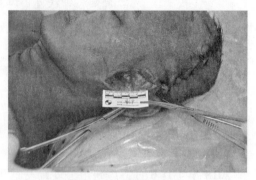

图2　左耳前肌肉出血

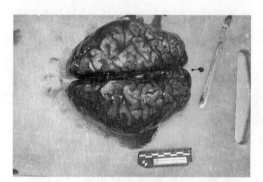

图3　广泛蛛网膜下腔出血，双侧额颞部、小脑、脑干较严重（1）

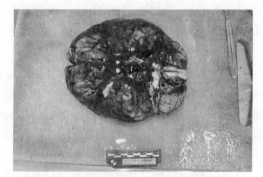

图4　广泛蛛网膜下腔出血，双侧额颞部、小脑、脑干较严重（2）

图5　广泛蛛网膜下腔出血，双侧额颞部、小脑、脑干较严重，可见血凝块

2 讨论

2.1 死亡原因分析

本例案件中,有明确的外伤史,左耳前和左耳郭损伤,广泛硬膜下出血,广泛蛛网膜下腔出血,双侧额颞部、小脑、脑干较严重,可见血凝块,全脑未见动脉瘤、血管畸形、粥样硬化、动脉炎等,可以排除血管病变引起的蛛网膜下腔出血。左耳前和左耳郭损伤,广泛硬膜下出血,广泛蛛网膜下腔出血,双侧额颞部、小脑、脑干处蛛网膜下腔出血较严重,符合死者在两车相撞后,脑组织在减速运动中与颅骨较粗糙处摩擦、"蛛网膜下腔血管受牵拉断裂"[2]造成硬膜下和蛛网膜下腔出血。胸腹腔脏器未见损伤,而广泛硬膜下出血、广泛蛛网膜下腔出血(以外伤性蛛网膜下腔出血为主),符合颅脑损伤死亡。

2.2 外伤性蛛网膜下腔出血与酒精的关系

本案死者头部外伤轻微,仅左耳前和左耳郭擦伤,左耳前肌肉出血,头皮、颅骨未见损伤,脑实质未见挫伤,而全脑广泛硬膜下出血,蛛网膜下腔出血较重且弥漫分布于大脑、小脑半球,脑干表面局部蛛网膜下腔出血。外部损伤表浅而广泛硬膜下出血和广泛蛛网膜下腔出血,单纯外力损伤难以解释。

外伤性蛛网膜下腔出血与酒精的关系国外学者对此作了较深入的研究,指出外伤性蛛网膜下腔出血87%与酗酒有关,多发生于男性(85%以上),多为40岁左右的青壮年。综合国内外的有关报道,酒精对外伤性蛛网膜下腔出血的病因学和毒理学作用有:①扩张脑血管,尤其是软脑膜血管和椎动脉,增加脑血管对外伤的敏感性和出血的危险性;②抑制新鲜血刺激脑血管的痉挛作用和凝血机制;③加快心率和血流;④使酗酒者处于比常人更容易受激惹而卷入争斗的精神状态;⑤影响运动的共济协调,不利于有效地躲避打击,并摔得更重[1-3]。本例案件中,死者血液中检出乙醇含量 266.19 mg/100 mL。死者醉酒驾驶摩托车逆向行驶,影响运动的共济协调,躲闪不及,其车头与对面摩托车车头相撞,导致头部外伤。酒精有扩张脑血管,增加脑血管对外伤的敏感性和出血的危险性,抑制新鲜血刺激脑血管的痉挛作用和凝血机制,加快心率和血流,因此较大量饮酒促进外伤性蛛网膜腔出血发生而导致死亡的辅助死因,交通事故为根本死因,硬膜下出血及外伤性蛛网膜下腔出血为直接死因。

参考文献

[1] HARLAND W A. Subarachnoid haemorrhage due to upper cervical trauma [J]. J Clin Pathol, 1983, 36 (12), 1335-1341.

[2] 赵经隆. 法医学颅脑损伤 [M]. 2版. 北京:群众出版社,1986:165-168.

[3] 高彩荣. 外伤性蛛网膜下腔出血 [J]. 法医学杂志,1990,5(1):25-27.

杀人后自杀案件的法医学分析 2 例

龚胜[1] 吴运泽[2] 娄辉杰[2] 李虎[3]

（1. 贵州省黔西南州公安司法鉴定中心，贵州黔西南，562400；2. 贵州省贞丰公安司法鉴定中心，贵州黔西南，562200）

1 案例资料

1.1 案例 1

案情摘要：2015 年某日，黔西南州公安局指挥中心接报称：某地一家三口惨死在自家卧室内。

1.1.1 现场勘查

中心现场位于主卧室，该房坐北朝南，系一层空心砖石棉瓦结构房屋，门窗完好无损，距东墙 190.0 cm、南墙 51.0 cm 处，见 1 具女性尸体，头部呈仰卧状，身体前倾，双手搭靠于北侧床面上，双腿呈跪姿，双脚紧靠南墙下，该尸体头部、上身及双手均沾有大量疑似血迹，紧靠南墙下。北侧地面上见 1 具头西南脚东北并呈侧卧状的男性成人尸体，尸体上半身紧靠于南侧木箱上，双腿搭靠于北侧床面，该尸体全身均沾附有大量疑似血迹。近尸体右手处距西墙 112.0 cm、南墙 45.0 cm 处地面上见 1 把菜刀，该刀全长 25.0 cm、系不锈钢刀刃及木质刀柄，刀刃长 15.0 cm、刀柄长 10.0 cm、刀刃宽 7.5 cm，刀刃上沾有大量血迹，刀柄处有破损。紧靠枕头北侧面床中部见 1 具头西脚东并呈仰卧状的男童尸体，该尸体头、面部及双上肢均沾有大量疑似血迹。

1.1.2 尸体检验

1 号尸体：邓某，男，28 岁。全身衣物大面积血液浸染，上衣 T 恤腹部右侧下摆卷起至中段，未见破口，下身着牛仔裤，裤袋内物品完好。颈前侧见 10.5 cm×5.0 cm 大小的创口，创缘整齐、创口方向左低右高，该创左侧有多条相近排列的鱼尾状表浅切痕，局部有 0.7 cm×0.5 cm 大小的创口，深达皮下，右创角下缘有 1.4 cm 的小尖皮瓣，离上创缘之上 1.0 cm 处有 1 条长 7.0 cm 的浅表划痕，该浅表划痕与上创缘平行。腹部肚脐下 1.0 cm 处有 1 处 12.5 cm 的横形、边缘整齐、创角锐利、深达腹腔的创口，部分肠管外露，外露肠管无破口，该创上下缘均有多个小尖皮瓣。该创上侧自上而下分别有长度为 13.5 cm、7.5 cm、6.8 cm、10.5 cm、12.0 cm 和 5.2 cm 皮肤浅表创（图

作者简介：龚胜，男，1980 年生，汉族，医学学士学位，黔西南州公安局刑侦支队技术科，法医师，主要从事法医病理损伤及法医 DNA 检验工作；电话：18748950117；E-mail：1106304825@qq.com。

1），均与上缘平行。该创下侧自上而下分别有长度为 2.4 cm、1.5 cm、7.5 cm 皮肤浅表创，均与下缘平行。

2 号尸体：张某，女，17 岁，邓某妻子。全身衣物血液浸染，上衣前侧浸染尤重。右颜面部有一斜形创口，长 4.1 cm、边缘整齐、创角锐利、深达皮下，创角两端伴 1.7 cm 和 2.8 cm 浅表划痕，该创口上方有长 4.2 cm 的划痕。左颈部有长 7.7 cm、边缘整齐、创角锐利的皮肤浅表创。左颈部下方有 1 处长 2.5 cm、边缘整齐、创角锐利、深达皮下的创口。颈部有一处 19.0 cm × 12.0 cm 大小、边缘整齐、创角锐利、深达颈椎的创口，创口右缘有 8 处皮瓣，创口左缘有 5 处皮瓣。右肩胛区有 1 处长 1.0 cm、边缘整齐、创角锐利的皮肤浅表创，左腰背部有 1 处长 2.7 cm、边缘整齐、角锐、深达皮下的创口。右上臂上段后侧、右手掌内侧、左手虎口（图 2）和左手掌背侧分别有长度 3.0～3.7 cm、边缘整齐、角锐的皮下创口。

3 号尸体：邓某，男，1 岁。全身衣物无破口，上衣领口浸染血迹；颈部有 1 处长 9.5 cm、边缘整齐、角锐、深达颈椎的创口，创缘整齐、未见皮瓣。创腔内见颈部肌肉、气管、食管完全断裂，右颈内静脉横断。创腔内颈椎椎体前侧有 3.4 cm 切痕。

1.1.3　物证检验

① 1 号尸体牛仔裤左裤管、右裤管、黄色 T 恤右侧袖口及右足拇趾、左足内侧附着血迹均来自 2 号尸体。② 现场菜刀、1 号尸体指甲均检出混合 DNA 分型，包含 1 号、2 号尸体的全部 DNA 分型。③ 3 具尸体理化检材（肝、胃及胃内物）均未检出常规毒物。

1.2　案例 2

1.2.1　简要案情

2018 年某日，某宾馆 303 房间有一男一女死亡，女性死者有外伤，男性死者未见外伤。

1.2.2　现场勘查

中心现场位于某酒店 3 楼 303 房间（图 3）。房门木质呈开启状，房间内物品摆放自然，在房间南面靠墙有 1 张床，床上 2 具尸体，女性尸体呈仰卧状，位于床上靠东侧，男性尸体位于床上靠西侧，呈俯卧状，头朝南，脚朝西北。西侧床头柜上有"敌敌畏"绿色玻璃瓶及衣服、钥匙、手机等物品，"敌敌畏"绿色玻璃瓶呈开启状，瓶内未见液体；房间垃圾桶内有浸湿的白色毛巾、"北京二锅头"空瓶子。房间地面有 1 双层塑料袋，袋内有 2 袋包装完好的辛硫磷、2 袋"大卫"牌溴敌隆杀鼠剂及 1 瓶未开启"北京二锅头"酒。男尸体下右肩上外侧有 1 把红色刀柄的金属折叠刀，呈开启状，全长 22 cm、刃长 9.7 cm、刃宽 2.4 cm。

1.2.2　尸体检验

女性尸体（毛某）：身着的毛衣左前襟处有一斜形、长 2.0 cm 的破口，破口边缘整齐、周围见血迹附着。胸部有 1.5 cm × 2.0 cm 的皮下瘀斑，左胸乳头上方 7.0 cm 处有 4.5 cm × 0.8 cm 的斜形创口（图 4），边缘整齐，创角上钝下锐，创口下缘有一皮瓣，创腔内无组织间桥，创道斜向内下深达胸腔，致第 2 肋骨下缘骨折，左肺上叶中段有长度分别为 1.3 cm、0.9 cm 的破口，其中 0.9 cm 的破口贯通肺叶至主动脉弓，主动脉弓处有0.8 cm长的破口，动脉壁全层贯通。右手小鱼际处有2条纵形长为2.8 cm、2.7 cm的划痕；胃内有咖啡色液体约20 mL，子宫及其附件未见异常。膀胱内尿量约30 mL。2号男性尸体（刘某），全身无明显机械性损伤，胃内有少量黄绿色液体，胃底黏膜呈大面积灰白色改变并散见点状出血，可闻及有机磷类农药的特殊气味。

1.1.3 物证检验

①现场提取的单刃刀柄、"北京二锅头"和"敌敌畏"的瓶口检出男性死者DNA。②刀刃血检出女性死者DNA。③男性死者肝、胃及胃内容物检出"敌敌畏"成分。④女性死者肝、胃及胃内容物未检出常规毒物。

2 分析讨论

2.1 法医病理学鉴别分析自杀还是他杀

试切创是指在自杀刎颈者中，颈部主创口上缘或下缘出现孤立的，与主创口平行而无连续的浅表、短小的切口，多认为是在形成致命性切割损伤之前，可能是由于心理矛盾、试探锐器的锋利程度或体验疼痛感觉等各种目的而采取的轻微切割手段。

案例1：①1号尸体创口位于颈前侧及中上腹部；损伤较集中，上缘和下缘均出现孤立的，与主创口平行而无连续的浅表、短小的切口，创角有多个小创角及延续的拖刀痕，创口对应衣服未见破口，符合试切创的损伤特征。②2号尸体颈部创口起于左耳后终致右耳后，创底深达颈椎，损伤程度重；且死者右颜面部、右肩胛区、右手掌、左手虎口均有不同程度的锐器创口，符合抵抗伤特征；故认为2号尸体系被他人用锐器切割颈部致急性失血性死亡。③3号尸体颈部创口呈水平，创缘整齐、无皮瓣，创腔深达颈椎，颈椎椎体前侧见深切痕，未检见其他损伤，推断3号死者系被他人使用锐器一次性切割颈部致急性失血死亡。

案例2：①1号尸体左胸部有单刃锐器创，伤及主动脉弓及左肺上叶，损伤程度重，且右手掌侧有划伤，符合抵抗伤特征，推断1号死者是被他人持锐器刺伤左胸部伤伤及主动脉弓和左肺上叶导致急性大失血死亡。②2号尸体全身未见机械性损伤，肝、胃及胃内容物检出"敌敌畏"成分，推断刘某某系口服敌敌畏中毒死亡。

2.2 法医物证检验为案件定性提供证据支撑

案例1中，1号男尸、2号女尸系3号尸体的生物学父母；现场菜刀、1号尸体指甲检出1号和2号死者的混合DNA分型、不排除包含3号死者的DNA分型。1号尸体牛仔裤左、右裤腿、T恤右袖及右足拇趾、左内侧附着血迹均来自2号尸体。

案例2中现场提取的单刃刀柄、"北京二锅头"和"敌敌畏"瓶口检出男性死者DNA，刀刃血迹检出女性死者DNA。

杀人自杀案件中嫌疑人自杀身亡，作案的过程无法与供述相互印证，而现场血迹DNA的分布遗留位置能够判断嫌疑人的活动轨迹和推断作案工具的使用者和受害人。故完善的法医物证检验和分析是此类案件分析推断的重要手段。

2.3 外围调查情况

案例1中，1号男尸、2号女尸为3号男尸的生物学父母，生前夫妻经常吵架。案例2中2名死者为夫妻关系，死前正在等待法院判决离婚结果。

3 小结

杀人后自杀案件鉴定要点：①细致的现场勘查，重点查找凶器、血迹的分布规律，注意现场伪装情况。②全面的尸体检验，重点在衣物破损情况、血迹分布规律和尸体上的损伤特征。③完善的实验室检验，衣着血迹多部位取样进行 DNA 检验，必要时现场物证进行微量 DNA 检验。④作案工具应遗留在现场。⑤作案人数应符合 1 人作案的特点，现场应有 1 人符合自杀身亡。⑥死者之间多属亲密关系。

食管息肉致机械性窒息死亡研究

周宇驰　王毅　王庆红

（四川省公安厅物证鉴定中心，四川成都，610041）

窒息是指人体的呼吸过程有某个环节受阻或异常，导致全身各器官组织的缺氧和二氧化碳潴留，从而引起组织细胞代谢障碍、功能紊乱和形态结构损害[1]。一般可由外部原因和内部自身原因引起。外部原因包括缢颈、勒颈、捂压口鼻、异物阻塞等引起呼吸道受阻的因素，也包括一氧化碳导致的血红蛋白氧结合障碍。内部自身原因包括哮喘、感染、肿瘤、慢性肺病及神经系统方面的疾病等[2]。在法医学实践中，内部自身疾病原因引起的窒息死亡时有发生，如果没有进行仔细鉴别排除，极易造成死因误判。本文就笔者经历的2例食管息肉阻塞呼吸道致机械性窒息死亡的案例进行分析，旨在为法医学同行的实践工作提供参考。

1 案例资料

1.1 案例1

某54岁的男性被发现躺在公路上的一辆自行车旁，被群众发现后报警。警察赶到后发现该男性无明显外伤，呼之不应，生命体征微弱，立即通知"120"。"120"到达时该男性已停止呼吸5 min。现场可见大量的呕吐物，医生尝试气管插管没有成功。该男性被送往医院后，完成气管插管。但是，很快被宣布死亡。尸体检验显示，全身未见外伤，颈部浅、深层肌肉未见出血，口唇黏膜未见损伤，可排除机械性暴力所致死亡。常见毒物、毒品检验阴性，可排除因常见毒物、毒品中毒死亡。睑、球结膜可见点状出血，心外膜可见出血点，口唇、甲床发绀等窒息征象明显。食道前壁，声带下方0.5 cm处可见9.0 cm×4.0 cm×1.8 cm的肉芽状组织挤压呼吸道。显微病理检验显示，食道大部纤维化。综上所述，该男性系食道息肉阻塞呼吸道致机械性窒息死亡。

1.2 案例2

某22岁女性，已孕10周。死亡前她正在吃面包，还告诉她母亲她已经"咽下了她的舌头"。然后该女子倒下，丧失意识。其母亲立即通知"120"，但急救人员赶到后无

作者简介：周宇驰，男，重庆江津人，硕士研究生，主检法医师，主要从事法医病理学、法医临床学检验鉴定工作；E-mail：zhouyuchi1981@sina.com。王毅，男，广西桂林人，法医师，主要从事法医病理学、法医临床学检验鉴定工作；E-mail：524588880@163.com。王庆红，男，重庆万州人，主任法医师，主要从事法医病理学、法医临床学检验鉴定工作；E-mail：wangqinghong-1@163.com。

法完成气管插管，被送至医院急救科后宣布死亡。此案例中法医在尸检时见窒息征象明显，喉部被一肿块阻塞，气管内未见食物。阻塞喉部肿块为白色，部分表面坚硬。显微病理显示，该组织有多个囊状间隙，含有浆液，纤维结缔组织、脂肪组织和血管疏松不明显。常见毒物毒品检验阴性。综合分析死亡原因为下咽息肉阻塞呼吸道致机械性窒息死亡。

2 讨论

机械性窒息中，由异物阻塞呼吸道所致死亡的情况并不少见，这些异物多为突然意外进入呼吸道。而内源性组织肿块，多因有临床症状容易被发现，最终引起呼吸道阻塞致机械性窒息死亡的较为少见。引起呼吸道阻塞的组织肿块多位于颈部或纵隔，呼吸道附近。例如：

食管良性肿瘤，占食管肿瘤的20%，可以是腔内或腔外肿瘤。食管息肉属于食管良性肿瘤，大约占食管良性肿瘤的1/3，包括脂肪瘤、纤维血管性息肉、纤维脂肪瘤、纤维神经性息肉。其病因复杂，可能与长期炎症刺激，其他环境及饮食等相关因素共同引起。食管息肉多见于老年男性，病变多发生在颈部食管，一般为单发，少数为多发，形态多数是大且有蒂的。食管息肉生长缓慢，病人的临床症状出现较晚。食管息肉的临床表现与息肉阻塞食管腔的严重程度有关，常见症状为进食吞咽困难、呕吐、胃内容物反流等。有些病人会出现胸骨后疼痛，肿瘤压迫气管，会有咳嗽、呼吸困难、哮喘等症状。息肉会发生恶变而形成溃疡，引起病人呕血、黑便等，有的病人咳嗽时可将息肉呕至口腔，这类病人的息肉往往较大，蒂较长，呕吐至口腔内可阻塞咽喉部而引起窒息[3]。

纤维血管息肉，被认为是由食管内蠕动和黏膜下松解而拉长的小无梗性病变。这些肿块生长缓慢，在出现明显症状之前可能存在多年。典型的病人出现吞咽困难或喉咙饱满感。有些病人出现胸骨下或上腹部灼热感，会被误认为是食物反流。其他症状包括呕吐、过度咯痰、体重减轻、呼吸症状。肿块有可能反流到口腔，在某些情况尤其是在咳嗽之后罕见的并发症是喉反流，随后阻塞喉部，导致窒息猝死[4]。

尸检时，应彻底检查气道，并记录肿块大小和位置。肿瘤围绕茎旋转可能将引起喉闭锁。常规组织学检查（HE染色）适合诊断。

其他颈部和纵隔肿瘤也可引起气道受压和阻塞。放射影像学检查和查体可见气管偏离中线。肺部内的肿瘤可能会破坏大量的肺实质，或侵蚀到气道，使远端的肺实质失去功能。最有可能的病因与死者是儿童还是成年人有关。在儿童中，纵隔肿瘤会引起气道受压，包括淋巴瘤和畸胎瘤；在成人中，肺小细胞癌、鳞状细胞癌和腺癌更常见。纤维蛋白血栓可在高凝的个体中形成，例如腺癌，并导致气道阻塞[5]。

除肿瘤之外，还有其他几种疾病也可导致窒息死亡。哮喘可触发身体内部和外部因素，导致喉部水肿，支气管收缩和气管产生厚而稠的黏液。肺和气管会膨胀并被肺产生的黏液阻塞。这些死者通常有过敏史和哮喘病。过敏反应通常来自于过分地刺激。IgE抗体来自于过敏源导致的大量柱状细胞脱粒，并生成组胺、蛋白多糖、前列腺素 D_2、酶，包括类胰蛋白酶，三亚乙基四胺和原浆移动。喉（和支气管）的水肿和收缩伴肺的膨胀。喉部水肿比较明显。检查气管可发现闭塞或半闭塞水肿,另外有流入的嗜碱细胞,嗜酸细胞和柱状细胞。从组织学上讲,柱状细胞,一些细胞颗粒都可被观测到数量呈上升状态。有观点认为这些标记物不是不变的,取决于死亡的速度。

急性会厌炎、喉气管支气管炎、支气管炎和毛细支气管炎等感染可导致喉水肿和气道阻塞。血液培养可能有帮助,大多数病例起源于病毒,但急性会厌炎除外。急性会厌炎通常继发于流感嗜血杆菌。在急性会厌炎的情况下,尸检将表现出气道中肿胀的"樱桃红色"会厌炎和黏液。

细菌性肺炎通过阻止血液和肺泡之间的空气交换而导致窒息。血和肺培养(最好在死亡后15 h内)可以帮助确定病因。个人史很重要,因为酗酒者容易感染肺炎克雷伯菌,大多数获得性肺炎病例都是由肺炎链球菌引起的。肺炎支原体和肺炎衣原体也是常见的传染病。窒息的其他感染原因包括急性喉炎、扁桃体脓肿、咽腋下脓肿、咽后脓肿、细菌性气管炎和路德维格咽峡炎(舌下至下颌下间隙的蜂窝组织炎)。在这些情况下,病史是很重要的,因为个人经常会有咳嗽、呼吸困难和/或吞咽困难。严重的是,气道是异常红肿,可见脓区。

慢性窒息通常由慢性的妨碍性肺病引起,分为慢性支气管炎和肺气肿。病人都有渐增的呼吸短缺,缺氧,这些症状在肺气肿里比慢性支气管炎中更常见。慢性支气管炎病人通常伴有慢性咳嗽。病人多有吸烟史,但是a-1抗胰蛋白酶缺乏也可导致肺气肿[6]。

肌肉萎缩症,一种通过X连锁隐性遗传给年轻男性的疾病,因无力移动横隔膜而引起窒息。肺不能扩张,因此空气不能进入肺。杜氏黏液营养不良病人也会出现小腿黏液的假性肥大。蛋白质印记法可用于鉴别异常蛋白质-营养不良蛋白,该蛋白质由xp21区域的一个基因编码。肌萎缩侧索硬化症,又称卢·格里克病,是成人最常见的运动神经元变性障碍。大多数病人为40岁以上的男性,表现为手臂或腋下不对称的远端无力。其他症状包括构音障碍、吞咽困难、吸引、深肌腱反射活跃和肌肉张力增加。死亡通常在3~4年内。呼吸无力是导致死亡的最常见原因。组织学观察可以确证脊髓的侧方部分有胶质增生。

多发性硬化症、重症肌无力和格林-巴利综合征是导致膈肌失去控制的三种神经学原因。尸检可能没有任何发现,只有临床病史可以提示死亡原因。15%的重症肌无力病人存在胸腺瘤,但死亡前可能已经切除。在格林-巴利综合征中,上升性麻痹被认为是免疫介导的,通常是病毒感染[7]。

引起窒息死亡的原因有很多,虽然食管息肉等自身疾病引起的窒息死亡不多见的,但必须引起重视,熟悉不同的病例,避免误判。病史和现场勘查等都对判断死因有帮助,但是单独的一个征象并不能明确提示死因。要正确分析不同死因,鉴别疾病引起的突然窒息死亡,必须了解案情,结合现场勘查,尸体检验,病理检验和相关病历资料等综合进行判断。

参考文献

[1] 赵子琴. 法医病理学 [M]. 4版. 北京:人民出版社,2009:280-286.

[2] DERYA A. Asphyxial deaths:a retrospective study and review of literature [J]. Am J Forensic

Med Pathol, 2003, 24 (3): 179 – 182.

［3］马军亮, 程庆书, 卢强, 等. 巨大食管息肉 1 例［J］. 现代肿瘤医学, 2011, 19 (6): 1224 – 1225.

［4］罗锦斌, 李正安, 杨爱萍, 等. 76 例食管息肉诊治体会［J］. 临床医药实践, 2011, 20 (6): 431.

［5］SENKAYA I, SAGDIC K, GEBITEKIN C, et al. Management of foreign body aspiration in infancy and childhood: a life – threatening problem［J］. Turk J Pediatr, 1997, 39: 353 – 362.

［6］朱富高, 孙美红, 何福芹. 9 例窒息死亡原因探讨［J］. 临床耳鼻咽喉科杂志, 2005, 19 (23): 1072 – 1074.

［7］孙占奇, 张文锋. 125 例窒息死亡的法医学分析［J］河南科技大学学报: 医学版, 2013, 31 (4): 306 – 307.

重型牵引车驾乘关系分析 1 例

曾浩天 杨阳 张金凯 佘贻庆

（广州市公安局交警支队，广东广州，510640）

随着《中华人民共和国道路交通安全法》的颁布实施，事故发生后，公安交管部门对于法医鉴定要求越来越高，交通事故致伤方式推断往往对事故责任的准确认定起到关键的作用。本文就广州地区发生的一宗货车事故，结合人体损伤与车辆痕迹检验，分析驾驶员的运动过程并对致伤方式进行推断，供同行参考。

1 案例资料

1.1 简要案情

某日，黎某驾驶的重型半挂牵引车（牵引重型平板半挂车）在高速公路上与停靠在应急车道内的重型半挂牵引车（牵引重型罐式半挂车）发生碰撞。平板半挂牵引车车头右侧碰撞重型罐式半挂牵引车左侧，造成吴某死亡及两车损坏。

吴某在事故发生时处于车内还是车外，对事故责任认定将有重要影响。

1.2 车辆情况

黎某驾驶的牵引车向左翻侧倒在应急车道内，前挡风玻璃脱落，左侧车门弯曲变形，驾驶室左后向内凹陷 62 cm，左后轮爆裂，轮毂弯曲变形，左后挡泥板向前弯曲变形，驾驶室后两侧固定码因碰撞向上翘起，固定码损坏。

停在应急车道的牵引车车头向前翻侧，前挡风玻璃破碎脱落，前发动机盖凹陷弯曲变形，前护栏弯曲凹陷变形，右车门撞击变形。

1.3 吴某尸检情况

顶部挫擦伤 10.0 cm×9.0 cm 伴两处挫裂创 2.5 cm×1.0 cm、1.5 cm×0.5 cm，额部散在挫擦伤 10.0 cm×6.0 cm。左侧胸大肌部挫擦伤 11.0 cm×7.0 cm，背部及腰部广泛性挫擦伤，左下肢外侧广泛性挫擦伤，右大腿上段前侧挫擦伤 5.0 cm×4.0 cm，右臀部及右大腿上段后侧散在挫擦伤 33.0 cm×12.0 cm，右足背部挫裂创 6.0 cm×3.0 cm。解剖检验：左颞叶、小脑蛛网膜下腔广泛性出血。左侧第 2~4 肋

作者简介：曾浩天，男，广东惠州人，副主任法医师，主要从事法医病理学、法医临床学检验鉴定工；E-mail：13076872630@163.com。杨阳，男，安徽芜湖人，法医师，主要从事法医病理学、法医临床学检验鉴定工作，E-mail：18588824477@163.com。张金凯，男，四川南充人，法医师，主要从事法医病理学、法医临床学检验鉴定工作；E-mail：15626185830@163.com。佘贻庆，男，福建建瓯人，法医师，主要从事法医病理学、法医临床学检验鉴定工作；E-mail：18520271204@163.com。

骨骨折，右侧第 2～6 肋骨骨折。

1.4 特征性损伤及痕迹比对情况

尸检见，死者吴某右臀部及大腿上段后侧之挫擦伤为两组横向平行挫伤带（有重合）组成。将挫伤带分为 P 组、Q 组，面积分别为 10.5 cm×9.9 cm、10.5 cm×9.9 cm，两组之间有交叠部分，单条挫伤带呈单线，单条长度介于 1.4～11.5 cm 之间。

车辆痕迹检验见，粤 AM75XX 号重型半挂牵引车驾驶位置之座垫（化纤成分，质地较硬）有特征性的横条形脊状突起。经拓印，制作拓印样本，拓印样本面积为 21 cm×15 cm。驾驶位座垫上单条脊状突起为纬线（横向），单条纬线突起的横截面顶端为半圆形，在拓印样本上显示为纬线且具有一定宽度。坐垫经线与纬线相交部分纬线条纹表面有凹入，反应在拓印上，单条条纹有着均匀的空白间断，单个间断宽度介于 0.08～0.11 cm。单条条纹显现宽度介于 0.2～0.4 cm，单条条纹中线间隔介于 0.9～1.0 cm。

2 讨论

根据法医及痕迹检验，死者吴某右臀及大腿上段后侧的特征性平行挫伤带与停靠应急车道的牵引车驾驶位座垫表面横向脊状突起之特征部分相同，在一定条件下（如人体与座垫剧烈接触、摩擦）可以形成。考虑到交通事故中人体姿态的变化、接触面移动、死者着有衣物、人体为弹性柱体结构等诸多因素影响，人体的挫伤带间及与拓印样本条纹间宽度可能存在稍许差异。

结合车辆痕迹检验，停靠应急车道的牵引车驾驶室左后方（即驾驶座位后下方）有明显受力变形、造成驾驶员座椅上翻翘起的情况，所以吴某右臀及大腿上段后侧的特征性损伤存在着形成的力学基础。另外，此特征性平行挫伤带有侧向移动及扭转的迹象，也能够反映事故发生时人体随着左侧驾驶室后下方受力后，被掀起、扭转的动态变化。

根据法医尸体检验，未发现死者有被碾压的损伤及痕迹，结合车辆痕迹检验，亦未发现双方车辆外部有与行人碰撞及碾压的痕迹，分析事故发生时死者吴某位于驾驶室内。根据法医尸体检验，死者吴某头顶部见有散在挫擦伤伴挫裂创，左顶及颞部有头皮下出血，双手及上前臂见明显挫擦伤，右足部有挫裂伤及趾骨骨折，分析系事故发生时身体与驾驶室内车辆部件碰撞形成。

综上，根据现场勘查、法医尸体检验、车辆痕迹检验等资料，分析吴某事故发生时位于驾驶室内。最终事故认定由黎某承担事故主要责任。

汞中毒结合秋水仙碱急性中毒死亡1例

刘伟[1]　林晓冬[2]　卢政煜[2]　黄向东[2]　寒斌[2]　李树辉[2]　韩凤鸣[2]　李晓东[2]

（1. 司法鉴定科学研究院，上海，200063；2. 深圳市公安局司法鉴定中心、法医病理学公安部重点实验室，广东深圳，518040）

1 案例

1.1 简要案情

2017年8月1日凌晨，黄某（女，21岁），突发疾病入院抢救，因抢救无效于8月6日死亡。后经警方调查，犯罪嫌疑人曾于5月20日前后，在黄某居住房间的窗户凹槽中倒入水银（汞）若干，且黄某在8月1日发病前约5 h，喝过嫌疑人递送的水，同时查明嫌疑人的关系人有网络上购买水银、秋水仙碱等有毒物质的记录。

1.2 病史摘要

黄某8月1日因"腹痛、腹泻伴发热1天"为主诉到当地医院就诊。病人怀疑前晚进食不洁食物后当日晨出现上腹持续隐痛，阵发性加重，伴有恶心、呕吐、腹泻、头晕、全身乏力。血常规示：WBC $17.8 \times 10^9/L^{-1}$，PLT $60 \times 10^9/L^{-1}$，经对症治疗后无好转。查体：T 36.7 ℃，P 102次/分，R 34次/分，BP 97/79 mmHg，神清，精神萎靡，律齐，呼吸偏快，双肺呼吸音粗，上腹压痛明显。既往史：有血小板减少症病史，最低达 $17 \times 10^9/L^{-1}$，曾被考虑为免疫系统功能紊乱导致。根据病史、症状、体征及辅助检查结果，入院诊断为：①腹泻、发热查因：a. 感染性腹泻；b. 细菌性痢疾？②休克早期。③急性爆发性心肌炎并心力衰竭。④急性肺损伤并Ⅰ型呼吸衰竭。⑤多脏器功能衰竭。⑥多浆膜腔积液。鉴于病情进展迅速，次日转入上级医院诊治。

8月2日，转院后查体，T 37.1 ℃，P 128次/分，R 34次/分，BP 132/75 mmHg，病人烦躁不安，口唇发干，反应差，呼吸急促，全腹压痛明显。血常规示：WBC $43.8 \times 10^9/L^{-1}$，PLT $67 \times 10^9/L^{-1}$，C反应蛋白明显增高，谷草转氨酶、乳酸脱氢酶、磷酸肌酐激酶、磷酸肌酸同工酶和淀粉酶都严重增高，凝血功能异常。

8月6日，病人临床死亡诊断：脓毒性休克、肠炎性感染、腹部感染、多器官功能衰竭（中枢、心血管、呼吸、消化、泌尿、血液系统等）。

1.3 毒物分析

在本案例中，黄某的血液（8月5日提取）、尿液（8月5日提取）经处理后，运

作者简介：刘伟，女，研究员，本科，主要从事法医毒物化学研究。

用电感等离子体质谱法（ICP-MS）对汞元素进行检测，结果血液和尿液中汞元素的质量浓度分别为 1.71 ng/mL 和 3.82 ng/mL；同时，血液和尿液经样品前处理后，运用液相色谱-串联质谱法（LC-MS/MS）分析，结果在血液和尿液中均检出秋水仙碱成分。

2 讨论

2.1 死因分析

病史资料显示，可以排除黄某因机械性损伤、机械性窒息、高低温及电击死亡。同时在前一年 4 月 10 日至当年 4 月 3 日，黄某多次体检仅有血小板轻度减少表现，余未见异常，说明黄某身体健康，可以排除死于自身性疾病。

当年 6 月 28 日至 7 月 13 日 3 次体检，黄某的血小板和红细胞均明显减少，此阶段虽无明显临床症状体征，但结合其有接触汞的案情，提示存在汞中毒的可能。7 月 27 日后黄某的红细胞系抑制明显，同时出现了肝脏、心脏、肾脏、骨骼肌严重受损表现，直至 8 月 6 日表现全血抑制，结合 8 月 5 日所取血样、尿样汞检测结果，说明黄某存在汞中毒情况。

8 月 1 日黄某突然病情恶化，主要表现为腹泻、黄色稀水便、多次临床化验表现为肝肾功能异常、心肌损害等多器官功能衰竭。结合案情及毒物检验结果，说明黄某存在秋水仙碱急性中毒情况。综上，黄某符合在汞中毒的基础上，结合秋水仙碱急性中毒导致死亡。

2.2 汞中毒表现

汞，俗称水银，是唯一在常温常压下呈液态的金属元素。汞易挥发，在常温时会挥发，遇热挥发更快，而且吸附性强。汞对人体的危害主要累及中枢神经系统、消化系统及肾脏，此外对呼吸系统、皮肤、血液及眼睛也有一定的影响。汞重度中毒者可出现发热、咳嗽、呼吸困难、恶心、呕吐、胸闷、流涎或流泪等，进一步可出现腹泻及精神神经症状，精神障碍、语无伦次、清醒和昏迷交替等。另外可见牙龈肿胀、溃疡，尿蛋白阳性。轻症者大部分症状可逐渐消失，但胸闷、呼吸困难可持续一周或更久，重症者可发生休克、晕厥、抽搐，以致昏迷死亡。一般情况下，慢性汞中毒的早期症状并不明显，而尿汞升高是汞慢性中毒较为显著的特征。在本案例中，黄某血液和尿液中汞元素的质量浓度分别为 1.71 ng/mL 和 3.82 ng/mL，通常情况下，健康人群血汞、尿汞本底值范围分别为 0.60～9.29 ng/mL 和 0.01～2.28 ng/mL，从结果上来看，黄某尿液中汞元素超出正常值范围。

2.3 秋水仙碱中毒表现

秋水仙碱是从百合科植物秋水仙中提取的一种生物碱，在临床上可用于急性痛风和其他疾病的治疗，随着临床应用范围的扩大、互联网应用的急速发展和管理的相对薄弱，人们获取秋水仙碱的机会增多，给不法分子有了可乘之机。由于秋水仙碱的治疗剂量与中毒剂量十分接近，因此，超剂量或长期使用即可导致中毒，由此产生的误食、误用、使用不当等秋水仙碱的自杀、他杀、意外中毒案件偶有发生。

秋水仙碱口服后在胃肠道迅速吸收，服药后 60～120 min 血药浓度达峰值，致死量为 0.8 mg/kg。秋水仙碱中毒后往往病情凶险，可导致胃肠道损伤，肝、肾、心肌受损，严重的骨髓抑制，导致全血细胞锐减，尤以白细胞、血小板为著，继而引起消化道出血，肠梗阻，最终因脏器功能衰竭而死亡。在本案例中，黄某在发病前数小时喝了犯罪嫌疑人递过来的水，后出现呕吐、休克、肾衰竭、电解质紊乱、多器官衰竭等症状，至8月6日表现为全血抑制，且出现了肝、肾、心、骨骼肌、红细胞损害，终因多器官功能衰竭死亡，结合血液、尿液中秋水仙碱阳性检验结果，符合在汞中毒的基础上秋水仙碱急性中毒导致死亡。

深圳地区应用法医昆虫学推断死亡时间2例

周晖 张彦甫 夏添 董玉友 任志 杜舟 马孟云

(深圳市公安局刑事科学技术研究所、法医病理学公安部重点实验室,广东深圳,518000)

1 案例资料

1.1 案例1

2013年6月28日16时30分许,有人报案称在深圳市某区机场出场道假山绿化带打扫卫生时,发现离机场出场道假山后60 m左右的土坑里,有1具男性尸体俯卧在土坑里,脸部朝下,头部朝东,脚朝西。经检验:成年男性尸体,尸长169 cm,短发长3 cm。体型偏瘦,尸体上身裸露,无衣着,系黑色腰带,下身蓝色牛仔裤,赤足。尸体和裤子上沾有大量泥土。全身多处表皮发黑,尸体肿胀明显,中度腐败,尸斑位于前侧,尸僵缓解。尸表检验未见明显外伤,在尸体的口腔、腹部等部位爬满大量的蛆虫。

本案中未知名尸体处于野外,条件差,且现场未发现其他有价值物证。因死亡原因仅根据体表一时无法判定,故死亡时间成为首要解决的问题。因在尸体上发现大量蛆虫,为明确死亡时间,以便为本案的侦察提供依据,根据法医昆虫学现场操作标准[2],从现场多个部位采集不同种类的蛆,并且用XA溶液保存;经鉴定大部分为大头金蝇幼虫,多数为三龄幼虫,平均体长为10.68 mm;其余有少部分绯颜裸金蝇蛆和丝光绿蝇蛆。本案采用"深圳地区嗜尸性昆虫种类和生长发育规律研究"科研成果[3,4]进行分析和判断。根据实验中夏季大头金蝇蛆长和死亡时间的关系,推测尸体出现大约60 h之前,即6月26日上午9时左右。初步确定死亡时间在6月25日20时至26日9时。这为调查此死亡事件节省了时间,节约了人力和物力,后经证实。

1.2 案例2

死者赵某,男,31岁,2013年9月15日上午11时左右,被发现死亡于深圳市某区根竹园花园楼后面的夹道内。经检验:尸体上身穿粉色格子的短袖圆领汗衫,下身穿蓝色牛仔裤,赤足。尸体侧卧于地,头靠墙根,双上肢后伸在排水管后。双腿交叉,左腿呈伸直状,右腿曲于左腿下。左下肢骨折,呈假关节状。地面潮湿,有少量略带血色的液体。整个头面部黑污色,高度腐败,有大量蛆虫。

本案中对死者尸体检验发现各部位腐败不一致,头部腐败特别严重,导致死亡时间

作者简介:周晖,男,主检法医师,主要从事法医病理学工作和研究;电话:13510362521。
通讯作者:马孟云,男,医学博士,主任法医师,主要研究死亡时间;电话:13924594251。

推断困难大。但检查见头部及其周围有大量的蛆虫。经对收集的蛆虫分析,基本都是大头金蝇蛆,最长有12.25 cm,平均11.46 cm。过去几天的温度一般在28～31 ℃,根据大头金蝇蛆长和死亡时间的关系方程确定死亡约72 h。故推测此死者在2013年9月12号中午或者下午坠楼身亡。这为案件调查确定了时间范围,也为案件的最终解决提供了依据。

2 讨论

法医昆虫学在我国的迅速发展已有20余年,且已有一些成功应用的案例报道[1]。自古以来一直有利用昆虫学破案的记载,宋代法医利用苍蝇破案最为著名。法医昆虫学种类众多,生长发育各异,我国地域广阔,环境多变,造就了不同的特色。因此,笔者根据深圳当地人尸体上出现的多种昆虫相互交替的品种及其规律,结合环境温度、湿度等条件,测量幼虫体长,借以推断死后间隔时间。在实际工作中,积累了一定的数据和经验。

法医昆虫学知识应用于实际工作中推断死亡时间才能体现其价值。而其演替规律和生长发育规律具有明显的地域特征,因此有关方面的数据积累是科学应用的前提。笔者曾对本地的嗜尸性昆虫进行了大量研究[2-3]。在应用时需综合考虑环境、温度等影响因素,尤其要具备案发前一段时间的现场气象资料。在现场嗜尸性昆虫检验操作时要采用科学的方法。

案例1中,处于野外现场的未知名尸体死亡原因、死亡时间及案件性质在开始时无从下手,常规方法均不具备条件进行判定。从法医昆虫学角度入手,利用科学的检验方法,最终解决了此难题。案例2中,赵某尸体各部位腐败不一致,死亡时间成为此案的难点,利用法医昆虫学知识可以很好地解决此问题。通过以上两个案例说明法医昆虫学在解决腐败尸体中死亡时间的重要作用。同时也说明,只有具备了本区域中的嗜尸性昆虫方面完善的基础数据,并采用科学的检验方法和结合完整的气象资料等,嗜尸性昆虫才能成为死亡时间的计时器。

参考文献

[1] 王江峰,常鹏,廖明庆,等. 广东省室内、室外及中毒死亡案件中法医昆虫学的应用报道[J]. 政法学刊,2012,29(1):116-121.

[2] 马孟云,王禹,董玉友,等. 法医昆虫学检验现场操作标准探讨[J]. 刑事技术,2016,41(2):142-146.

[3] 尹晓钧,马孟云,周晖,等. 深圳地区夏季室内外猪尸体上嗜尸性昆虫的群落演替[J]. 法医学杂志,2014,30(3):172-177.

[4] 马孟云,尹晓钧,董玉友,等. 深圳地区大头金蝇年生长发育规律观察[J]. 中国法医学杂志,2016,31(1):5-8.

胸腺淋巴体质导致猝死的法医学鉴定 1 例

刘金升

(沈阳市公安局于洪分局,辽宁沈阳,110141)

1 案件资料

1.1 简要案情

韩某(男,14 岁)系在校学生,平素身体健康。2018 年 1 月 25 日 21 时在寝室内突然摔倒后出现意识丧失、呼吸停止,25 min 后被送至医院,心电图示直线。

1.2 尸体检验

2018 年 1 月 27 日对韩某进行检验。

(1)尸表检验。营养中等。人中处见 0.3 cm×0.1 cm 点状红褐色表皮剥脱。右面部见 3.0 cm×3.0 cm 皮肤暗紫红变色,切开见皮下出血,达皮下脂肪层。左额部于发际外边缘在 1.5 cm×1.0 cm 范围内散在点状红色表皮剥脱,右额顶见 1.5 cm×1.5 cm 红褐色表皮剥脱。左上臂外侧于肩峰下 9.0 cm 见 1.2 cm×1.0 cm 暗红褐色表皮剥脱伴皮下出血,该表皮剥脱后下方 2.0 cm 处见 3.0 cm×2.5 cm 皮肤暗紫红变色,切开见皮下出血,深达肌层。十指指甲青紫。左内踝见 5.0 cm×4.5 cm 皮肤青紫变色。

(2)解剖检验。左额部表皮剥脱对应处见 2.0 cm×0.8 cm 灶状皮下出血;顶部表皮剥脱对应处见 2.0 cm×0.7 cm 灶状皮下出血;右顶部头皮下出血对应处见 4.0 cm×4.0 cm 硬膜下出血,右顶部硬膜下出血对应处见 2.5 cm×1.0 cm 灶状蛛网膜下腔出血。全脑重 1 572.0 g。切开脑实质及脑室内未见出血。脑底血管未见异常。双侧胸腔淡红色积液,量约 100 mL,腹腔淡黄色积液,量约 50 mL,心包腔内淡黄色液体,量约 50 mL。胸腺呈分叶状,重 66.0 g。心脏重 312 g,心血暗红色不凝,三尖瓣周径 10.5 cm,肺动脉周径 6.5 cm,二尖瓣周径 7.0 cm,主动脉瓣周径 5.5 cm,左室壁 1.0 cm,右心室壁厚 0.4 cm,室间壁厚 1.1 cm,冠脉开口通畅,各级分支未见狭窄,心内膜室间膈膜部菲薄;胸主动脉直径 1.0 cm;左肾重 157.0 g,右肾重 131.0 g,双肾被膜光滑,切面皮髓质界线清晰,皮质厚 0.5 cm。左侧肾上腺重 4.0 g,右侧肾上腺重 4.1 g。

(3)组织病理学检验。大脑有处蛛网膜下腔见灶状红细胞聚集。大脑皮质神经元

作者简介:刘金升,男,1972 年生,辽宁省沈阳市人,副主任法医师,学士,主要从事命案现场勘验和法医病理学检案工作;地址:辽宁省沈阳市于洪区沈大路 61 号 沈阳市公安局于洪分局刑警大队;邮编:110141,电话:13478165945,024-25830394;E-mail:631467425@qq.com。

核仁尚清，可见噬神经现象及卫星现象。大脑实质内小胶细胞增多。小脑各层结构清晰，蒲氏细胞核仁清晰。脑实质内未见出血。神经垂体增大，腺垂体嗜碱性细胞略增多。甲状腺滤泡大小均一，滤泡皮质淋巴细胞增多，髓质可见多量胸腺小体。心外膜散在点状淋巴细胞浸润。冠状动脉管腔通畅。多数心肌纤维肥大呈交织状，横纹不清，部分心肌细胞核增大、形态不规则、呈多角形，心肌层偶见小灶状纤维组织增生。间质小血管多空虚。窦房结区见点灶状淋巴细胞浸润。肺部分肺泡内可见淡粉红色水肿液，肺间隔明显增厚，内见淡粉色水肿液。弥漫性间质小静脉及肺泡壁毛细血管扩张淤血。肺内细小支气管周边均可见灶状淋巴细胞浸润。肝小叶结构尚清晰，肝索排列整齐。汇管区散在小灶状淋巴细胞浸润。肾上腺皮髓质界限清晰，皮质球、束、网三带结构清晰。肾被膜下偶见淋巴细胞浸润，肾小球大小均一，肾小球旁偶见灶淋巴细胞浸润。髓质间质小静脉扩张淤血。胰头大血管周围间质散在淋巴细胞浸润。

（4）理化检验：心血中未检出常见有机磷杀虫剂、氨基甲酸酯类杀虫剂、杀鼠强杀鼠剂和常见安眠镇静剂成分。

2 讨论

胸腺淋巴体质（status thymicolymphaticus，STL）是指胸腺及全身结增生和肥大，肾上腺萎缩，主动脉及睾丸或卵巢发育不全的状态[1]。胸腺为机体的重要淋巴器官，分泌胸腺激素及激素类物质。胚胎后期及初生时，人胸腺重 10～15 g，是一生中重量相对最大的时期。随年龄增长，胸腺继续发育，幼儿期约 27 g，到青春期 30～40 g。此后胸腺逐渐退化，淋巴细胞减少，脂肪组织增多，至老年仅 15g。STL 多见于儿童，其特征是胸腺肥大，嗜铬系统发育不全，其对外界因素的适应性不足，淋巴系统的应激性增加，貌似健康，可能由于偶然的不良刺激、激动、惊吓或轻微外力作用等或因轻微疾病刺激而突然死亡，病死率极高。本例尸检见死者胸腺明显肥大，呈分叶，重 66.0 g，质量超过同年龄段水平（30～40 g）；同时存在心血管系统发育不良（室间隔膜部菲薄、胸主动脉周径细小，直径 1.0 cm）；组织病理学检见胸腺皮质淋巴细胞增多，髓质可见多量胸腺小体；肺、肠、脾、甲状腺等多器官淋巴细胞浸润，呈胸腺肥大、淋巴组织增生相应病理学改变，同时本例未检见其他器官存在原发性致死性疾病。综上分析，本例符合因胸腺淋巴体质导致猝死。本例死者体表散在小灶状擦挫伤，头部见小灶状头皮下出血、硬膜下出血及蛛网膜下腔出血，上述损伤符合钝性外力作用所致，其程度不足以构成本例的死因。

关于 STL 能否作为导致猝死的死因，数十年来学界争论不断，可能与 STL 在应激情况下胸腺储备不足、免疫系统适应衰竭，心血管神经调节异常有关[2]。目前大多数学者认为胸腺肥大时垂体嗜碱性粒细胞减少，垂体促肾上腺皮质激素分泌减低，致使肾上腺皮质萎缩导致长期糖皮质激素不足，糖氧化加强，糖利用率上升，会使组织蛋白合成增加，而糖异生减弱，使血糖浓度维持在一般较低水平，极易产生低血糖反应，使病人对儿茶酚胺等物质的升压作用减弱，易引起低血压。同时由于糖皮质激素水平下降，使心脏收缩能力减弱，毛细血管通透性增强，应激状态下易引起血压下降及休克反应，甚至死亡。而长期糖皮质激素不足，必然导致代谢及电解质紊乱，易引起猝死。也有人认为，肥大的胸腺可压迫心脏和气管，使气管管腔狭窄，造成呼吸困难引起猝死[3]。

综上所述，胸腺淋巴体质猝死者的法医学检验鉴定在注意以下要点：①要进行全面系统的解剖检验，排除中毒、窒息、外伤直接致的可能，要详细调查有无外伤史，如果有外伤，应查明外伤的部位、过程以及死亡发生快慢及过程；尤其要分析外伤在死亡中所起的作用，考虑是否存在抑制死的可能。②原发性胸腺肥大，重量超过50%；胸腺上皮细胞减少或发育不全；全身淋巴组织广泛增生。③肾上腺皮质萎缩，束状带细胞体积变小、空泡样变等。④有或无主动脉狭窄、生殖系统发育不全；心血管系统发育不良、全身淋巴组织增生、生殖器官发育不佳、肾上腺发育不良等。⑤病理学检验未检见其他直接致死性疾病，排除继发于肿瘤、化疗、重症肌无力等可导致胸腺继发性增生的情况，方可慎重做出STL的诊断结论。

参考文献

[1] 郭景元. 法医鉴定实用全书[M]. 北京：科学文献技术出版社，2002：156.

[2] 吴松，金波，林霞，等. 轻微外伤诱发胸腺淋巴体质猝死一例[J]. 川北医学院学报分子诊断与治疗杂志，2010，25（2）：171-172.

[3] 李国林，王德法，高友祥. 胸腺淋巴体质一例[J]. 特别健康，2012，4：387.

水煮碎尸块 DNA 检验 1 例

李湘秦[1]　洪丽[1]　尹璐[2]　王传海[1]

(1. 深圳市公安局刑事科学技术研究所、法医病理学公安部重点实验室，广东深圳，518040；2. 四川大学华西基础医学与法医学院，四川成都，610041)

1　案例资料

1.1　简要案情

2018 年 4 月，深圳市公安局宝安分局接报称，辖区内某小区发现一宗碎尸案，民警现场勘查时在现场发现大量被煮过的疑似人体尸块。

1.2　DNA 检验

DNA 提取：随机选取 10 个尸块，分别剪取少量肌肉（约 0.2 cm × 0.2 cm × 0.2 cm）放入 1.5 mL 离心管中，加入 ML 超微量磁珠法消化液 380 μL（长春博坤）、蛋白酶 K 20 μL（10 mg/mL），振荡混匀后 56 ℃孵育 1 h，13 000 r/min 离心 3 min，取上清液，利用磁珠法提取 DNA。

扩增及电泳检测：采用 Identifiler Plus 试剂盒（AB 公司，美国）对提取的 DNA 模板进行扩增，3500XL 基因分析仪（AB 公司，美国）电泳检测扩增产物，GeneMapperID-X 软件分析结果。

1.3　检验结果

DNA 检测结果见图 1。

2　讨论

笔者实验室检验的碎尸案中，有些案犯为了掩盖尸臭、隐匿证据，将碎尸块进行炖煮处理。由于高温可以导致 DNA 降解，影响检验效果，通常炖煮过的肌肉不会作为 DNA 检验的首选检材，而选用骨骼类检材进行检验，但骨骼类检材处理过程复杂、检验步骤烦琐、检验周期长，另外，有些碎尸案件没有骨骼只有炖煮过的肌肉，因此，研究炖煮过肌肉的 DNA 检验很有实际意义。本案例中，尸块肌肉经调查已被煮 60 min 以上，通过磁珠法提取纯化后，10 个尸块均成功检出了完整的 STR 分型，等位基因峰高均衡，结果可靠。

磁珠法提取 DNA 是利用磁性颗粒在高盐离子存在下结合核酸，低渗下释放核酸的

作者简介：李湘秦，男，1978 年生，新疆伊犁人，硕士研究生，主检法医师，研究方向为法医遗传学，E-mail：leexq2008@126.com。

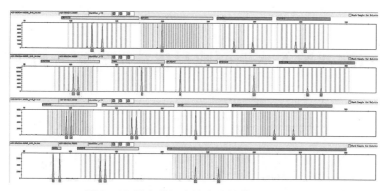

图1　10 份煮熟肌肉检出完整的 STR 分型

特性，操作简单，提取的 DNA 纯度高，能有效去除杂质和扩增抑制剂，整个过程在同一管内完成，样本 DNA 损失小。

100 ℃高温炖煮可以导致 DNA 变性，使 DNA 双链结构变成两条单链，随着煮沸时间增加，DNA 单链断裂降解为片段[1]。有研究报道，当肌肉加热到 100 ℃时 DNA 降解为 1 100 bp 左右的片段，加热到 120 ℃时 DNA 降解至 600 bp 以下[2]。刘中权[3]从高温高压蒸煮过的鳖甲和骨骼中提取到的 DNA 和冷冻肌肉中提取的 DNA 没有明显差异，大多在 1 000 bp 以上。人类 STR 基因座（短串联重复序列）等位基因片段长度一般小于 400 bp，检测灵敏度高，短时间炖煮对肌肉的 STR 检验影响不大。笔者实验室进行过肌肉炖煮实验，人体肌肉在 100 ℃沸水中炖煮 2 h，采用磁珠法仍能够检测出完整的 STR 分型。

综上所述，短时间炖煮过的人体肌肉可以进行 STR 检验，后续我们将完善不同时间和温度对肌肉 DNA 检验的影响实验，为此类检材的 DNA 检验提供更多参考。

参考文献

[1] 郑秀芬. 法医 DNA 分析 [M]. 北京：中国人民公安大学，2002.
[2] 黄娅琳. 高温烹饪对动物肌肉组织 DNA 降解的影响 [J]. 四川动物，2012（2）：52 - 55.
[3] 徐国昌，侯续伟，任甫. 不同温度焚烧对成人股骨 16 个基因位点的影响 [J]. 解剖学杂志，2008（3）：112 - 114.

电击致死抛入水塘腐败尸体法医鉴定分析 1 例

王兴[1]　陈林[2]　胡建光[3]　陈晓锋[3]　程银杰[1]

（1. 祁门县公安局，安徽祁门，245600；2. 安徽省公安厅物证鉴定管理处，安徽合肥，230000；3 黄山市公安局，安徽黄山，245000）

1 案例资料

1.1 简要案情

一处平均水深 0.65 m 的水塘发现一男性尸体，呈仰卧状，上方覆盖有泥草、石块、砖块等，后证实为失踪 2 个月的王某。

1.2 法医学检验

（1）尸体检验：尸体高度腐败，上身赤裸，下身着长短裤，赤足（图1）。四肢部分皮肤缺损，肌腱、指（趾）骨外露；左、右小腿及右足底（图2、图3）分别见斑片状灰黑/灰红色质硬区，右足前 1/3 处皮肤呈"玫红色"。余未见异常。解剖检验见 4 枚切牙牙颈部呈玫瑰色；胸腔血水样积液约 1 100 mL，双肺萎缩呈黑色；心脏萎缩，质地变软。胃部可见约 50 mL 糊状内容物，肠内容物达回肠末端，距十二指肠入口处约 5.4 m 处。

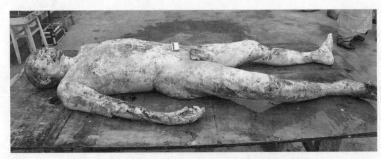

图 1　尸体高度腐败，呈尸蜡化，部分皮肤缺损

（2）组织病理学：右足底、双侧小腿皮肤电流斑形成；肺多发出血，肺淤血；多器官自溶。

作者简介：王兴，男，法医师，学士学位，主要从事法医临床、法医病理学及命案现场勘查工作；地址：祁门县公安局刑事侦查大队；邮编：245600；电话：05594527249，13965525825；E-mail：59517498@qq.com。

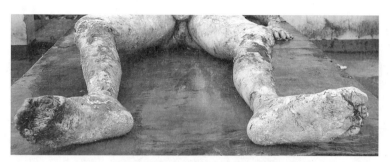

图2　尸体右侧足底皮肤见灰红色质硬电流斑

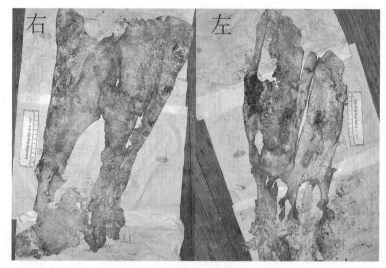

图3　尸体双侧小腿皮肤见灰黑/灰红色质硬电流斑

（3）毒物检验：胃内容物、胃组织及胸腔血水样液体未检出常见毒物、药物。

（4）硅藻检验：送检水中检见大量梭形、长梭形及棒状硅藻，肺组织偶见针形硅藻，肝、脾、肾及骨髓组织中均未检见硅藻。

2　法医学现场分析

根据毒物、硅藻检验及法医病理学检查，可排除溺死等死亡可能，根据电流斑及"玫瑰齿"，考虑其死亡原因为电击死。

根据尸体腐败程度，掩埋尸体的小草枯黄程度，结合王某失踪时间及当地气温情况，分析死者死亡时间与失踪时间相吻合；根据胃内容的量、消化程度及小肠内容移行距离情况，分析死亡时间在末次进餐后 5 h 左右。

2　讨论

传统判定电流损伤的主要依据是尸体表面有无电流作用征象，如电流斑、电流烧伤、随身携带的金属物熔化等，结合现场有无电击条件，明确是生前电击死还是其他原因致死后伪装电击死。

本案例死者被发现时冬天，高度腐败，呈尸蜡化，部分皮肤缺损，但仍有电流斑的病理组织学检验价值。通过对死者胃内容物、量、消化程度及小肠内容移行距离情况进行检验，分析死亡时间为晚餐后 5 h 左右。死亡时间的推断进一步缩小了侦查范围，成功锁定犯罪嫌疑人。

伪造意外电击死亡的故意杀人案1例

王迪佳　肖银凤　吴杜强

(1. 深圳市公安局龙华分局，广东深圳，518110；2. 广州市公安局南沙区分局，广东广州，511458；3. 深圳市公安局龙岗分局，广东深圳，518116)

1 案例

1.1 简要案情

某年12月14日凌晨1时10分，某城中村某房间内发现李某（女性，21岁）死亡，其同住男友王某（25岁）称李某是因烧水意外触电死亡。

1.2 现场勘查

现场为一卧一厨一卫结构，死者李某仰卧于床上；厨房灶台见一水桶，内有半桶水和水浸的"热得快"；经电笔测量，桶中水电压为220 V；死者的鞋摆放在床尾，两鞋平行摆放，间距很窄，距床尾很近且近似垂直，死者财物和证件均在，室内物品摆放整齐。

1.3 死者同住男友的伤情检验

右鼻旁见1.2 cm×0.2 cm划伤、右鼻唇沟处见0.7 cm×0.2 cm划伤。左颈旁见4.0 cm×0.3 cm、1.9 cm×0.2 cm及0.7 cm×0.2 cm 3处条形皮下出血，右胸锁关节下见7处条形皮下出血伴表皮缺损，大小为0.4 cm×0.2 cm至5.2 cm×0.2 cm不等，损伤形态符合手指抓挠形成。脸部见新鲜划伤，较深，并有血渗出。死者同住男友称损伤为昨日与死者打闹玩耍弄伤，随后又改口说是脸部损伤是自己造成，胸部擦划伤是当日下午上楼梯摔伤。

1.4 尸表检验

死者衣着完整，尸斑呈暗紫红色，分布于尸体背侧未受压部位，指压褪色，双眼睑结膜充血、见密集淤点性出血，球结膜散在淤点性出血，检验见颜面部及颈部青紫肿胀，并伴淤点性出血，左侧鼻孔内侧缘见0.6 cm×0.1 cm擦伤。项部见0.4 cm×0.3 cm表皮剥脱，左胸锁关节下见1.4 cm×0.6 cm挫擦伤，左手背见7.0 cm×6.2 cm范围大小的表皮剥脱，左侧大腿中上部见5.2 cm×3.0 cm青紫。

作者简介：王迪佳，男，山西永济人，法医师，主要从事法医病理学、法医临床学、法医物证学检验鉴定工作；E-mail:513291270@qq.com。肖银凤，女，湖南衡阳人，法医师，主要从事法医物证检验工作；E-mail:75931893@qq.com。吴杜强，男，陕西延安人，主要从事法医病理学、法医临床学检验鉴定工作；E-mail:1620599698@qq.com。

1.5 解剖检验

左侧颈部于环状软骨及舌骨周边见肌肉组织出血,环状软骨双侧横断。切开气管,可见气管内少量粉红色泡沫及黏液,喉室及气管黏膜可见充血及散在出血点。打开胸腹腔,可见双肺淤血、肺气肿、表面及叶间见散在出血点。打开心包,可见心包有少量淡黄色积液,心脏表面散在出血点。肝脏、脾脏及肾脏淤血、膀胱空虚。胃内容约100 mL,可见为米粉等,胃黏膜见片状出血。

1.6 病理检验

①房室结轻度脂肪浸润。②肺淤血、水肿、灶性出血;肺膜下少量出血点;右肺上叶陈旧性结核结节。③颈部肌肉少量出血。④左手背皮肤未见典型电流斑;⑤脑、心、肝、胰腺、肾上腺、肾等器官淤血。

2 讨论

随着电器在家庭中应用的日益广泛,意外触电事故时有发生,也有采用电击故意杀人的报道[1]。电击死者的法医学鉴定,体表皮肤电流损伤的主要依据[2]。本例中,死者李某的皮肤未发现电流损伤,心肌也未见缺血、缺氧的波浪化或栅栏状的病理改变[3]。经现场勘查及尸表检验发现以下疑点:①现场中死者的鞋放在床尾,两鞋平行摆放,间距很窄,距床尾很近且近似垂直,应被人精心摆放过。②同住男友鼻旁、左颈部及胸锁关节处见多处条形擦划伤,损伤形态符合手指抓挠形成,有血液渗出,为新鲜损伤。结合死者左鼻孔和左胸锁关节处见挫擦伤,损伤形态符合手指抓挠形成,推断死者与其男友应该有发生打斗。③尸表检验发现死者颜面部及颈部青紫肿胀,并伴淤点性出血,双眼睑结膜充血、见密集点状出血,球结膜散在点状出血,均为机械性窒息的典型表现,且大体解剖及病理检验结果均支持机械性窒息死亡的结论,所以,死者为机械性窒息导致死亡。

综上所述,事发当晚,死者与男友发生打斗,死者反抗在其男友身上留下擦划伤。死者被扼压颈部致机械性窒息死亡。其后,王某将鞋子摆放整齐,将水桶和"热得快"布置好,伪造了现场。

经抓获后嫌疑人供述:案发当日晚11时许,死者提出要与其分手,两人因此发生争吵及冲突至肢体冲突,最终,他用双手掐住死者的脖子直到其窒息死亡。事后,他将死者抱上床,将死者的拖鞋整齐地摆放好,在厨房布置好水桶和"热得快",报警谎称死者为电击死亡。

该案通过细致的尸体检验及现场勘查,成功地识别了伪造的现场,启示如下:①现场勘查与法医检验,切忌先入为主。事主所说和派出所介绍的情况不可全然相信,需结合现场及尸检加以分辨。当死因与现场不符的情况下,死因更加可靠。②在现场勘查中,对物品的摆放和痕迹要认真分析,鉴别是否伪造现场。该案中,嫌疑人伪造的痕迹,与其叙述及现场的其他痕迹形成原因不相吻合,也成为案件侦破的突破口。③尸体检验要详细,另外一定要注重对同住人员体表损伤的检验。对同住人员的新鲜损伤,要特别注意,严谨判断其成因。

参考文献

[1] 甘朝铎. 1例电击杀人案法医学检验探讨 [J]. 广西警官高等专科学校学报, 2006, 77: 44-45.

[2] MELLEN P F. Electrocution: a review of 155 cases with emphasis on humen factor [J]. J Forensic Sci, 1992, 37 (4): 1016-1022.

[3] 王建国, 陈忆九. 意外电击死21例法医病理学分析 [J]. 法医学杂志, 1998, 14 (2): 89-91.

机制木炭挥发出一氧化碳致中毒死亡1例

陈虎　薛斌

（广州市公安局番禺区分局，广东广州，511400）

1　案例资料

1.1　简要案情

某男，32岁，某日清晨在熄火停靠路边的大货车车厢内清点货物约20 min后，被家人发现倒在车厢内货物上不省人事，立即抬下车后平放于地面，通知"120"来后证实死亡。现场为一批发市场路边停放的货车厢内，车厢长宽高为6.1 m×2.4 m×2.6 m，密封性较好，车内装有大量纸箱装的机制木炭，死者被发现时倒在车厢中部木炭箱上，车厢尾部部分木炭箱在死者清点过后已有工人陆续开始卸下。

1.2　尸体检验

男性尸体，尸长172 cm，营养中等，尸体仰卧于车旁地面上，衣着整齐；尸僵不明显，尸斑呈淡红色位于背部未受压部位，指轻压褪色；尸表检验未见明显损伤。冰冻4天后解剖尸体见胸腹壁肌肉及各脏器均呈明显的鲜红色，各脏器均未检见明显损伤出血，主要脏器病理检验未发现明显致死性病理改变。死者心血中检出碳氧血红蛋白含量为78.9%，胃内容及尿中均未检出其他毒物成分，死者系一氧化碳中毒死亡。

2　讨论

一氧化碳中毒死亡机理是一氧化碳与血红蛋白的亲和力比氧与血红蛋白的亲和力高200~300倍，所以一氧化碳极易与血红蛋白结合，形成碳氧血红蛋白，使血红蛋白丧失携氧的能力和作用，造成组织缺氧窒息。一氧化碳中毒死亡者心血的HbCO浓度一般高达40%以上。一氧化碳中毒常见于含碳物质不完全燃烧而有一氧化碳生成的相对密封空间，多见于意外事故，亦有自杀，他杀罕见，如发生在用燃气热水器的浴室、燃烧含碳物质的房间、发动着的停驶汽车内等。

一般情况下，一氧化碳中毒的尸斑呈较明显的樱桃红色，如结合现场勘验有明确的一氧化碳产生源头及较封闭的现场环境，并排除其他可疑点，初步推断死因还是比较容易；但一氧化碳中毒和一些毒物中毒的尸体在尸表检验阶段常常不易区分，典型的一氧

作者简介：陈虎，男，安徽阜阳人，主检法医师，主要从事法医病理学、法医临床学检验鉴定工作；E-mail：13924059911@139.com。薛斌，男，陕西宝鸡人，高级工程师，主要从事痕迹检验、现场勘查；E-mail：13928859292@139.com。

化碳中毒尸斑不一定出现或不明显，这就要求我们在现场勘验中必须细致，发散思维，多角度对现场情况进行分析求证。

本例中，死者所处的环境为密闭的车厢内，里面有大量的纸箱装机制木炭，经了解，机制木炭在制作过程中会产生一氧化碳，在成品包装时会通风排出绝大部分，但仍会有少量的一氧化碳残留吸附在木炭上，当大量的木炭储存在密闭空间较长时间时，一氧化碳挥发后容易聚集到空气中，车厢内空气不流通，车厢后门打开后，靠近车厢中前部高浓度的一氧化碳不能短时间内稀释排出，当事主进入车厢中部清点货物时，因停留时间较长，导致吸入过量一氧化碳而发生中毒死亡。

百草枯中毒死亡的病理改变

李鹏[1]　范珂[2]

(1. 枣庄市公安局山亭分局刑侦大队，山东枣庄，277200；2. 枣庄市公安刑侦支队，山东枣庄，277800)

百草枯是一种农村广泛使用的强灭生性除草剂，近年来有关百草枯中毒的报道日益增多。本文通过 1 例夫妻双方因感情纠纷，丈夫他杀投毒妻子后自杀服毒，致夫妻双方均百草枯中毒死亡案例，对其特点进行分析，以期为法医学检案提供参考。

1 案例资料

龚某，男，31 岁，于 2015 年 5 月 25 日上午在其家中口服百草枯原液约 130 mL 自杀，当场身亡，未行抢救。2015 年 5 月 26 日上午，法医进行尸体检验。尸检体表见双侧球睑结膜充血，口唇青紫，口腔内有淡绿色黏液，口腔黏膜、颊黏膜及舌头上可见烧灼腐蚀痕迹，双手指甲青紫；尸检解剖见双肺未见异常，左右胸腔内未见异常积液，心包完整，心脏浆膜见散在出血点，胃壁出血，黏膜脱落，可见约 100 g 淡绿色液体。病理检验主要见肺淤血、出血、水肿，部分肺泡壁变性，结构不清，肺泡腔内急性炎细胞浸润；心肌水肿伴灶性坏死，间质灶性淋巴细胞浸润；肝小叶结构存在，散在性弥漫性灶性肝细胞变性、坏死，以汇管区为著，炎细胞浸润不明显；肾组织结构存在，肾小球血管扩张充血，近曲小管自溶，近曲小管管腔内可见颗粒状蛋白样物；胃表层黏膜上皮变性、坏死，部分表层黏膜上皮脱落，间质轻度纤维化，胃黏膜表层黏液间可见少量红细胞。毒物检验：现场遗留的百草枯空瓶内、龚伟峰心血、胃内容物、尿液中均检出百草枯成分。

刁某，女，28 岁，龚某的妻子，于 2015 年 5 月 25 日上午在其家中被其丈夫龚某强行灌服百草枯原液约 20 mL 后入院。入院后予以洗胃、灌肠、血液灌流、气管插管等抢救措施，死者逐渐出现无尿、进行性呼吸困难，心、肝、肾、脑等功能下降，于 2015 年 6 月 12 日因抢救无效死亡。2015 年 6 月 13 日上午法医进行尸体检验。尸检体表见双侧球睑结膜苍白，双手指甲苍白，喉结下 4 cm 处有一 1.5 cm 气管插管口，气管插管上有淡黄色黏液，右腹股沟处有 6 个穿刺针孔；尸检解剖见双肺灰白鲜红色相间，实变，左右胸腔内各约 200 mL 淡黄积液，心包完整，心脏未见异常，腹腔内未见异常积液，局部胃黏膜糜烂出血，可见约 50 g 食糜。病理检验主要见脑膜、脑组织淤血明显，脑

作者简介：李鹏，山东省枣庄市公安局山亭分局刑事侦查大队；地址：山东省枣庄市山亭区府前路刑事侦查大队；邮编：277200；电话：13465983200。

组织水肿；双侧肺组织广泛水肿、肺泡壁纤维化，大量纤维母细胞增生，部分肺泡腔闭塞，残余肺泡腔内可见大量蛋白性渗出物，支气管腔内大量炎性分泌物；心肌水肿伴灶性坏死，间质灶性淋巴细胞浸润；肝细胞脂肪变性、坏死；肾曲管上皮细胞水样变性、坏死，肾间质水肿；胃黏膜组织自溶，表层上皮脱落，间质轻度纤维化。毒物检验：刁振亮心血、胃内容物中均未检出百草枯成分。

2　讨论

百草枯又名对草快、克无踪，因其具有广谱、速效、安全、用量低、易合成等特点，深受广大农民的喜爱。该农药与土壤接触后很快分解，无残留毒性，但进入人体后则可致人中毒乃至死亡。人摄入 3 mL 即可致死，中毒死亡率通常为 45%～90%，其中，口服中毒死亡率高达 90%～100%[1]。

百草枯对人体作用机理尚未完全阐明，初步认为百草枯作为一种电子受体，细胞摄入后，作用于细胞内的氧化－还原过程，产生超氧阴离子自由基 O^2、H^2O^2、OH^- 等，导致细胞膜脂质过氧化，造成组织细胞损伤。百草枯中毒后肺损伤是最突出的表现，并可引起心、肝、肾和神经系统等多脏器损害[2]。

本案例龚某口服百草枯后当场身亡，应属于急性中毒早期死亡。根据尸检、病理所见，虽然存在组织缺氧症状，但无法用单纯的呼吸衰竭解释其死因。有研究认为，服毒剂量大导致组织缺氧所致的严重乳酸酸中毒和代谢酸中毒，使心肌收缩无力导致循环衰竭是急性百草枯中毒病人早期死亡的主要原因，结合死者口服百草枯原液约 130 mL（属于急性爆发性中毒、服毒量大于 40 mL），双肺、心、肝、肾、胃皆出现病理损伤，分析认为死者应系大剂量百草枯中毒致多脏器循环功能衰竭死亡。

本文妻子被灌服百草枯后，于医院抢救治疗 17 天后死亡，应属于急性中毒晚期死亡。死者被灌服百草枯原液约 20 mL（属于急性中～重度中毒、服毒量 20～40 mL），继而出现肝、肾功能衰竭，脑组织水肿、心肌损伤、胃壁腐蚀等病理变化，双肺弥漫性损伤的基础上并发肺纤维化，综合分析认为死者应系中－重度百草枯中毒持续作用致多脏器循环功能衰竭的基础上严重肺损伤，呼吸衰竭死亡。

参考文献

[1] 沈敏，向平. 法医毒物学手册 [M]. 北京：科学出版社，2012.
[2] 曹丽秋，侯运辉，白爱燕，等. 百草枯中毒救治研究进展 [J]. 求医问药，2012，10（7）：273-274.

口服毒狗针剂致氰化物中毒死亡 1 例

莫传莹　王云鹏　程海鹰

（广州市公安局黄埔区分局刑警大队技术中队，广东广州，510700）

1　案例资料

1.1　案情摘要

某年 11 月 25 日 13 时许，在某药业公司对面的山上树林内发现 1 名男子死亡。

1.2　现场情况

现场位于某药业公司对面的山上树林内。中心现场有一块大石头，石头的东面有一男子左侧俯卧状，头北脚南。左上肢压于颈部往后伸至枕部，右上肢屈曲位于头部右侧，双下肢自然伸直，足背部强直，双足尖相对。上身红色外套，下身蓝色牛仔裤，红色运动鞋，蓝色袜子。内穿蓝色短 T 恤，灰色条纹状短裤，死者裤袋内有一个棕色钱包，内有证件及少量现金。尸体左侧有一个橙、黑相间的背包，地面有一堆呕吐物，2 支破裂的针管插在地上，3 支空针管插在尸体旁的树上。尸体的南面有 1 个中通快递包装盒、1 把剪刀、1 个鱼饵包装袋、1 个白色塑料袋和一个矿泉水瓶。

1.3　尸体检验

尸长 178 cm，发育正常，体形中等。尸斑呈鲜红色，形成于头面部、双上肢、胸腹部、双下肢前侧等未受压部位，指压褪色。尸僵形成于颈部等关节。发长约 2 cm，平头，色黑。左、右眼球睑结膜见少量出血点，角膜清晰，双瞳孔等大等圆，直径 5 mm。双鼻腔无损伤，鼻骨无骨折。口唇黏膜苍白，右下唇有 0.8 cm×0.2 cm 的黏膜破损，指、趾甲青紫色。头皮及体表未见针孔。颈部：未见损伤。胸背部：右肩有 3 处大小分别为 0.8 cm×0.6 cm、0.7 cm×0.7 cm、0.6 cm×0.1 cm 的擦伤。其余未见损伤。腹部：未见损伤。四肢：右手大鱼际处有 0.4 cm×0.2 cm 的擦伤。生殖器、肛门未见损伤。

解剖检验：头皮未见损伤，未见针孔，颅骨无骨折，颅内未见出血，大小脑未见损伤，余未见异常。颈部皮肤及肌肉未见损伤。气管壁充血，内有黄色泡沫。食道内充满黄色食糜，食道黏膜下充血。胸壁皮肤及肌肉未见损伤，肋骨无骨折，心包无损伤，心包腔内少量积液，心脏淤血，血管曲张，表面见大量出血点。左右胸腔见少量积液，左

作者简介：莫传莹，女，广西合浦人，主检法医师，主要从事法医病理学、法医临床学检验鉴定工作；E-mail：1031702427@qq.com。

右肺轻度增大并见肺水肿，左右肺表面及肺叶间见出血点。腹腔内无积血积液，肝脏、双肾脏淤血，脾淤血。胃充盈，内有黄色食糜，胃壁黏膜充血。

提取检材及处理：现场提取针管、包裹的包装物、矿泉水瓶（图1～图3），解剖提取死者蔡某的肋软骨进行DNA比对；现场提取针管、矿泉水瓶，解剖提取死者蔡峥的心血、胃内容冲洗物、尿液进行毒化检验。

1.4 实验室检验结果

死者心血、胃内容冲洗物检出氰化物成分。

1.5 案件调查情况

经查，死者蔡某，男，20岁，湖北人。与父母、姐姐在离案发地约2 km的村子租房住，全家经营饭店。蔡某于11月20日利用某聊天软件向一卖家购买包裹，包裹于23日寄到，蔡某亲自签收并藏在房间。视频监控调查发现：死者蔡某于25日早上7时许经过监控区走入树林，衣着为死亡时穿，衣物整齐，肩背橙、黑相间的背包，步履轻快，走进山上树林。现场遗留剪刀、背包为死者家里所有。

2 讨论

本案死者蔡某服食的毒狗针采用鱼饵饲料包装袋伪装，内共有5支针剂，每支针剂5～10 mL。根据尸检情况，出现呕吐、双足角弓反张的强直症状，毒化检验死者蔡某的心血、胃内容冲洗物检出氰化物成分，结合其尸斑鲜红色，指趾甲青紫，心脏表面有出血点，双肺肺水肿并有出血点，内脏器官淤血，以上符合氰化物中毒死亡的特征。死者蔡某食道壁黏膜充血，胃黏膜充血，体表皮肤未见针孔，分析蔡某系打开针管将针剂倒入矿泉水瓶后口服氰化物类液体中毒死亡。

毒狗针是用来毒杀狗的一种工具，是一种自制型的针筒，针筒内含有毒物成分，一般会含有氰化物和琥珀胆碱。氰化物是剧毒药物，琥珀胆碱是强效麻醉剂。通常使用飞镖或弓弩发射，专门用来射狗，是偷狗贼最喜欢用的工具。由于剧毒物品的管控，这种能随时随地之人死亡的工具，在市面上没有销售，但是在网上可以任意买到。通常毒狗针用来射杀狗时，有射狗时误伤人致死或利用毒狗针杀人的报道，或是人类误食被毒死的狗导致死亡的案例，本案系死者自行网购毒狗针用来自杀，较为少见。

氰化物可通过消化道、呼吸道和皮肤吸收。其毒性作用取决于在代谢过程中释放氰离子的速度和数量，人体内的三价铁离子与氰离子的亲和力最强，反应也最迅速。两者结合后可中断电子传递，使生物氧化过程终止，细胞失去了对氧的利用能力，从而引起"内窒息"。在氰化物中毒时，由于全身组织细胞在氰离子的毒性作用下丧失了利用氧的能力，血氧消耗量甚少，故皮肤黏膜及尸斑也可称鲜红色。中枢神经系统对缺氧最敏感，中枢性呼吸衰竭是氰化物中毒最常见的致死原因。小剂量氰化物中毒时，可因对颈动脉体及主动脉体化学感受器的毒性作用而产生氧张力降低反应；较大剂量氰化物中毒尚可直接引起肺动脉及冠状动脉收缩，造成心力衰竭、休克、肺水肿。氰化物的碱基还对消化道、引导黏膜有腐蚀作用。[1]

由于氢氰酸容易挥发，本案对死者胃内容、心血及现场提取的残留针管进行检验，只能在胃内容和心血检验出氰化物，残留的针管内未能检出，可能是未能及时提取送检和密封保存，导致氢氰酸挥发而检测不出。

图1　死者尸体概貌及周围物品状态

图2　邮件包装袋

图3　针管

参考文献

[1] 黄光照. 法医毒理学 [M]. 北京：人民卫生出版社，2004.

小儿肠套叠合并心肌炎死亡1例

孙勇 彭明琪 朱明进 朱明龙

（盐城市公安局刑事科学技术研究所，江苏盐城，224002）

1 案例资料

1.1 简要案情

某日上午，王某（男，10岁）与他人打闹后，当晚23时许因"呕吐伴腹痛一天"就诊于当地人民医院急诊儿科，诊断为急性肠胃炎，急诊给予对症治疗，补液约于次日凌晨1时结束，腹痛好转回家，回家后仍有上腹部不适，呕吐数次，进食白开水后明显，4时许病人突然出现面色苍白、口唇青紫、呼吸急促等，不久后开始出现口吐白沫、呼之不应、四肢厥冷，遂再次到医院就诊，经抢救无效死亡。

1.2 尸体检验

（1）尸表检验。未成年男性冷冻尸体，尸长125 cm，发育正常，营养良好，黑发长3.0 cm，角膜中度混浊，双手十指甲床发绀，双手背见多枚注射痕。余尸表未见明显损伤及异常。

（2）尸体剖验。头皮下无出血，双侧颞肌无出血，颅骨未见骨折，硬膜外、下未见出血，蛛网膜下腔未见出血，脑实质未见出血，颅底无骨折。颈部皮下及肌肉未见出血，舌骨、甲状软骨无骨折，胸骨、肋骨无骨折，心包无破损，心外膜未见出血点，小肠中下段见肠管套叠、扭曲，剪开肠管，肠管内大量血性液体流出，胃内容为50 mL液体。（图1）

（3）组织病理学检验。心肌间质内见大量单核、淋巴细胞浸润，炎症浸润见于心脏各个部位，尤以左心室为重，心肌纤维见散在小灶性的变性坏死，部分心肌嗜伊红染。肺间质血管淤血，部分肺泡压缩，部分细支气管腔及肺泡腔内见坏死脱落的上皮细胞，支气管黏膜下、管腔内及局部肺泡隔内均可见少量单核、淋巴细胞浸润。大脑皮层内可见较多噬神经细胞现象。小肠可见部分肠段套入远端肠腔，套叠处肠管切开可见三层管壁结构，套入部肠管黏膜下血管淤血，黏膜层小肠绒毛及肠腺可见局灶性坏死，黏膜层表面可见纤维蛋白样渗出物及少量炎性细胞，套叠处下方部分小肠及结肠黏膜亦可见局灶性坏死、纤维蛋白渗出及炎细胞浸润。

作者简介：孙勇，男，1986年生，主检法医师，主要从事法医临床学及法医病理学鉴定；电话：13515130350；E-mail:229284550@qq.com。

（4）法医病理学诊断：①肠套叠（小肠型）。②伴套叠处及下方肠管黏膜淤血、坏死。③心肌炎。④细支气管炎。⑤灶性间质性肺炎。⑥伴肺淤血、灶性肺压缩。

（5）毒物检验：未检出常见毒物成分。

（6）死亡原因：死者符合肠套叠引起的中毒性休克合并心肌炎死亡。

2 讨论

肠的一段套入其相连的肠管腔内称为肠套叠，以小儿最多见，其中以2岁以下者居多[1]。肠套叠分为回结型（占85%）、小肠型（6%～10%）、结肠型（占2%～5%）、回回结型（占10%～15%）[2]。肠套叠的病因及其发病机制，目前还不完全清楚。关于肠套叠的促发因素，大多数认为是肠蠕动的正常节律发生紊乱所致，这些因素包括肠炎、腹泻、高热、季节性添加辅食、受凉、肥胖等，病毒感染和肠套叠的发生也有一定关系。肠套叠的三大典型症状是腹痛、血便和腹部肿块，表现为突然发作剧烈的阵发性腹痛，病儿阵发哭闹不安，有安静如常的间歇期。伴有呕吐和果酱样血便。腹部触诊常可扪及腊肠形、表面光滑、稍可活动、具有压痛的肿块，常位于脐右上方，而右下腹扪诊有空虚感[1]。随着发病时间的延长，一般情况逐渐加重，表现精神萎靡、嗜睡、脱水、发热、腹胀，甚至休克或腹膜炎征象。

心肌炎是一种心肌局限性或弥漫性炎性病变，其特征为间质炎性细胞浸润、心肌坏死及变性。心肌炎典型病例在心脏症状出现前数天或2周内有呼吸道或肠道感染，可伴有中度发热咽痛、腹泻、皮疹等症状，继之出现心脏症状。主要症状有疲乏无力、食欲缺乏、恶心、呕吐、呼吸困难面色苍白，发热，年长儿可诉心前区不适、心悸、头晕、腹痛、肌痛[2]。心肌炎与多种病因及发病因素有关，如病毒、细菌、支原体等感染因素以及中毒、免疫、遗传等多种因素。心肌炎发病急骤，病程短促，可突然死亡，猝死多见于儿童及青年人，特别是小儿猝死的重要原因[3]。

小儿急性肠套叠是小儿常见的急腹症之一、心肌炎也是小儿常见的猝死原因，两种病因合并发生并不常见，且两种疾病初期均表现为腹痛、恶心、呕吐等症状，极易漏诊。本案中患儿之前与他人发生过打闹、死亡又是发生在就医后，极易引起与他人的纠纷及医疗纠纷。在此例尸检过程中虽发现小肠肠套叠，但不能简单地以此做出死因结论，从而忽略其他的死因。组织病理学检验进一步检查发现，患儿除肠套叠伴肠管坏死以外，心肌间质内见大量单核、淋巴细胞浸润，炎症浸润见于心脏各个部位，尤以左心室为重，心肌纤维见散在小灶性的变性坏死。结合患儿的死亡过程等，我们倾向于心肌炎在死亡过程中起的作用更大，综合分析认为死者符合肠套叠引起的中毒性休克合并心肌炎死亡。分析本案中患儿可能与某种病毒感染有关导致小肠肠套叠及心肌炎的发生、而与外伤无关，随即以腹痛、呕吐等症状就医，医生对小儿常见的腹痛、呕吐症状没能引起重视，将其作为简单的急性肠胃炎进行输液诊治，导致该患儿错过了最佳的抢救时效，患儿回家后不久便突然发生死亡。在此类鉴定中，我们进行尸检时要更全面、细致，要进行详细的检查，排除机械性损伤导致的死亡、排除中毒及其他重大疾病猝死的可能，从而得出全面、客观的死亡原因。

参考文献

[1] 陈孝平，汪建平. 外科学［M］. 北京：人民卫生出版社，2015：379.

[2] 江载芳，申昆玲，沈颖. 诸福棠实用儿科学［M］. 北京：人民卫生出版社，2015：1432，1627.

[3] 杨清玉，彭绍华. 实用猝死病理学［M］. 齐齐哈尔：群众出版社，1992：70.

被害人生活情感背景与命案现场分析

陈志合

(广州市公安局增城区分局，广东广州，511340)

命案现场中的被害人往往被非法剥夺生命，是犯罪危害后果的直接承担者，是犯罪客观事实的物质载体。由于事物的普遍联系性，犯罪人并不是产生犯罪的唯一因素，被害人的致害性、互动性等特征，与犯罪人共同构成犯罪的整体。笔者多年来在对命案进行勘查、现场分析、案情调查中，经常发现由于命案被害人自身的致害因素，特别是被害人不良的生活情感背景，使犯罪人在犯罪动机、犯罪实施过程中受到被害者的生活情感背景诱导、萌生或强化，推动犯罪的发展，导致最后命案的发生。因此，进行命案现场分析时必须考虑被害人自身的生活情感背景。

被害人的生活情感背景是指被害人在日常生活中个人情感特征，特别是包括性取向在内的与婚姻关系、性生活等相关联的需要他人参与才能实现的情感体现。心理学将"情感"定义为："情感是人对客观现实的一种特殊反映形式，是人对于客观事物是否符合人的需要而产生的态度的体验。"从这个定义可以了解到，情感是一种主观体验、主观态度或主观反映，属于主观意识范畴，而不属于客观存在范畴。良好的、合乎法律和道德标准的生活情感背景使个人婚姻幸福、家庭和谐、社会安定。不良的生活情感背景关系则导致被害人自身的个人恋爱观、婚姻观、家庭观陷入危机，与其关联的"配偶"关系必然恶化、紧张，严重的转化为犯罪，甚至导致恶性命案的发生。

当前，由于经济发展不均衡，长三角、珠三角等经济发达区域与部分内地差距越来越在，大批打工者远离故土，背井离乡到经济发达区域打工挣钱以补贴家用，形成人数巨大、流动性极强、管理松散的"打工族"。这些数量巨大、已到婚龄的单身男女打工者以及由于各种原因不能同行、不能同居一处的已婚夫妻，形成数量巨大的"单身族"，这些人在创造巨大财富的同时，一方面，随着年龄的增长，对"性"有着巨大的需求，正所谓"饱暖思淫欲"。人在温饱之余，还需要人的关爱，还要有包括"性需求"在内的情感需要。另一方面，随着社会的发展和变革，恋爱观、婚姻观、家庭观发生巨大变化，尤其是在现代社会，"性开放"流行，许多人试图打破传统的婚姻观、家庭观，获取"性自由"。由此产生许许多多与"性"有关的生活情

作者简介：陈志合，男，医学学士，副主任法医师，主要从事法医病理及法医临床的鉴定及研究工作；电话：13928957851；E-mail:2174819566@qq.com。

感问题。各种各样的"性需求"表现形态大量出现——"临时夫妻""抗战夫妻"等这些现实组合一方面解决了包括"性需求"在内的情感需要，即男女在异乡双方相互需求、相互依赖、相互慰藉，另一方面由于组合的临时性、非法性，不合乎现有的法律和道德标准，往往孕育着极大的经济、道德风险隐患，涉及金钱、原配感情、各自子女教育和抚养、老人供养等，一旦处理不当，后果十分严重，轻者一拍两散，分道扬镳；重者反目成仇，诱发犯罪甚至命案的发生。下列几例命案都是由于被害人生活情感背景复杂、没有妥善处理好生活情感背景关系引发的命案，在命案现场分析时有其独特的背景特点。

1 案例1

2016年1月3日，某派出所接报称在一出租屋208房一女子死在床上。经勘查，死者正是该房的女租客吴某。死者呈仰卧状死在床上，身上盖着棉被，头颈部、双下肢外露。上身戴着粉红色的胸罩，下身穿着深色内裤，头下的枕头与床垫上有血迹。左手背下压着1台手机。头部外侧有1个带血的枕头。床尾有一个手袋，手袋里见有零钱、充电器、胸罩、钱包等物品，钱包里见有吴某的身份证、住户卡、银行卡、钥匙、现金等物品。室内电视机的旁边有1个黑色的手提包，手提包里见有1支牙刷、1支牙膏、1双手套、1个红色的瓶子、1套男士的内裤、1条湿的毛巾、1支手电筒、1个充电器。电视桌下的地上放有1个塑料袋，内有1件黑色的新女式长袖衬衣、2支牙刷、1支牙膏（新购，未开封）、1个鞋盒（内有1双新的黑色女士高跟鞋）、1双新袜子、1条女士内裤和1个装着1双红色运动鞋的环保袋。床尾的南边地上见有1个垃圾桶，垃圾桶里见有1片卫生巾、1张1月2日购物单据。阳台地上有1把带血迹的刀和1个防盗锁。（图1）

女尸长152 cm，发长48 cm。颜面部青紫肿胀。双侧角膜透明，双眼睑、球结膜见明显出血斑点。双侧瞳孔等大等圆，直径约6 mm。下唇黏膜见2处大小为0.5 cm×0.3 cm、0.3 cm×0.3 cm黏膜下出血。前额颞顶部在18.3 cm×10.3 cm的范围内见散在分布的头皮下出血，其间见多处挫裂创，创缘均不整齐，创周瘀血，创腔内有组织间桥。右下颌角外下缘见2处大小为1.0 cm×0.5 cm、0.7 cm×0.5 cm皮下出血。颈前部见一长1.1 cm×0.3 cm创口，创缘齐，创角一锐一钝，深达组织间。颈部左侧在10.5 cm×8.3 cm的范围内见散在分布的表皮剥脱伴皮下出血。双手指甲床发绀。解剖见头部损伤对应处头皮下出血明显，右侧颞肌出血明显，右颞骨呈粉碎性骨折，一条骨折线延续至右侧颅后窝，蛛网膜下腔出血。死者颈部解剖见颈部皮下组织、肌肉出血，环状软骨左侧骨折。舌骨左侧大骨角处出血，气管内壁、咽喉腔壁见散在分布的点片状出血。结合死者的颜面部青紫肿胀，双眼球、睑结膜及口唇黏膜大量出血斑点，双手甲床发绀，两肺、心脏见散在出血点，心血呈暗红色流动性等窒息征象，分析推断死者符合头部被钝器打击致严重颅脑损伤合并颈部被扼压致机械性窒息死亡。（图2）

侦查重点首先从被害人生活情感背景入手。从现场勘查及尸体检验分析：案发现场无明显翻动，垃圾桶里有一张1月2日购物单据，所列物品与新购物品一致。吴某的证件、财物、新购物品均在现场，可排除为谋财杀人的可能。在吴某房间出现的男士用品

 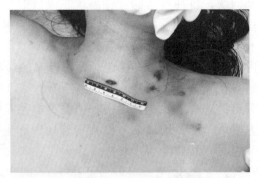

图1　案例1案发现场　　　　　　　图2　案例1头颈部损伤情况

提示有一男子曾经在场，而死者穿内衣、内裤死于床上，显示二人关系极为亲密。通过调取1月2日购物地点的视频监控录像，发现吴某同一光头男子购物及结账片断，但仅是背影。从现场物品分布分析，该男子与吴某关系非同一般：该男子自带有1套洗漱用品，又陪同吴某一起购物，新购物品清单上的2支牙刷1支牙膏，均为新购未开封，女式衣物、鞋子显为死者所新购。经查，死者丈夫远在老家，没有作案时间，也非光头，可排除杀人的可能。同吴某一起购物的光头男子显然有重大犯罪嫌疑！但死者长年一人在外打工，已数年不归，而丈夫远在老家，夫妻关系名存实亡。死者性格内向，很少与周围工友交流，加上频繁更换工作地点，其家人、老乡竟不知其近况，也无人能辨认出光头男子是谁。

次日，一光头男子在远离现场100 km的凤景区树林里割腕自杀未遂被游人发现后报警，公安机关很快从现场遗书及经抢救苏醒的光头男子交代中确认，该光头男子即是陪吴某购物、在208房杀死吴某的犯罪嫌疑人刘某。据刘某供认：二人是曾经的工友及情人关系，多次相约在外地开房约会，原本逍遥自在。可吴某在得知刘某家庭富足后一心想结束地下关系，过上正常的夫妻生活，提出各自与原配离婚，重组家庭，刘某口头答应而不行动，引起吴某强烈不满。1月2日，二人又约会，在外购物吃饭回到208房发生性关系后又因离婚问题发生争执，吴某威胁要打电话给刘某妻子"直接摊牌"，一直瞒着妻儿在外逍遥自在的刘某担心败露，决心杀人灭口：趁吴某不防备，用阳台上的一个防盗锁猛击吴的头部，怕其不死，又用被子、枕头捂压口鼻，再用小刀刺其颈部、胸前，最终致吴某死亡。刘某作案后逃离现场，自责、悔恨，又自知难逃法网，遂割腕自杀。

2　案例2

2016年3月4日晚8时许，某派出所接报称在一出租屋308房一女一男躺在床上，均已死亡，床上、床下有大量血迹，要求勘查现场，接报后刑技人员迅速赶赴现场开展现场勘查：经房东辨认，女死者是308房的租户余某，45岁，四川人，长年随同一双儿女住在一起。男死者是该幢出租房408房的单身租户吴某，33岁，贵州人。经调取视频监控确认：余某的一双儿女于当日8时许一起上学离开308房，吴某于9时许进入后一直未离开，晚7时许余某的一双儿女放学回308房多次敲门不开，找房东开门后发现尸体后报警，期间再无其他人员进出 308 房。

308 房为一带有阳台、卫生间的单间，由门口进为卧室，床头并列躺有一女一男两具尸，尸体均呈仰卧状。女尸躺在外侧穿一套红色的睡衣裤，衣服上沾有血迹，但足底干净，无血迹黏附。男尸躺在内侧，右手拿一把刀，颜面部呈清洗状。双侧足底有血迹黏附。床下地面至厕所有来回走动赤足血印（经比对与男尸足印痕一致）。厕所内有冲洗痕迹。经检验二人均在颈部左侧见一刺创口，均是"被锐器刺破左颈总动脉致大出血死亡"。经比对及 DNA 检验，确定男性尸体手中的刀形成。显系吴某在杀死余某后再用同一把刀自杀。经调查二人为众人皆知的"抗战夫妻"：余某的丈夫长年有病，远在四川山区老家养病并照料双亲，余某带着一双儿女打工，其间的艰难可想而知！同为老乡的吴某在同情之余不免时常出手帮助，二人日久生情，在多次发生性关系后结成"抗战夫妻"，吴某为表真情，就将自己的全部收入交给死者"保管"。前几天吴某接到得知内情的家人电话，让其速回老家相亲结婚，结束这段"是非姻缘"，死者得知后大吵大闹，拒不让吴某回家相亲，拒不返还吴某的钱物，二人为此多次争吵，从而引发命案。（图 3、图 4）

图 3　案例 2 案发现场　　　　　　　图 4　案例 2 现场的刀

上述几例命案，都是由于被害人生活情感背景复杂、没有妥善处理好生活情感背景关系引发的命案。由于各种原因产生的不合乎现有法律和道德规范的情感体验，虽然短时带给双方的感觉是刺激、新鲜，但由于先天的不稳定性、违反现有法律和道德规范，自始至终包含阴暗、自责、悔恨、罪恶感等负面情感，导致情感破裂，甚至反目成仇，诱发犯罪甚至命案的发生。

由被害人生活情感背景关系引发的命案常有其独特的背景特点。①过错性。被害人往往都是有过错的。生活情感背景复杂，被害人自身的个人恋爱观、婚姻观、家庭观陷入危机，作为犯罪人在犯罪动机形成的过程中和犯罪实施过程中受到被害者的影响，诱导、萌生或强化了犯罪意图，推动案情的发展，导致最后犯罪的实施。②命案的残忍性，所谓"爱有多深，恨有多深"，生活情感背景关系引发的命案大多残忍，唯恐不死后报复，不惜碎尸、焚尸，手段相当残忍。③案件线索的提示性。案发后，由于犯罪人自始至终包含自责、悔恨、罪恶感等情感，作案后多在现场留有遗书或其他信息，讲述案发原因及交代后事，客观上提示了案件线索。④大多具有"同归于尽"的感情色彩。由于双方有一定的感情基础，犯罪人在杀死被害者后，一方面，自责、悔恨，另一方面，自觉罪恶难逃，往往杀人后选择自杀。

因此，在进行此类命案现场勘查时一定要认真细致，同时结合犯罪心理分析进行犯罪现场重建，从被害人生活情感背景入手来进行命案现场分析，常能达到特殊效果。

强直性脊柱炎外伤后死亡 2 例分析

张书睿[1]　马雁兵[1]　王欣[1]

(1. 广州市公安局刑事技术所，广东广州，510442；2. 法医病理学公安部重点实验室，广东广州，510442)

1　案例资料

1.1　案例 1

张某，男，64 岁，患有强直性脊柱炎 30 余年，颈部及腰部活动受限，2017 年 6 月 30 日，与他人发生争执，右肩部被刀砍伤，头部被打伤后送至医院治疗。住院检查：MR 检查示颈 6 颈椎滑脱（Ⅲ度），未排除颈 6 椎体及附件骨折可能。行颅骨牵引术，2017 年 7 月 11 日上午经过充分评估后拔出气管插管，2017 年 7 月 11 日下午 15 时患者突发心跳呼吸停止。

尸体检验：右肩前部至右肩背部见一长度为 15.0 cm 缝合创，创缘齐，创腔间见组织间桥及少许相连的表皮，创腔右肩前较浅而右肩背较深；枕部有一 5.5 cm×5.0 cm 皮下出血伴表皮剥脱，对应枕部挫擦伤部位头皮下出血，硬膜下出血、蛛网膜下腔出血。颈部未见表皮剥脱及皮下、肌肉出血，第 6 颈椎体横行骨折并离断错位，该位置椎管内见脊髓实质完全性横贯性断裂，脊椎旁肌肉组织脂肪化生，颜色呈灰黄色，棘间及棘上韧带骨化，脊柱呈"竹节样"变。双肺淤血水肿，全身器官呈淤血样改变。

1.2　案例 2

叶某，男，56 岁，患有强直性脊柱炎 30 余年，2017 年 12 月 30 日与他人发生争执打斗受伤后送至医院治疗，住院检查：2017 年 12 月 31 日血常规示白细胞计数 $15.98×10^9·L^{-1}$，中性粒细胞百分比 93%，2018 年 1 月 2 日颈部 DR 见 C6 椎体下缘及附件骨质断裂，C6 并以上椎体向后移位；2018 年 1 月 10 日血常规示白细胞计数 $18.75×10^9·L^{-1}$，中性粒细胞百分比 91.1%，家属拒绝进行气管插管机械通气，2018 年 1 月 13 日呼吸停止，心率下降，抢救无效死亡。

尸体检验：头部及颈部未见表皮剥脱及皮下出血，胸椎后凸，脊椎旁肌肉组织脂肪化生，萎缩变性，弹性消失，周围被结缔组织填充，颜色呈灰黄色，棘间及棘上韧带骨化，全脊椎骨性融合，第 6、第 7 颈椎椎体分离，椎管错位，硬膜破裂，脊髓横断。双

作者简介：张书睿，男，1991 年生，吉林省辽源市人，从事法医病理检验鉴定工作；E-mail：158738123@qq.com。

肺淤血水肿，全身器官呈淤血样改变。（图1－图3）

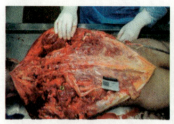
图1 脊柱及周围肌肉概况

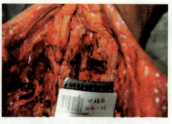
图2 颈椎损伤情况

图3 肺淤血水肿

法医组织病理学检查：左、右5个肺叶的背侧面及胸侧面各取1块肺组织进行HE染色，镜下可见部分肺叶肺泡腔内充满红细胞，部分区域肺泡内有淡红色水肿液，但均未发现中性粒细胞浸润；取横断脊髓部分进行HE染色，镜下可见中性粒细胞浸润及弥漫性轴索损伤。（图4、图5）

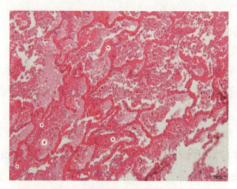
图4 肺组织HE染色切片

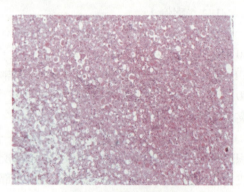
图5 弥漫性轴索损伤

2 讨论

2.1 强直性脊柱炎病理基础改变及大体解剖特征

强直性脊柱炎以中轴关节受累为主，可伴发关节外表现，严重者可发生脊柱畸形和关节强直，是一种慢性自身炎症性疾病，基础病变为附着点病，肌腱、韧带及关节囊等附着于骨关节部位的非特异性炎症、纤维化以至骨化，临床诊断强直性脊柱炎常根据影像学骶髂关节表现及临床标准[1]。强直性脊柱炎患者尸表检验颈椎前屈畸形，腰椎后突驼背畸形，笔者认为颈椎及胸椎畸形与韧带及椎间盘钙化有关，强直性脊柱炎上行性进展，反复的炎症导致棘间及棘上等脊柱韧带水肿、炎症修复骨化，椎间盘纤维环钙化，骨性融合造成脊柱强直，生理曲度消失，颈椎及胸椎畸形[2]。强直性脊柱炎患者解剖可见脊椎旁肌肉组织萎缩，弹性消失，周围被结缔组织填充，颜色呈灰黄色。笔者认为颈部肌肉变性与韧带骨化及炎症修复有关：①反复的炎症可导致颈部肌肉水肿、炎症修复并脂肪化生；②韧带的骨化造成关节活动度丧失，脊柱旁肌肉长期得不到锻炼，失用性萎缩变性。

2.2 强直性脊柱炎患者颈椎损伤特点

案例1及案例2强直性脊柱炎患者外伤后均造成颈椎骨折，Gazi等人认为，强直性脊柱炎患者发生脊柱骨折的危险性高，晚期的强直性脊柱炎患者颈部受到轻微外力即可发生骨折[3]。案例2尸表检验及解剖均未发现颈部受过明显暴力作用，笔者认为这和颈椎的生理特征及强直性脊柱炎的病理特征有关；强直性脊柱炎使韧带骨化，寰枕等关节活动度降低，颈椎骨性融合整体移动，患者颈部活动障碍，颈部肌肉组织逐渐萎缩对颈椎保护作用降低，故颈椎受到轻微外力易发生骨折，由于颈椎与颅骨连接更加紧密且整体移动，故常造成下颈椎骨折，C6和T1之间为好发部位。脊髓损伤是脊柱骨折严重并发症，根据损伤特点分为脊髓震荡、不完全性脊髓损伤及完全性脊髓损伤，案例1和案例2强直性脊柱炎患者外伤后均造成脊髓完全性脊髓损伤，完全性脊髓损伤伤后12 h，神经轴索开始退变[2]，横向剪切力同样使脊髓发生弥漫性轴索损伤，故横断脊髓部分进行HE染色，镜下可见弥漫性轴索损伤。

2.3 强直性脊柱炎患者颈椎骨折死亡机理探讨

颈脊髓损伤严重并发症为呼吸衰竭及呼吸道感染，颈脊髓损伤后，肋间肌完全麻痹，伤者能否生存取决于腹式呼吸能否幸存，C1～C4的损伤由于波及膈神经中枢，伤者现场或者早期就会因呼吸衰竭死亡，C4以下的损伤也会因伤后脊髓水肿的蔓延波及中枢而发生呼吸衰竭死亡[4]，完全性脊髓损伤脊髓内病变呈进行性加重，故案例1入院11天后拔出气管插管，当天发生呼吸衰竭死亡。案例2入院后一直未进行气管插管机械通气，14天后发生呼吸衰竭死亡。笔者认为案例1及案例2呼吸衰竭与脊髓水肿蔓延波及膈神经有关。呼吸道感染继发感染性休克被认为强直性脊柱炎患者颈椎骨折死亡机理之一，临床上常因患者肺部肺纹理增粗增多，白细胞升高诊断肺部感染。案例2临床诊断肺部感染，肺组织HE染色切片未发现中性粒细胞浸润，脊髓组织HE染色切片发现中性粒细胞浸润。笔者认为白细胞计数升高超过正常值应与横断脊髓发生炎症有关，而非肺部感染，肺部纹理增粗增多可能为颈髓离断造成患者呼吸困难体内缺氧，血管渗透性升高形成肺水肿，临床上抗生素的及时有效使用及呼吸道分泌物的有效排出均可以有效避免肺部感染，故应对强直性脊柱炎患者颈椎骨折呼吸循环衰竭死亡是由脊髓损伤还是感染性休克导致进行分析判断。

参考文献

[1] 葛均波, 徐永健. 内科学 [M]. 8版. 北京: 人民卫生出版社, 2013: 822-823.

[2] 杨志勇, 高升. 强直性脊柱炎患者外伤后死亡的法医学分析 [J]. 刑事技术, 2010, (3): 65-66.

[3] GAZI B M, TUNAY K, RAKIP U, et al. Ankylosing spondylitis: a cause of death after minor trauma [J]. Joint Bone Spine Revue Du Rhumatisme, 2016, 83 (4): 456-456.

[4] 陈肖平, 汪建平. 外科学 [M]. 8版. 北京: 人民卫生出版社, 2013: 709-711.

锁骨下动脉损伤的法医学检验分析

蔡善顺[1] 朱娇健[2]

(1. 广州市公安局增城区分局,广东广州,511300;2. 广州市公安局花都区分局,广东广州,510800)

在法医检验过程中,法医病理涉及主动脉弓分支血管损伤的检验比较普遍,而法医临床检验中却少之又少,主要是主动脉弓分支血管靠进心脏,部位深,管腔压力高,出血快,因此难以抢救。特别是锁骨下动脉损伤,在实际检验鉴定的过程中,运用相关条款对其进行判断的意见分歧较多。本文针对法医临床检验过程中遇到的案例,结合自身检验实践的过程和经验,提出了相应的检验分析,为今后该类型案件的检验分析提供参考。

1 案件资料

1.1 检验

左颞部至左面部见1处缝合创,长为7.2 cm;左锁骨下见2处缝合创,长分别为8.7 cm和8.2 cm,留置引流管;左肩部见1处缝合创,长为1.8 cm。以上缝合创边缘均整齐。

1.2 病历摘要

主诉:刺伤头部、左肩部后疼痛、流血90 min。查体:T 36.6 ℃,P 100次/分,R 20次/分,BP 88/56 mmHg。嗜睡状,面色苍白,肢体湿冷,呼吸平顺。左颞部、左面部分别见1处长约4 cm纵行伤口,左肩部见3处约3 cm伤口,深及肌层,其中左锁骨下处伤口喷射性出血,左上胸壁明显肿胀。

手术记录:在气管插管全麻下行"左侧胸壁扩创探查+左锁骨下动静脉挫裂修补术+左面、左颞、左肩软组织裂伤清创缝合术"。术中见左锁骨下动静脉向腋动静脉移行部各一长约6 mm楔形破口,有明显鲜血涌出,左面部耳屏前可见一长约4 cm纵行裂口,向前走行达腮腺,腮腺被膜及部分腮腺组织挫裂。术中出血约1 000 mL,预计伤口总失血约3 000 mL,术中输悬浮红细胞5单位及新鲜冰冻血浆800 mL。

术后诊断:①左锁骨下动静脉挫裂并大出血;②左上胸壁巨大血肿;③左面、左颞部软组织裂伤;④失血性休克;⑤左腮腺挫裂伤。

作者简介:蔡善顺,男,1979年生,主要从事法医病理、临床学检验鉴定和现场勘查工作;E-mail:13500225506@139.com。

2 讨论分析

正常情况下的主动脉弓自胸骨角右端后方续接升主动脉，呈弓形弯向左后方，在气管左侧跨越左肺根，下行至第 4～5 胸椎椎间盘平面续为胸主动脉。主动脉弓的凸侧由右向左发出头臂干、左颈总动脉和左锁骨下动脉三大分支，头臂干发出右颈总动脉和右锁骨下动脉。

根据《人体损伤程度鉴定标准》胸腔大血管破裂第 5.6.2j 条，结合释义：①胸部大血管是指主动脉、主动脉弓分支、胸主动脉、肺动脉、肺静脉、上腔静脉和下腔静脉；②胸腔大血管破裂，需手术治疗的属本条款范围。因此，本案中事主的损伤程度鉴定为重伤二级。但主动脉弓分支起源变异相当普遍，如果右锁骨下动脉破裂，依据《人体损伤程度鉴定标准》释义，无相应条款对照，只能依据皮肤损伤长度或引起的后果定伤。但这与人体损伤程度鉴定原则"实事求是，客观、全面、公正，是以我国有关法律规定为准则，以人体损伤当时的伤情及其损伤后果或者结局，查证核实，求索真相为根据"相违背。具体引用哪个条款进行检验鉴定呢？

首先，我们从主动脉弓的形成分析。人类在胚胎阶段都有 6 对动脉弓，但 6 对动脉弓并不同时共存，当尾端的动脉弓形成时，头端的第 1 对和第 2 对便逐渐退化。而第 5 对动脉弓在哺乳类（包括人类）的胚胎 50% 发育不全并迅速退化，另 50% 则根本不发育。因此，只有第 3、第 4 和第 6 对动脉弓对形成成人血管有重要作用。它们在 10 mm 的人胚已发育的很好。根据 Edwards 主动脉弓胚胎发育示意图，胚胎时成双的第 4 对主动脉弓在不同部位退化吸收，引起了主动脉弓的不同位置与各种畸形。正常时，吸收退化点位于右锁骨下动脉与降主动脉之间，形成主动脉弓。颈总动脉由第 3 对动脉弓的近侧段形成。腹主动脉的右半部沿伸而成头臂干；起于其上的第 4 对动脉弓与右侧背主动脉的一段以及从背主动脉形成的第 6 节间动脉共同组成右侧锁骨下动脉，而左锁骨下动脉则由左侧第 6 节间动脉产生。颈内动脉由第 3 对动脉弓及其头端的背主动脉共同形成。第 3 对动脉弓在腹主动脉发出处的一对新生血管形成颈外动脉。

由于主动脉弓及分支血管的发育过程中变异复杂，故较易出现分支异常，大量文献报道主动脉弓分支有 1～6 支，分支变异类型达 30 多种。刘建文等[6]对 340 例患者主动脉弓数字减影血管造影（DSA）的结果进行总结分析后得出，在 340 例患者中，主动脉弓分支变异 16.5%（56/340），其中，左颈总动脉与头臂干共干、左颈总动脉发自头臂干各占 5.3%（18/340）；其次为左椎动脉第三支发自弓 3.8%（13/340），认为主动脉弓上分支存在着多种血管解剖变异。约 65% 的人主动脉弓分支正常，其实主动脉弓分支起源变异相当普遍，约 27% 的人其左颈总动脉来自头臂干；约 2.5% 的人无头臂干，4 个分支（左、右颈总动脉和锁骨下动脉）分别发自主动脉弓；约 5% 的人左椎动脉发自主动脉弓。

其次，依据《人体损伤程度鉴定标准》3.1 重伤的定义和释义：使人肢体残废、毁人容貌、丧失听觉、丧失视觉、丧失其他器官功能或者其他对于人身健康有重大伤害的损伤，包括重伤一级和重伤二级；释义：指人身遭受外界致伤因子作用，达到《中华人民共和国刑法》第 95 条规定的重伤。"肢体残废"是指由于各种致伤因素所致肢体缺失或者肢体虽然完整但已丧失功能。其他对于人体健康有重大损害的损伤，是指上述几种损伤之外的在受伤当时危及生命或者在损伤过程中能够引起威胁生命的并发症，以及其他严重影响人体健康的损伤。为便于司法实践，本标准将重伤划分为重伤一级、重伤二级。因此，锁骨下动脉靠近心脏，管腔压力高，出血快，破裂能够引起威胁生命，属于重伤范畴。

再次，依据《人体损伤程度鉴定标准》第5.5.1a款，颈部大血管破裂定重伤一级。释义：①颈部大血管特指颈总动脉。②动脉破裂诊断：（a）喷射性出血：血液从伤口呈喷射流出，颜色鲜红；（b）搏动性肿块：动脉破裂，血液流出至颈部软组织及皮下，迅速膨大成一血肿，按之有搏动感，临床上称之为外伤性动脉瘤或假性动脉瘤；（c）休克症状：出血严重又未能及时抢救者往往出现失血性休克，面色苍白、脉搏细速、血压降低以及血常规检查见红细胞数、血红蛋白量等急剧下降。因此，正常情况下，右锁骨下动脉和右颈总动脉均为头臂干的分支，同类比较，颈总动脉破裂能够定重伤，则右锁骨下动脉破裂也可以定重伤。

综上所述，正常发育情况下，右锁骨下动脉由头臂干发出，异常发育下，直接从主动脉弓分出，属于主动弓分支。因此，右锁骨下动脉靠近心脏，管腔压力高，管壁破裂会导致出血严重，很难抢救，足以严重威胁生命，符合《人体损伤程度鉴定标准》3.1重伤的定义和释义；再加上右锁骨下动脉和右颈总动脉均为头臂干的分支，同类比较，颈总动脉破裂依据《人体损伤程度鉴定标准》第5.5.1a款颈部大血管破裂定重伤一级。所以，依据总则4.1.3款【释义】中就低不就高的鉴定原则，左右锁骨下动脉破裂均可依据《人体损伤程度鉴定标准》胸腔大血管破裂第5.6.2j条，定重伤二级。

参考文献

[1] 钟世镇. 系统解剖学 [M]. 北京：高等教育出版社，2003.
[2] 公安部刑事侦查局. 人体损伤程度鉴定标准释义 [M]. 北京：中国人民大学出版社，2013.